苏智欣和古德莱得
（摄于2014年2月22日）

A Place Called School
(Special 20th Anniversary Edition)

一个称作学校的地方

(20周年纪念版）修订版

[美]约翰·I·古德莱得 ▲ 著
苏智欣 胡玲 陈建华 △ 译
苏智欣 △ 审校

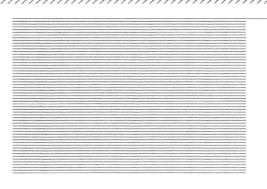

华东师范大学出版社
·上海·

John I. Goodlad

A Place Called School, Special 20th Anniversary Edition

0-07-143590-5

Copyright © 2004，1984 by McGraw-Hill Education

All Rights reserved. No part of this publication may be reproduced or transmitted in any form or by any means, electronic or mechanical, including without limitation photocopying, recording, taping, or any database, information or retrieval system, without the prior written permission of the publisher.

This authorized Chinese translation edition is jointly published by McGraw-Hill Education (Asia) and East China Normal University Press Ltd. This edition is authorized for sale in the People's Republic of China only, excluding Hong Kong, Macao SAR and Taiwan.

Copyright © 2014, 2007, 2006 by McGraw-Hill Education (Asia), a division of McGraw-Hill Education (Singapore) Pte. Ltd. and East China Normal University Press Ltd.

版权所有。未经出版人事先书面许可，对本出版物的任何部分不得以任何方式或途径复制或传播，包括但不限于复印、录制、录音，或通过任何数据库、信息或可检索的系统。

本授权中文简体字翻译版由麦格劳-希尔（亚洲）教育出版公司和华东师范大学出版社有限公司合作出版。此版本经授权仅限在中华人民共和国境内（不包括香港特别行政区、澳门特别行政区和台湾）销售。

版权© 2014,2007,2006 由麦格劳-希尔（亚洲）教育出版公司与华东师范大学出版社有限公司所有。

本书封面贴有McGraw-Hill公司防伪标签，无标签者不得销售。

上海市版权局著作权合同登记图字：09-2003-517号

目　录

序言 / 1
前言 / 15

第 1 章
我们能办有效的学校吗 / 1

第 2 章
我们需要全面的教育 / 31

第 3 章
超越学术知识 / 56

第 4 章
在教室里 / 84

第 5 章
获取知识的机会 / 115

第 6 章
教师与教学环境 / 148

第 7 章
学校和课堂在教些什么 / 174

第 8 章
相同却又不同 / 216

第 9 章
改进我们现有的学校 / 239

第 10 章
超越我们现有的学校 / 284

后记 / 324
主题及人名索引 / 343
译后记 / 376
附录 / 380

序 言

回到《一个称作学校的地方》

西奥多·R·赛泽(Theodore R.Sizer)

1981年8月,美国教育部长特瑞尔·贝尔(Terrel Bell)任命了全美优质教育委员会,并要求该委员会向新上任的里根政府和美国人民报告美国学校的教育质量①。委员会由知名人士组成,主席是刚被任命为加州大学校长的大卫·加德纳尔(David Gardner)。委员会的具体任务是针对当时"公众普遍的看法,认为我们的教育体系存在着严重的问题"②,评估这种情况的实质,并向教育部长、总统及公众提出改革的建议。

与此同时,加州大学洛杉矶分校的约翰·古德莱得教授和他的同事们正全身心地投入美国教育史上规模最大、最复杂的调查研究之一,即学校教育研究。该研究深入探讨学校的各个领域,很少依赖专家的报告或依据学生纸笔考试分数而作出的学校和学生好坏的推断,主要依赖于对一批特意挑选的学校所进行的严谨而持续性的观察、记录、比较和评估。此项研究规模空前,其结论也颇有分量。正像古德莱得在研究报告书的献词里所写的,有"27 000多人"为此研究提供了数据③。古德莱得的调研组聘请了一批名声显赫的学术精英为顾问,其研究的经费来自美国十四家最大和最挑剔的私人基金会的赞助。此项目在教育研究领域里堪称一绝。

所以,当全美优质教育委员会主席加德纳尔请古德莱得教授帮忙时,这并不是一件让人惊讶的事。古德莱得调研组与优质教育委员会的成员会晤,并允许他们使用一切已收集好的调研数据和资料。之后,双方接触得并不多。委员会在1983年5月发表了报告《处在危机中的国家：教育改革的必要性》，而古德莱得的调研报告书，《一个称作学校的地方》则由麦格罗-希尔出版公司于1984年出版。值得注意的是，前者几乎没有引用后者的分析和结论。

古德莱得的学校教育研究调研组成员给了委员会哪些资料？委员会从他们那儿听到了些什么？委员会的成员们又是如何决定怎样理解和使用他们所得到的资料的？今天，不知内情者只能比较当年委员会报告中的建议与《一个称作学校的地方》一书的内容，并由此进行推测④。古德莱得的著作阐述了几个相关的中心思想。以20世纪90年代末期的观点来看，其中有几大主题格外引人注目，并存留至今。

古德莱得的调研组发现学校之间存在着一种"奇怪的，难以描述的雷同"，如"座位的安排、使用的教材、教师的角色、学生的角色和教学方法"均大致相同⑤。当然学校之间也有不同之处，比如研究人员在观察学校时，发现有一所高中已濒临"崩溃的边缘"。⑥

古德莱得认为，这里有一种严格的区分。"学校是不同的，但学校教育在哪里都是一样的。学校在它们的管理系统和人际关系上是不同的，但学校教育在任何地方都是大同小异的。"⑦

这种学校教育的模式并不是各学区和各州所提倡的教育政策的直接反映。"我通过仔细阅读大多数州的教育政策而得出的主要结论是，"古德莱得写道，"这只是一片概念的沼泽地。"⑧"这些教育政策缺乏全面的教育目标，取而代之的是一系列针对具体科目的教学目标。最近，许多州和学区还提出了一系列高中毕业或升级时对学生成绩的要求。我在对许多学校进行访问时，发现教师们并没有积极追求什么共同目标，也几乎不讨论办学的目标到底是什么。"⑨"学校的教育目标（学校声称的）和学校提供的实际教学之间有着明显的差距。"⑩十年前，查里·西伯曼（Charles Silberman）在他的名著《教室里的危机》一书中，令人心寒地描述了那种好心的、漫无目标的学校，如今它们依然是教育界无可否认的事实。⑪

学校教育研究项目工作者发现，学校和社会之间存在着差距——学校的教学课程脱离了青少年的现实世界。古德莱得看到，"好心的教师们做着与学生们的'其他生活'毫不相干的教育工作。学生们在日常生活里最关心的事情却被教师们看成是与学校不协调的……我怀疑在小学的某个阶段，很可能是五六年级，这种微妙的变化就已经开始了。教学课程，如科目、教学重点、课本、习题集等，形成了教师和学生之间的隔阂。年轻人只是被当作学生来看待。学校注重的是他们的学术天赋和努力，而不是他们在这一人生阶段中所最关心的生理、社会和个人方面的需求"⑫。詹穆斯·克而曼(James Coleman)和他的同事们1974年上交给尼克松总统的科学顾问委员会一份题为"年轻人:步入成年"的报告,详细记载了学校与社会之间的脱节。很明显,这种脱节现象仍然活生生地存在着。⑬

古德莱得发现,随着学生年龄的增长,学校给他们的教育越显不足。⑭人们经常听到他如此的评论:美国学校教育最成功的例子是学前班的儿童,而最不足的例子则是高中毕业生。⑮他严厉地批评美国社会容忍那种说一套而做另一套的现象。"教育目标奢谈培养个人的灵活性、独立思维和创造力,而学校的实践却是另一回事。这就揭示出极大的虚伪。"⑯"保证达到高中毕业的成绩变得比学校教育和上课的实质内容更为重要。"⑰文凭的重要性似乎超过了教育的内容,特别是对每个年轻人个人能力的培养及教导他们有责任地发挥自身的潜能。

通过各种调研手段,古德莱得确认了学生,特别是青少年,在学校里所感受到的无聊。"年轻人在教室里真正学习和运用知识的好机会和方法太少了。"他解释道:"当青少年正应该在他们自己的教育里担任更主动的角色时,许多中学教师却采用措施使学生变得被动和被控制。"⑱

古德莱得总结道:

> 我们所观察的教室大致是这种模式:教师用解释或讲课的方式给全班或个别学生上课,偶尔问一下有标准答案的问题。当教师不在讲课时,便是在观察或监督学生在他们各自的书桌前做习题;学生在听或看上去在听老师讲课,偶尔回答教师的问题;学生在各自的书桌前读书或写字。这一切都发生在没有什么情感的环境里,既没有人与人之间的热情交流,也没有敌意的表示。⑲

古德莱得的调研组"观察到,在一般情况下,大约75%的课时花在教学上。其中,教师对学生的'讲话'就占去了70%的时间。教师说话的时间大大超过学生,其比例大约是3:1……而教师说话的主要形式是述说式的教导。在教学时,老师启发学生回答问题的时间还不到5%,需要学生们经过自己思考再发表见解的时间连1%都不到"。⑳古德莱得指出了这种教学方法的错误,并引证于"八年研究"和"天赋计划"的调研资料:"学生们在课堂考试时忆记住的知识,两年之后就会忘掉80%。"㉑

这样的发现在20世纪70年代后屡见不鲜。密哈利·茨申密哈利和栗得·拉尔逊(Mihaly Csikszentmihalyi & Reed Larson)在《作为青少年》一书里恰如其分地描述了在大多数美国教室里,时间和想象力是怎样被令人心痛地浪费掉的。他们写道,在80年代中期常见的高中教室里:"至少有一半的时间,学生并没有在想与教师的讲课或学习科目有任何关联的事情。"[22]教室里讨论的课题与学生之间没有什么互动,没有抨击的火花,也没有什么关联。

古德莱得提到教师的世界时便口若悬河。"在一间小学教室里,老师每天花5小时左右的时间正面地教导和扶持27名儿童是很辛苦、很累的工作。中学教师也要如此这般地连续教导四至六个班的学生(每班至少25人),更是不可思议。"[23]他进一步写道,每个教师都是在相对孤立的情况下工作,教师队伍大多是分散型的,每个教师也都有自己的独立权。教师当然喜欢拥有自己的独立自主权。古德莱得对一种流行的关于教师工作环境的说法提出了质疑:"不要用过于简单化的、常被人使用的'企业生产投入和产出式的模型'来理解或准确地描述学校和教室。最好把学校和教室理解为小型的村庄:人们在这个有约束和较封闭的环境里进行着有限时间的交往。"[24]

古德莱得的调研组调查了学生的分班情况,发现"有效的教学方法在高班比在低班里使用得更多。在低班的学生最没有机会经历能出高成绩的教学"。[25]一旦取消这种分班,实行了混合班,"几乎在所有的学科上,大多数学生的成绩都与高班,而不是低班的成绩相似"。[26]古德莱得的结论是:

> 学校在分班的做法上,受到了一些普遍接受的假定和传说的影响,比如人分两类:脑力劳动者和体力劳动者;学生分好学生和坏学生,脑筋快的和脑筋慢的,等等。学校非但没有建立一种环境去缩小学生在初入学时的差距,补偿他们的不足之处,相反地,教师们无意地制造了一些使缩小差距更困难的障碍……按差距分班……被想当然地认为是一条捷径,能使有差距的学生们各取所需。事实上,分班实际上是一种用来掩盖问题的组织手法,而不是一种纠正问题的教学方法。[27]

这些论点和数据只是"学校教育研究"的一部分。它们很多都已经或即将被其他的研究者论证、延伸或挑战。[28]这些细微的、严谨的和详细的论点和数据为那些熟悉学校的人们描绘了一幅令人忧心但又不可漠视的画面。此画面具有它必然的复杂性。"认清这一复杂性是可喜的第一步,要走出传说的束缚,莫信改革有简便的方法——比如请老师加强纪律,实施升级考试——我甚至怀疑像现在这样的学校教育是否能为大多数年轻人提供他们和这个民主国家所需要的教育。"㉙他总结道:"我们的数据所引出的改革方案绝不会是小修小补。"㉚

《一个称作学校的地方》共有361页,加上19页的注释和参考书目。《处在危机中的国家》是一份36页大字体和大纸边空白的报告,加上25页附录。两份报告的读者是一样的:严肃的公众、教育工作者以及政策制定者,但两者传播信息的方式却是截然不同的。

古德莱得呼呼他的读者不惜时间和精力去阅读他的报告,因为他认为只有以严谨的阅读方式才能领略其中的精华。《一个称作学校的地方》故意不提很多具体的改革建议。因为具体的建议应该根据每个州、每个学区、每所学校或每所大学的具体状况来决定,而《一个称作学校的地方》对学校提出的批评已为这些建议提供了坚实的基础和论坛。很明显,古德莱得希望他的读者们在采取改革措施之前,从不同的角度去思索学习和学校教育的问题。

另一方面,加德纳尔和他的同事们显然希望以惊雷之势引起公众的注意。人们的注意力是容易被巧妙的语言和简单、熟悉及易懂的改革建议所吸引的。委员会的报告旨在为持续性的教育改革打响第一炮。此报告虽然不是最后的蓝图,但它至少为改革建立了一个框架。比如一州之长可以用它提出的一系列建议为基础,发动本州的教育改革运动。委员会希望全国上下立即采取坚定的行动。

《处在危机中的国家》使用的修辞令人难忘。"我们的国家正处在危机之中。我们曾经所向披靡的贸易、工业、科学和技术发展正在被它国超越……如果一个不友好的国家试图把我国今日现存的低劣教育成绩强加于我国,我们会认为此举意味着向我们宣战……我们所关切的……不仅是国家工业和贸易的前景,还有人民的智力开发、道德规范和精神力量,这些交织起来才能支撑我们的社会。"㉛

这种世界末日式的言辞很有作用。它引起了全国的注意,甚至使总统感到惊讶,因为他完全没有想到他的委员会能向人民提出这种勇敢的报告。㉜古德莱得的调研报告获得了权威人士的高度评价。加德纳尔也上了头版。

委员会所重视的是学校教育质量低劣所造成的结果,而不是形成低质教育的原因。委员会列举了大量的具体数据,包括考试分数、课程注册人数、与外国教育的比较及商界和政界用人单位提供的对毕业生的意见。委员会指出,这种世界公认的平庸教育与崭新的全球就业市场的需求极不相称。委员们引用了保尔·赫尔得(Paul Hurd)

这样一段话:"我们正在教育的新一代美国人是科学和技术的文盲。"他们还引用了约翰·诗莱特(John Slaughter)的警言:"小部分科学家和技术精英们与对科学问题一知半解或一无所知的大众之间存在的隔阂将与日俱增。"㉝

委员会发现了一种"全国性的受挫情绪……人们感到个人的希望已逐渐地渺茫,并害怕失去他们共有的美国梦"。㉞委员们认为,有必要建立一个"学习的社会"。他们指出:"对太多人来说,教育只是暂时的事情,学一点儿能过得去就行了。然后他们靠着在生命的初级阶段里学到的所谓知识混过此生……我们没有那种有连续性的学习机制,只有一幅互不衔接而又过时的知识图。"㉟

委员会像古德莱得一样,为学校没有明确的目标深表担忧。委员们罗列了四种发现。第一,有关"学习内容"的发现。"内容是教育实实在在的'东西'",他们写道,"但中学课程的统一化、淡化和分散化使它们失去了中心目标"。第二,对学生的"期望"。他们发现要求并不高。第三,有关学习的"时间"。他们发现用在严肃的学校教育上的时间太少了,特别是与其他重视学术教育的工业国相比就更明显。最后是关于"教学"的发现。使他们感到绝望的是,师范生缺乏坚实的学术背景,师范教育中过分强调"教学方法",教师薪水低,教育工作者对教材选择的影响力有限,另外某些教学科目极缺教师。㊱

这些发现中缺了些什么,而这种缺乏又说明了什么。这里没有任何关于课堂实践的描述,没有提到学生的无聊或学校与社会脱节的现象,更没有揭示学校的设计和日常运作及其所造成的浪费,以及学习理论与普遍存在的教学实践之间的差距。而这些正是古德莱得研究项目所报告的实质内容。

委员会提出了五项笼统的建议。在学习的"内容"方面,他们提议应有"五项新基础……(1)4年英语;(2)3年数学;(3)3年科学;(4)3年社会科学;(5)半年的计算机科学"。另外积极建议学两年外语。㊲"学校和大专院校[应当]设立更严格和可测量的标准……来衡量学习成绩和学生表现。"㊳"应增加更多的时间来学习'新基础'。"㊴有几条零散的建议提到要"改进师范教育",这就牵涉到教学标准、薪水、合同、晋升政策和奖励。㊵最后,委员会提出了有关"领导和经费支援"的建议,但没提任何改变传统的权益分配体系的意见,只是要求每一方以新的姿态密切合作。㊶

古德莱得曾告诫我们需要防止教改中"修补"现状的做法。上述的建议可能就是这种做法。但一个人的小修补可以被另一个人认定是实际可行的措施。很明显,委员会认为,美国人民要作一种新的——甚至是前所未有的——努力来建造美国所需要的

"学习型社会"。古德莱得也同意此观点。他和委员会之间的差异在于他们对努力的性质和范围有不同的解释,而这些差异不仅仅是策略选择上的不同。

简单地来看,虽然古德莱得和加德纳尔都认同正规教育的含义——即儿童在称作学校的地方能做能遇到有重要意义的事情——但是古德莱得通过他的研究提出了对学校重新思维和重新规划的建议,而加德纳尔的委员会则希望在现有的学校结构基础上对学校施加更大的压力。古德莱得想要创立新型的学校。加德纳尔想把我们现有的学校办得更好。古德莱得显然相信如果不对那些称作学校的地方作根本上的内部改造,真正的进步就是天方夜谭。加德纳尔却相信,被激发起来的公众和政府机构能使现有的学校成功地运作。

在短期内,委员会非常成功地引起了公众和政府部门对教育的关切。报告发表之后,每个州都成立了某种委员会或行动小组来响应报告的内容。总统们与州长们碰面开会。州政府制定了"教学标准"和"课程大纲",罗列了长串的教育方针,有些正反映了令古德莱得和他的研究员们所头疼的关于教育目标的问题。但是,至少这些方针使课程大纲看上去似乎有一致的目标。"新基础"这个已被全国每所高中所熟悉的概念又一次地时髦了起来。上级要求下面整顿现有的教育体系,但实际做起来困难重重,学校领导便忙得团团转。到了20世纪90年代中期,全国已沉浸在新的考试海洋里。有传言说要延长学年的时间。有关加强学习和标准的言辞也比比皆是。

美国似乎在严肃地对待它的"危机"。人们没有想到一个小小的委员会能引起如此的轰动。委员会本想无声无息地出现和消失。加德纳尔的策略实在是高明。委员会报告以简洁明快、人们能接受和易懂的语言有效地为教育改革敲响了警钟。全国上下一起呼应了。

为什么《处在危机中的国家》会有如此的功效?虽然撰写当代历史不是一件容易的事,有几种解释值得一提。

第一,彻底反思公立教育的基础已成熟。导火线是1957年发射的斯波尼克卫星和第89界国会上奋起的改革精神。此次议会通过了民权法案和中小学教育法案(ESEA)。前者授权于詹姆斯·克而曼(James Coleman)领导一项颇有影响力的教育机会平等的研究。这是美国教育史上首次以学生的学习成绩而不是给学生所提供的教育机会为重点的大型教育研究。ESEA及它的姐妹法案《向贫困宣战》使全国上下重新关注美国学校的不足点,及因此而造成的教育机会不平等和不合格的学习成绩。[42]

在今后的二十年里,又出现了更多的、一系列的教育批评和研究,现有的教育体系也接受了更多的抨击。一些学者发表了愤怒的指责。如约翰逊·柯佐尔的《早龄的死亡》,社会学研究家塞慕尔·波尔斯和赫伯特·津缇斯(Samuel Bowles & Herbert Gintis)的《资本主义美国的学校教育》,全都是20世纪60年代末和70年代初的产物。它们锐减了大众对学校的信心。㊻国家教育进步统计(NAEP)是联邦政府在1970年推出的测量美国学生学习的"温度计",它以平等教育机会研究为榜样,将重点放在学校成绩的数据上,而不是学校怎样为学生提供教育的具体做法上。NAEP的报告结果使一批有影响力的民众对美国学校教育的功效逐渐形成疑虑。例如,学费减税对选择私立学校的家庭来说是一种不直接的但很重要的补助。这是尼克松总统第一任政府工作计划中规模小却有意义的一环。全国的注意力渐渐地集中到学生学习成绩的数据上。在20世纪70年代末,以前任美国劳工部长威利拉德·威尔兹为主席的委员会就美国大学委员会举办的学术天赋考试(SAT)分数"下滑"的问题开展了一项主要的研究。㊼

很快,20世纪50年代盛行的一提及公立教育便充满感情的心态淡化了。随之淡化的还有第二次世界大战后对学校投入的大量发展性资源。当时对学校体系的现有设置还没有任何疑问,然后就到了吹响改革号角的时候。到20世纪80年代初,即使全美优质教育委员会还没有出现,它的创建也是势在必行。

"学校教育研究"项目的出现也是一样。那些决定支持古德莱得研究的基金会就像其他知名的美国机构一样,已经感受到教育现状所面临的越来越强烈的挑战。彻底评估教育的时机已成熟,而大众对此评估似乎已有心理准备。

虽然如此,人们还是要问,虽然政界、基金会和商界的领袖以及主流媒体确实感受到了教育问题的冲击,可是他们和大众的担忧到底有多深?

对此,人们只要揣摩一下,就知道这些担忧并不是很深的。根据之一是看公立学校通常自选出来的集体领导们提出的建议;根据之二则是看地方、州和联邦政府积极拨给根本改革多少资金。

在这两方面20世纪80年代或90年代都没有看到什么惊人之举,除了尼克松在任期时通过和签发的《残疾人义务教育法》。有趣的是,这一法案最终被放弃了。毫无疑问,普通的美国学校在20世纪90年代给予有特殊生理和心理需要的儿童的关照要多于20世纪70年代。从20世纪80年代中期开始,给予特殊儿童的学校教育经费明显地增长。这就要归功于那个专门的、被坚持通过的法案。

但是，总有人说他们的情况是例外。他们越过这一法案，仍按老规矩办事。由此可得出的唯一结论是，大众和政府部门因为某种原因对称作学校的地方的现有形式和运作基本上感到满意，尽管他们在言辞上仍然表示担忧。大卫·泰亚克和劳利·库班（David Tyack & Larry Cuban）所描述的学校教育的"语法"——正规教育的具体形式和方法——仍旧没有什么改变。㊺

约翰·古德莱得的研究重点就是这个语法——它的理念，实践，学校教育的运作和参与人的心态。虽然古德莱得可以找到慷慨的啦啦队，但是现有的教育机构在说过大话之后，只给了古德莱得很微弱的支持。在另一方面，全美优质教育委员会基本上肯定了现有的学校体系，只是要求它做得更好些。委员会并没有提出和它的高谈阔论相符合的建议，即没有号召人们以20世纪60年代向贫困宣战的教改精神投入20世纪80年代的教改。委员会的建议离它的修辞相差甚远，但却似乎顺应了当年国人的心态。

美国想离开昨日，走向新的黎明。如果美国人想要重新振兴他们的学校，他们不会从零开始招兵买马，而是重组已有的队伍。许多里根总统的支持者们对教育私有化感兴趣，但这种想法也没有得到广泛的响应，一时也是在原地踏步。

第二个使《处在危机中的国家》这一报告轰动一时并引发了州政府和学区教育改革运动的原因是，它只向现存的教育管理机构提出一些有挑战性的问题，但并没有向现存的教育制度本身提出挑战。用当年的行话说，政府部门召集了所有与学校教育有利害关系的参与人，鼓励他们创造新的成绩。

当职业教育人士和他们一直坐镇的官僚机构受到猛烈的言辞攻击时，便出现了一个自相矛盾的状况。他们经常被贬义地称为改革中的"路障"，但到了20世纪90年代中期，他们已收复了大部分以前失去的权力，并靠考试的杠杆更加扩大了这些权力。里根总统自己曾发誓要撤销的教育部在他的八年任期内也不断地扩张。商界领袖呼吁教育界建立新的管理系统，培养新的领导班子，但没有一所知名的商管学院推出为学校领导设计的有深度和有重点的培训项目。

如光看那些高谈阔论，你会以为公立教育在管理和经费方面将经历一场彻底的改革。但事实并非如此。由于现有的机制根深蒂固，改革成功的希望十分渺茫。那些代表学校教育的象征性活动是神圣不可侵犯并且深深地烙印在美国中产阶级生活里的：18岁毕业、返校活动、11年级的美国历史课、周五晚上的美式足球比赛、将富家子弟和不太富裕家庭以及有色人种家庭的孩子们分班上课，等等。所以，不管其他的改革方案多有独创性和合理性,不出所料的是,它们在政治上都是没有吸引力的。

全美优质教育委员会明显地感受到了这个现实。委员们建议"国民应当要求教育界人士和民选的官员们负起领导改革计划的责任"。㊵委员会没有提议改换这些官员,也没有建议重新分配他们之间的权力,连可能性都没提。委员们看清了这里面的政治利害关系之后,决定不触犯现有的权力机制。当然,现有的权力机构也积极地响应了委员会的报告。这些机构有权力快速地采取行动,他们正是这样做了。报告不但没有削弱,反而扩张了他们的权力。

最后,缺乏一个全国性的、有权威的和坚强的根据地来团结那许多背景虽不同但却与"学校教育研究"持有同样的理想和希望的教育改革人士,以实施"学校教育研究"提议的改革方案。公立教育缺少一个像法学界和医学界那样独立的、有影响力的由学界和政界人士组成的社团。

相反,在大学里,那些关心中小学的人们集中在资金短缺、被州政府束缚太严和学生注册人数过多的师范院校里。他们虽然是很多大学的摇钱树,但却被资金较富裕的其他姐妹学科的教授看不起。师范教授所开展的研究缺乏说服力和深度,往往有高度的局限性,再加上太频繁地使用一些狭隘的专业术语,便使研究的效益更差了。

可想而知,教育学院的教授们在闭门造车。他们虽然有很多全国性的组织,但都远离其他相关的、具有影响力的学科,彼此之间没有什么重要的交流。这种自我孤立已造成了政治上和物质上的重大损失,虽然很难准确地估计损失的大小。全国上下对学习和学校教育进行过深入研究的知名学者几乎都可以看出,加德纳尔的委员会并没有认真地重视古德莱得的研究报告,否则委员会的最终报告就会背离当时狭隘的、有局限性的传统观念了。古德莱得的观点也许会促使委员会大胆提出像它的关于国家危机的言辞那样富有戏剧性和令人信服的改革方案。

全美优质教育委员会的报告激起了巨大的改革波澜,并持续了十多年。美国学校教育和学生学习成绩的劣质问题如今已是家喻户晓。一谈到老师怎么好和今年学校橄榄球队的业绩,人们也总要不客气地对学校提出高标准并要求学校取得更好的学术"成绩"。

委员会提出的传统性改革方案一旦走完过场,必将引发起又一波的挫败感。现有的学校体系,如果不经过重新的思考和设计,即使强迫它也不能满足国民的需要。目前盛行的考试制度只会将教学变成狭隘的辅导,帮学生在大批量生产的、用机器打分的考试中取得好成绩。它只会再一次地告诉我们,穷孩子比富孩子的考分低。它还将说明，如果传统式的教学一直延续下去，那么不管是穷孩子还是富孩子都不能学会并深刻地理解怎样才能帮助这个处在巨大危机中的国家。随着时间的推移，必然会出现又一次的沉痛反思。

到那个时候，《一个称作学校的地方》所报道的"学校教育研究"才会得到它应有的重视。一时的挫折感可能会导致人们重新分析现在的青少年在学什么知识及怎样学习。这样的分析可能会掀起一股新的改革浪潮，以崭新的、更有效的学校教育体系来替换美国人沿用了近一百年的学校教育体制。古德莱得在二十年前领导"学校教育研究"时所采集的数据不会因时间的变化而失去它们的意义，因为他当年记载和评判的现象至今还极为普遍。令人叹息的是，许多学校仍然存在着浪费时间和宝贵资源的现象，而此现象与当今中学生的母亲们当年高中毕业时中学的情况相比，并没有什么改变。古德莱得当年对学校的批评仍然可悲地、令人不安地适用于当今的学校。

《处在危机中的国家》对于它的时代是重要的。《一个称作学校的地方》则是长久之计。加德纳尔戏剧化地吸引和集中了全国的注意力。古德莱得提出的是这个国家在创建新的、更好的学校时必须要考虑的问题。

如果美国人因此而愿意继续走改革之路，如果他们受到了鼓励在深入地思考关于学习和学校教育的问题，那么历史的记载将高度评价古德莱得和加德纳尔在 80 年代初所领导的这两项教育工程，表彰他们先后作出的特殊贡献。

古德莱得曾需要过加德纳尔，但随着时机的成熟，加德纳尔将更需要古德莱得。

注释

① National Commission on Excellence in Education，*A Nation at Risk: The Imperative for Educational Reform* (Washington. D. C.：U. S. Government Printing Office，1983)，see introductory frontmatter.

② National Commission on Excellence in Education，*A Nation at Risk*，p.1.

③ John I. Goodlad，*A Place Called School* (New York：McGraw-Hill，1984)，p.iii.

④ A set of internal documents produced by the Commission rests at the John Hey Library at Brown University. However, no detailed record of the internal discussion related directly to Goodlad's contribution appears there.

⑤ Goodlad，*A Place Called School*，p.27.

⑥ Goodlad，*A Place Called School*，p.28.

⑦ Goodlad，*A Place Called School*，p.264.

⑧ Goodlad，*A Place Called School*，p.48.

⑨ Goodlad, *A Place Called School*, p. 50.
⑩ Goodlad, *A Place Called School*, p. 280, parentheses in the original.
⑪ Charles E. Silberman, *Crisis in the Classroom: The Remaking of American Education* (New York: Random House, 1970).
⑫ Goodlad, *A Place Called School*, p. 80.
⑬ United States President's Science Advisory Committee Panel on Youth, *Youth: Transition to Adulthood* (Chicago: University of Chicago Press, 1974), Part Ⅳ especially.
⑭ Goodlad, *A Place Called School*, pp. 165, 166.
⑮ Personal recollection of this essay's author.
⑯ Goodlad, *A Place Called School*, p. 241.
⑰ Goodlad, *A Place Called School*, p. 191.
⑱ Goodlad, *A Place Called School*, p. 192.
⑲ Goodlad, *A Place Called School*, p. 230.
⑳ Goodlad, *A Place Called School*, p. 229.
㉑ Goodlad, *A Place Called School*, p. 231.
㉒ Mihaly Csikszentmihalyi and Reed Larson, *Being Adolescent: Conflict and Growth in the Teenage Years* (New York: Basic Books, 1984), p. 257.
㉓ Goodlad, *A Place Called School*, p. 112.
㉔ Goodlad, *A Place Called School*, p. 113.
㉕ Goodlad, *A Place Called School*, p. 155.
㉖ Goodlad, *A Place Called School*, p. 156.
㉗ Goodlad, *A Place Called School*, pp. 164, 297.
㉘ See, for example, a potpourri of studies around themes raised in Goodlad's book, *A Place Called School*; Seymour B. Sarason, *The Culture of the School and the Problem of Change* (Boston: Allyn and Bacon, 1971, revised in 1997 by Teachers College Press); Mary Haywood Metz, *Classrooms and Corridors: The Crisis of Authority in Desegregated Secondary Schools* (Berkeley: University of California Press, 1978); Sara Lawrence Lightfoot, *The Good High School: Portraits of Character and Culture* (New York: Basic Books, 1983); Howard Gardner, *Frames of Mind: The Theory of Multiple Intelligences* (New York: Basic Books, 1983); Arthur G. Powell, Eleanor Farrar, and David K Cohen, *The Shopping Mall High School: Winners and Losers in the Educational Marketplace* (Boston: Houghton Mifflin, 1986); Tracy Kidder, *Among Schoolchildren* (Boston: Houghton Mifflin, 1989); Milbrey McLaughlin, Joan E. Talbert, and Nina Bascia, eds., *The Contexts of Teaching in Secondary Schools: Teachers' Realities* (New York: Teachers College Press, 1990); Paul T. Hill, Gail E. Foster, Tamar Gendler, *High Schools with Character* (Santa Monica, Calif.: RAND Corporation, 1990); David Perkins, *Smart Schools: From Training Memories to Educating Minds* (New York: Free Press, 1992); Mike Rose, *Possible Lives: The Promise of Public Education in America* (Boston: Houghton Mifflin, 1995); Deborah Meier, *The Power of Their Ideas: Lessons for America from a Small School in Harlem* (Boston: Beacon Press, 1995); Linda Darling-Hammond, *The Right to Learn:*

A Blueprint for Creating Schools That Work (San Francisco: Jossey-Bass, 1997). The subtitles alone tell much of the publishers' judgments about what the serious reading public might choose to read about schooling.

㉙ Goodlad, *A Place Called School*, pp. 81, 91.
㉚ Goodlad, *A Place Called School*, p. 358.
㉛ *A Nation at Risk*, pp. 5, 6.
㉜ Terrel H. Bell, *The Thirteenth Man: A Reagan Cabinet Memoir* (New York: Free Press, 1988).
㉝ *A Nation at Risk*, p. 10.
㉞ *A Nation at Risk*, pp. 11, 12.
㉟ *A Nation at Risk*, p. 14.
㊱ *A Nation at Risk*, pp. 18–23.
㊲ *A Nation at Risk*, p. 24.
㊳ *A Nation at Risk*, p. 27.
㊴ *A Nation at Risk*, p. 29.
㊵ *A Nation at Risk*, pp. 30–31.
㊶ *A Nation at Risk*, pp. 32–33.
㊷ James S. Coleman et al., *Equality of Educational Opportunity* (two volumes) (Washington, D.C.: U.S. Government Printing Office, 1966). The most careful contemporary analysis of this study is Frederick Mosteller and Daniel Patrick Moynihan, eds., *On Equality of Educational Opportunity* (New York: Random House, 1972).
㊸ Jonathan Kozol, *Death at an Early Age* (Boston: Houghton Mifflin, 1967). Samuel Bowles and Herbert Gintis, *Schooling in Capitalist America: Educational Reform and the Contradictions of Economic Life* (New York: Basic Books, 1976).
㊹ College Entrance Examination Board, Advisory Panel on the Scholastic Aptitude Test Score Decline, *On Further Examination: A Report of the Advisory Panel on the Scholastic Aptitude Test Score Decline* (New York: College Entrance Examination Board, 1977).
㊺ David Tyack and Larry Cuban, *Tinkering Toward Utopia: A Century of Public School Reform* (Cambridge: Harvard University Press, 1995), chapter 4.
㊻ *A Nation at Risk*, p. 32.

前　言

西奥多·赛泽在《一个称作学校的地方》20周年纪念版的序言里,简练精辟地评述了美国20世纪80年代初两项重大教育工程的性质。一项是全美优质教育委员会的报告,题为"处在危机中的国家"。这是专门回应当时"公众普遍的看法,认为我们的教育系统存在着严重的问题"。另一项则是"美国教育史上规模最大、最复杂的调查研究之一,即学校教育研究",本书就是这一调研的综合报告。

赛泽认为这两项工程之间的主要差异在于前者的重点是批评指出学校教育的种种弱点,而后者的重点则是找出形成这些弱点的原因。赛泽肯定了委员会的报告所引起的社会震动。它有效地使公众对委员会所提出的改革建议引起重视。但这些建议主要是呼吁我们改革当年已有的和现在还无甚变化的学校,将它们办得更好。相比之下,他写道,《一个称作学校的地方》所重视的是学校教育的"语法规则",即它的基本理念、实践、日常运作,及参与这些运作的人们的真实心态。并且,《一个称作学校的地方》提出了彻底改革学校的建议。但是,他又一针见血地指出,"美国想离开昨日,走向新的黎明"。二十年后的今天,沉浸在以考试和教学责任个人化和机构化的改革之中的美国还在等候新的黎明吗?

赛泽并没有专门为《一个称作学校的地方》纪念版写序言。该文原名为"回到《一个称作学校的地方》",第一次发表在肯尼斯·A·斯若特尼克和罗杰·史得尔主编的《不同的鼓声:纪念约翰·I·古德莱得教育更新思想论文集》(1999出版)一书里。此书收编了一系列关于教育更新的论文。赛泽的这篇文章一字未改,作为本书的纪念版序言在这里重新发表。《一个称作学校的地方》纪念版的章节内容也跟第一版一样,一字未改。

罗杰·史得尔一年前曾提醒我,虽然《一个称作学校的地方》第一版尚未停印,但需要重新引起公众对这一调研报告的注意。这也就促使我去重读赛泽的文章。在文

章的结尾,他预计,当目前风行一时的学校改革走到尽头时,人们又会开始"沉痛的重新评估"。接下来他写道:

> 到那个时候,《一个称作学校的地方》所报道的"学校教育研究"才会得到它应有的重视。一时的挫折感可能会导致人们重新分析现在的青少年在学什么知识及怎样学习。这样的分析可能会掀起一股新的改革浪潮,以崭新的、更有效的学校教育体系来替换美国人沿用了近一百年的学校教育体制。古德莱得在二十年前领导"学校教育研究"时所采集的数据不会因时间的变化而失去它们的意义,因为他当年记载和评判的现象至今还极为普遍。令人叹息的是,许多学校仍然存在着浪费时间和宝贵资源的现象,而此现象与当今中学生的母亲们当年高中毕业时中学的情况相比,并没有什么改变。古德莱得当年对学校的批评仍然可悲地、令人不安地适用于当今的学校。

看了赛泽的这段话,我便确信有必要重新出版《一个称作学校的地方》,并且确定要申请借用不加任何修改的赛泽的这篇文章作为再版本的序言。同时,我也决定为再版本写一篇后序,进一步探讨序言中所提出的主要问题。

《一个称作学校的地方》的研究和写作从20世纪70年代末延伸到80年代初。这是一个有深度、有收获、令人筋疲力尽的学习过程。成千上万的研究数据是从一批有代表性的美国中小学校收集上来的。在本书第一版的附录A里,我们列举了一系列的技术报告和其他原始资料,显示了这些数据的广泛性。列在附录B里的工作人员大多数是在采集数据的最后阶段雇用的半时工。因为纪念版需要给新序言和后序留出空间,所以删去了原版中的这两个附录,以及原版的序和其他的一些前面部分。原版里为27 000人——那些为我们的调研提供了数据的学生、家长、教师及学校领导人——所致的献词仍保留在新版里。

我再一次向十四个为此研究提供资金的基金会和机构,以及那些许多年前曾为此书作出过特殊贡献的人们表示感谢。我希望那些当年被赠此书的人们今天在看到此书时,仍然会想起我们大家的共同成就。不幸的是,这里面的很多人,包括我们杰出的外界顾问委员会六位成员中的四位,已经离开了我们。

我想大多数作者一定像我一样,在完成了最后的修订,或做完最后一次细微修改的时候,会对自己的写作成果感到厌倦。我开始写稿时,有些数据还在整理阶段,而有些技术报告还没有完成。在好些日子里,往往要等到其他工作职责完成之后,才有时间写作,幸好在工作上我有能干的同事们的帮助。

回顾过去,我认为当初我决定把与本书有关的所有权力——如版权、稿费,等等——都让给了"教育活动开发所"(IDEA),是求自安而多于施慷慨。然而,在 IDEA 离开"铠特灵基金会",转为一个非营利的教育开发机构的那段困难时间里,此书的稿费给了它决定性的帮助。为此,我感到欣慰。有趣的是,这样的版权分配从某种程度上将我与此书拉开距离,使我能够更客观地评价此书,把它看成是教育界大动荡之前的学校教育的一个组成部分。这种客观感也使我能平心静气地对待一些好心人的发问:《一个称作学校的地方》的成功会不会超过我以前和今后的任何作品。现在,为再版本撰写后序给了我一个机会,对 1984 年之后的这二十年进行认真的反思。

本书20周年纪念版的封页提到,我也是《与学校的浪漫》这一新书的作者。这两本书虽然在对学校的描述、研究的方式、写作的风格上等有所不同,但它们在很多方面是相辅相成的。就像上面所提到过的,《一个称作学校的地方》分析阐述了从全国的学校样本里收集的大量数据。此书是对特定历史时期美国学校的真实写照。《与学校的浪漫史——我的教育生涯》则追述了我个人的一段旅程——一位教育家长达75年,超越国境线,包括加拿大和其他一些国家学校的教育旅程。我努力在拍摄各种旅途风景的同时自己也站在画面里。

《与学校的浪漫史——我的教育生涯》一书只密切地描述了几所学校,有大专院校,也有中小学校。然后我退一步地详述了这些学校所经历过的时代变迁,跨越了大半个20世纪。结尾的几章叙述了公众早在《处在危机中的国家》这一报告发表以前就开始对学校教育感到的不满,还写到虽然现在公众对自家社区的学校还算满意,但是一旦不满的癌症扩散到这些学校,美国将面临深重的危机。

在写完《与学校的浪漫史——我的教育生涯》和重读《一个称作学校的地方》,特别是后者的两篇结束章之后,我决定在此书的纪念版后序中再次以学校教育的"语法规则"为重点。就像赛泽所指出,这正是全书的核心。我将详述这一核心的几个主要背景主题,并希望有兴趣进一步探讨这些主题的读者去念《与学校的浪漫史——我的教育生涯》一书。

致 谢 辞

谢谢你,罗杰,启动了《一个称作学校的地方》纪念版的工作。我衷心地感谢赛泽,他积极支持我引用他的原文,"回到《一个称作学校的地方》",来作为纪念版的序言;感谢彼得·琅出版社批准再版赛泽的文章;感谢麦格罗·希尔出版公司的好人们,特别是菲力普·卢普尔、芭芭拉·吉尔逊和安德鲁·利特尔的支持和尽心工作;还要感谢(再一次地)我的秘书波拉·麦克曼努,她保证我始终一帆风顺。

前面提到,在本书第一版的首页上,有我给所有为此研究作出贡献的人们和机构的致谢辞。那些还记得致谢辞结尾部分的读者如果要问,我和我夫人琳恩是否响应了奢侈享乐的呼唤,度过了一个答应过自己并在幻想中是属于自我享受而不是写作的暑期,我的回答是"还没有"。至于能不能在不久的将来实现这一幻想,答案就像歌剧《窈窕淑女》中的爱丽莎所叹息的那样,太不可能了。

约翰·I·古德莱得
写于 2003 年 8 月

第1章

我们能办有效的学校吗

> 美国学校所面临的问题深重;它们可以获得的资源在大多数情况下是非常有限的;后果极为严重,根本无法预测有多少学校最终会万事大吉。
>
> 摘自 达德拉斯 杂志专刊(1981,夏)
> 美国的学校：公立的和私立的 前言第Ⅴ页

美国的学校正处于困境中。事实上,学校教育的问题如此之多以至于许多学校可能无法幸存。我们公立教育的整个体制可能正近乎崩溃。我们无疑将继续拥有学校,但是它们获得支持的基础,它们与家庭、社区和州政府的关系会与我们目前所知道的情形相差甚远。

为了生存,一个机构需要它的顾客对它的用途抱有信心,并对它的表现有一定程度上的满意,对我们的学校来说,这是一件复杂的事情。美国公立学校的顾客——家长和他们的学龄儿童——已经成了一个少数群体。20世纪70年代,不断下降的出生率和日益增加的老龄化人口使直接参与学校教育的人数减少。这些发生了变化的人口情况似乎使保证学校教育所需要的税收越来越困难了。值此书写作之际,全国已有几个地方的征税行动不断受挫,不止一个的学区要关闭学校。我们的公立教育体制,为了生存,且不说为了良好的发展,需要那些目前并不在接受学校教育的许多人的支持,可是能否得到这种支持现在却令人怀疑。

一个民主社会的实现在某种程度上取决于是否有一个能为每个人提供平等教育

机会的学校体系,从这个意义上讲,我们都是学校的顾客。然而,要使大多数公民明白这种关系,并且相信正因为这种关系学校需要他们的援助,却是不容易的事情。如果他们认为学校没有很好地完成它们的传统使命,那就更难说服他们了。不幸的是,学校在完成传统的基础教育和扫盲任务方面所显示出的能力,正是目前舆论激烈批评的焦点。

下面论述的一个基本前提是,我们这个国家仍然需要学校的存在。如果学校突然间不复存在,我们就会发现有必要重新创建学校。另一个前提是,我们现在需要的学校,并不一定是我们所了解的学校。第三个前提是,当今盛行的批评浪潮缺乏对学校的诊断,而这正是重建学校所需要的。这种批评从某种程度上来讲是受心理动机支配的,是对我们自身和我们的教育机构全面丧失信心的产物,它并没有足够的针对性。

所以,我们需要的是更好地理解我们的公立学校以及困扰着它们的具体问题。只有在这种理解之后,我们才能带着创建更好学校的信心来处理这些问题。作为一个国家,我们有经验从这种有针对性的诊断中受益,并从中引发建设性的批评。几次最初的成功就会重新唤起我们对自己和学校的信心。本书试图帮助读者获取对一些具有代表性的学校的理解,认识到它们存在的问题,并看清学校改革的首要任务。

并不是最近对学校的批评才引发我们严肃思考教育体制的危机。每隔一段时间唾弃而不是赞扬学校已经成了更为时尚的做法了,并且以往的抨击已经形成了一片批评的讨伐声。早在20世纪50年代初期,一些写着令人感到忧虑和惊恐的标题,例如,《为什么约翰不会读书》、《教育的危机和教育的荒地》的书籍引发了"回归基础教育"的运动。不,绝不是最近的批评,而是它所反映出的对教育关注的本质和深度使人们感到公立学校教育的未来动荡不安。50年代的批评与其说是针对学校教育体制的,不如说是针对学校工作人员的能力——特别是行政管理人员和那些培训教师的人。当查里·西伯曼在1970年写到学校里"不用脑筋"的人时,他指的是那些行政管理人员和教师。①

然而,在70年代,公众的批评不仅是针对学校管理者的,也是针对学校的。学校和我们一样对政府、对法律体制、对教师职业,甚至对自己都失掉了信心。对学校内在功能的怀疑,其实也是对教育的怀疑,迅速地弥漫开来。罗伯特·M·哈庆思在这一切还未明显到来之前,早已预料到了时代的气息。他思索着学校为什么突然会从辉煌之处跌落下来,质问那些被称作"自由的基础,未来的保证,富裕和权力的根源,安全的堡垒,明亮耀眼的灯塔……智慧启迪的源泉的公立学校"究竟发生了什么事情。②

哈庆思的这些挖苦话说明我们过去对学校教育的期望并不现实。他是在第88届国会开完几年之后写下这些话的,过去的教育目标对于大多数人来讲只是一个难以实现的梦想,而这次国会似乎能使每个人都实现这个梦想。

这次"教育国会"通过立法来支持职业和技术教育,教导残疾儿童,制止青少年犯罪,医学教育,大学和社区图书馆,研究生院,技术学院,公共社区学院,学生贷款,学生咨询,接受联邦资助地区的学校,教育媒体,教育研究,人力开发以及科学、数学和外语教学。通过1964年民权法案中的教育机会均等的项目,第88届国会为公立学区提供了特殊的支持,以废除种族隔离,并指令教育专员调查报告那些由于种族、肤色、宗教或出生地等原因失去平等教育机会的个人的情况。此外,这一届国会通过1964年的经济机会法案,也为低收入家庭的学生继续接受高等教育提供了援助,为年满18岁以上的人提供学习阅读和写作基本技能的机会,鼓励学区为处于不利家庭环境的儿童提供早期学习的机会,以弥补他们有限的家庭环境对其造成的不利影响。

第89届国会通过了令人惊叹的、前所未有的1965年小学和中学教育法案,进一步延续了上述的大部分承诺。法案的第一章旨在协助各学区完成帮助低收入家庭的学生获得他们所需要的教育的重大任务。第二章是有关公立和私立的、非营利性的中小学购买图书的事宜。第三章和第四章为连接社区的教育资源提供经费,并资助大学、公立学校、私人非营利的教育机构和州教育部的共同合作以开发综合的研究,发展和传播知识项目。第五章直接拨款给州教育部,不断增强其领导责任。为了取得上述内容的实效,联邦教育办公室1966年的财政预算增加了1 255 000 000美元。

第88届和第89届国会通过立法来支持从摇篮到坟墓的终身教育,但这并不是全部。在林顿·B·约翰逊总统的敦促下,国会力图利用学校来解决紧迫的社会问题,如,贫困、失业、城市腐败、犯罪、暴力和种族歧视。

使幻想破灭的种子已经播撒下去了。从长远来讲,教育无疑有助于社会问题的解决,可是在短期内,它并不能显示出成功的迹象。不可能在国会议员一届任期的时段内确定教育的整体效果。期待结果是一个严重的错误,正像建造楼房或桥梁的资金一到位,就期待马上破土动工一样。但是许多人确实要寻求快捷的、显而易见的结果,并盼望在60年代结束之前能看到成绩。为什么不呢?威力就在教育和学校教育之中,大量资金的投放就能释放这一威力。

当早期的报道没有印证这种假设时,可以想象得出人们的沮丧。大量发行的克而曼报告中关于学校的分析结果(发表于1966年)给人们带来了惶恐和不安。③克而曼的结论是,学校之间资源分配的差异,只能说明学校测试成绩差异的一小部分。影响学生学术学习成就最主要的因素不是教师和教学,而是学生的家庭背景及来自不同家庭的学生的相互交往。造成学生成绩差异的最大原因也不是学校好的教学材料、设备、课程和教学法,而是学生的家长是否受过良好的教育,是否来自比较富裕的家庭。这对教育工作者和那些对学校寄予极大期望的人们来说,真是一个令人忧郁的假设!学校教育的顶梁柱是否出现了裂缝?

许多20世纪60年代中叶的人们,像早年的人们一样,憧憬着一个自我更新的社会,在这个社会里,由政府支持的教育起着主要的作用。"在不断更新的社会中,重要的是在一种体制或框架下,有连续不断的革新、更新和新生。"④这种理念继续地得到我们社会中一部分人的支持。但是人们对于政府的作用,特别是对学校在影响或极大促进社会更新方面所能发挥的威力的那种兴高采烈的情绪,渐渐被疑虑所取代,到了70年代,他们的疑虑更甚。因此,克里斯托夫·杰克斯在1973年对学校的重要性所做的结论,被许多人认为是事实,而不是假设。⑤

杰克斯甚至得出结论说,学校的改革对于减少学生在认知方面的不平等是起不了什么作用的。并且,他认为,在解释学生之间所取得的教育成就的差异时,学校里存在的差异是不相关的。学生与学生之间在教育成就方面的差异只能用社会经济地位和智商来解释。也就是说,学生表现上的差异是由学校外部,而不是学校内部的因素引起的。⑥一个孩子带进教室里的背景就决定了他或她在那儿的表现。显然,克而曼的假设得到了证实。

关于克而曼和杰克斯的论点,我在这里不想加入赞同或反对的争论。教育学和社会学的文献中对这些论点,尤其是克而曼的论点,已经充满了各种辩论。克而曼的数据已经被多次分析过。然而,值得注意的是,这些分析一般都忽略了学校内部的成绩差异,或者忽略了把这些差异与课堂过程联系起来。很可能良好的教学会导致学习成绩上的差异,但是,如果把各个学校的数据平均起来分析,就很容易忽略这些差异。并且,即使克而曼的解释是正确的,一些批评家也会认为,他调查的仅仅是什么,而不是可能是什么。假如我们要将一般性的学校与那些具有理想的条件和实践的学校相比较,克而曼的结论还适用吗?如果不适用,那么希望就在努力重建学校之中。

与杰克斯的争议并不集中在他的研究发现上,而是更多地集中在他对发现的解释上。杰克斯的焦点是与最终的经济回报有关的、造成个人与个人之间不平等的因素。他的结论是,在学区的各个学校之间实行开支平等化并不能减少学生在学习成果上的不平等。这个结论并不十分令人吃惊。但是,当他得出关于学校改革对学生的认知发展的潜在影响的悲观结论时,他好像远远地偏离了自己的数据。

值得庆幸的是,多数教育研究者和改革家只把克而曼和杰克斯的结论作为假设,并且不泄气,不放弃对学校的进一步探索,以寻求更佳的办学途径。实际上,这两位研究者的成果为这种研究注入了新的推动力量。另一方面,许多不太细心的读者认为克而曼和杰克斯的结论的意思是,学校对于学生的学习影响不大,或者根本没有影响。一些人甚至由此断定,上学的孩子在这一方面并不比那些不上学的孩子优越。很显然,这些广泛宣传的结论和解释给学校增添了一层浓浓的阴郁和毁灭的色彩。一旦某一领域的研究发现被当作事实登上报纸的头版头条,就没有可能扭转公众眼里的这个既定事实。在这里,这些假定的科学发现正好适应了人们日益增长的信念,即学校是无效的。这种信念开始于20世纪60年代后半叶,到了70年代时已经占了上风。

我毫不怀疑,这种幻想破灭的心态开始影响学生们对于学习的态度,特别是中产家庭的青少年。他们父母的收入在持续地增加,他们这个社会经济阶层的就业机会也很多,他们感到无论是否接受大学教育,未来都有充分的保障。他们的同伴群体文化受着电视上专为他们的购买力所编排的节目的熏陶,推崇的是这里和现在,相比之下,教育的长远利益则不能激发他们的兴趣了。况且,如果学校教育的长远利益本身就有疑问,为什么还要在学校努力呢?此外,总会有某种学院能录取你。这个时代的教师们非常了解学生学习态度上的这些并不太微妙的变化。

最能够说明人们对学校教育的不满情绪的论据是某些标准考试成绩的下降,特别是许多高中生和初中生为进入比较好的大学而参加的学术能力测验(SAT)。分析家和批评家们对此寻求传统的、简单的解释,就像那些每天都要对股票市场进行分析的人希望对市场的锯齿形波动做出简单的解释一样。人们把测试成绩下降的原因归为20世纪60年代"进步主义"的教学实践、能力低的行政管理者、没有受过良好培训的教师和培训教师的师范学院教授。半个世纪前,学校与大学关系委员会对全国进行了考察,这样描写了中学和中学的管理者:

> 他们没有成功地传授美国的文化遗产,没能使学生真诚地欣赏这些文化;他们没有开发学生能力的极限;他们没能有效地引导或激发学生;他们的课程是与年轻人真正关注的事情无关的,没有生命力的材料杂乱拼凑起来的。⑦

从前面的例子可以看出,对20世纪70年代问题的批评,通常是简单化、缺乏诊断性的。它们很少指明特定的弊端,而且倾向于从一个问题跳到另一个问题。同时,它们对整个学校体制的全面衰落常常是含糊其辞地做出总结。

并不奇怪的是,所提出的改革都是零碎性的。实际上,可以公平地说,几乎没有提出什么改革,而却给教师,最后也给学生施加了压力,要他们做得更好,特别是在基础学科方面。各个州都制定了程序,让教师负起责任,每年都要提高阅读和数学的分数。一些州要求学生通过熟练测试才能够从高中毕业,有的甚至要通过各个年级的升级考试。

有一种熟悉的假设是,教师和学生只要致力于三个R的任务,并更加努力,就能使全体学生学好。但是,这种看法忽略了围绕着办学的一系列条件,而这些条件即使不是崭新的,也比人们所认识到的更为重要和广泛。

第一,家庭和教会这两个过去相当稳定的机构,几个世纪以来一直承担着许多教育任务,但到了20世纪70年代其作用已严重削弱。由于在教育功能上所受到的限制,它们只能寄希望于学校来担负起主要的教育任务,甚至承担一些它们发现越来越难做的事情。只有少数的家庭还一起去教堂。教堂所办的星期天学校已失去了对年轻人的吸引力。到了20世纪70年代末,四分之一7岁以下儿童的母亲在工作;将近55%的学龄儿童的母亲都有了工作,对大量的儿童和青少年来说,每天放学后没有父母照料他们。现在出生的孩子中几乎有45%的人在18岁以前将会与单亲父母生活。这些发展对我们年轻人的影响和给学校增添的负担是难以估计的。

第二,早年那种家庭与学校之间几乎无可置疑的相互支持的关系,今天已经极大地退化了。一百年,甚至五十年以前,在学校里挨打的孩子,在家中也要挨打。到了1975年,在学校里挨打的孩子常常成为家长控告学校的诉讼当事人。校长和教师不能再认为他们在学校里可以当学生的家长了。很明显,学校和家庭为着共同目标教养孩子的合作力度减弱了。不太明显的是,学校工作人员也减少了带领学生参加除了日常课堂教学以外的活动的积极性。即使是郊游时发生一点轻微的事故,也会引发一场官司。

第三,提供衣食住等生活必需品的经济与其他因素一起,改变了社区的本质。地方小市场、专卖店和加油站,这些邻里们相互见面和聊天的场所已经被超级市场所取代,而在超市里,人们或者忽略他人的存在,或者面无表情地注视着其他社区的陌生人。单独有庭院的家庭住房与公寓住宅,以及后来兴起的高级公寓的比率下降了,这也改变了整个邻里关系的本质。我们继续使用"社区"和"邻居"这些词,但是这些词与现实情况的吻合却变得越来越松散和模糊。儿童和青少年往往不认识或仅仅认识他们几个同学的家庭成员。以前在抚育孩子的过程中,家长们能够像了解自己的孩子一样了解一些其他家庭的孩子。这就形成了一种教育的力量,可是现在这种力量已经基本上不存在了。我小的时候,在我放学回到家之前,我的父母就已经知道我在路上是否做了坏事。这种变化对年轻人的品德教育有什么含义呢?社区里发生的所有这些变化和人们对社区的敏感度的下降,会给学校带来哪些额外的问题?

第四,曾经相当成功地为公立教育提供财政和道德援助的政治联盟,到了70年代已是一片混乱。几乎不到十年的光景,其衰败已到了危险的边缘。斯黛芬·贝利在描写那些参加1955年白宫教育会议的人时,勾画出这个包括立法者、学校董事会成员、家长团体、学校管理者、教师和商界领袖组成的联盟的范围:

> 1/3的代表是教育工作者,2/3的代表是教育行业之外的公民。允许每个州和地区按人口比例派至少10名代表。同时邀请了283位对教育感兴趣的全国性组织派代表参加。艾森豪威尔总统是执行委员会的名誉主席。执行委员会的30多位委员代表着美国各界的精英人物,包括市政、经济、新闻媒体、文化和政治领导人。尽管这次大规模的史无前例的国家会议制定出的许多政策的效益,要花上十年或更长的时间才能够实现,但是,作为公众对教育的关注和支持的标志,1955年白宫教育会议的重要性在美国历史上是无与伦比的。⑧

正如贝利指出的那样,这次会议上制定出的具体目标要经过十年或更长的时间才能够实现。接着,毫无疑问地,这些理想的目标与联邦政府对学校教育的承诺所带来的短期效果形成了鲜明的对照,这就极大地促进了联盟的解体。在20世纪70年代,我们常常看到学校董事会和他们的督学人员在力图实现错综交叉的目标。我们很少发现立法者、家长、教育工作者和商界领袖在为共同的目标而努力。为学校做事已不再是时尚了。除非建立一种新的联盟,否则学校现在和未来的发展结果是无法预料的。

第五,教育工作者自己的队伍严重地分裂了。逐渐发展起来的集体谈判的方式使管理人员与教师对立起来。督学人员试图建立一支不可分割的管理队伍,这就往往把校长和教师分离开了。然而,学校里校长与教师之间的相互信任和支持却是学校改进的基本条件。中学里的英语、数学、科学、社会学习等学科的教师和各级学校里各种专门教育工作人员都认为自己首先是在其专业领域里教授专门学科的教师,其次才是教育工作者。他们所参加的职业组织也不断地强化教师与它们的隶属关系,而不是对整个教育过程的关注。经营学校的人和在大学里研究这些学校的人彼此不信任,形成了巨大的分裂。教育是一个被严重地分隔成零碎块片的职业。毫无疑问,这样一来,就非常难以聚集必需的联合力量来开展学校改革。

第六,正因为我们的社会在发展大众化的小学和中学教育时取得了令人印象深刻的巨大成功,这就使高中的教育任务变得极为复杂化了。在20世纪初,它与私立学校一起,主要的任务是培养少数精英学生进入大学接受高等教育。今天,它教育的对象是来自不同家庭的差异极大的各路学生,而这些家庭对教育抱有不同的期望。许多小学毕业升入初中和高中的学生根本就不是学校的顾客。他们在校学习至少要到16岁或年龄更大一些,因为这是社会的要求——当然,也是因为他们的朋友们都在学校里。许多高中教师并没有做好充分的准备来应付他们的学生所关注的问题。

第七,与此密切相关的是,今天的年轻人正在从家庭、教堂和学校以外的其他来源获得教育,在这里教育的定义就比较松散了。电视便是其中的一种来源,它的作用巨大但人们对它的了解并不多。我们对各种教育力量以及它们的影响都研究过少,也了解过少。我们的孩子们从这些来源中所学到的多数内容,都没有经过调解和说明,甚至没有经过传统的教育机构的联合商讨。学校在新的教育联盟中应起什么作用也几乎没有加以重新思考。

总之,在学校周边环境最为不利,也最为艰难的时候,对学校的期望也达到了顶点。按照戴安·达维奇的解释,这些期望就是为更多的人提供更多的教育,它将会:

- 通过消除文盲和文化剥夺,减少个人和群体间的不平等。
- 通过提高全民的智慧和技能,改善经济和经济机会。
- 通过开发才智、培养技能和创造力,普遍提高个人取得成功的能力。
- 通过广泛传播通才教育的成果,提高国家的文化生活的质量。
- 为具有相似教育背景和相似价值观的人们培养一种新型的社区感,减少隔阂和不信任。
- 通过促进不同群体的联系,减少偏见和误解。
- 改进公民及政治生活的质量。⑨

到了20世纪80年代初,许多人对学校是否能为实现上述民主理想做出贡献表示怀疑。例如,一些人对学校"促进不同群体的联系"的作用并不感兴趣,另一些人反对学校发挥这样的作用。有越来越多的人由于各种各样的原因,倾向于家长应有权为子女选择学校。所谓的教育券计划的支持者们四处寻求支援,呼吁把开办公立学校的费用直接交到那些要选择不同的替代学校的家长的手中。替代学校在许多方面更像私立学校,而不是公立学校。在1981年盖洛普民意测验对公立学校的调查中,49%的人认为,越来越多非公立学校的出现是件好事情;30%的人认为这是件坏事情。甚至在调查公立学校的家长时,44%的人认为私立学校的增加是件好事情;36%的人认为这是件坏事情。⑩

在如此短的时间内,作为"自由的基础……智慧启迪的源泉的公立学校"究竟发生了什么事情?而将来学校又会发生什么事情呢?

我们的学校好到或差到什么程度?

戴上一副眼镜来看我们的学校,似乎它们是最差的地方。戴上另一副眼镜来看,它又似乎是最好的地方。当我们把学校教育与我们国家的快速发展直至在全球的显赫地位联系起来时,我们的眼前便出现了一幅玫瑰色的画面。在这种地位的提升过程中,小学和中学教育的作用往往被当作是起因,而不仅仅是我们丰富的资源和利用这些资源发展经济实力时的伴随品。对学校教育有信心的人也坚信它能为每个有志寻求机会的人提供无限的机会。

直到最近,关于美国公立教育体制的优点,有两种假设的看法尤其被认为是理所当然的。第一种看法认为,小学的社会功能是为那些来自不同背景的移民传授一个民主社会所要求的价值观念和信仰。第二种看法认为,学校的作用是将所有的年轻人培养成有责任感的、成年人的社会和工作生活所需要的人,在这方面学校被认为做得很成功。学校要传授主流文化,并鼓励学生忠实于这种主流文化。年轻人去上学,就能保证获得必要的学识和忠诚,因此上学本身就是"好事"。

最近几十年,人们日渐认识到,种族和经济背景给学生在学习成就上造成了障碍,因而对学校教育产生了一种消极的看法。学校教育的运行常常被看作是歧视和不平等的一部分,而不是改善它们的措施。批评家认为,公立教育体制的各种教学活动使大批人麻木地接受了现状。学校规模向上、向下及向侧面的扩大为人们提供了新的职业晋升机会。但是,批评家指出,每一次重要的教育机会的增加都首先青睐那些家庭背景优越的人。社会地位较低的群体,按照他们的人口比例,也被包括在规模扩大了的学校教育中,但只是在学校教育先满足了高、中层阶级群体的需求之后。⑪那些要重新描绘学校教育这幅玫瑰色画面的人们认为,学校把年轻一代锁定在他们出生时就有的相应的社会和经济地位之中。⑫

因此,人们对学校教育的优点有很多不同的意见,必须考虑到这些意见,才能参加当前的辩论,探讨教育体制在教导年轻一代方面的效率和有效性。长久以来,人们相信义务教育是对所有人的一种祝福,但这种信仰已经受到严重的瓦解。尽管如此,多数家长还是坚信,无论是通才教育,还是职业教育,更多的学校教育仍然是好的,令人渴望的。学校提供给人们在其他地方难以获得的知识,尤其是在数学和自然科学领域。⑬那些受过更多学校教育的大学毕业生显然拥有更多的知识。⑭也有证据显示,受过更多教育的人在我们社会所倡导的许多价值观上,如公民自由、信息自由、法律约束以外的自由、隐私权等方面,都有着较强的个人信仰。但是随着年龄的增长,这种关系便削弱了。⑮也许,在成人社会中,没有哪个可与学校相比拟的机构,在公共事务的现实舞台上,在相互冲突的价值观念面前,能够如此持久地加固人们对于理想价值观的信念。

其他国家对于我们教育体制的羡慕集中在两方面,可是在国内,这两方面并不是我们引以为荣和满意的。第一是人们通常所指的美国大众或义务学校教育的实验。第二是在这一发展中有特色的革新,为满足特殊需要而崛起的初中和社区学院便是其绝佳的例证。

最近,年轻人从高中毕业的比例增加的纪录令人印象颇深。1950年,只有大约半数的白人学生和1/4的黑人学生从中学毕业。1979年,这个数字增长为85%的白人学生,75%的黑人学生。⑯并且,有更多年轻的成年人完成了中学教育。1970年,年龄在25岁到29岁之间的成年人中有75%的人完成了中学教育;到了1979年,这个数字上升到86%。⑰

具有讽刺意义的是,正当更多的人参与到教育体制中来的时候,对它的批评也在增加。教育规模的扩大确实带来了一些问题。教师们时常感到,自己正面临着如何教那些缺乏学习动机的学生的难题:"我们有些教室里坐着一些不愿意坐在那里的学生,他们的目的不是学习,而是从学习中逃脱。"⑱20世纪五六十年代,学校规模扩大的速度赶不上学生人数的增加,经历了一段困难时期。50年代末,洛杉矶市学生人数的上升率曾一度如此之快,以至于每周一早晨需要增加一所能容纳500名小学生的新学校。在入学人数增长的这段时期,全国有70%的小学没有图书馆;许多学校平均每个孩子只有半本书。当我们努力为日益增加的大量男孩和女孩提供更多的学校教育时,我们很容易忘掉这样做给学校增添的压力。

这些孩子中有许多人都缺乏家庭的支持。以前当仅有少部分人能够进入和完成中学教育的时候,孩子们就往往能得到家庭的支持。联邦政府试图整顿这种局面。在1966年,财政预算年所增加的每6.5美元中就有将近5美元被用来支持各学区保证低收入家庭的学生继续并完成学业。之后的每一学年,联邦资助的最大部分也用在这个方面。遗憾的是,联邦政府的这笔教育投资在十年或更长的时间之后才能看到效果,而在此之前许多人已认为这笔开销是徒劳无益的,尤其是那笔直接用于支持革新项目的投资。然而,当政府的承诺是相对长期的和稳定的,那么其收益也是最大的,正如帮助贫穷儿童"早开始"学习项目所做到的那样。[19]这是意料之中的事情。

我们应该预料到,鉴于学校教育周围的环境,在教育工作者还没有学会应付新出现的问题之前,学生成绩测验的分数就会开始下降。20世纪50年代中期到60年代初期,师资缺乏的问题是尖锐的。各学区急于为课堂配备教师,放松了标准的要求。许多学区采用两班倒的方式来办学,教室里仍然拥挤不堪。改革者致力于开发新课程,使用新的分班方法、新的课堂组织形式,以及新的教学方法,为学生提供课程的选择,以照顾那些具有特殊背景和兴趣的学生。学校被当作社会变革的代理人,前所未有地被推上了公共的大舞台。

批评家们不去分析学生测试成绩为什么下降,而是把它称作学校体制崩溃的又一征兆。对学校进行批评的新浪潮在20世纪70年代骤然升起,与人们对变革中的经济环境的深切关注,和用校车接送学生以消除种族隔离的现象遥相呼应。大量发行的研究报告和观点,如前面提到过的克而曼和杰克斯的报告,引起了公众对学校的有效功能的怀疑。

其实,有关学生成绩的许多事实都被那些认为学校的有效功能在下降的激烈言辞掩盖住了。从1970年到1971年,全国教育进步评估组织就学生的阅读能力进行了第一次调查,1974年到1975年和1979年到1980年重复做了第二次与第三次调查。他们发现,9岁儿童的阅读技能在十年间有了稳定的改善,从1971年到1980年,阅读成绩提高了3.9个百分点;9岁黑人学生的平均阅读成绩提高了9.9%;13岁至17岁学生的阅读能力在同一时期保持了稳定。[20]但是,中学生的成绩每年上升,同时学生在著名的学术能力测试(SAT)中的平均成绩又在下降,这就引起了一场轰动。SAT 的成绩确实在下降,从 1966 年到 1967 年的语文平均分 466 分和数学平均分 492 分别下降到 1974 年到 1975 年的 434 分和 472 分。[21] 批评家们指责教师放松了标准,并且让那些学习成绩有严重问题的学生也都"自动升级"。

对 SAT 分数下降原因的分析是不能令人信服的。那种认为日益增多的少数民族学生参加测试而导致平均分数下降的看法是缺乏根据的。[22] 还有一种更为强烈的看法认为,越来越多的高中生以他们高中三年级的平均成绩来申请大学,并且放弃在高中四年级时再参加测试的机会。在研究了支持这些和其他看法的有关数据之后,爱德森这样总结到:"不能断然做出这样的结论:即参试人员在人口背景上的变化导致了 SAT 分数的下降。另一方面,要排除这种变化会导致分数下降的可能性也是不正确的。"[23]

14 　　20 世纪 80 年代初,最引人注目的解释集中在学校内部及周边的条件上。特别是在中学阶段,这些条件的情况包括加强纪律的难度,法庭命令的校车制度,匮乏的资源,质量低又缺乏热情的教师,对教师工作时间上的新要求,"现代的教育理念",对阅读和写作关注的不够,狭隘的技术课程,太多的选修课,教师培训项目不足,以及缺乏家长的支持。哪种情况最适合批评家目前的偏见,他们就抓住哪种。这一系列的解释,缺乏支持它们的数据,还有各种各样建议的提出,使我们茫然不知应采取何种适当的纠正行动方案。

也许了解和改进学校最严重的障碍是,我们在寻求测定学校的健康时所采用的措施不当。我们以考试的分数来衡量学校,例如,SAT 的测试分数,好像分数可以反映出学校的某种状况似的。然而,它们能告诉我们的关于学校的情况,甚至少于一个测量人体温度的温度计能告诉我们的关于身体健康的状况。比如,SAT 测试的设计并不是用来测量学校的有效功能的,更不必说测量学校的特色了。可是我们的一举一动似乎表明学校的好与差完全取决于考试分数结果的曲线图。曲线上升,我们就轻松;曲线下降,我们就焦虑。

许多认真的人们相信我们的学校应该,也可以做得更好,但是没有人坚持努力来实现这个目标。回归基础的运动只是进一步加强了教师在大部分时间已经在做的事情。现在有迹象表明,SAT 分数下降的局面可以被逆转过来。如果成绩一度下降是源于上面总结的学校的状况,那么纠正这些状况就可以使分数上升。

当然,我们不能对这个提议过于认真。当分数下降时,我们缺乏一种诊断;我们现在也缺乏一种诊断。如果我们不能较有信心地知道测试分数上升或下降的原因,那么它们就将继续上升或下降。当测试成绩上升时,如果我们减轻对学校质量的担忧,就会放松自己检查学校状况的责任,从而不能确定学校的强势与弱项,并采取建设性的行动。

我们有许多方法来检查学校的情况。一种方法是检验学校的产品,不是通过狭隘的测试项目,而是检查学校是否为客户提供了良好的教育服务。毕竟学校的业务就是教育,而我们并不缺少对教育的定义,因此也知道学校应该做些什么。

福拉纳根曾对 1 000 名年龄为 30 岁的成年人进行了深入的访谈,这些人十五年前在他们所就读的学校里参加了测试。㉔ 他访谈的内容集中在学校公开承担的任务上——身体的健康,与他人的关系,参与社会和公民的事务,娱乐,以及个人的发展和实现。对福拉纳根访谈的回答,使人们不禁思索我们是否认真地让学校办教育,而不仅仅是提供机械性的学习。数据中几乎没有资料显示,高中的课程能帮助学生培养工作的能力或对工作的满意感,进而参与公民和社会活动,或愉快的生活。这些年轻的成年人对学校的记忆是,那些富有创造力的教师设法将学习与当时还是青少年的他们的生活联系到一起。对大多数人来讲,他们当时的学校经历或者是有意义的,或者从来就没有意义。看起来,最好的建议是,少用考试的分数来确定我们学校教育的质量,更多地看一看学校要求学生们做些什么。

另有一些研究表明,在一些公众没有关注到的领域,学校教育存在着严重的问题。而这些方面,也是我们认识的误区。瑞文总结了关于爱尔兰和英国教育目标的几项研究报告,人们以为学校已经普遍实现了这些目标。他发现教师、学生和家长非常重视学生的品格发展。然而,他的结论是:"所有偶然的和直接明了的证据都表明,这些目标并没有得到很好的落实,并且,学校在这方面也许正在自食恶果。"㉕

有些人认为学校教育的中心任务是给学生提供解决智力问题和运用较高认知能力的机会,由此,我们进一步想到了关于学校有效性的问题。有更多的证据表明,学校在培养读、写、算,即所谓基本的技能方面所存在的问题,比起培养更为复杂的能力来说,要少得多。我们生活的时代,有着无限的机会可以获得信息,但是我们思索的机会、与他人交往的机会、澄清自己对于这个时代和环境的看法的机会,却是受到限制的。如果我们的学校需要在传授基础知识方面有所改进的话,那么它们更需要对自己在这个迅猛变革的社会中的作用有新的审思。

任何审思和重建计划的第一步都是要确认现状。要充满信心地了解美国所有小学和中学的现状是不可能的。但是,即使只得到一个有代表性样本的综合信息,也将会填补一项空白,并或许对行动计划有所启示。这就是指引我决定发起全国"学校教育研究"的主要假设之一。我并不想调查很多所学校的几种特点,而是想详尽地描述一些精心挑选出来的小学、初中和高中的活动以及人们的看法。下面就是这项研究的概况。之后的几章将呈现和讨论研究发现的结果、它们的含义,以及当前的建议。

学校教育研究

发动"学校教育研究"的部分原因是由于我相信,大多数学校改革计划的失败都是出于无知——对学校一般运作的无知,尤其是对挑选出来的这些学校的内部运作知之甚少。在20世纪60年代,几乎没有改革者认为这种知识会与他们的初衷有关联。他们的使命是把新观念和教材传达给作为他们研究对象的教师。[26]西蒙·塞拉森警告说,学校有一种特定的文化,学校如果要发生实质性的变化,人们就必须了解并考虑到这种特定的文化。[27]持续性的改革会改变这种文化。那些不想让外界的力量将改革的观念强加于自己的校长和教师,往往异乎寻常地善于摆脱或减少那些被认为是与学校盛行的办学方式相矛盾的实践。[28]因此,其结果只能是表面上的改变,而无实质性的改变。

要想一次就研究一所学校的全部,实际上是不可能的。人们不可避免地会从研究各个方面入手,然后将一切聚拢到一起,其结果既不会完全令人满意,也不会十分精确,只不过是对现实的一种概括——而且只是一个人自己的概括。为了真正了解学校,我和我的同事在研究了几种不同方案之后,决定选几所学校进行"深入"地描述。进而,我们认为,这些描述也应该是各种看法的组合体——它要集中那些与每所学校有密切关系的人们的看法,和那些训练有素的独立的观察者们的看法。我们的顾问委员会成员(参见"致谢辞")鼓励我们使用这种方法,于是,我们开始着手编写希望得到答案的问题——关于学校的功能、问题及有争议的事情;学生的满意度、兴趣,教师的看法,课堂活动和学校氛围;教师的价值观、满意度、教学实践,校长和学生的看法;校长对于学校、教师和家长作用的某些方面的看法;家长的满意度、期望、参与以及他们对学校面临的问题的看法;关于学校和班级组织;课程中学科的分配、教学内容和教材,等等。我们想得到学生、教师、家长和校长对同样问题的看法。我们比较各组人的看法,并把这些与我们自己的观察作比较。当然,这种重叠的相互关联的数据一旦被分理出来,就会比以前获得的任何资料更能够加深我们对学校的领悟和理解。

很少有人付出努力把学校作为整体来研究,相反,却有数以千计的对学校的不同部分的研究,大多数试图确定某些课堂实践是否能影响学生的成绩。研究人员批评的是学校,但是研究的却是学生、教师或教学方法。我们这项研究开始之际,也有人困惑不解,甚至对此进行批评。研究人员,尤其是年轻的研究者们,在调查中寻求零碎的理论或假设,当找不到时,就转向批评了。一些比较彬彬有礼的怀疑论者认为,资料已经摆在那儿,但未能提供需要的证据。有个别友好人士说,他们已经非常了解学校,更有利于人类社会的做法就是利用已有的知识来改进学校,更好地服务人类。一些人说,从大量将要收集的数据中去探索意义是不可能的事。

自我们的调研工作开展以来,理论界的气候已经与以往不同。鲁特在英国伦敦对十二所中学进行的出色的研究发表之后,显示出研究学校文化特质的潜在价值。[29]一位带头的教育研究者已经指明,当研究活动太接近证实或否认一项假设时,就有忽视潜在有用的资料的危险。[30]在我写这份研究报告的时候,一下子涌现出许多将学校教育机构,特别是中学,作为整体来看待的调研项目。[31]看起来,对"学校教育研究"的指导理念的支持在上升——也就是说,了解学校是改进学校的先决条件。

我和我的同事非常幸运地找到了一些与十几家慈善基金会和其他资助机构有关系的人们来分享我们的信仰,他们看到了我们所从事的研究对社会的益处。因而,我们能够同时从上述两或三家机构中获得资金,以支持每一项连续性的、异常困难和耗时的研究任务。首先,我们明确列出了关于学校的调研问题。第二,我们从最初列出的数以千计的问题中(仅课程方面就有五百个问题)挑选出少数最为重要的问题。第三,我们把这些笼统的问题转化为对不同调研对象的问卷和面谈中更为具体的问题。第四,为了系统地观察课堂教学,我们修改了原来的方法,使之与我们的目标一致。我们在附近的学校和课堂中试用和修改了调研的程序。当我们逐渐熟悉预期的答案范围时,我们就把这些编入问卷和观察表中,以便于核实,最终,我们将用计算机扫描输入和统计调研的数据。

同时,我们也要确认所要研究的学校的特性和所在地区,安排收集数据的工作日程,并且培训一支收集数据的调研队伍。图1-1是样本学校和一些调研程序的简单概况。我们在全国七个州挑选了十三个社区并从中选出了三十八所学校,它们在特色上有着重大的区别(有一个社区将两个层次的中等教育都办在一所学校里)。我们样本中的小学的大部分学生毕业后都升入我们所研究的中学,这就使我们在每个社区中都能够看到连贯性的12年的学校教育。

从一开始我们就认识到,要从一个随机抽出的样本中收集到代表着美国所有不同类型学校的任何重要数据,是不可能的事情。因此,我们尽量使我们小型的样本有最大限度的多样性和代表性。起初我们认为,二十四组学校(每组都包括三所学校,小学、初中和高中)可以提供充足的、我们希望得到的数据。但是,由于资金有限,我们只用了十三组学校。虽然如此,图1-1显示出,在选用的样本学校中,有着相当程度的差异和代表性。

也许根据现有的资金来限制学校的选择是一种福分——对此我们当时并没有完全感受到。我们派了二十多名受过训练的数据采集员深入到各社区,他们在那里停留了将近一个月,收集整理了每所学校的大量数据。仅仅三十八所学校就提供了许多人的数据——8 624名家长、1 350名教师和17 163名学生。到目前为止,我能确定的是,没有其他任何单项的研究曾经对1 000个以上的课堂进行过详细的观察。虽然我们不能以这个样本的数据对所有的学校做出结论,但是我们从几个不同的角度整理出来的详细描述一定会使我们提出关于学校教育和我们并不十分熟悉的其他学校的许多问题。

我们所调研的学校在地点、规模、学生特点、家庭收入和其他方面都各有不同。然而,我们将看到,它们有许多相似之处,特别是在教与学的方式上。在我们的分析中,一开始就发现了各个学校的共有因素,而后便渐渐地看出了一些模式。因此,有理由认为,这些模式超越了我们的样本学校,也存在于许多其他的学校。同样有理由认为,我们样本学校中频频出现的问题和纰漏也在一定程度上存在于其他的学校,这样一来就有必要建议一套学校改革的日程。

然而,即使是最常见的问题,在每所调研的学校里,在各自特定的背景下,也有着一些独特之处。尽管学校之间在许多方面都类似,但类似之中也有不同程度的差别。本研究报告要传递的一个重要信息是,改革在实质上是每个学校自己的事情,改革的程度取决于那些与每个学校有关联并试图改进学校的人们是否掌握了制定一套有用的改革日程所必需的数据。如果地方学校的工作人员准备为改革作出一番不是分散的、无目的的努力的话,那么我们所收集到的许多数据正是他们所需要的。仅靠成绩测试分数是不够的。根据在我们样本中的每一所小学、初中和高中收集到的一系列数据来设想每一所地方学校的情况是不现实的。但是,也很难设想一所学校的教职员工、学生和家长在没有掌握他们学校目前状况的具体数据的情况下,能在他们的学

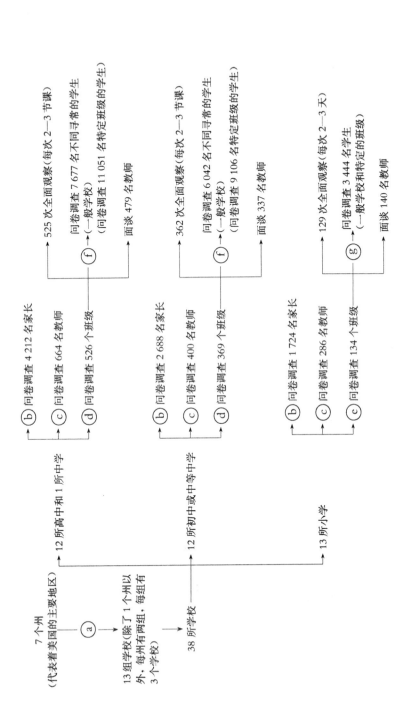

图 1-1 学校教育研究：抽样、数据来源和程序的总结

注释：
ⓐ 四个分类的因素：
理想化的
- 学生注册人数的多或少
- 经济地位的中等或低下
- 位于农村或城市
- 白人/非白人/种族混合

获得的资料
- 高中学生入学人数范围：60—2 700 人
- 中等家庭收入范围：5 000—20 000 美元
- 农村耕种到城区
- 99%的白人；99%的黑人；99%的墨裔美国人；50%—50%的白人—黑人；50%—50%的白人—墨裔美国人

ⓑ 问卷调查表被寄到每所学校的每个家庭。这些结果代表着31%的问卷平均返回率。
其他社区的数据来源(问卷资料)：
- 学校区中心办公室/教育董事会
- 学校组织
- 社区组织/机构
- "社区的其他人士"

ⓒ 问卷发给每所学校的每位教师。这些结果代表着86%的问卷平均回答率。从每位教师那里采集到的其他数据还包括：
- 课程材料
- 学生的社交情况数据

学校的其他数据来源(问卷资料)还包括：
- 校长(也接受了面谈)
- 副校长
- 咨询员
- 图书管理员
- 其他所有的非教学人员

ⓓ 根据八个学科的课程大纲抽样的中学班级和抽样时的考虑：
- 按高能力、中等能力和低能力分配的班级
- 每天各个不同的课时都抽查几乎同样的班级数量
- 包括不同性别、不同种族的教师的代表

这些结果代表着以下不同学科的课时分配：
- 英语 ··· 17%
- 数学 ··· 16%
- 社会学习 ··· 15%
- 科学 ··· 12%
- 艺术 ··· 12%
- 外语 ··· 4%
- 职业教育 ··· 17%
- 体育 ··· 7%

ⓔ 多数情况下，小学每个年级的抽样选取了两个班。这些结果代表着小学低年级(1—3年级)和高年级(4—6年级)基本相同的比例。

ⓕ 抽样的中学生代表着学生注册总人数的62%。"特定班级"指特定的抽样班的学生回答的所有问卷调查的问题。
其他所有的问题都属于"学校一般性的问题"类。

ⓖ 抽样的小学生平均代表着学生注册总数的51%。

校里系统性地创建新的环境条件。

我们给样本中的每一个社区取了一个假名,并用此假名称呼这个社区的三所学校。因此,就有了一个叫做伍德拉克的社区,以及相应的伍德拉克小学、伍德拉克初中和伍德拉克高中。但是,在大多数挑选出来的社区里,都有不止三个我们所调研的学校,特别是小学。尽管对社区和社区学校的详尽描述对于理解后面的讨论并不重要,但大多数读者会发现有一点背景资料是有帮助的。因此,我将在这里简单地描述一下,表1-1也列举了这些社区的人口统计资料。

表1-1 样本学校的部分人口数据

学校	年级范围	人口规模			社会经济水平	地点	种族/民族(%)					抽样规模			抽样班级数量
		教师	家长	学生			白人	黑人	东方人	墨西哥裔美国人	其他	教师	家长	学生	
阿特沃特															
高中	10—12	25	404	450	中	郊区	96	.5	2	.5	1	25	158	336	27
初中	7—9	24	408	496	中	郊区	94	1	2	1	2	23	157	342	27
小学	学前班—6	15	163	305	中	郊区	93	1	2	3	1	15	68	180	8
布拉德福德															
高中	10—12	63	1 135	1 350	中/低	郊区	90	8	0	0	2	48	382	741	48
初中	7—9	35	683	858	中/低	郊区	95	5	0	0	0	28	211	657	36
小学	学前班—6	21	366	613	中/低	郊区	99	0	0	0	1	20	114	351	12
克雷斯特夫															
高中	9—12	44	894	1 091	中/低	郊区	99	1	0	0	0	44	330	576	48
中学	6—8	32	633	725	中/低	郊区	99	1	0	0	0	32	257	430	27
小学	学前班—5	30	477	605	中/低	郊区	99	1	0	0	0	29	217	236	10
丹尼森															
中学	7—12	11	32	61	中	农村	97	1	0	2	0	10	15	59	19
小学	学前班—6	4	28	48	中	农村	97	1	0	2	0	4	10	38	3
优克利德															
高中	9—12	24	219	262	中	农村	100	0	0	0	0	23	81	246	40
初中	7—8	13	128	133	中	农村	99	0	0	0	1	12	41	128	16
小学	学前班—6	21	208	315	中	农村	100	0	0	0	0	21	71	261	12
费尔菲德															
高中	9—12	57	874	1 137	中/低	农村	53	4	1	42	0	44	304	696	46
初中	7—8	42	663	764	中/低	农村	46	4	0	50	0	35	218	462	30
小学	学前班—6	45	655	906	中/低	农村	34	0	0	66	0	34	189	341	12
洛瑞															
高中	9—12	18	218	271	低	农村	52	48	0	0	0	17	81	238	24
中学	6—8	24	246	276	低	农村	51	49	0	0	0	21	81	270	24
小学	学前班—5	24	356	513	低	农村	51	49	0	0	0	23	101	264	12

续表

学校		年级范围	人口规模			社会经济水平	地点	种族/民族(%)					抽样规模			抽样班级数量
			教师	家长	学生			白人	黑人	东方人	墨西哥裔美国人	其他	教师	家长	学生	
曼彻斯特																
高	中	9—12	114	2 462	3 006	中	城市	0	99	0	0	0	66	482	937	48
中	学	6—8	62	1 276	1 547	中	城市	0	99	0	0	0	32	301	790	35
小	学	学前班—5	21	411	598	中	城市	0	99	0	0	0	14	107	288	9
纽堡																
高	中	10—12	85	2 244	2 508	中	城市	47	9	17	18	9	78	358	841	46
初	中	7—9	75	1 497	1 649	中	城市	46	11	17	25	1	58	260	757	36
小	学	学前班—6	28	534	701	低	城市	31	10	20	38	1	26	124	319	12
巴利萨德斯																
高	中	9—12	68	1 252	1 402	高/中	城市	50	50	0	0	0	59	461	768	48
中	学	6—8	49	774	825	高/中	城市	50	45	1	4	0	41	305	492	36
小	学	学前班—5	18	265	340	高/中	城市	53	46	1	0	0	17	150	272	10
罗思蒙																
高	中	9—12	121	2 008	2 702	低	城市	0	0	0	100	0	113	447	763	48
中	学	6—8	44	779	993	低	城市	2	2	0	95	1	43	156	591	36
小	学	学前班—5	30	349	521	低	城市	0	0	0	100	0	30	75	216	10
福斯特																
高	中	9—12	84	1 882	2 312	中	郊区	98	1	0	0	0	84	638	834	48
初	中	7—8	49	1 112	1 188	中	郊区	98	1	1	1	0	48	416	662	36
小	学	学前班—6	30	543	745	中	郊区	98	1	1	0	0	30	284	310	12
伍德拉克																
高	中	10—12	57	912	1 202	中	郊区	80	5	10	3	2	53	475	642	36
初	中	7—9	30	550	655	中	郊区	95	1	3	1	0	27	285	461	30
小	学	学前班—6	24	393	581	中	郊区	92	1	5	1	1	23	214	342	12

我们选择的社区有城市的、郊区的和农村的，但是我们应当消除头脑中对这几种不同类型地区的陈规印象。像芝加哥、纽约、达拉斯和洛杉矶这样的大城市在它们各自的疆域内，都有着极其多样的社区。在城市学区，学校的设施、师生比例和对特殊计划支持方面的差异，都引发过民权组织的怒火和攻击。

城市社区之间的差异在我们选用的四个社区之间是显而易见的。这四个社区是曼彻斯特、纽堡、巴利萨德斯和罗思蒙。它们都位于较大的城市，人口从 600 000 到 2 000 000 以上不等。此外，就没有别的相似之处了。曼彻斯特最符合城市的陈规模式——到处是混凝土建筑和柏油路，草坪不多见，有限的开阔场地，成排的公寓楼。这里曾经是相对富裕的犹太人的社区，现在几乎全部是黑人。另一方面，巴利萨德斯比我们选择的任何一个郊区的社区更符合郊区的陈规模式。在这里有昂贵的私人住宅，剪修过的草地，居民多数为白人。这正是郊区的典型特点。

纽堡并不位于市中心，但这里的特点是有很多的公寓楼和一些独立的家庭住房，大多数是小房子，并且不止一个家庭居住在同一屋檐下，这是一个多种族、多文化、暂居人口多的社区。这里的大多数人口原来是白人，现在正转为墨西哥裔美国人；其他的少数民族主要包括黑人、美国印第安人、日本人、中国人、菲律宾人和韩国人。

罗思蒙社区公寓林立，还有非常狭小、价格低廉的家庭住房。人口几乎全部是墨西哥裔美国人，在我们的样本中，它是最贫穷的一个社区。

位于郊区的四个社区是——阿特沃特、布拉德福德、福斯特和克雷斯特夫。福斯特或许最接近我们脑海中郊区的形象。但即便是在福斯特，也不完全是绿树成荫的街道，遍布的草坪，中产阶级考究的住房，或者较富裕的上班族。这里有乡村地区，带有少许的农场，也有轻工制造业公司。但是，90%的居民住房是有单独庭院的私人住宅。在我们做调查时，学校所在地区的房地产价格为20 000美元到250 000美元不等。尽管附近大城市的居民都把福斯特看作是自己的一个郊区，但福斯特本身就有相当的名气，甚至有自己的经济生活。

布拉德福德也不符合传统的模式。尽管它邻近美国的最大城市之一，这里的许多居民都在城市以外、附近的工业区上班。布拉德福德主要是一个蓝领的郊区，有大量普通平民的公寓和朴实的私人住宅。这个社区的学生家长大多受雇于少数几家相互联系的工厂，由此而引起的问题是，在萧条时期学校的未来将会受到什么样的影响。

阿特沃特是一个较大城市的郊区，这个郊区拥有足够当地居民赖以生存的资源——工业园区的储备仓库和轻工业。尽管如此，许多居民都在城市工作，来访者不容易辨清城市和郊区的分界线。

克雷斯特夫同样存在着自我定位的困难。几年来，城市的扩建占据了这个郊区的一部分，州际高速公路又把这个社区一分为二，被分开的两个城镇的政府各行其责；还有一些开阔的乡村地区。相比而言，多数民宅并不昂贵；很少有人行道或马路；破旧的车辆和废弃物在庭院里随处可见。

如果说克雷斯特夫还带有一点乡村的特色，那么我们选择的另外两个社区——伍德拉克和费尔非德——则代表着从一定程度的郊区特点向地道的乡村氛围的真正转型。但是，伍德拉克和费尔非德也不太相像。伍德拉克的中心类似于郊区的商业区。从中心向外去，人们看到大片土地上一户户的住宅，之后是小型的奶制品厂，还有水果和蔬菜农场。大城镇就在附近;有一个500 000多人口的城市对每天坐车上班的人来说相距不算太近。费尔非德的特色是小规模的农场。尽管这里的人们每天可以坐车到附近一个相当大的城市去上班,费尔非德的氛围更具有乡村的气息。

伍德拉克的居民主体是白人,最大的少数民族群体是东方人,其余大部分为黑人和墨西哥裔美国人。白人与墨西哥裔美国人在费尔非德的人口分布比例十分均等,现在后者的人口数量正逐渐增多。

丹尼森、优克利德和洛瑞是农村社区,但是洛瑞与其他两个地区截然不同。这个小镇有一个小的农场区,规模从大约50英亩到300英亩。另一方面,丹尼森和优克利德则以大农场和大牧场为主,优克利德的一些牧场面积超过5 000英亩。两个社区农场和牧场的平均面积约1 200英亩。

在这十三个社区,我们可以看到美国其他社区的原型。但是即使是一对类似的社区,仔细辨究,也会发现不同方面的差异,学校之间也是如此。我们可以做出一些总结。例如,当我们从城市往外走到农村,就会发现学校规模缩小了,但这种趋势并不普遍。或者当我们从农村走到城市社区,就会发现少数民族学生人数的增加。这是通常的情况,但也有例外。

表1-1总结了我们在十三个社区中所调研的学校的一些重要数据。读者应该注意到,我们在"地点"一栏里,没有用农村/郊区的这一类别,而是选择了最为恰当的,互相分开的类别。

我们看到,在四个城市社区中的三个社区——纽堡、罗思蒙和曼彻斯特,高中的规模是最大的,学生人数从2 508名到3 006名。巴利萨德斯高中有1 402名学生,名列第五。城市里的初中规模也比较大——学生人数从巴利萨德斯的825名到纽堡的1 649名。郊区初中和高中学生的人数和城市的学生人数有些相同。郊区的福斯特有2 312名高中生和1 188名初中生。

与传统的期望相一致的是,我们的样本中的三个农村社区里的中学规模极小。丹尼森的注册人数如此之少,只有61名学生,因此初中和高中只能合并在一所中学里。只有郊区的阿特沃特高中有450名学生,接近农村的洛瑞高中、优克利德高中和丹尼森中学高中部的学生人数。应该注意到,巴利萨德斯小学,尽管是城市小学,在我们所有的样本学校中规模较小,只有340名学生。

表1-1的其他数据提供了注册学生的种族或民族的信息和家长的社会经济水平。显然,人们仅仅通过了解一所学校的位置,是无法准确地预测学生的种族或家长

的社会经济地位的,尽管在城郊的社区,种族的多样性通常会少一些。

虽然巴利萨德斯社区位于一个大城市,但这个社区的学生家长在我们的样本中是最富裕的。用校车接送黑人学生到这里来上学使学校的白人和黑人学生人数均等。显然,做了一些努力来保证这两个种族群体之间的社会经济状况比较相符。不仅仅是经济水平,这个社区学生家长受教育的程度相对来说也是高的。在收入和受教育程度天平的另一个极端的是罗思蒙社区的家长,这个社区也位于城市,人口几乎全部都是墨西哥裔美国人。以黑人人口居多的曼彻斯特社区的家长,其收入和受教育程度在我们的样本中,则居于中等水平。种族和民族多样性最强的纽堡社区的家长,其受教育程度高于平均值,而收入则低于平均值。

鉴于我们样本的规模,还有我们可以在位于城市的巴利萨德斯社区调研它的相对富裕的郊区学校的事实,也考虑到通过校车实现种族融合的额外因素,我们有意避免选择最富裕的郊区学区。在所选择的四个位于郊区的学区中,福斯特最符合郊区的陈规模式——中等收入的家长,家长所受教育的程度高于平均值,这里三所学校的学生几乎无一例外都是白人。

农村社区中的两个——丹尼森和优克利德——非常像几个郊区的社区,家长拥有中等收入和中等教育程度。但是,洛瑞社区的家长则是贫穷的,受教育程度也相对较低。

对学校财政支持的数据,在所有的数据中是最不值得相信的,有些数据简直毫无用处。问题的主要根源是,全国各学区在区分收入来源与计算支出时使用了不同的方式。

城市与郊区学校在每个学生的开支上似乎没有显著的不同。阿特沃特社区在这方面的开支持续超过所有城市和郊区学区的各级学校。举一个突出的例子,随着年级的升高,阿特沃特和福斯特社区之间的差异加大,以至于到了高中,阿特沃特的开支似乎要比福斯特高出两倍。

其他社区在开支方面似乎也有不同的做法,在学校教育的不同阶段、在某些特定的学校,或两种情况下都有不同的做法。纽堡社区在初中和高中阶段为每个学生使用的开支相对较高,但在小学阶段则低于平均值。尽管曼彻斯特社区在小学、初中和高中为每个学生使用的开支都相对较低,但教师的工资在所有学校中却是最高的,这表明它在其他方面的开支就会欠缺,如教学用品。

每一项额外的统计数据都能多描述一点每个社区和每所学校的独特性。从另一方面来讲,如果我们把一定数量的人口统计资料放在一起,就会发现在我们这块广阔的国土上,社区之间、学校之间彼此十分相像。那些独特之处便不翼而飞了,最使我们关注的方面也不见了。

参观访问将助我们一臂之力。人们确实可以看到一种奇异的难以描述的雷同,就像医院之间的雷同一样——座位的安排、使用的教材、教师的角色、学生的角色、教学方法,等等。虽然在我们研究的不同学校里,这一切并不十分相同,差异也不是很大。但是人们还是可以看到差异——例如,城市高中在设施上的差异。巴利萨德斯的所有学校都有相当美观的建筑、迷人的风景和宽阔的运动场。另一方面,曼彻斯特的学校则更像我们想象中典型的都市——单调的砖墙建筑,混凝土和沥青马路一直延伸到学校的墙边,一些蔓生的灌木丛和面积有限的操场。罗思蒙高中有一个相当气派的令人印象深刻的入口处,走廊宽广并有高屋顶,它与周围那些大多数缺少维修的矮小的住房、公寓套房和公寓楼形成了鲜明的对照。纽堡高中在外观上显得单调乏味,令人沮丧不振。当我们去采访时,学校里异常拥挤。

除了设施外,其他方面的差异也一目了然。阿特沃特初中的学生像我以前遇到过的学生一样,开放而友好。校长在课间休息时做了大量的"工作"——祝贺一位教师最近获奖,安慰一名前一天晚上输了篮球赛的学生选手,检查一位规定每天都要去见他的学生。古老陈旧的建筑物似乎也因它的主人而焕发出热情和生命力。

费尔非德三所学校的反差是强烈的。我用了几天的时间才克服了参观这些学校时所经历的沮丧情绪。人口统计资料也不能完全使我们对罗思蒙高中严谨的氛围,或伍德拉克高中总体上令人愉快的气氛,或布拉德福德各级学校之间的差异做好心理准备。高中似乎濒临崩溃的边缘,但多数小学的班级里却在开展着一些有趣的教育实践活动。

随着研究的深入,我们越发熟悉一些学校,越发熟悉我们样本学校之间最大与最小的差异。并且,我们越发开始懂得,为什么对所有学校提出的同样的建议往往不能帮助任何具体的学校。

一些反复出现的主题

我在前面提到过,对学校进行"整体"的研究和描述,实际上是不可能的。所以,我们从整体中抽选出带有共性的个别学校来研究,尽管每所学校都与其他学校不同。我们把下列因素看作是学校教育的共同点：教学实践、学科教学内容、教学材料、物质环境、活动、人力资源、评估、时间、组织、交流、决策、领导、期望、问题、控制和限制。这些因素结合起来就几乎形成了学校的整体。因此，尽管有些因素可能会比其他因素更重要，但是在把学校作为一个完整的个体加以描述和理解的时候，不能忽略其中任何一个因素。

我们在调研中也从几个主要的角度来描述学校最常见的因素——这些角度包括学生、教师、家长、观察者还有校长，尽管校长的参与不如其他人多。这些常见的因素和各种角度的看法的数量，以及发掘数据中事物之间相互关系的几乎无限的潜力，促使我们尽量地压缩针对每一个常见因素要问每一个答卷人的调研问题。然而，有必要收集足量的信息以详尽地描述样本学校。尽管我们在调研工具中所用的问题是简练而足够的，但是这些资料加上我们自己的观察，便使我们得到了令人惊讶的大量数据。

怎样以有用的和有意义的方式来整理这些数据成了复杂的问题。我们感到，对常见因素和不同角度的观点，例如，与学生有关的因素和观点，进行初步的分类是必要的，但也是不够的。结果，我们整理出了几大册的数据资料，每一册资料都对某一个常见因素或某类答卷人的所有相关的数据进行了综合的总结。例如，教师的数据、学生的数据、家长的数据、教学实践的数据，以及决策的数据。这样的整理对我写下面的内容是十分有用的。

这个表面看来是耗时的、不可避免的步骤实际上对于后来我们分析学校和学校教育的几个主题是有益的，我将在后面的章节中论及这些主题。无论是好还是坏，每一个主题的性质都取决于几个相互关联的常见因素在几组答卷人和观察者的看法中的呈现方式。在数据的衬托下，这些主题连在一起描述和勾画了学校教育，前提是我们的样本学校是有代表性的学校。我们通过这些主题来描述学校，就不但可以了解一所学校，而且可以根据数据与每一主题相关的程度来区分学校之间的差异。因此，这些主题帮助我们看到学校教育的共同特征，也看到校际之间的差异是源于这些特征的总和在每一所学校的呈现。在有些特征上，学校之间十分相像，而在另外一些特征上，则有巨大的差异。

第一个主题是*学校的功能*。学校看起来似乎并不太明确地知晓自己在做些什么。但是，它们不可避免地在发挥着一些功能——从看护儿童的保姆功能到就业准备和智力开发。我们希望学校几乎用全部时间强调教育的功能，但是它们却不是这样做的。

第二个主题是学校在学生生活中的*相关性*。学生是学校的主要顾客，但是他们并不像寻求健康服务的顾客一样寻求教育服务。他们上学是成长的一部分,别无选择。如果学生上学有明确、共同的目的,那才会令我们吃惊。我们更有理由认为,学校给学生提供了一种强制性的环境,在这里,他们寻找机会满足自己的兴趣——尽最大的努力去寻找相关性。

怎样使学校里的学习对学生有意义,先不说怎样使它成为能激发兴趣或令人兴奋的经历,这个问题在后继的论述中会反复提到。人们不得不严肃地质问学校的能力和学校所发挥的传统功能。比如说,学校在认识年轻人的价值观所发生的变化方面,做了哪些努力?我们可以把学校变得更为有效。但是,把学校变得与男孩子和女孩子的生活相关,是我们所面临的最大挑战之一。

第三个主题是*教师如何教学*,还有第四个主题是*围绕着教学的环境*。教师既控制着学校环境,也为学校环境所控制。学校首先是为学生办的。但是,如果忽略这样一个事实,即学生受教师的影响,教师又受工作环境的影响,那就会又一次导致我们对学校做出简单的诊断,并对学校改革提出不充分的建议。第五个主题是构成*课程的活动、教材和测试体系*。第六个主题是*学习资源的分配*,其中最重要的因素是时间。孩子们往往学习被教的东西,而教学需要时间的付出。一些学校比其他的学校在组织学生早上进入课堂、课间休息、用午餐上更加正规一些。一些学校似乎没有意识到,在自己可以支配的资源中,时间实际上是最为宝贵的学习资源。学校与学校之间在时间使用上的差异形成了学习机会上的不平等。

这个主题的另一方面是在不同学科上的师资分配——某些学科的教师多,某些学科的教师少。这些分配上的决定反映出某些学科所占的优势——或者反映出人为的考虑不当。在很大程度上,教师的分配决定着课程的框架,在这个框架中,中学生有不同的学习科目,也可以作出选择。

第七个主题是*平等*,拓展了上个主题中有关平等的问题。有一些涉及知识获得的平等机会问题与学生的种族或社会经济地位是无关的,其他一些问题却往往与学生的种族或社会经济地位是有关的,特别是当学生被按能力分到高、中、低等班级的时候,他们就经历到不同的教学内容和教学实践。

第八个主题是人们常常称作的*隐性的课程*——我称之为*内含的课程*。学校公开地教学生数学,让他们学会读写和拼字,等等。但是,他们在提供这些公开性课程的时候,通过实施某些规则,甚至通过学校为学习提供的社会和物质的环境,也在默默地传授大量其他的内容——例如,强调背诵事实或者强调解决问题。因此,学校教导学生学会独立竞争或是学会在小组中与他人合作、主动或被动地学习、满足于仅仅了解事实或者也发展洞察力,等等。简言之,学校在隐形地传授着价值观。

有必要了解这些价值观的内容以及它们是如何在课堂里被不断地强化的。当然,学校应当传授什么样的价值观,这是我们许多人宁愿忽略的问题。同时,学校又在继续传授着大社会极力弘扬的价值观。久而久之,学校便既明确又隐蔽地传授着那些社会最固执地要求它们所教的内容。

第九个主题是作为衡量学校质量准则之一的满意度。企业和工业现在都十分重视人们对工作的满意度,那些能够产生满意度的特质,以及工人的满意度与生产率之间的关系。作为这种重视的直接后果,工人们的工作环境、制造业的结构和其他的工业流程都确实得到很大的改进。但是人们对于学校教育这方面的考虑和关注却很少。然而,校长、教师、学生和家长综合的满意度是学校质量,包括学生成绩的一个重要标志。例如,受控制学生行为问题困扰的学校在教育质量和教育结果上都达不到具有一定经济地位的家长的期望。

第十个主题是对*数据的需求*。我们样本中的学校根本没有所需要的资料使他们能够充满信心地为改进学校制订行动计划。当我与校长和指导咨询员交谈时,发现他们很少有人能够回答关于学生所经历的课程重点的基本问题。他们甚至不知道有多少学生既参加学术学习项目又同时参加职业教育课程。他们很少有人从学生的角度考虑课程问题。因此,他们对学生个人所经历的课程是否有很好的平衡性基本上是无知的。

也许,更为严重的是,我们没有发现校长、教师、学生和家长针对学校的薄弱环节、存在问题和优势所在召集过公开的会议。然而,我们的数据却表明,在每所学校这几组人都感到自己的学校存在着一些严重的问题。有三所样本学校同意参加对数据收集的整个过程了解的一次主要演习,我们与这些学校的几组人讨论了研究的结果。举一个例子来说,当有些教师得知他们本人、学生和家长都把许多同样的问题看做是学校最严重的问题时,他们感到很惊讶。

还有两个观点极具普遍性,与其说它们是连接起下述内容的丝线,不如说它们是大家一致认同的观点。第一种观点是,学校是改革的主体。如果在下结论说我们的学校处于困境中之后只强调在教师、校长或课程上的改进,那是不会有什么成效的。所有这些因素和更多的力量都要参与进来。因此,改进学校的努力必须强调,学校是由相互作用的各个部分构成的一个整体,其中每一个部分都影响着其他的部分。

然而，仅仅把学校作为一个整体是不够的，这个综合的改革方案中还有更多的内容。如果将改革从外部施加于学校，那么学校的改进最多只能是缓慢的。依我的判断，最有希望的改革方法就是寻求开发学校自身的能力来解决自己的问题，以成为基本上可以自我更新的学校。但是，在实现自我更新的过程中，如果没有所在州和地方学区，尤其是学校周围全体选民的支持，学校将会面临巨大的困难。

这就将我们带到刚才提到的第二种具有普遍性的观点中，用一个词来表示就是关爱。我们的学校只有在得到了最广大人民的，不仅仅是家长的，一定程度的关爱时，才能够好起来，并持续地保持良好的状况。20世纪70年代，人们对学校的关爱明显地减少了。有迹象表明，一种对学校的积极的关注正在上升，尽管目前在全国或者在各州，这种关注还没有形成一种运动。但是与这些迹象相反的是，仍然有人逃离公立学校，而这种行动还常常会得到目光短浅的政策的支持。许多非学生家长的人也认为没有理由支持公立教育体制。

即使有了关爱也是不够的，还需要更好地了解教育的目的是什么，学校应该做哪些适宜的事情。在未来，学校在信息加工方面的作用会变得不再那么重要。我们渐渐地会有各种方式在家中瞬间获得无限多样的知识。学校需要使用和讲授信息加工的革命的新方式，并继续以传统的方式传授基本技能和知识。但是，如果它们只做这些事情，学校也会很快过时。

学校必须从事在社会的任何其他地方都不能有意识地去做的教育工作。它包括系统地传授所有主要领域的知识，设计学习经历来启迪和激发思维。但是学校的任务不太可能超出基础知识和基本技能的传授，除非我们要求它们去超出。重建学校的行动计划只能在我们对学校的期望和我们认为学校正在做些什么的差距里产生。在下面的章节里，我将阐明这个差距。随之而产生的行动计划对每个人来说并不都是相同的。

注释

① Charles E. Silberman, *Crisis in the Classroom*. New York: Random House, 1970.
② Robert M. Hutchins, "The Great Anti-School Campaign," *The Great Ideas Today*, p. 54. Chicago: Encyclopaedia Britannica, 1972.
③ James S. Coleman, *Equality of Educational Opportunity*. Washington: Government Printing Office, 1966.

④ John W. Gardner, *Self-Renewal: The Individual and the Innovative Society*. New York: Harper and Row, 1965.
⑤ Christopher Jencks et al., *Inequality*. New York: Harper and Row, 1973.
⑥ For further analysis and discussion of this point, see Christopher J. Hurn, "Theory and Ideology in Two Traditions of Thought About Schools," *Social Forces*, Vol. 54, No. 4 (June 1976), pp. 848-864.
⑦ As quoted in Lawrence A. Cremin, *The Transformation of the School*, p. 252. New York: Vintage Books, 1964.
⑧ Stephen K. Bailey, "Political Coalitions for Public Education," *Daedalus* (Summer 1981), p. 32.
⑨ Diane Ravitch, "Forgetting the Question: The Problem of Educational Reform," *The American Scholar* (Summer 1981), p. 332.
⑩ George H. Gallup, "The 13th Annual Poll of the Public's Attitudes Toward the Public Schools," *Phi Delta Kappan* (September 1981), p. 37.
⑪ Thomas F. Green, *Predicting the Behavior of the Educational System*, p. 108. New York: Syracuse University Press, 1980.
⑫ See, for example, Samuel Bowles and Herbert Gintis, *Schooling in Capitalist America*. New York: Basic Books, Inc., 1976.
⑬ Herbert J. Walberg (ed.), *Educational Environments and Effects*. Berkeley, Calif.: McCutchan, 1979, p. 354.
⑭ Herbert H. Hyman, Charles R. Wright, and John Sheldon Reed, *The Enduring Effects of Education*. Chicago: The University of Chicago Press, 1975.
⑮ Herbert H. Hyman and Charles R. Wright, *Education's Lasting Effect on Valuse*. Chicago: The University of Chicago Press, 1979.
⑯ Harold Hodgkinson, "What's Right with Education," *Phi Delta Kappan* (November 1979), p. 160.
⑰ Census Bureau, *Educational Attainment in the United States*. Washington, D. C.: U. S. Government Printing Office, 1981.
⑱ Robert L. Ebel, "What Are Schools For?" *Phi Delta Kappan* (September 1972), p. 7.
⑲ Edward Zigler and Jeanette Valentine, *Project Head Start*. New York: Free Press, 1979.
⑳ *NAEP Bulletin*, pp. 1-2. Denver, Colo.: Education Commission of the States, April 29, 1981.
㉑ Malcolm B. Scully, "Drop in Aptitude-Test Scores is Largest on Record," *Chronicle of Higher Education* (September 15, 1975), p. 19.
㉒ Ibid., p. 2.
㉓ C. H. Edson, *Why Scholastic Aptitude Test Scores Are Falling*, p. 9. Eugene, Oregon: Oregon School Study Council, University of Oregon, 1976.
㉔ John C. Flanagan, *Perspective on Improving Education: Project TALENT's Young Adults Look Back*. New York: Praeger, 1978.
㉕ John Raven, *Education, Values and Society*, p. 192. London: H. K. Lewis, 1977.
㉖ Ernest House, *The Politics of Educational Innovation*. Berkeley, Calif.: McCutchan, 1974.

㉗ Seymour Sarason, *The Culture of the School and the Problem of Change*. Boston: Allyn and Bacon, 1971 (Revised 1982).

㉘ John I. Goodlad, *The Dynamics of Educational Change*. New York: McGraw-Hill, 1975.

㉙ Michael Rutter and others, *Fifteen Thousand Hours*. Cambridge, Mass.: Harvard University Press, 1979.

㉚ Lee J. Cronbach, "Beyond the Two Disciplines of Scientific Psychology," *American Psychologist* (February 1975), pp. 116 – 127.

㉛ Educational Development Center, Inc., *American Schools: Today and Tomorrow* (A summary of eighteen key research projects). Newton, Mass.: Educational Development Center, Inc., 1981.

▶ 第 2 章

我们需要全面的教育

在 1965 年召开的白宫教育会议上,美国副总统休伯特·汉弗里指出,在世界各国中,我国将成为历史上用其教育体制解决诸如文盲、失业、犯罪、暴力、城市腐败,甚至战争等问题的国家。然而,就在几年后,一些市民就质疑我们的学校是否有能力教年轻的一代读写和拼字,新闻界也极力报道这个主题,反映出家长和其他成年人普遍赞同回到一个只提学校教育,不提政治目标的时代。"回归基础教育"成为一句流行的口号。许多学校董事会成员和学校行政管理人员都对此做出回应,好像这是来自人民的委托。

对此我表示怀疑。一个曾经过分地期待学校扮演很多角色并把学校视作民族强盛的关键的国家突然间地做出教育方向上的改变,看来是不合情理的。从部分意义上讲,这难道不是人们对过去十年教育目标过于浮夸的一个反应吗?在过去,这种反应已经出现过。但是在我看来,我们的教育体制并没有顺着流行的教育批评(不管它的内容是什么)所指出的方向有目的、快速、有特性地发展。而且,在继续发挥传统作用的同时,教育体制在调整,或者扩大,或者压缩——这表明社会并不希望它的作用发生巨大变化。

具体地讲,我对 20 世纪 70 年代很少遭到质疑的两种看法表示怀疑。第一种看法认为家长对孩子就读的学校极为不满。的确,当人们不断地从报刊上读到或听到学校质量差的时候,他们会对学校持批评的态度,而当想到"我孩子的学校"时,则该另当别论了。全国范围内学生考试成绩下降的消息比起某人自己的孩子是否乐意上学、在校是否安全、是否受到照顾、表现还不错,等等,这则消息就显得不是那么重要了。制定政策的人担忧的是统计数字,家长担忧的是自己的孩子。

我表示怀疑的第二种看法是认为家长希望孩子受到一种更狭隘的学校教育。大多数家长希望孩子受到的教育能够使他们胜任工作,成为好公民,给他们带来幸福生活,这样的认为是合理的——在我看来,这种教育便是以三个 R(即阅读、写作和数学)为基础的通才教育,当然它还包括更多的学习内容。

本章的中心主题是,我们实际上到底应该对学校有什么样的期望。本章将从历史的和当今的角度来探讨这个问题。我们收集到的用以阐明这一主题的资料包括各州和学区的教育条令和 8 000 多名家长对于我们所提问题的回答。

这些资料可以证明我的观念,那就是 20 世纪 70 年代直至 80 年代的学校教育并没有突然背离历史上延续了很久的综合的教育目标。但是,如果认为我们未来的公立学校教育体制也会像以往一样,那将是一个严重的错误。正如我在第 1 章提到的,这一教育体制传承下来的某些主要特征在 20 世纪 70 年代加速变更。首先,支撑并扩大我们教育体制的立法者、教育工作者和家长的联合阵线开始解体。①第二,传统上共同发挥教育作用的家庭、学校和教会的联盟也削弱了。如果这些因素在将来不会像在过去那样起作用的话,未来的学校也就不会是过去的学校。学校教育的背景也在其他方面发生了翻天覆地的变化,例如,录音材料、收音机和电视机遍布家庭、旅游景点等每一个休息的场所,陪伴着我们从出生直到生命的终结。因此,电子媒体和教室一样成为实施教育所必需的——这又一次意味着实施教育的学校场所将发生变化。

我们对学校的期望是理想化的、庞大的,综合了不同的人对学校教育的各种需要,这是所有学校都面临的问题之一;人们对于学校的期望太多。私立学校或专门的、公立的、学术性或职业性的学校可以达到一些期待的目标。但是,我们的社会传统是倡导一种能面向全体公民的、起到普通教育作用的免费的公立学校——可称为普通的学校。在世纪之交,八年制小学(通常称作分级小学)便是典型的普通学校。接着,完成普通的中学教育也成为许多家长对孩子的期望。今天,人们一般期待十二年制的学校在教育方面发挥它比较特殊和明显的作用。但是,它不可能脱离其他的教育机构而孤立地存在,也不应被孤立地理解。

因此,要说明人们究竟期望学校做些什么,仅参考"学校教育研究"所收集的资料是不够的。这项研究只是对于一小部分学校的研究,而且都是一些非专业化的公立学校。所以下面的讨论不仅局限于我们的研究资料。相反,我对于这些材料的解释是建立在与美国教育背景有关的大量信息资料和我个人的经验基础之上的,其重点集中在学校教育,其背景是处于变化中的整体教育机构。

家长对于孩子学校的认识

我们收集到的资料可以证明我的疑虑,那就是在 20 世纪 70 年代家长对于孩子们的学校极为不满,比起以往,他们对于学校的期望较低并更加有限。应该记住这些资料是在 70 年代后半期收集的,这个时期正处于所谓的回归基础教育的巅峰,这一点很重要。学生考试成绩下降被公开曝光,公立学校遭到日报和流行周刊的广泛批评。

我们调查了 8 624 位家长——1 724 位小学生家长,2 688 位初中生家长和 4 212 位高中生家长。他们的年龄、收入、种族和教育背景有极大的不同。遗憾的是,要得到所做研究学校的成年人的配合极为困难。这些学校中,只有 31% 的家长响应。我们也相信,在某种程度上,抽样调查中所反映的观点多是代表受过教育和富裕家庭的家长。然而,也许正是这些家长最了解民意测验的结果,他们也是对学校的教育质量最挑剔的人。各所学校对于问卷的回答率差异很大,在一所学校少到只有 16%,而在另一所学校可以令人满意地达到 57%。

我们请家长、学生和教师为所在的学校打分——A,B,C,D 或 F(不及格)——然后我们计算出这些分数的平均数。平均之后,没有任何一所学校得到 D 或 F——学生、教师和家长都打这样的低分。大约 10% 的家长明确表示不满意;大约 7% 的人给学校的分数是 D;另有 3% 的人给了 F 的分数。但是请注意,在表 2-1 中,在三十八所学校中,只有七所学校的家长给了 C 以下的平均分数,其中四所是高中。

表 2-1 学生、教师和家长评估学校的平均分数表

	高中			初中			小学		
	A	B	C	A	B	C	A	B	C
学生	0	5	8	0	7	5	1	12	0
教师	0	7	6	0	9	3	1	11	1
家长	0	9	4	0	11	1	0	11	2
总数	0	21	18	0	27	9	2	34	3

注:没有学校得到低于 C 的平均分。因为有一所初中与一所高中是合办的,所以初中的数量从十三所减少到十二所。

显然,绝大多数的小学和中学都得到了 B,说明人们对这些学校是相当满意的。高中得分有 B 也有 C。虽然这说明人们对高中的满意度下降,但并没有出现 D 和 F,这便足以纠正那些认为学校教育已经是灾难灭顶的看法。来自高中的数据主要显示出一些学生和教师,而不是家长的不满和关注。有趣的是,家长在为自己的孩子所在的初中和高中打分时,比起教师或学生更加慷慨。总体上讲,从这些资料来看,家长并没有像广泛认为的那样对学校强烈不满,但也不能说家长认为孩子所在的学校万事大吉。

关于学校总是有不同的看法,很大程度上依赖于我们如何感受。我们会轻易地信服民意测验,虽然其内容大多是我们不能够亲身经历的。学校和学校教育的质量并不是很好,但我们自己孩子上的那所学校还不差——事实上,还相当好。至少,这种矛盾的看法是 20 世纪 70 年代末盖拉普民意测验所揭示的,在我们的抽样调查中,家长的回答也证实了这一点。现在,家长对于学校的期望是什么?我们国家教育的总目标可以对我们有所启发。在"学校教育研究"之始,我和几位同事浏览了大量的关于美国教育目标的定义和学校教育的一系列文献,这些文献记录着长达三百多年来人们不懈努力的历史。在这些文献中,通常没有区分教育和学校教育,而它们各自都是很重要的。通常认为,教育目的和学校教育的目标是一致的。我们总结出学校教育的四大目标领域,它们是:(1)智力目标,包括所有智慧技能的培养和知识面的拓展;(2)职业教育目标,培养学生胜任未来职业的需要,具有经济上的责任感;(3)社会和公民教育目标,帮助学生做好参与复杂社会的准备;(4)个人发展目标,强调个人责任感、才能和自由表达能力的培养。上述目标大多都在不同时期各州的官方文献中得以重申。这些目标为学校的教育工作设立了框架。

在一个中等规模的学区,玛森泰尔在他的关于家长对于教育的期望的一项研究中采用了这些分类的目标。他发现所有这些目标都获得了高度支持。②在"学校教育研究"中,我们用同样的目标分类,问家长对自己孩子的学校有怎样的期待。在问卷中,我们谈到社会发展目标的教育有助于学生学会与其他学生和成年人相处,为学生有效发挥社会和公民的作用做好准备,并培养他们了解和鉴赏本族及其他民族文化的能力。智力目标涉及数学、阅读、写作、口头表达、批判性思维和问题解决等基本技能的培养。个人发展目标号召树立自信心,培养创造力、独立思考和自我约束的能力。职业教育培养学生为未来就业做好准备,掌握必备的职业技能,具有择业意识。这些内容包罗万象,远远不是一句"回归基础教育"所能包含的。我们请问卷调研参加者对每一目标领域从"极不重要"到"非常重要"予以评估。

平均而言,家长认为所有四大目标领域都"非常重要",其中,小学生家长认为职业教育"有些重要",这样的结果或许并不令人吃惊。抽样中,将近90%的中小学生家长都认为智力目标"非常重要",90%的小学生家长和80%的初中和高中学生家长认为个人发展目标"非常重要"。对于职业教育目标,高中学生家长的评分略低,初中学生家长的评分便有些偏低了。73%的小学生家长认为社会和公民教育目标"非常重要",对于初中和高中学生家长,这个比例则下降到66%和64%。

我们也让一些教师和中学生评估这些目标。像家长一样,他们也认为所有四大目标领域都"非常重要",只有小学教师认为职业教育目标"有些重要"。学生、教师和家长对于教育目标相对重要性的认识参见表2-2。特别要注意教师和家长评价的相似性。

表2-2 教育目标对于学生、教师和家长的相对重要性

	高中	初中	小学
学 生	职 业	智 力	
	智 力	职 业	
	个 人	个 人	
	社 会	社 会	
教 师	智 力	智 力	智 力
	个 人	个 人	个 人
	社 会	社 会	社 会
	职 业	职 业	职 业
家 长	智 力	智 力	智 力
	个 人	个 人	个 人
	职 业	社 会	社 会
	社 会	职 业	职 业

注:小学生没有参加这项评估。

我们可以看出这里并没有什么困难的选择。像上帝、母亲、苹果饼一样,四个目标领域都有重要意义。我们又进一步提出第二个问题,请每一类参加者(这次包括小学生)在四大目标领域中做出自己唯一的最喜爱的选择,如表2-3所示。大体上,有半数的家长和接近半数的教师选择智力目标,另有半数的人最喜爱的选项涵盖社会发展、个人发展和职业教育等目标,这表明有相当多的家长和教师不愿失去这些目标。

此外，也有更多的学生强烈地感到每一种目标的重要性。他们最喜爱的选项更为平均地遍布所有四大领域。

在这里我看到，与学校关系最为密切的人们——家长、教师和学生——把所有四大目标领域都看得十分重要。这些教育目标历经几个世纪的变迁而产生，并早在20世纪70年代以前的几十年里就出现在人们对学校教育的诸多期盼中。

表2-3 学生、教师和家长喜爱的教育目标

	社会%	智力%	个人%	职业%	人 数
学 生					
高　中	15.9	27.3	25.6	31.1	6 670
初　中	13.4	38.0	18.3	30.3	4 733
小　学	13.8	47.1	17.3	21.8	1 567
教 师					
高　中	9.9	45.6	29.7	14.8	656
初　中	13.9	46.7	29.3	10.1	396
小　学	14.0	48.9	33.5	3.5	278
家 长					
高　中	8.7	46.5	19.3	25.5	4 065
初　中	9.5	51.1	21.1	18.2	2 605
小　学	9.3	57.6	24.5	8.6	1 681

在我们抽样调查的资料中，家长没有看轻学校的任何教育目标。的确，我所知道的严肃的教育研究都没有发现家长对教育仅有狭隘的期盼。谈到教育，似乎大多数的家长都希望孩子受到全面的教育。由此我相信，许多政策制定者都错误地理解了家长们对学校的期望，并由于这种错误的理解而采取了过激的行动。

变化中的教育机制

家长都希望孩子受到综合、全面的教育，我们不会对此感到吃惊。的确，出现相反的情形才会令人奇怪。同时，家长希望教育的主要活动都在学校里进行，对此我们也不会感到吃惊。对于今天的大多数家长来说，生活是充满压力的。正如我在第1章提到的，超过半数的学龄孩子的母亲都在工作，照顾孩子基本的日常生活后就几乎没有

娱乐的时间了,更不必说自己抽出时间对他们进行正规的教育。今日学校的作用不仅仅是教育。学校加上电视为那些赶早去上班而到了孩子放学时间还未下班回家的家长们提供保姆服务。当然,以前的情况并非如此。仅仅发生在一代人身上的变化已经是巨大的,如今,一切都与往昔迥异了。

早期的殖民者移居新大陆,努力地重建了故乡的城镇和村落。他们也努力地重建了"由家庭、教会和学校组成的一种相互关联的教育机制……这一机制为社会的不同需要,以不同的组织形式传授宗教信仰、公民理念,及学术知识"。③

那时在这三种教育机构中,学校是最为次要的。许多移民根本不进学校。即使进了学校的人也只上一二年女校或只学习写作和阅读两门课程。少许的人进过语法学校,在那里学习拉丁语和希腊语这些外来的东西。在新大陆,学校只是对家庭和教会教育的一种补充。家庭在孩子的学习和与生活有关的方方面面都起着统领的作用。在讲授生活的深刻含义的时候,它借助于教会,在传导宗教信仰方面,它与教会携手合作,两者的力量远远大于学校。三种教育机构相互依存共同抚育和教导着年轻一代。

逐渐地,到了美国革命时期,新闻界开始加盟到三者中来,使白人的读写能力接近了家乡人的水平。尽管半数的儿童没有进学校,然而阅读却是文化学习中的一个重要部分。有书籍、年历、报纸、圣经和可供读写的信件,学校并不是唯一学习阅读的地方。兄长和父母在生活的各个方面都是老师,这种家庭教育也被社区中的其他家庭教育所强化。当然,也有很多家庭不具备这种教养条件。一些家庭规模小,而且孤立无援,也没有时间做所有这些。非洲黑人被掠离开亲人;印第安人是被隔绝的种族。两百年以前的"民族"概念是不能简单地适用于今日的各种群体的。

然而,当时有足够多的人学会了阅读,这就产生了对读物的需要。新闻界在美国教育界的作用是被低估的,也常常是被忽略的。它所作出的贡献远远不只是提高了美国人的读写能力。出版的读物拓开了新的视角,提供了选择的机会,激发了批判,帮助了革命思想的传播。毫无疑问,新闻界协同引发了美国革命。

美国革命之后,继续教授欧洲人的文化已经不合时宜。新的美国文化正在酝酿之中,并且需要及时地传授给源源而来的新移民。家长由于能力所限无法胜任孩子所需的教育,学校便责无旁贷地担起此重任。

工作的地点从家庭作坊转到了工厂和商店,而那里便成为价值观和各种观点的形成地。从相当大的意义上讲,它也是人们讨论和交流报刊阅读内容的地方。家庭的规模缩小了,家庭迁移了,隔开了那些曾经帮助家人抚养过孩子的亲戚。家里能教育孩子的人越来越少,但却有更多的新知识要学。新出现的美国不再是昔日的故乡了。

所以尽管家庭、教会和学校的传统关系依然维系着,学校和新闻界对教育的相对的影响却在迅速增长。随着有组织性工作的拓展,商业实体的增加,政府部门的扩大和专业化教育机构的产生,教育机构之间的联合越来越多。为适应这些发展,需要一种美国式的教育。雄辩的演说家和各种报纸都在进行着宣传活动,加上19世纪后半期史无前例的移民潮,学校的地位渐渐得到确立和加强。

家庭和学校作为教育者的角色的转换起始于19世纪,到了20世纪,这种转换的速度加快,教育的任务渐渐被学校接管,传授那些家长不懂但认为孩子需要了解的学科知识。商业和工业需要受过职业教育的学生,大学对学生入学前的培养也更感兴趣。这样一来学校的影响力就更大,超过了家庭的作用。学校教育体制的出现,带有不可避免的官僚化和教师及管理人员专业化的特征,这就使家庭和学校教育分离开来。学校咨询顾问的出现使学生咨询工作走向专业化,也改变了传统的家庭和学校合作咨询学生的做法。

尽管如此,数十年来,家庭与学校一直保持着一种积极的、相互支持的关系,并延伸到20世纪。在民主社会产生的进程中,家庭强调种族、家庭起源和个人在家庭中的重要性;而学校则强调与充满生机的大世界有关联的共性知识,这几乎是一种理想的、平衡的教育。④

但是,我们在培养个性的家庭教育和培养公民的学校教育之间从来没有建立起理想的平衡关系。有人可能说我们还没有接近这个目标。当人们认为家庭不能尽到其培养孩子的责任时,他们就要求学校多做一些。当要求学校为更多的人做更多的事情时,特别是自20世纪50年代以来,学校的教育任务就不可避免地加大了。因此,在那些过去的几十年中不断从学校获益的人们看来,现在的学校就显得不那么尽如人意了。

同时,学校作为几乎是所有的年轻人每天汇集的地方,就产生出一支新的强有力的教育大军——同龄群体。随着就业年龄的提高,学生在校时间的延长,同龄群体以往与家人相聚的时间也被他们的社交活动所代替。随着学校教育的系统化、规范化,学生被按年龄分班分级,这就使他们必须与同龄学生开展社交活动,即使家庭搬迁也不例外。当俄亥俄州一个五年级的孩子迁到俄勒冈州时,也要进一个五年级的班。越来越多的同龄群体日益强大起来,开始削弱家长和教师角色的重要性。

20世纪60年代和70年代期间,电子媒体进入这个愈发具有凝聚力的年轻群体的生活中,迎合着他们的兴趣,源源不断提供着生活的偶像,塑造着他们的品位,影响着他们的消费习惯,教会他们与父母相处的策略——寓教育于销售和娱乐之中。以青少年为对象的电视节目"干得好"形象地说明了媒体不仅可以提供娱乐,还可以引导和强化青年人对家庭、学校和工作的态度。我记得,在好几期的半小时一次的"干得好"节目中,家庭、学校和工作都是被当作施舍和嘲弄的对象。与青少年生活中的基本需要和技能相比,它们处于很次要的地位。"干得好"启用俊男倩女,借助于摇滚乐的舞曲,介绍青少年"成功之路"的基本经验——大胆的对话、猎取异性的办法、约会,等等。半小时快速闪过的电视图像使人感到只有这些活动和它们所代表的价值观才是重要的。广告商和电视网络联盟互利,而广告的内容更是强调了这种价值观的重要性。枯燥的工作、学校和家庭怎么能和这些电视节目和电视广告竞争呢?充其量,他们不过为青少年提供了一些经费、固定的社交场所和基本的营养,帮助他们"干得好"。

电子媒体已经替代了家庭和学校开始"协调"年轻人的生活经历了吗?电视已经变成普通学校了吗?如果是这样的话,还要公立学校做什么?很可能的是,学校所培养的学识需要教育家多年精心策划和有系统的努力,这是其他的机构做不到的事情。电视是不能有效地实施这种教育的。

今天,每一个独立的教育机构都置身于复杂的教育机构和组织的大体系中。为了整个教育生态系统的健康,每一个教育的机构和组织都要自觉地履行各自的职责,意识到其他组织的存在并全力协同他人,这是极为重要的。电视节目"干得好"是媒体中最差样品的一大讽刺。但是,它提醒我们,当一种教育形式变得日益具有教育性,但忽略了自己新的作用时,将会发生什么后果。

人们对学校的教育期望的演进历程

从19世纪中叶直到20世纪中叶,我们的学校体制无论是在规模、复杂程度,甚至信心方面,都经历了非凡的发展。随着学校作用的增强,传统教育机构中其他组织的作用减弱了,学校越发独立,家庭和教会的援助越来越少。学校作用的增强不仅表现在替代家庭和教会完成对学生的教育任务,也反映出社会对它的教育期望越来越大。

人们对最早的殖民地学校的期望是培养孩子具有充分的阅读能力,能很好地理解宗教理念和国家法律。教学是在一种虔信和尊重权威的气氛中进行的。对权威的违背与冒犯几乎立刻就会被家人得知。大部分的教学是个别辅导性的,教师往往在小组学习的环境中教导个别的学生。

课堂中要学三类知识。学术知识的教学是逐渐加深的。同时,传授道德知识,包括职业道德,其内容由家庭和教会认可。这本来就包含在学校的监护作用里。还有社会和个人发展方面的知识,主要是对学生在课堂小组活动中表现的要求。上述三方面构成的学校教育,从整体上看,强调的是个人机遇与责任感。这一相对朴素的教育使命二百年未变,一直延续到19世纪后半期。

工业化、加速的移民潮和都市化迅速地改变了人们对教育的期望。家长没有能力向孩子们传授他们需要获得的多种知识。学校不仅向学生传授良好的工作习惯,还要传授工作领域方面的知识,甚至开始有目的地为特定的职业做准备。人们要求学校不仅加强价值观和对家庭对社区的态度的教育,还要传授政治民主的观念和理想。许多要学习的观念都相当抽象,课程的科目增多,需要有新教材来适应教学。年轻一代所受的学校教育的总量逐步超过了他们的父辈,每一代人都比上一代人受到更多的教育。

20世纪一个特有的发展是认为学校教育应当是为个人而培养个人。柯瑞明简明扼要地表述了约翰·杜威的观点:"教育的目的不仅仅是培养公民,培养工人、父亲或母亲,而是最终要培养获得圆满生活的人。"⑤五十多年来,美国教育目标的表述已经证明了培养这种人的重要性。特别是在20世纪60年代,那些寻求自由、开放和不同学校的人们将这一理念写在改革的大旗上。美国人有着开发无限的地理和经济疆界的探索精神,这时候又增添了开发无限的个人发展疆界的新观念。

智力、职业教育和公民发展的目标构成了20世纪各普通学校要实现的教育目标。课程对所有人都是一致的,只是男生要接受某种形式的手工训练,女生要学习后来称为家政的课程。只有大约十分之一的学生进入中学,这些学生中的很大一部分人上了大学。人们认为这些高中生需要受过大学教育的教师来教。因此,在20世纪初,加利福尼亚州便要求中学教师需接受过五年的高等教育。

进入20世纪后很长的一段时间里,中学教师的主要任务是为完成正常的八年普通学校教育的一小部分的学生提供高质量的中学教育。但是,30年代的大萧条剥夺了年轻人就业的机会。同时人们越来越认识到,要使我们这个多民族国家的人民有效地参与民主社会的生活,八年的学校教育是不够的。在大多数州里,离开学校的法定年龄提高到了16岁。上中学的学生开始多元化,进而刺激了很多学校职业教育的发展,出现了很多为那些不打算进入大学深造的学生而创办的商业和技术学校。

1954年最高法院的决议废除了种族作为入学的障碍。随后,废除种族隔离学校的运动使各学校的入学情况发生巨大变化,尽管在郊区的学区变化缓慢。最初的问题是学校在隔离的情况下是否能为所有学生提供平等的教育机会。对许多人来说,20世纪80年代的问题是学校是否可以成功地接受种族混杂的学生,特别是通过校车接送来组成这样多元化的学生群体,并同时为他们提供高质量的教育。

对公立学校而言,随着这种复杂和相互关联的发展变化,任务是艰巨的。第一,它们要在一所"普通"的学校里提供免费的小学和中学教育,从1年级到12年级,在许多州,是从学前班到12年级。第二,它们要利用一切可能的手段确保越来越多元化的学生都有机会进入扩大了的普通学校。第三,每所学校既要设置合理的综合的学习计划,又要保证每个学生在智力、职业教育、社会和个人发展等方面得到全面的教育。第四,每所学校都要考虑学生的个性差异,尤其要考虑那些来自不同的经济、宗族和种族背景的学生,要准备特殊的教育计划,把这些因素对教育的影响减少到最低限度。⑥平等和质量是学校教育的关键。这两个概念将决定今后许多年中学校教育对话、政策和实践的框架。

即使在最完善的情况下,教育要同时实现质量和平等的目标也是艰巨的。在目前的情况下,我们必须严肃地考虑我们的学校教育体制是否能够实现这些目标。似乎是一个挑战还没有结束,另一个挑战就已经出现了。当前,学校通过地方所得税取得的传统的财政经费正在减少,此事已上了法院的议程。1954年最高法院的决议在州和地方部门造成了困惑,甚至最高法院本身也增加了它的困惑。多数大城市人口成分的变化太快了,以至于不可能消除学校的种族隔离现象,除非广泛地使用校车和巩固合并城郊学区。正像在后面的几章中我们将会看到的那样,我们学校教育体制的任何层面都没有更新课程、重建学校以满足这些变化的需要,哪怕是最低限度的更新都没有。随着妇女择业机会的增多,未来女教师的数量正在显著减少,而数以百万计的儿童和年轻人要成功地完成普通学校十二年或十三年的学业,他们需要异乎寻常的激励和支持。

学校要取得哪怕是微小的成功,也都需要两个重要的先决条件。第一,学校教育体制的各级人员和学校的服务对象都必须清楚地了解学校的使命。第二,必须建立一个与发展和支持现有的学校体制的联盟相似的新联盟,而且这个新联盟所支持的要超出学校的范围。它必须包括社区里提供和支持教育的所有单位,这不仅包括家庭、学校和教会,也包括商业、企业、电视、新的信息加工手段和所有其他新兴的通信技术以及那些教育潜力还没有得到开发利用的文化资源。教育如此重要,涵盖面如此之广,教育的任务不能只留给学校。

明确阐述对学校的要求

十分遗憾的是,对学校的要求至今尚不明确。美国宪法没有给予联邦政府管理教育和学校教育的责任和权利。而且,联邦政府也没有制定关于教育目标和教育计划的本质或质量的政策。但是,联邦机构已根据它们对教育机会均等的理解,积极地参与了教育政策的制定和教育计划的拨款项目。因此,尽管各州和地方当局有管理教育的责任和权利,但它们往往受到联邦政府的法律、兴趣和拨款项目的左右。事实上,许多州组建了教育部以便于有效地呼应联邦政府对学校政策和实践的干预。⑦

很难确认联邦政府最近这些年来对学校教育的兴趣和干预多大地影响了州和学区的职权及它们对自己所负教育责任的明确感。我们在"学校教育研究"所查阅的各州和学区的文献中,发现对学校并没有明确的要求。我们以为在经过了三百年的教育发展与变迁之后,州政府应该对教育和学校的期望作出十分清楚地阐述。可它们没有这样做。

三十多年前,卓越的教育发言人拉尔夫·W·泰勒提议,校长和教师应该有十几个的教育目标来指导本校的教育发展和教学。⑧这些目标不要局限于单独的学科或某个年级,而是要为每个学生的继续发展提供一套共同的目标。无论是小学教师还是中学教师,无论是英语教师,还是社会学、科学和数学课教师,都要自我反思如何帮助学生学会理性思维,把握基本的学习过程,养成对待工作的正确态度,等等。在这个教育的共同的总目标的大框架之下,他们可以进一步明确在自己专业课程的教学中应做出哪些特殊的贡献。

泰勒建议这样的目标应当既可以培养学生具有良好的行为,又可以使他们掌握与自己的学习最有关的知识体系,学到重要的相关的人类经验。怎样具体落实和诠释这些目标应该由教师来决定,并可以寻求当地的帮助。不要制定州一级和学区的细则,以免破坏地方学校的活动和侵犯教师特权。

我们希望在各州和学区的指导方针文献里看到类似泰勒建议的教育目标。州教育部长们慷慨地为我们提供了对学校期望的有关文献。我们查阅了所有五十个州的文献,我们对所调查的学校所在的七个州和十三个学区的文献进行了深入的分析。这些文献所代表的州面积很广,因此我们可以充满信心地根据这些文献做出结论。但是，我们在根据来自各学区的文献下结论时，却要更加小心慎重。

各州指导地方学校教育的文献在内容和呈现形式上差别不大，通常包括一篇颂扬教育的哲理序言，都强调个体和通过教育培养个体的几种品质，认知能力的培养是最重要的。各州都注重学生基本技能和对基本学习过程的掌握，甚至经常使用相同的语言来表达它们的关切。通常被遗漏的目标是对多种文化的理解与鉴赏和审美能力的培养。这两项具体的目标，前者包含对世界的理解，可以说是新提出的，而不是州政府文献中早就阐述了的。在把这些文献与早期文献对比时，我们发现，各州的教育指导方针在过去的五十年中基本上没有改变，提倡的是学生智力、社会和公民、职业教育和个人发展各方面的培养目标，其中最强调的是智力目标。

在这些文献中，除了个别的例外，最令人失望的是主题与表述形式的杂乱无章。州政府的文献中竟有适用于每个人的内容。文献涉及的主题众多——目标、活动、教学资源、评估建议等——使人不知哪些是重要的，哪些是次要的。读起来似乎让人感到教师会忽视其中个别的或所有的内容。文献中也没有关于学校权限的清楚阐述。

难道各州政府不应该明确对学校教育的责任并说明它们为此将准备提供多少经费吗？关于什么是最有用的对学校的要求颇有争议。早些时候，在对州的教育责任进行的非正式的调查中，我发现，州教育官员们都不愿意承认对地方学区和学校有任何明确的要求。具有讽刺意义的是，许多州确实通过财政的限定、课本的使用、考试、指定教学内容（如滥用毒品）以及教学的许多方面，十分直接地对学校进行干预。这种干预比起广泛的立法授权似乎更具控制力，但这不是建设性的指导。提交到各州立法机关的有关学校教育的法案通常一年内有数百条——其性质和数量令人费解。例如，加利福尼亚州立法机关在一年内提出了五百多条有关公立学校教育的法案，其中有 1/5 得到通过，这已经是平常事了。1980 年生效的加利福尼亚教育章程用四十二页的篇幅来阐述所有与双语教育有关的职责，但是仅用了两页来列举小学和中学课堂应讲授的科目。无疑，各种大量的州立法活动不仅会使地方学区，而且也会使州政府教育部门对自己主要的教育职责困惑不解。

看过大多数州对学校教育的指导方针之后，我得出的主要结论是：这整个领域是一个概念的沼泽地。我们以为，自宪法通过以来，州政府和地方政府便共负有帮助、规范和指导公立学校教育的责任。然而，各州对教育的领导和实施的责任却十分模糊。从政治家的观点来看，保留某些政策问题不做阐明，使持不同信仰的人们去自由辩论并做出抉择，这样做是有一些好处的，学校教育也同样如此。但是，实际结果是，由于没有明确的要求，学校教育很容易受到时尚潮流的影响，因而受到损失。这些反过来又会引起立法机关的注意，它们常常制定出更多的紧急措施，反而为学校设置了重重障碍。

我们发现学区用以指导地方学校的教育指南比起州政府的文献，少了哲理性的大话，多了直接针对课堂教学的内容，所提的教育目标也更多更具体。尽管它们与州政府提出的目标重点相一致，都强调思维能力的培养和学科学习等主要内容，但是看起来并不是按照州的教育目标而制定的。像州政府的教育指南一样，学区指南包括许多方面——目标、施教内容、教材、教学提示，偶尔还有时间分配的建议。也像州政府的教育指南一样，总体来讲，学区的指南也不是按一种综合有序的方式组织的。教育目标常常包括对学生行为的要求、对教师的要求，及对学校的建议（例如，"加强小学、中学和高中教学计划的衔接"）。

然而，当州和学区从论述总体目标转到论述课程和学科教学的时候，文献的性质就发生了改变。例如，我们调研的七个州中有三个州制定了以学科为中心的指导原则，以求对学区和对教师有所帮助。的确，一些方针几乎无需修改或付出额外的努力就可以作为教授整个课程的框架。但是，我们的调查数据表明，我们所调查的这三个州的十八所学校里的教师也跟其他二十所学校里的教师一样，并不认为这些课程指导方针有什么用处。总的来说，我们样本中的教师认为州政府和学区制定的课程指导方针在指导教学方面几乎是无用的或作用甚微。

前面所述并不一定可以让人下结论，说州或地方学区在指导学校计划和课堂教学方面不能作有效的指导。但是，我的观察是，它们的文献并没有引起人们的注意。人们思索后会发现，虽然这些文献提到学校的职责和目标，但是缺乏精确性、清晰度和权威性。没有哪个州级和地方的官员站出来洪亮而清楚地说明我们的学校教育目的是什么，并说明他们打算如何履行自己的责任。或许，列出对教师和学生的要求和目标并要他们为此负起责任是容易的，是大家期望的。

州政府必须做得好一些。这本书的两个主题之一是，教育系统的各级人士必须负起责任，齐心合力，因为好学校是多方努力的结果，任何单方的力量都是不够的。"负责"是一个好词，韦氏字典的第三版把它定义为"能够负起责任的"和"有义务负起责任的"。从第二种定义来看，州政府和学区的立法者和政策制定者正在孜孜以求他人对教育负起责任，而他们自己却没有尽到责任，没有在对教育需求和合理的教育观念做认真研究的基础之上明确提出教育的主要目标。

如果说教育工作者和其他人士正在寻找教育目标,那么就让这些目标措辞强烈并具有最高的职业感召力。时机已到,甚至已过,五十个州的政府必须明确表态,忠诚于三百多年来逐渐形成的四大领域的教育目标,并以此为教育的基本政策。

这些目标应当根据需要修订并得到每位继任的州长和议会的支持,每一学区都应当重申本州的教育目标并承担起保证每一个孩子和青年得到智力、公民和社会、职业教育和个人发展方面连续不断的平衡的教育的责任。

最近几年来,人们时常告诉我们希望回到历史上把三个 R(读、写、数学)作为唯一的教育任务的久远的淳朴的时代。如果前面我们对教育历史的回顾是合乎情理的正确的话,那么我们在历史上从来就没有过这样的时代。我怀疑现在这个时代已经来临了。

学校的教育目标

前面提到,近些年来,在各州和地方学区发生的情况与泰勒的想法相差甚远,很难发现综合的教育目标。相反,却有大量的有关具体学科的目标。此外,最近许多州和学区还制定了学生高中毕业和升级所要达到的学习成绩标准。我在走访许多学校的时候,我发现教师几乎没有明确的共享的目标,也不开展关于学校使命的交流和对话。

有人会说,人们对于一整套学校教育目标的认识不可能达成共识。如果真是这样,我们怎能知道我们要求学生达到什么特定的学习成绩标准,及用什么样的考试来测定他们的能力呢?显然,这里存在着矛盾。另有一些人会说,总目标太模糊,不同的人会有不同的看法。当然,这就是总目标的优点所在,总目标指出的是一种方向,在不同地区和不同环境下可以灵活运用。

根据泰勒的建议和州政府为不同学区和学校制定课程设计和教学大纲的需要,我从"学校教育研究"的两份资料中整理出以下一系列的学校教育目标。第一份资料是在研究之初,对学校教育目标的历史回顾。第二份资料是在研究接近尾声时,对刚刚提到过的各州教育文献的分析。在这些文献中很难找到对教育目标的陈述,它往往伴随在哲学方面的争论或混杂在教育政策和实践方面的建议中。我们尽可能地把文献中最常见的教育目标总结出来。

我们将总结出来的教育目标呈现如下,目的是引导学校委员会成员、家长、学生和教师认清共同的办学方向,并发展与这些目标有关的教学计划。这些目标也可以促使我国人民就教育和学校的使命问题开始一场本应该进行的对话。我们不用从头开始，因为我们并不是还没有学校教育的目标。我们应问自己这些目标的重要性和意义何在，它们是否足够全面，它们对教育政策和教育实践的意义何在，我们是否要在教学中予以贯彻和实施。

美国学校的教育目标

A. 智力目标

  1 掌握学习的基本技能和基本过程

  1.1 学会读、写和基本运算。

  1.2 学会通过读和听获取思想观点。

  1.3 学会通过写和说交流思想。

  1.4 学会运用数学概念。

  1.5 培养利用信息资源的能力。

在我们的技术文明进程中，个体参与社会活动的能力依赖于对这些技能和过程的掌握和在变化的生活中运用这些知识的能力。那些缺乏这些能力的人在有效发挥社会作用方面，将无一例外地受到严重限制。

  2 智力的发展

  2.1 培养理性思维的能力，包括问题解决的技能，逻辑原理的运用和使用不同调研模式的技能。

  2.2 培养运用和评估知识的能力。例如，批判和独立思维的能力可以帮助人们在智力活动和生活的各种角色中——公民、消费者和工人——做出判断和决定。

  2.3 积累全面的知识，包括数学、文学、自然科学和社会科学方面的信息和概念。

  2.4 培养对于智力活动的积极态度，包括好奇心和进一步学习的愿望。

  2.5 培养对于社会变革的理解。

随着社会文明程度日益复杂,人们更加强烈地依赖理性思维和能力。而且,今天的社会需要每一个成员智力的充分发展。这一过程不仅包括大量基础知识的获得,也包括基本思维技能的发展。

B. 职业教育目标

3 职业教育—职业技能教育

3.1 学会如何选择一种个人满意又适合于自己技能和兴趣的职业。

3.2 学会根据对职业选择的了解和知识做出决定。

3.3 培养实用技能,传授专门知识以使学生获得经济上的独立。

3.4 培养良好的习惯和态度,例如,掌握良好技艺的自豪感,使学生可以有效地参与经济生活。

3.5 培养对工作的积极态度,认识谋生的必要性,欣赏工作的社会价值和尊严。

在我们的社会中,人们的大量时间用于工作。因此,个体的自我满足与他或她对自己工作的满足有极大关系。为了做出明智的择业决定,人们需要了解自己的才能和兴趣与职业可能性的关系。此外,他必须获得必要的专业培训来参与他所选择的职业并培养在这一领域有助于他成功的态度。这一目标对于社会的持续进步与发展也同样重要。

C. 社会、公民和文化目标

4 人际关系的了解

4.1 了解相反的价值体系及其对个体和社会的影响。

4.2 了解家庭成员在不同家庭模式和个人家庭中的作用。

4.3 培养在集体中有效交流的技能。

4.4 培养认同和推进他人的目标的关切的能力。

4.5 学会在尊重、信任、合作、体谅和关心基础上建立与他人有效及令人满意的关系。

4.6 培养对于人类的关切以及对国际关系的理解能力。

4.7 培养对不同于本族文化的其他民族文化的理解和鉴赏能力。

在我们这个复杂的相互依存的世界,精神健康与更大的社会结构——人际关系——密切相关。没有一个人能够不受他人行为的影响。任何愚蠢的、自我放纵的行为都会冒犯他人的感受,损害他人的健康,甚至威胁他人的生命。仅仅了解自己是不够的——一个人必须超越自我,体察和了解其他民族和它们的风俗习惯、其他国家及相互关系、其他文化和文明的过去和现在。学校应当帮助学生理解、鉴赏和评价不同于本族、属于其他社会文化和种族背景的人们,以增加联合,减少隔阂。

5　公民参与

5.1　培养历史的观点。

5.2　了解政府工作的基本运作。

5.3　培养自愿参与国家和社区政治生活的意识。

5.4　培养对自由、对选举产生的政府,有代表性的政府,和全体公众利益的义务和责任感。

5.5　培养对现代社会的复杂组织及机构相互关系的理解并学会依据这种理解而行事。

5.6　依据个人良知,行使发表异议的民主权利。

5.7　培养经济和消费技能,以作出明智选择,提高生活质量。

5.8　了解环境中生物和物质资源的相互依存关系。

5.9　培养根据这种相互依存关系而行动的能力。

人类比以往任何时代都正面临着诸如人的本质相互冲突的价值体系,模棱两可的种族、道德和精神信仰方面的种种困惑,并且对自己在社会中的作用表示疑问。在人民是为了政府利益还是政府为了人民利益的问题上存在着主要的论争。问题并不是是否应当存在某种形式的政府,而是政府的作用、功能和结构应当是什么,它应当控制什么的问题。现在年轻人正在早早地跻身于政治和国家生活之中,少数民族也希望进入国家的权力阶层。只有社会大众的参与,民主才能焕发生机。人们期望学校能够激发这种参与热情。

6　民族文化修养

6.1　培养对于本民族的价值观念、特性和语言的洞察力。

6.2 知晓和理解本民族文化遗产,熟悉过去曾激励和影响人类的成就。

6.3 了解过去传统至今仍起作用的方式和它对于社会走向和价值的影响。

6.4 理解和采用个人所属团体的准则、价值观和传统。

6.5 学会如何运用美术和人文科学的基本原则和概念去鉴赏其他文化的美学贡献。

对于传统的研究能够揭示现在与过去的关系,领悟当今社会及其价值。此外,个人的社会归属感通过理解个人在传统文化中的位置而得到加强。这些人类精神的记载对个体的生活起导向作用。所有这些感悟将有助于发展人对自己的身份和归属的认识。

7 道德和伦理品质

7.1 培养判断是非善恶的能力。

7.2 培养坚持真理和价值的品质。

7.3 学会利用价值标准做出决定。

7.4 培养正直的道德品质。

7.5 了解道德行为的必要性。

社会、宗教和哲学为道德行为提供支柱。个体要根据一种或若干种价值体系控制个人行为,其中一些价值观念可以从其他人的行为(父母、教师、州领导人)中体现出来,另外一些价值观念则以道德准则的形式体现出来。学校要教会年轻一代如何识别这些隐含在人类行为中的价值观念。

D. 个人发展目标

8 身心健康

8.1 培养学生愿意接受别人的情感表达,丰富自己的爱心。

8.2 培养情感调节和情感稳定的能力和技巧,包括适应社会变化的能力。

8.3 了解人体知识,参与身体保健的活动,远离有害物质和毒品。

8.4 学会有效利用闲暇时间。

8.5 掌握保持身体健康和娱乐的技能。

8.6 培养有建设性的自我反省的能力。

各州的教育目标都把学生的情绪稳定和身体健康看作是实现其他目标的必要条件。但是,身体的健康、情绪的敏感度、客观地接受自我和他人,这些本身也是教育的目的。

9 创造力和审美表达
9.1 培养有创意的处理问题的能力。
9.2 培养容忍新观念的能力。
9.3 培养灵活性和考虑不同观点的能力。
9.4 培养体验和欣赏不同创造形式的能力。
9.5 培养评估不同的美学表现形式的能力。
9.6 培养积极地通过创造性活动进行交流的意愿和能力。
9.7 通过自己艺术的、职业的和业余的兴趣爱好寻求为社会文化生活做贡献。

创造新的、有意义的事物和欣赏其他人创造的能力有助于个体的自我实现,并且有益于人类社会。学校起着培养这种鉴赏力和创造力的作用。

10 自我实现
10.1 学会在自身活动中寻求意义,形成人生哲学。
10.2 培养了解和正视自我的必要的自信心。
10.3 学会现实地评价和接受自己的局限和实力。
10.4 认识到个人的自我概念是在与他人的交往中形成的。
10.5 培养有目的地做出决定的能力。
10.6 学会为实现个人目标而计划和组织环境。
10.7 培养愿意为个人的决定及其后果承担责任的态度。
10.8 培养选择个人终身学习目标及其实现方式的技能。

自我实现的理想是基于这样一种观念之上的,做人不只有一种途径,塑造良好自我的努力有助于一个良好社会的发展。那些没有培养出自我定向公民的学校既没有达到社会的目标,也没有实现个人的目标。一个不能规范和引导自己行为的成年人也不能对社会和自己做出规范和引导。由于社会变得日益复杂,日益相对,日益变幻莫测,结构日益松散,社会对于个人的要求也日益多样。我们已经创造了一个不再需要每个人都必须掌握一个共同的信息体系的社会,满足未来需要的唯一希望是培养能为自己的需要承担责任的人。学校应该帮助每一个孩子为这个快速变化的世界和无法预见的需求做好准备。在种种需求当中,成人一生的连续教育应该是共同的期望。

这些教育目标或类似的目标,在各州的文献中频繁出现,似乎已在全国达成共识。我们不是没有学校教育目标,但是我们缺乏对于这些目标的详细阐述和实现这些目标的责任心。

结 论 和 寓 意

在决定我们的学校应当做些什么的时候,家长、教师和学生对学校的期望是重要的但也是不全面的。在我们给社区下定义之前,说哪所学校属于哪个社区是毫无意义的。州政府有责任提高人们对学校的期望,使这些期望超越地区的限制并包含对国家和全球的意识和理解。[9]

家长期望中的学校和各州及学区的官方文献中提到但没有明确论述的学校作用是十分一致的。不使人吃惊的是,这种一致性在成年人——家长和教师中,比在学生中几率更高。很可能各州和地区在起草教育文献的过程中考虑的读者是成年人,而不是儿童和青年人。

在州政府和地方的文献中,我发现它们没有对"教育差距"做出定义和澄清,即"人们理想中应达到的境界和他们在现实中已达到的地步之间的差距"。[10] 只有对这个"差距"做出清楚的论述和广泛的宣传,才能明确教育的需求,激励大多数人参与教育改革。如果州政府不做这样的论述,那么我们能指望谁来做呢?

我的分析是,一些州政府胆小怕事,没能抓住领导的机会,而联邦政府在这方面顶多只起了模糊的作用。也许这是出于政治上的需要,它们过于希望尊重地方选民的意愿。不管是出于什么理由,其结果导致各州缺乏长期的计划来指导各地方的教改活动,这种缺乏反过来又助长了对已察觉到但并没有经过仔细诊断的问题采取过激的、常常是不敏感的解决办法。

我感到,由于对教育和学校教育的责任义务缺乏定义性的、坦率的、理想的说明,人们不免有些冷嘲热讽。我与许多立法人员就如何改进学校交谈过,我可以理解他们的沮丧。他们对学校教育的想法比较幼稚,认为学校里的一些人(尤其是行政人员)强烈抵制新的观点——特别是这些立法人员的观点。还有,许多人认为,教师的日子很好过,他们的工作日短,暑假时间长。于是便出现了一种趋势,忽视改革的全面目标和制定州一级政策的艰巨任务,将注意力集中在学校和课堂里——不是去听课去学习,而是快速地改变事物。正如亚特金所言,政府已进入教室,而且很可能在那里待下去。⑪但是,如果州政府的人将他们几乎所有的注意力都放在教育行政人员、教师和学生的职责上,他们就无法履行自己的职责。那些负责制定州一级政策的人将继续起惩罚,而不是鼓励学校的作用。那些立法者仍将继续感到困惑,为什么他们对显而易见的问题所提出的"完全理智"的解决办法会产生出如此平淡、令人不满的结果⑫。

许多州政府官员不会同意上述看法。他们寄些资料给我,以反驳我的概括。有些抗议也会被人们所接受。然而,我确信,大多数,或许是所有的州政府在确定其教育职权方面,都只是在尝试而不是大有突破。州教委会委员告诉我,由于没有长期的计划,每次开会所讨论的内容只是委员们临时带到会议日程上的。对此我感到不安。当学区的督学们希望进行一些改革,但又畏惧州政府的限制时,我的不安加剧了。当课本出版商告诉我,要使学校采用与"基础知识"没有直接关系的书是多么困难时,我担心学生们在学校里干什么。当我看到大量的时间和精力都花在发展和使用测试卷时,我怀疑我们是否有恰当的优先目标。

对学校和"学校教育研究"的资料考察得越多,我越感到我们缺乏各级的教育计划。此外,我们也没有建立专门的机制,以收集必要的资料来制订这些教育计划。所需的资料远远超过目前为评估学校的教育质量而收集的学生成绩。

这些教育计划的若干部分已在前面的论述中提到过。第一,作为基本的教育政策,各州要明确贯彻四个教育目标所要担负的责任。

第二,每个州必须明确,每所学校在四个目标领域内仅仅提供一些课程是不够的。每个学生必须在他的大学前教育中获得全面的教育。在州政府的帮助下(通过郡县办公室或地区服务中心),每个学区都要发展一种收集资料的方法来连续性地评估学生个人学习计划的执行情况,并要指导学生选课。

第三,州政府必须运用这些资料中具有代表性的样本来确定全面教育中有哪些不平衡的地方,并确定需要做出哪些努力才能纠正这种不平衡。例如,那些日后想成为医生或工程师的学生可能会过分偏重于科学和数学;可能需要请大学医学院和工学院的院长和教授改变入学要求和录取办法来扭转这种倾向。

第四,州政府应当率先强调学校在完成社会的教育任务时能力有限,更谈不上希望学校去做其他社会上的事情了。家长希望孩子受到全方位的教育。这并不使我们吃惊,但是那种认为学校能够,也应该担当起教育的全部或大部分任务的想法则是不再合乎情理的了。有必要认识到,只有当我们更明确学校的使命,包括它能够完成社会的其他机构所无法完成的任务,学校才将继续是一个富有生命力并得到众人欣赏的机构。如果家长懂得其他社会机构也具有教育的功能并对此充满信心,他们就会理解学校的作用是有限的。

州政府应该带头组织和促进其他各机构的教育性活动,但它们却常常起到限制的作用。例如,资源分配的方式常常使学校在使用本系统其他部门的资源以丰富教育计划时陷入困境,比如中学很难利用附近社区大学的教育项目。州政府不仅需要消除各种限制,有目的地尝试教育机构之间各种不同类型的合作,还应当有力地、态度鲜明地支持全社区范围的联合教育,并机智地寻求帮助社区实施这种教育的途径。⑬如果州政府仍然过分地、不均衡地把注意力集中在学校,那么这种局面将无法出现。

州政府需要收集并敏锐对待有关整个教育体系的数据资料。教育的现状如何?它将来会有哪些最有效的成就?哪些学生的入学率会上升或下降?失学的人在做些什么?有多少注册的学生每天不到学校?这些数据的重要性是什么?州政府政策和行动的影响力有多大?这些政策和行动是为地方学校首创精神和创造力的发挥提供方便还是起阻碍作用?州政府在收集准确的数据吗?严格地讲,几十个这类问题对于青年人和我们国家的切身利益有着深刻的含义,需要引起关注。但是我们却常常没有提出这类问题,部分原因是由于我们忙于学校的事务并把学校教育和教育等同起来。州政府里与教育部门毗邻的办公室常常为了其他的目的收集了大量与教育和学校教育有关的资料,但是部门与部门之间分享信息不是官僚政治的特点——人们不是不愿意这样去做,而是没有这种意识和习惯。

前面谈了州政府应该发挥的领导作用。这里所建议的措施,目的是提醒各位当选或被任命的官员们注意自己在宪法规定的教育和学校教育最高权威机构的领导作用。他们在发挥领导作用的时候,一定不能怯懦。如果只为下面的教育工作者制定一些责任规则,那就是逃避州政府本身的责任。

具有讽刺意义的是,虽然州政府的权力,特别是它们在资助学校方面的作用扩大了，但是立法人员和其他官员使用州政府的特权让学校去做他们所希望的事情，却没有明显奏效。事实上，这将很快被人们看作是我们主要的社会失败之一。而且，随着权力的增加，州政府似乎更加忽视了它们应起的作用，即为改革创造一种挑战和激励的气氛。相反，他们在制定教育法规时往往持惩罚的，而不是支持的态度。州政府应该为教育发出指导性、挑战性和充满希望的强大信息，并为学校教育制定明确的目标。

这种信息并不是与学校关系最为密切的人们近些年来总是听到的信息，但我相信，这正是他们所期盼的信息。

注释

① For a discussion of the decline of this coalition and its effects, see Stephen K. Bailey, "Political Coalitions for Public Education," *Daedalus* (Summer 1981), pp. 27–43.

② Ronald G. McIntire, "The Development of a Conceptual Model for Selection of Optional Educational Programs in an Elementary School," unpublished doctoral dissertation, University of California, Los Angeles, 1976.

③ Lawrence A. Cremin, *Traditions of American Education*, p. 12. New York: Basic Books, 1977. For elaboration of this configuration and the component parts, see Lawrence A. Cremin, *American Education: The Colonial Experience*. New York: Harper and Row, 1970.

④ Joseph J. Schwab, "Education and the State: Learning Community," *The Great Ideas Today*, pp. 234–271. Chicago: Encyclopaedia Britannica Inc., 1976.

⑤ Lawrence A. Cremin, *The Transformation of the School*, pp. 122–123. New York: Alfred A. Knopf, 1961.

⑥ For purposes of comparing these concepts with those that guided provisions for free public schooling throughout the second half of the nineteenth century and well into the twentieth, see James S. Coleman, "The Concept of Equality of Educational Opportunity," *Harvard Educational Review*, Vol. 28(1968), p. 11.

⑦ For further analysis, see Ernest R. House, *The Politics of Educational Innovation*. Berkeley, Calif.: McCutchan Publishing Co., 1974.

⑧ Ralph W. Tyler, *Basic Principles of Curriculum and Instruction*. Chicago: University of Chicago Press, 1949.

⑨ For an intriguing glimpse into what a global education program in schools might look like, see Lee and Charlotte Anderson, "A Visit to Middleton's World-Centered Schools: A Scenario," in *Schooling for a Global Age* (ed. James M. Becker). New York: McGraw-Hill, 1979.

⑩ John I. Goodlad, *What Schools Are For*, p. 16. Bloomington, Ind.: Phi Delta Kappa Educational Foundation, 1979.

⑪ Myron J. Atkin, "The Government in the Classroom," *Daedalus*, Vol. 109, No. 3 (Summer 1980), pp. 85 – 97.
⑫ For a compelling analysis of bureaucratic rationality applied to the improvement of educational practice, see Arthur E. Wise, *Legislated Learning*. Berkeley: University of California Press, 1979.
⑬ For a comprehensive discussion of what is required, see Don Davis (ed.), *Communities and Their Schools*. New York: McGraw-Hill, 1980.

第 3 章

超越学术知识

我相信,社会上的广大公众和家长们都认为学校的主要任务(不管其他的任务是什么)是传授学术知识,而学术知识被他们认作是几门学术科目和一系列的交流和思维技能,其基础是阅读、写作和算术。学术知识学习的目的是促进学生智力的发展。这种对学术知识的定义虽不全面但还算正确。尽管这种以为仅通过学术科目的教学就能达到智力发展目标的看法是错误的,但是我相信,当谈到智力目标并将其与教育的社会、职业和个人发展目标相比较时,我们样本中的家长和教师所想到的正是这些学术科目。

事实上,学校的任务不仅仅是教会学生读、写、算。我们有理由相信家长尤其会对学术学习之外的事情感兴趣。遗憾的是,我们用以评估学校质量的测量标准几乎只针对学术科目,而且所测量的科目也是有限的。我们试图利用学习成绩考试的分数作为显示计,根据分数的上升或下降来判断学校业绩的好与差。我们以为公众对学校的支持只与这些指数有关。同样地,改革学校的措施也要依赖于这些指数。但是,如果这些指数本身不能完全令人满意的话,那么与它们有关的问题的诊断和后来的补救措施也不会完美。

我在这里探讨的问题有两个方面。第一,正像我们已看到的那样,教师、学生和家长不仅仅重视"智力发展"的目标,还要求学校的整体学习计划对智力、社会、职业和个人发展的目标给予平衡的关注。第二,重视所有这些方面也还是不够的,在家长和学生的眼里,学校也是一个教养和关爱的场所,家长都希望自己的孩子作为个人和学生能得到个别的关照,并且有安全的保障。他们的孩子们也希望在学校里既被当作个人,也被当作学生。许多教师也希望学校更多地关注学生的个性品质,诸如学生的报告卡上所写的那些"课堂表现"。但是,我们将非常清楚地看到,教师想要摆脱学术科目教学的负担去关注学生的个性品质是很困难的事情。

我在这里提出几个问题,第一,大众喜爱的教育目标在什么程度上也被认为是我们抽样的学校所强调的目标?与此相关的一个问题是大众喜爱的教育目标与学校强调的目标的一致性是否也反映在对学校的满意程度上,例如人们给学校打的满意分。第二,如果使学校强调的目标更符合大众喜爱的目标,这样将会对学校教育计划产生什么样的影响?最后,更准确地说,除了学校的教育作用之外,家长、学生和教师还有什么其他可关注的?

"学校教育研究"的调查对象都是从与学校有某种既得利益关系的大众群体中抽选出来的,然而他们所表达的关注和兴趣远远超过了学术知识的范围,足以使我们提出一些其他的,关于学校使命和运作的深远问题。

改变教育的重点

第 2 章里提到,在选择一个最喜爱的教育目标时,将近 50% 的教师和 50% 的家长选择了智力目标,而其余的人选择的最喜爱的目标遍布其他三个目标领域。学生们最喜爱的目标比较平均地分布在四个目标领域。

然而,当选择学校最强调的目标时,教师、学生和家长选择智力目标的百分比均较高——只有高中学生的家长选择此项的百分比略有下降。教师、学生和家长认为学校最为强调的目标列在表 3-1 中。

特别有趣的是学生和教师所观察到的学校对智力目标的强调程度。教师和家长都认为小学特别强调智力目标。从我们的数据里,可以看出学校并没有放弃学术知识的学习。

图 3-1 综合了两个表格中的数据。第 2 章中的表 2-3 显示了学生、教师和家长自己最喜爱的目标,而刚才提到的表 3-1 则显示了学生、教师和家长认为学校所最强调的目标。图 3-1 中的柱型展现了这两组数据之间的差异。这种差异有时很小,有时很大。表明这些差异的目的是要提醒人们,如果想使学校所强调的目标更接近人们所喜爱的目标,应该朝哪个方向去努力。

表 3-1　学生、教师和家长认为学校最为强调的目标

	社会%	智力%	个人%	职业%	人数%
学　生					
高　中	10.2	61.6	13.2	14.9	6 784
初　中	11.7	64.1	11.2	13.1	4 733
小　学	11.1	61.4	11.9	15.5	1 564
教　师					
高　中	18.0	52.2	6.8	23.0	651
初　中	16.3	64.4	8.7	10.7	393
小　学	12.2	78.5	6.1	3.2	279
家　长					
高　中	19.0	43.1	10.2	27.8	3 858
初　中	19.5	56.3	11.2	13.0	2 994
小　学	13.6	68.9	11.4	6.0	625

当我们观察图 3-1 时，会发现一些有趣的现象。首先，如果学校能努力地减少人们所喜爱的目标与学校所强调的目标之间的差距，其中的一个效应就是各级学校对个人发展目标会更加重视。此外，如果能解决教师们在目标问题上所看到的差异，也能使个人发展目标受到更多的关注。第二，智力目标将继续受到重视，但受重视的程度会下降。如果我们响应学生的回答，就应该在各级学校中减少对智力目标的重视。结果，小学的变化可能是最小的。如果学校根据家长的回答来进行改革，那么学校对智力目标现有的重视程度就不会有什么大的变化。

我们可以把每个人喜爱的目标与学校强调的目标做个比较。在许多情况下，个人喜爱的目标与学校强调的目标是一致的。表 3-2 显示了这种一致性的百分比。可以看出，这种一致性在小学比在其他层次的学校要高。因此，我得出这样的结论，在多数情况下，从政治的角度来看，在小学比在中学更容易达到目标的一致性。

个人喜爱的目标和学校强调目标的一致性与个人对学校教育内容的满意度高相关，这并不令人奇怪。纵观所有学校，那些认为学校强调的目标与个人喜爱的目标一致的家长、教师和学生给学校评估的分数大大高于那些没有这种感觉的人。在中学，那些看到自己喜爱的目标也是被学校强调的目标的学生，表达了对学校教育较大的满意；看到两种目标相一致的家长对于孩子在校所学的内容较为满意；在所有人中，那些自己喜爱的目标与学校强调的目标不谋而合的人，比起那些目标不一致的人，更强烈

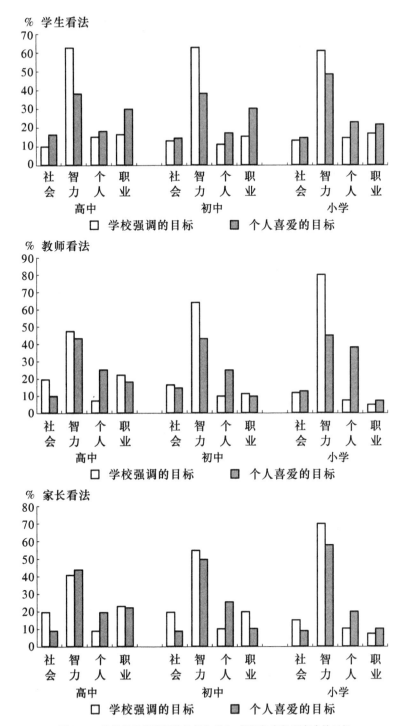

图3-1 比较学校所强调的目标和学生、教师与家长所喜欢的目标

表 3-2　个人喜爱的目标与学校强调的目标之间的一致性(百分比)

	高 中	初 中	小 学
教　师	35.35	45.92	52.90
家　长	41.15	47.50	59.28
学　生	42.13	49.87	53.55

地赞同学校提供一种在日后生活中将会有用的知识。

这些现象说明,学校教育的每一个目标都得到了社会上相当一部分人的支持。所以,学校要满足不同人的需求,就必须提供广泛的而不是狭隘的教育计划。还要指出的是,创造有利的环境气氛也很重要,在这种气氛中,每一个参与者认为是重要的目标也被学校认为是重要的,并在教育计划中得到重视。但是,广泛的教育计划和学校教育目标的一致性还不足以令学校的顾客满意。学校的工作人员必须记住,每一个孩子在学校里都被视为群体中的一分子,但是家长首先关心的是他们自己孩子的利益,而不是这些群体。家长在学校评估时,给那些"我的孩子受到了许多关注"的学校,以及提供了满意的咨询服务的学校打分较高,而给"这个学校的许多教师不关心学生"和"一般的学生得不到足够的关注"的学校打分较低。

这里提供和讨论的有关资料有助于改进关于学校教育目标设置方面的公共政策,但在寻求理解和改进具体的学校上却没有什么用处。单个的学校不一定会遵循这些资料所推荐的通常做法。从我们研究的学校中挑选出来的几个例子将有助于说明这一点。

巴利萨德斯小学位于一个大城市相对富裕的一个地区。负责这个学区的行政人员了解公众对这个学校的高期望。他们挑选了一名能力很强,致力于理解儿童的人担当第一任校长的重任,并与她密切配合挑选教师。因此,巴利萨德斯小学以既关心学生的学习,又关心学生个人的需求而出名。后来,当黑人孩子乘校车来就读时,人们期望他们能在这里受到良好的教育并得到热情的接纳。

大多数家长、教师和学生都给这所学校打了很高的分——它的平均分仅略低于A。他们当中有相当多的人认为学校对智力、社会和个人发展目标都很重视。总体来说,他们都认为学校最强调的目标是智力目标,而这也是他们个人所喜爱的目标,所以他们希望保持这种现状。个人喜爱的目标与学校强调的目标之间达到一致性的比例是,在教师中占82%,在家长中占74%(样本中的十三所小学里的教师和家长所占的比例最高),在学生中占58%(第三位最高的)。当家长和教师被问及哪一个目标是他们最喜爱的目标时,他们几乎毫无例外地选择智力目标或个人发展目标,其中智力目标占绝对优势。学生选择最多的也是智力目标,但是他们当中也有许多人选择了其他的目标。

这些家长对学校的课程高度满意,正像抽样调查中的大多数家长一样。他们对于美术和体育课的满意程度低于对阅读和数学的满意程度。我推测,巴利萨德斯小学受到 20 世纪 70 年代"回归基础教育"运动的影响比其他许多学校要小得多,不过该运动也许为那些每天乘校车上学的少数民族学生和住在学校附近的学生提供了适当的数学和阅读的教学。因为当时巴利萨德斯的精神气质就要求学校这样做,不管社会上盛行什么。抽样调查的黑人和白人学生家长对于学校的满意程度没有太大区别。

巴利萨德斯小学恰好反映了当今社会对于小学的普遍期望。学校的任务是发展学生的智力,然而也应该关注学生的个人发展。有了坚实的学术学习计划之后,学校还应当关注个人的发展——以体育促进身体健康,以美术培养创造力。这里的家长们也需要孩子接受全面的教育,但是应有轻重缓急的次序。

费尔非德高中的同类数据显示出很不一样的情况。当学校不强调智力目标时,教师和家长就会担忧。费尔非德高中位于城郊的一个富有郊区和乡村特色的中下等收入的社区。学生为白人和墨西哥裔美国人。与巴利萨德斯小学相反,费尔非德高中的校长在开展工作时与学区的行政官员和本校的部分教师产生了冲突,这限制了他的影响力和控制力。

家长、教师和学生在我们的调研中给这个学校评估的平均分数是 C。三组人都清楚地感到学校以职业教育为导向。这种导向在这类社区的高中是比较普遍的。然而,在费尔非德高中,有 42% 的教师是职业教育的教师!在其他十二所高中里,职业教育的教师平均只占 22%。

这所高中的许多教师都希望把教育的重点更多地放在智力和个人发展的目标上。有 81% 的教师认为学校最强调的目标是职业教育,只有 21% 的教师认为学校强调了智力目标。当问及学校应当强调什么样的目标时,将近 26% 的教师认为是智力目标,26% 的人认为是职业教育目标,40% 的人认为是个人发展目标(相比之下,没有人认为学校强调了个人发展的目标)。显然,这些教师都认为学校教育的重心大大失衡。

我们调研的三种人,教师、学生和家长,在表达个人喜爱的目标和指明学校最强调的目标时,一致性都很低——在所有学校中,一致性最低的是教师(21%),其次为家长(29%),再次为学生(39%)。那么,如果我们要符合家长的喜好,就要使学校更多地重视智育,少强调职业教育。美籍墨西哥人学生的家长就想朝这一方向努力,虽然他们没有很明显地表示出来。有趣的是,学生们认为学校已经突出了智力目标,他们希望学校更多地关注其他三个目标领域,特别是职业教育。正像我们在后面的章节里将会看到的那样,中学生普遍表示,他们对职业教育的喜爱,远超过任何学术知识。这种喜爱在费尔非德高中很明确地表现了出来。

如果我是费尔非德学区的一名董事会成员、督学、校长、教师、学生,或者是这里的一名居民或纳税人,我就会对这些数据有兴趣。学校在调研评估中的普遍得分是C,这就意味着最初的警告。家长、教师和学生喜爱的目标与学校强调的目标缺乏一致性,这又是另一个警告。当然,我肯定要质问为什么这么多学生对他们的学校评价很低,为什么他们认为自己喜爱的目标与学校强调的目标缺乏一致性,还有为什么他们希望学校更多地强调那些被许多家长和教师认为已经过多地强调了的目标。如果我是一名新上任的学区总督,我会发现这些数据既珍贵又令人苦恼——并深知自己面临的是一项棘手的工作。在思索新的教育方向时,我会请学生参加定夺的过程。显然,他们会提供有用的建议。

纵观来自所有学校的大量数据资料,我们可以假设,当家长、教师和学生看到智力目标在学校占主导地位时,他们一般会希望学校更多地重视其他培养目标,只有高中学生的家长仍然希望较多地重视智力目标。我们的资料表明,在大多数学校里(费尔非德是个明显的例外),教师、家长和学生确实认为学校把智力培养看作是比社会、个人和职业教育都重要的教育目标。他们普遍希望学校把注意力更多地转向其他三个目标领域。但是,我们可以进一步假设,只有当其中的任何一个培养目标都不能代替或超越智力目标时,他们才愿意学校分一些注意力给其他的目标领域。学生比家长和教师走得远一点,认为学校应该减少对智力目标的重视。高中生是一个独立的群体,与别的学生不同,他们认为智力目标在学校最受重视,但他们希望学校能消除智力目标的统治地位。

巴利萨德斯小学恰到好处地验证了这个假设。智力目标在这个学校占主导地位,所以家长和教师都愿意更多地重视个人发展的目标。事实上,在智力目标的主导地位受到威胁之前,就可以制定许多其他的发展方向。例如,这个学校并不需要放弃现有的培养目标和任务,就可以接受挑战,成为一个对所有孩子进行美术教育的示范中心。

费尔非德高中不符合这一假设的条件。我们在研究这所学校的时候,比较了人们对智力目标和其他目标的看法,也比较了这所高中和其他高中的数据,发现这所学校的许多教师和家长都认为学校不重视智力目标。家长希望学校更多地重视学生的智育。毫不奇怪的是,这所学校的教师(其中职业教育教师所占的比例不合情理)并没有接受过充分的培训来承担更多的智力教育,但他们也明确地希望学校更重视智力目标。三组人都希望学校更多地关注个人发展的目标——这是他们所喜爱的目标,需要我们进一步探讨并收集更多的数据。学生的看法符合他们这个群体的一般态度,他们希望改变智力教育在学校的统治地位。看起来,联邦政府为丰富费尔非德高中的职业教育而提供的资助并不是学校所需要的。但是学区总督告诉我,另一项职业教育的援助也要拨下来了。人们可以想象,全国有多少类似的学校正在接受着好意的联邦政府和州政府的资助,但这些资助加强了学校已经过分重视的目标领域,而忽略了那些亟须关注的目标领域。

在接受资助的学校里,负责使用这些经费的工作人员目前需要更多的,像我们的调研资料一样的数据作为参考,才能有效地使用这些资金。但是,目前他们找不到更多的这方面的资料。这样的资料可以为学区总督、家长、学生、校长和教师提出对话、诊断和之后的策划等方面的建议,使他们携手共进,寻求对年轻一代进行智力、社会、职业和个人发展的全面教育。

超越教育的功能

正像一所学校可能会因为忽略其教育功能——学术知识——而陷入困境一样,它也会因为忽略其监护功能中的抚育作用而遇到困难。我相信,当家长们开始担心学校是否关注孩子的个人行为时,他们所考虑的不只是"纪律"。

遗憾的是,当学校一旦在学术教学或学生管理方面背离了某些标准时,人们往往会将对此现象看法的异议和微妙之处笼统地归纳为对基础教育或纪律约束的呼唤。他们认为学校里没有人再关注学术知识或做人的标准了。幸运的是,家长对于孩子学校的关心并不停留在这种普遍看法上,而是集中在具体的事物上,如教育项目的重点,还有这些重点之外的有关孩子与学校和教师交往的个人经历,等等。在这些方面确实有一些标准,一旦违反它们,就会引起多方面的关注。这些标准是浮动的、相对的,但是大多数标准都有一些禁区,一旦被侵入,就会给警觉的教育者发出危险的信号。

我们的数据显示出社会上广大民众们对于青少年行为和不良行为的关注,而且他们所关心的不仅是学生在校内的行为。数据表明,在大多数学校中,教师不能控制和管束学生并不是主要的问题。前面提到过,家长一是关心孩子的在校安全,二是希望孩子的个人利益能得到关注。与家长的期望相一致,学生也希望学校能关注他们个人的情况——特别是在他们努力地完成学校的任务和达到学校的要求的时候。

据我观察,人们期望学校承担起对学生的抚育责任,部分原因是有人认为学校应该是好家庭的延伸。现在的学校比教会更为广泛地接收年轻人,所以人们期待或至少是允许学校在陶冶学生的精神境界方面发挥较大的作用,甚至大于家庭和教会以前共同起到的作用。不管怎样,在我们抽样调查的学校中,家长都很同意这一条:"我不介意学校安排祈祷活动。"同意的百分比从最低的66%(一所高中里的家长)到最高的100%(两所小学里的家长)。

民意测验表明,有越来越多的家长意识到,在孩子的整个成长过程中,尤其是在青少年时期,他们没有尽到抚育的责任。这种情形导致他们迫切要求学校尽更多的责任。学校缺乏对学生个人的关注(例如编班过大),就像学校对学术知识不够重视一样,就使家长对传统学校感到不满,并促进了其他形式的、由家长控制的学校的发展。

家长越来越多地关心孩子在学校里和上学路上的安全,正像许多学校的教师关心自己的人身安全一样。在问卷调研中,我们让家长对"我的孩子有时害怕在学校挨打"的说法发表同意与否的看法。在三级不同学校里,分别有23%、36%和24%的家长中等程度地或强烈地同意这种说法。不出所料,在同一社区的三所学校里,家长们的答复是有一致性的。例如,在优克利德区,中等程度地或强烈地认为在他们的小学、初中和高中有此类情况的家长占总家长人数的比例较低,分别为13%、12%和6%。但是,在纽堡区,所占的比例就比较高,分别是41%、53%和34%。在费尔非德区,所占的比例分别是35%、42%和34%。从整体的平均数据来看,初中学生的家长最担心孩子的安全问题。

仅从这些资料中我们就可以看出,很有必要更深入地了解家长对学校满意与否的根源。如果想达到改革的目的,首先必须仔细地评估和确定应该从哪里开始。家长对学校的全面评估是不够的,还需要对其他资料认真地评估。这些资料清楚地表明,随着学生在学校的逐年成长和青春期的开始,学生的兴趣发生了极大的变化。在一项对学校教育最初四年的早期研究中,我和同事得出的结论是,在课堂里,男女学生参与和投入学习活动的程度令人吃惊,因为许多活动在我们看来都是学校里日常的活动。①"学校教育研究"的数据表明,初中和高中学生所最关切的事情几乎与学校的智力教育无关。这一发现对学校改革意味着什么?

我在下面的段落里将努力地从我们各种不同的数据中提炼出那些与学校生活相关的资料,重点是那些与学校的教育使命有关联的,对家长、教师和学生有着同等重要意义的学校生活。家长、教师和学生观点中的相同和不同之处使我得出这样的结论：那些与学校有关的人们并没有联合起来为了一个共同的、人人皆知的教育使命而奋斗。的确,特别是对于许多高中学生来讲,学术知识可能是很不重要的,就像我在第2章中所提到的那个半小时的电视剧"干得好"中的年轻人一样,他们认为家庭、工作和学校都是不重要的。我们期望学校能在青少年的生活中起一个重要的调节作用,但学校似乎不能胜任这个角色。

对学校问题的认识

我们在问卷中让教师、家长和学生(小学生除外)对自己学校的一系列问题的严重程度进行评估,在三分制答案中选择一个：1分为"不成问题";2分为"小问题";3分为"大问题"。表3-3、3-4和3-5按严重程度列举了"小问题"以上的问题。

表3-3 平均分为1.5以上的问题排序：高中

平均分	教　师	家　长	学　生
2.3	学生缺乏兴趣 家长缺乏兴趣 学生不良行为	吸毒/酗酒 学生不良行为	
2.2	吸毒/酗酒		
2.1	学校/班级规模	家长缺乏兴趣	学生不良行为 吸毒/酗酒
2.0	资源匮乏,如,人员、校舍、设备和教材	学生缺乏兴趣 教师不能执行纪律	组织上的问题
1.9	学生语言问题 教师能力差/教学水平差	教师能力差/教学水平差	学生缺乏兴趣
1.8	行政组织问题	教师缺乏兴趣 学校/班级规模 课程不当	资源匮乏 教师能力差/教学水平差
1.7	教师缺乏兴趣 毕业标准 课程不当 影响教学的规章制度	资源匮乏,如,人员、校舍、设备和教材 影响教学的规章制度	规章制度 课程不当 学校/班级规模
1.6		行政管理	教师不能执行纪律 行政管理
1.5		信仰/种族冲突	信仰/种族冲突

表 3-4 平均分为 1.5 以上的问题排序：初中

平均分	教　师	家　长	学　生
2.4	学生不良行为		
2.3		学生不良行为	学生不良行为
2.2	学生缺乏兴趣 家长缺乏兴趣		
2.1	学校/班级规模	吸毒/酗酒	
2.0		家长缺乏兴趣	学生缺乏兴趣
1.9	吸毒/酗酒	学生缺乏兴趣 教师不能执行纪律	吸毒/酗酒
1.8	教师不能执行纪律 学生的语言问题 资源匮乏，如，人员、校舍、设备和教材	教师能力差/教学水平差	组织问题 资源匮乏，如，人员、校舍、设备和教材
1.7		学校/班级规模 教师缺乏兴趣 规章制度 课程不当 资源匮乏，如，人员、校舍、设备和教材	规章制度 课程不当 偏见/种族冲突
1.6	教师能力差/教学水平差 毕业标准 规章制度 组织问题 教师缺乏兴趣 课程不当		学校/班级规模 教师能力差/教学水平差 教师不能执行纪律
1.5	行政管理 教工关系	行政管理 偏见/种族冲突	行政管理 校车的消除种族隔离作用

表 3-5 平均分为 1.5 以上的问题排序：小学

平均分	教　师	家　长
2.1	学生不良行为	
2.0	学校/班级规模 家长缺乏兴趣	
1.9		学生不良行为 家长缺乏兴趣
1.8	学生缺乏兴趣	
1.7	资源匮乏，如，人员、校舍、设备和教材 学生语言	学校/班级规模

续 表

平均分	教 师	家 长
1.6	组织问题 规章制度 教师的纪律	资源匮乏,如,人员、校舍、设备和教材 教师不能执行纪律 规章制度 学生缺乏兴趣 教师能力差/教学水平差
1.5	教工关系 行政管理 教师缺乏兴趣 课程不当 教师能力差/教学水平差	教师缺乏兴趣 课程不当

我们在教师、家长和学生的回答中既发现了相似性又发现了差异性。小学的教师和家长认为问题的数量和严重程度最小,而相比之下,家长眼中的问题比教师还少。所有的人都认为学生的不良行为是很严重的问题。但与此同时,他们并不认为教师对学生缺乏纪律管束是一个大问题。在初中和高中,学生缺乏兴趣,家长缺乏兴趣和吸毒/酗酒等问题相对比较严重。在小学,家长和教师也认为,学生和家长缺乏兴趣是比较严重的问题。

所有人都认为,课程、行政管理、规章制度和毕业标准等是不太严重的问题,即使像教师能力差和教学水平差这样的问题,最多也被认为是中等严重程度的问题。在小学,这些问题被排在清单的最下面。从其他问卷中我们了解到,80%以上接受调查的家长总体上对学校设置的各门课程都十分满意。家长对英语、数学、社会学习和科学等课程的满意程度从小学到中学有所下降,而对美术、外语和职业教育的满意程度从小学到中学有所上升。家长、教师和学生都认为学校的最大问题并不是课程设置。

在这些资料中,我发现一个特别发人深省的现象。所有的人都把学生不良行为视为十分严重的问题,然而,学生们却没有把教师不能执行纪律看作是严重的问题。在回答另一个问题时,大多数学生认为教师在纪律方面做得"恰到好处"。看起来所有的人都认为,学生的不良行为是一种普遍存在的现象,尽管有人,包括教师,在努力地纠正它。有关数据表明,学生们对自身的安全十分担忧(由于不良行为的存在),这也进一步证实了上述现象的存在。一些社会机构和许多学校董事会成员都呼吁教师对学生进行更加有力的纪律约束,但也不能从根本上解决这些必须由全社会共同负责的问题。单单靠学校是无法解决那些以往由家庭、教会和学校共同承担和解决的问题的。

如果早年的这种协作关系无法重建,那么我们就需要建立一种适应新形势的、崭新的社会联盟。

在初中和高中,教师、家长和学生都基本上同意,学生不良行为和吸毒/酗酒是学校存在的问题。但在这里可以看到一种有趣的倾向。教师比家长和学生更加明显地认为,班级规模和学生缺乏兴趣直接影响到他们的教学。教师一般不把教学质量低和他们对学校和社区之间的关系缺乏兴趣看成是学校的问题,而这些问题正是与他们本身的作用有密切关系的。当我们查阅教师对"学校的最大问题是什么?"的问卷项目的回答时,就可以更清楚地看到这种倾向。他们选择最多的是"学生缺乏兴趣"。家长们认为学校的最大问题是学生不良行为和吸毒/酗酒,由此反映出他们对孩子行为的深切关注。但是,其他的数据表明,家长也同样关心孩子在学校里是否能得到个别的关照。我们在前面提到,我们有数据表明家长很关心孩子在校的安全。此外,有一半以上的初中和高中学生家长认为他们的孩子没有得到很多老师的个别关照。有同样多数量的家长认为,"一般的学生在学校得不到足够的关注"。

我们的资料还显示,随着孩子年级的升高,家长越发关心孩子在校得到的关注。学生像家长一样,比教师更关心学术学习以外的其他问题。在学校,学生通常认为不良行为和吸毒/酗酒是主要的问题。在寻求改进学校的过程中,我们会发现,标准测验中取得的一些成绩并不能满足家长和学生的全部需要,因为这些需要涉及整个生活和许多学术学习之外的事情。

同伴文化的强大吸引力

当我们的研究结论指出,现在的初中和高中的年轻人过度地注重外表、受到同伴喜欢、喜爱游戏和体育运动。人们有时会问,"这有什么新鲜的?"的确,这没有什么。二十五年前,C·韦恩·戈登描述过高中社会生活的主导潮流[②],其他的研究也证实和补充了他的研究发现。[③]我们的资料中唯一令人吃惊之处或许是学生有如此明显和强烈的与学习无关的兴趣。越来越多的关于青年文化的研究结果令人深思,为什么我们对这种文化在学校的体现考虑得如此之少。

我们在这方面的研究以及其他关于青少年文化的研究资料,加上大社会的发展变化及学校在适应这些变化时的失败,使我们感到深入研究这一领域的紧迫性。1961年,詹姆士·B·科南德在他的整本书中比较了都市贫民窟和郊区的情况,将社会中包括学校中存在的种种不平等的现象比作"社会炸药"。④我相信,在当今青少年文化与教师导向和学校教育运作的矛盾冲突中,也存在着一种爆炸的可能性。

我们似乎已经走到了一个高原顶,学龄青少年入学人数开始下降。⑤大量已经入学的年轻人每天在都市大街上闲逛。⑥在20世纪70年代,这些人的平均年龄下降了。由于教师所受的培训及形成的工作方向,他们中的许多人认识到的学校问题与他们的学生所感受的不同,这是可以理解的。相反,如果教师的感受与他们现在所认识到的问题不同的话,那他们也许根本无法进行学校的日常工作。

引起我关注的资料并不是从一块布上剪下来的碎料,而是可以用它们编织成一幅完整的图案。编完之后,它们就会显示出长时期以来的不一致性,这是因为我们没有重新思考和确定学校的用途。当我们将学生的看法与家长和教师的看法做比较时,就能看出这种不一致性。有关学生的资料是他们自己和其他学生的看法,涉及哪些是学校最好的方面和哪些是学校最严重的问题。

学生们对于自己在校表现的个人评价随着年级的升高而下降。73%的小学生"对自己的在校表现表示满意",在初中,这个百分比下降到66%,而在高中,只有57%。另一方面,学生们在同龄人中的自我意识在小学阶段保持稳定的趋势,而在中学阶段,随着年龄的增长而上升。家长对于孩子在校所学知识的有用性程度的评价从小学到中学有所下降。同样,家长认为孩子不关心学习的比例也随着学生年级的升高而增加。

我们让初中和高中学生从六种学生中选择他们认为最受欢迎的一种。显然,"聪明的学生"在这场大选中拿不了奖杯。从所有学校平均百分比来看,只有14%的初中学生和7%的高中生选择了这一种学生。在初中,学生的主要选择是"漂亮的学生"(占37%)和"运动员"(占23%)。在高中,选择这两项的学生高达79%。体育运动在初中和高中学生生活中占有非常突出的地位。平均来看,在初中和高中,有51%的学生积极参加体育课内外的各种运动队。在一所初中,这个百分比接近80%,在另一所高中,这个百分比达到了90%。

因此,我们可以十分清楚地看到,"学校的功课"并不是青少年上学的全部内容。许多初中和高中学生可能会感到自己学习不太好,但是却可以从自己的运动技能和与同伴的相处中获得极大满足。很多学生认为只要自己在别人眼中漂亮、受欢迎,又是某一帮派团体的成员就行了。大批的学生感到自己不能在那些被学校认为是最重要的方面取得成功,但是在他们进入青春期后,学校生活的教育意义就不那么重要了。

在回答"这所学校里最好的一件事情是什么?"这个问题时,我们让初中和高中学生从十二个可能的选项中选择。在所有的学校,"我的朋友"是学生们选择最多的一项,在初中占 37%,在高中占 34%。"体育活动"位居第二(在初中和高中分别为 15% 和 12%),"好学生态度"(这也是一个探索同伴关系的问题)位居第三(初中 10%,高中 12%)。上述三项的百分比加起来在初中平均占 62%,在高中占 58%。在初中和高中,选择"什么都没有"(占 8%)的学生比例超过了选择"我正在上的课"(初中和高中均占 7%)和"老师们"(在初中和高中分别为 5% 和 3%)的学生比例!

这些调查结果应该让我们吃惊吗?毕竟,我们的国家是一个非常强调体育运动的国家。例如,橄榄球、篮球和棒球占据了电视节目的大部分时间,运动员属于高薪阶层。很少有舞蹈家、音乐家、诗人和画家靠他们自己的才艺能过上像运动员一样的生活。教书是那些擅长英语或历史的学生可以选择的少数职业之一,薪水不高,也不会频繁得到流行杂志或电视的"青睐"。

"好学生态度"指的是那些友好与合作的学生。当我们比较学生们对这一选项和"我正在上的课"这一选项的回答时,发现了在称作学校的地方所盛行的社会关系。学校是人生的一个重要部分,每个人都将他/她认为是最要紧的事情带到学校来。学校的生活不仅仅是为将来做准备。

外表长相、同伴关系、游戏和体育运动似乎成为学校里最流行的事情,而不仅仅是由个人带入学校的社会文化的一部分。也许有时教师会用这些来刺激学生的学习。人们要问,智育是如何影响学生的个人和社会发展的——至少对于某些学生的发展有什么影响。在一些学校里,学习好的学生如果长相不漂亮并且不擅长运动,在社交上就会遇到困难。另一方面,如果一个学校过于重视智育,那些认为自己不聪明的学生就会感到很痛苦。

在与家长和教师的谈话中,布鲁诺·伯特罕姆问起当青春期开始时,那些把学习看得很重要的学生的情况。他建议在青春期阶段,学校教育应该按性别分开进行。我很高兴地看到有几个这方面的研究正在进行。在单性别学校学习的青少年对我们调研中所提出的问题是否会有不同的答复,这将是很有趣的比较研究。

看起来,在男女同校的中学上学的学生最有兴趣的事情也是他们校外生活中最要紧的事情,因此,即使他们转入女校或男校上学,也不会改变这些兴趣。那么我们怎样做才能使他们更重视学术学习呢?给优秀学生特殊的奖励吗?聘请具有博士学位的校长或教师为学生树立更有学术性的榜样吗?我们能跨一大步撤销学校之间的体育比赛吗？没有几个学校董事会目前在考虑这些可能性。

我们知道学校里有相当多的学生最终要上大学，并且有些学生觉得这种学术上的追求是有压力的。大约35%被调查的学生希望今后能上四年制的大学。在不同的学校，学生的期望也不尽相同——有这种愿望的学生的百分比在初中是19%到47%，在高中是15%到46%。我推测，学生之间有相互的影响。如果某个学生犹豫是否要上大学，这种想法在不同的学校就会得到不同的强化。另外，学生是否打算上大学的计划也会影响他在校内的形象。许多学生同意，"如果你不想上大学，学校会认为你很不重要"。一个不打算上大学的学生在某种程度上也许会感到不被学校的环境所接受。

我们看到十几岁的青少年正进入一个较大的个人发展、社会技能学习及身心发育的动荡时期，但他们每天被限制在学术或智力教育的环境里，使他们处于极大的被动状态。毫无疑问，现在的许多中学生最关心的是他们的个人兴趣和问题，但是中学的主要任务却是为上大学做准备。在我们抽样调查的学校中，只有不到半数的学生，甚至有的学校不到1/5的学生把上大学作为目标。尽管如此，学生们也都知道，打算上大学并显示有能力上大学的学生才被学校认为是重要的。与此同时，他们也无法逃避地置身于推崇其他价值观念的青少年文化中，而这些价值观念正是电视、形形色色的商业宣传，甚至成人文化中的主要价值所强调的。中学对学生个人在学习上的帮助也少于小学。纵观所有这些因素，我们不难理解为什么初中和高中学生的热情不能被教师和他们所上的课，或学校的课程激发起来。一个人必须看到生活的某一方面与他/她个人的兴趣、目标和满意感高度相关，才会热情洋溢地投入进去。

一个人的主要兴趣领域当然也包括他的主要问题领域。在本章开始时，我们看到学生是怎样评估学校一系列问题的严重性的。他们对于其中第二个问题的两个最常见的回答强调了他们对第一个问题回答中的重点。绝大多数的初中学生都认为，学校最大的问题是"学生的不良行为"（40%的学生选择此项）或"吸毒/酗酒"（16%）。高中学生也同样认为"吸毒/酗酒"或"学生的不良行为"是学校的最大问题，每项选择都分别占高中学生首选的18%。

家长对学校最大问题的看法与学生相同。吸毒/酗酒（18%和24%）和学生的不良行为（17%和12%）是初中和高中学生家长的两个最多的选项。家长比学生更多地选择教师能力和教学水平差的问题，但是家长和学生一般都不认为课程、管理和组织是学校的最大问题。而且，家长不把教师纪律管理不当作为首选问题（在初中和高中分别占6%和5%），学生也是如此（在初中和高中均不到3%）。在看待学校问题上，学生和家长的意见分歧不大。

对比来自学生与家长的资料和来自教师的资料，我们就可以看到青少年文化与学校教育之间的脱节。当我们的问卷让答卷人选择学校存在的头号问题时，教师的回答与学生不同。只有将近3%的初中教师和4%的高中教师认为吸毒/酗酒是学校的最大问题。有一个例外，大约22%的初中教师认为学生的不良行为是学校的最大问题。和他们的学生一样，这是他们的首选。这并不令人吃惊。我们有足够的证据说明，十几岁的年轻学生性情活跃、精力充沛，这就决定了教师对他们的看法和采取的措施。但是，通常大多数教师都认为影响教学的最严重问题似乎是超出他们控制范围的，包括学生缺乏兴趣（高中教师认为这是最严重的问题，初中教师认为这是第二严重的问题）、学校规模太大、课堂拥挤、家长缺乏兴趣、管理问题及教学资源不足。只有少数的教师（低于5%）把那些与教师的作用和表现有关的问题看作是最大问题。在初中和高中，尤其是在初中，他们认为学生的不良行为导致了教师作用发挥的不利。

这里谈到的以及后面章节里会重复提到的数据使我想象得出这样一幅画面：教师虽然有着良好的初衷，但他们的工作却不能与学生的"其他生活"联系起来。学生们认为是他们日常生活中主要关心的事情，却被教师看成是与学校教育和课堂教学不和谐的因素，但是又不能把这些因素与学生生活中的问题联系起来。同时，我们样本中的学生也没有把自己和他们应该追求的学习知识联系起来。我怀疑，早在小学时期或许在五六年级，就已经出现了这种微妙的变化。课程，即学习的科目、主题、课本、练习册等，将教师和学生隔离开了。年轻人只被看作是学生，被评估的也只是他们的学术能力和勤奋的态度，而不被看作是有个性的人，并在这一生命阶段有身心、社会和个人发展的特殊需要。现有的学校在创建时就没有准备适应这种需要，它在运行中也没有考虑要满足这种需要。但是，尽管如此，学生们还是能用各种办法在学校里满足他们自己的需要。

如果找出一些"懒惰"的学生、"冷漠"的教师，或是"漠不关心"的行政管理人员，那就是将复杂的问题简单化了。这里不存在坏人或坏人帮。当然，有些管理人员确实比其他人更无动于衷。教师每天日常工作的目的、技能和工作热情也存在着极大的差异。医院的管理人员、社会工作人员和警察中也有这种情况。我们希望学校的校长和教师是道德正义、热爱儿童和履行职责（不仅是工作）的典范。但是长期以来，我们并没有认真地将这些作为征聘教师的标准，即使我们曾经这样做过。这或许是关于学校的又一个神话,被用来简单地回答学校存在着什么问题。

我们目前的教育体制庞大而复杂。它自身的需求和期望,成年和学生工作者还有学校的顾客的需求和期望,加上社会对学校明确的和不明确的目标要求,都体现在地方的学校里。这些期望和要求纵横交错,很难分辨彼此。必须首先认清这一复杂性,才能开始摆脱那些关于学校改革的神话和简单途径,例如教师加强纪律和学生升级考试。

学校的气氛

在前面的段落里,我已经展示了参加我们调研的各组人员所提供的平均各校的数据。读者可能会抗议说,自己所了解的学校与这些数据所描述的学校很不同。我的目的是要发现所有学校都要面对的一些现实情况以及它们应付这些情况时成功与失败的经验。我们从二十五所初中和高中采集的数据充分显示了青少年文化与学校日常运作之间潜在的、反复无常的离异状态,这说明所有的学校都必须在这一关键的领域仔细地进行自我分析。

我们对样本中的两所学校作了进一步的研究,发现这种离异状态的严重程度会因校而异。我这样做并不是为了比较学校,而是为了探索一个研究主题。简要地说,这个主题就是尽管学校之间有许多相似的地方,但每所学校都有自己的气氛(或文化),而这种气氛会暗示那些细心的观察者去使用有效的方法将学校办得更好。

罗思蒙初中和布拉德福德高中的学生在回答什么人最受欢迎和学生最喜爱学校的什么事情时,并没有显出很大的差别,但罗思蒙初中的学生更重视学术学习。两所学校的学生都认为吸毒/酗酒和学生的不良行为是最大的问题,而课程和教学的问题并不严重。然而,两所学校的气氛却明显不同,主要是学术知识学习的气氛在罗思蒙初中尚未消失,而在布拉德福德高中却已荡然无存了。在布拉德福德,尽管学生们认为社会目标和个人目标比任何智力目标都重要,但是由于学校的教育重点非常模糊,使学生们感到上当受骗。草率的观察家会气愤地认为这所学校里学术教育上的混乱是由学生造成的,但事实上,学生只是这种混乱现象中的一部分。根据他们对问卷中特定项目的回答,我猜想学生们对自己没有能力考高分进大学而感到愤恨。也许学生群体本身,而不是遥远的立法议案,才是更新学校的最好动力。

正当我在写关于中学的材料时,偶然在电视上看到了一个由加利福尼亚州温纳高中的一些学生制作的发人深思的小电影。* 电影中的一名学生正与同学们谈论他们的职业计划。她感到好奇的是,一群少数民族学生每天自愿乘汽车从洛杉矶市区到温纳高中去上学。这些学生告诉她,在他们通常就读的那所高中里,没有人在意学习的事。尽管有长途乘车的不便和到远处学校就读的顾虑,但他们在温纳高中看到了一些希望,并且感到自己的学习和上大学的愿望在这里能得到支持和加强。他们说在他们的当地学校里没有这种希望。

从这段描述中我们可以看到,学校的环境可以在不同程度上激励学生学习的愿望。然而,我们不能由此得出结论说,希望仅存在于相对富裕的,像温纳高中这样的郊区白人学校。正如前面所提到的,罗思蒙初中在这方面并不是没有希望,只是它与温纳高中有很大的不同。罗思蒙社区位于一个大城市的边缘。我们在那里调查的三所学校的学生家庭在我们的样本中是收入最低的,有49%的高中学生家长,63%的初中学生家长和39%的小学学生家长报告他们的年收入低于5 000美元。在所有三级学校中,有95%以上的学生是美籍墨西哥人,他们的家长中受过的正规教育的在我们的样本中也是最少的。

在罗思蒙初中,学生在学术学习方面的自我感觉分高出我们样本中所有学校分数的平均值。有趣的是,他们在学术学习方面的自我感觉分高于他们在其他方面的自我感觉分。这里的学生认为最受欢迎的学生包括"聪明的学生",选这项的人占参加问卷调研的学生的38%。在所有学校中,这所学校的学生选择此项的百分比最高。另外有20%的学生选择"运动员",有18%的学生选择"漂亮的学生"。这所学校的学生和其他学校的学生一样喜爱体育活动,有17%的人认为这是"学校里最好的事情"。这与其他初中的情况相似,因为所有初中生选择该项的人占总学生数的15%。然而,与其他学校相比,罗思蒙初中的学生在选择"我的朋友"时,百分比是最低的。在初中生中选择此项的人数最多,平均占总学生人数的37%,但是在罗思蒙初中,只有22%的学生选择该项。罗思蒙的学生在选择"我正在上的课"(11%)和"校长和其他行政管理人员"(8%)时位居榜首,在选择"公平的规章制度"(11%)和"教师"(7%)时位居第二。只有5%的人选择"什么也没有",这是初中学校中最低的百分比。

---

* 有趣的是,这是新闻媒体在1957年(斯波达尼克上天之后)挑选出来的少数几所高中之一。媒体以它们为例来说明美国教育变得太软弱了。选温纳高中的目的是在媒体中嘲讽该校的男生在家政课上学烹调。

罗思蒙初中的学生看上去比其他学校的学生更注重学习。当然,除此之外上述的这些比较数据就没有什么重要意义了。只有11%和7%的学生分别认为"我正在上的课"和"教师"是学校里最好的事情,这对于那些认为课堂和教师是学校教育目的所在的人来说,并不是一件令人欢喜的事情,毕竟"我的朋友"和"体育活动"共占了首选比例的近40%。"吸毒/酗酒"常常被认为是学校最大的问题。

然而,智力的培养和学术知识的学习在年轻人的整个学校经历中仍然能找到立足之地。其他的研究资料(在这里没有全部列举出来)不仅支持我对这种现象的观察,也显示出学生、家长和教师对罗思蒙初中极大的满意感。他们给学校评估的平均分是B。其他的初中的学生没有给学校如此高分的,只有另外一所学校的家长给学校打了比这还高的分数。在这三所学校里,学校重视的教育目标与个人最喜爱的教育目标之间有较高的一致性,在教师中占61%(是所有学校中最高的百分比),在家长中占50%(是所有学校中第五高的百分比),在学生中占58%(是所有学校中第三高的百分比)。这种一致性表明教师、学生和家长对他们的学校高度满意。

所有人都认为智力目标在学校教育的重点中占有首要的地位。教师把它们当作中心任务,显然他们认为学校教育是改变低收入、低教育水平家庭现状的登高梯。家长和学生也珍惜智力目标,但他们同样希望重视职业教育目标。对他们来讲,谋生是重要的,是迫在眉睫的事情。对于许多还不熟悉高等教育机会的少数民族学生来讲,接受高中以上的教育看起来似乎是不可能的。

总之,在罗思蒙初中,我们可以看到学生在青春期早期时身心、社会和个人方面的需求和发展,这些发展活生生地存在着,并且毫无疑问地深深影响着学习的过程,但是不管怎样,智力教育还是有它的位置。人们不会对罗思蒙感到绝望。对于这样一所学校,人们似乎有理由谈论通用的改革方案——教师和管理人员的在职培训、课程的部分改革、更多更好的教材,等等。也许很多最重要的教育任务在学校之外的社区里,年轻人正是从这里把各种问题带入学校的日常生活的,问题的根源就在社区里。

我对布拉德福德高中的感觉就十分不同了。它所在的社区位于一个大城市的郊外,那儿有一片居民区,也有一个非常工业化的地区,许多学生家长都在那里工作。我们在这个社区所研究的三所学校的学生主要是白人,就像罗思蒙学校的学生主要是美籍墨西哥人一样。与我们样本中的其他学校相比,布拉德福德高中的学生家长的收入是比较高的,虽然他们受过的教育并不多。这是一个相当幸运的环境,令人吃惊的是它的高中却是个麻烦学校!

布拉德福德高中的学生在回答"我对自己的在校表现感到满意"的问卷项目时,所选的分数接近底线。学生们认为"运动员"(51%的学生选择此项),"漂亮的学生"(31%)和"帮派组织成员"(10%)是最受欢迎的学生。此三项共占首选的92%!回答"什么是学校最好的一件事情"时,最常见的选择是"朋友",有46%的学生选择此项,这在我们调研的所有学校中是第二高的百分比。学生们认为吸毒和酗酒是主要的问题。布拉德福德高中的学生与其他学校的学生有着同样的基本兴趣,但他们过分地追求这些兴趣,甚至到了排斥学术学习的地步。

在我们用于测试教师、家长和学生对学校满意程度的所有重要指标上,布拉德福德高中的打分很低。他们给学校评估的平均分是C。很多人(在被研究的所有小学和中学里占第二高的百分比)认为学校存在着许多高难问题。有16%的教师和29%的家长(最低的百分比),以及35%的学生(百分比倒数第二)认为他们最喜爱的目标和学校强调的目标存在着一致性。教师和家长都希望学校加强智力教育,减少对社会目标的强调。

尽管布拉德福德的学生像其他高中生一样认为学校最强调智力目标,但他们和家长却为学校的教育质量而担忧。这两组人比其他任何学校的家长和学生都更不同意问卷中"我们学校的大多数教师都做得很好"的陈述项目,而更同意"很多学生没有学到什么知识就被准许毕业了"的项目。这里的学生也比其他任何学校的学生都更不同意"这所学校使学生受到了良好的教育"的项目(家长没有被问及此项)。在所有学校中,布拉德福德的学生最同意"这所学校中的许多学生不关心学习"的项目,最不同意"我们感到必须一直取得好成绩"的项目。

从我们所得到的资料可以看出,布拉德福德学校的教师已经意识到该校学术教育的低标准和智力目标的低下地位。学生的社会兴趣,而不是学术事物,在学校占据了主导的地位。教师对此表示担忧。许多教师认为学校最严重的问题是"学生缺乏兴趣"。布拉德福德是一个不同寻常的学校,因为这里的教师认为毕业的标准、学术教育的要求、贫乏的课程、行政管理、教师不能对学生进行纪律管理,甚至教学质量差都是学校中比较严重的问题。

访问布拉德福德学校给我的印象是,这是一所勉强维持着秩序的学校。我感觉到在学生和教师之间形成的一种默契:学生没有让自己的行为太出轨,教师也不对他们提出过分的学术、学习上的要求。学生们公开地在走廊里和其他非教学性的活动场所开展他们的社会活动,有时甚至在教室里也不加掩饰地进行这些活动。我刚到学校访问不久,警察就制止了走廊里的一场争吵。一位副校长告诉我,争吵的人包括校内的和校外的年轻人,他们将在社区里的帮派争斗带到学校来了。后来,我注意到学生每次换过教室之后,都要花很长时间才能安下心来学习。

我得知一名副校长专门负责学生事务,另一名副校长管理课程与教学。我问起后一位副校长他对工作的满意和苦恼以及他如何使用时间。他告诉我,这所学校课程开发的潜力吸引着他,使他放弃了另一所学校的副校长职位,但是他发现自己的大部分时间都花在学生管理上了。他承认是自己高大的运动员外表深得学生们的喜欢,而不是自己对课程方面的兴趣使他成为这所学校副校长的第一人选。

制订整体的教育计划是地方学校的责任,一方面是因为没有现成的计划,另外也没有其他可行的办法。但是这项工作在什么时间和怎样才能完成呢?教师们认为自己的职责是教学,除此之外,他们再没有时间做别的事情了。布拉德福德高中与许多其他的高中不一样,有专人负责课程开发,但他却忙于其他事务无法开展工作。根据对校长的观察和传闻,我了解到他并不直接介入学生每天发生的问题,因为有两名副校长在负责处理这些问题。但是,他也疲于奔命地处理各种与教师、学生和社区有关的表格材料和其他行政管理的琐事。我与这位校长的约见也因他去处理一件与法庭有关的紧急事件而耽误,我估计这对他来说已是家常便饭了。

布拉德福德高中大批学生的日常行为问题已经到了非常严重的地步,以至于人们会认为他们就是所有其他问题的根源。但是许多学生认为是学校没有给他们提供良好的教育,因此他们是受骗者,是这种教育状况的牺牲者。他们希望看到学校的情况有所改观。也许应该把布拉德福德高中视作一个生了病的学校,而不是一个犯了错的或者难对付的学校。学校处在这种艰难的时期,我们不应再去追加教师更多的责任,而是应该帮助校内和校外与学校有密切关系的人制定他们自己的改革方案。很明显,这项工作需要大量的支持和直接的援助。总之,如果我们把一个问题学校视作一个有机体或生态系统并认识到它的若干部位正在生病,我们就能更加正确地诊断和治疗它的病痛。

布拉德福德社区并不是一个拥挤、贫困、失业、犯罪率高、不适于居住的地区。在我们收集资料之时(20世纪70年代末),占绝大多数人口的白人家长大多是拥有年薪约两万美元的中等收入的蓝领工人。尽管很少有人上过大学,但将近48%的人高中毕业。在政治信仰上,89%的人声称自己属于温和派(55%)或保守派(34%)。这些家长希望自己的孩子能够接受一种相对传统的基础教育。许多孩子自己也希望获得一种更好的教育,但他们却没有得到这种教育,这是谁的过错呢?

布拉德福德高中所在的州早已为教师和学生确定了关于能力和成绩表现的标准。学区任命了一名副校长专门负责课程和教学。教师们担心学生缺乏参与教育活动的兴趣,而专注于社会和同伴活动。家长和教师都把教学质量差视作相当严重的问题。很清楚,布拉德福德学校的问题是每个人的问题,这些问题超越学校,是布拉德福德社区的问题,也是整个州的问题、全国的问题。

迪瑞奇·汉特,一个年轻的黑人,在《新闻周刊》(1980.8.18)发表的文章引起了我们极大的关注,他列举了同伴群体中存在的最积极的因素,并指出可以利用这些因素去探索和解决一系列问题。下面就是年轻的汉特这篇重要文章的核心内容。

我猜想,要帮助那些坏学生变好,最好的办法是先帮助那些好学生。如果坏学生看到好学生成功,或许他们会有所转变。如果他们看到好学生通过努力而成功,他们也可能受到影响而变好。也许只有好学生才能改变坏学生。

大多数好学生的问题是,经过数年的努力,他们也会产生一种消极的态度。如果成功了,他们知道已经完成了使命。每个人都可以说这是他自己努力的结果,并且是为自己而做的。没有人帮助他,他也不欠任何人,所以他说:"让那些坏学生和吸毒生待在原地不动吧。"这是古老的人人为己的信条。

我们必须帮助好学生认识到,正是这种同样的态度使得坏学生变得如此困难……坏学生要报仇,因为他们已经不抱任何希望来改变自己的处境。他们的老师没有给他们希望,他们的家长也已经失去了希望,而他们的祖辈已经带着满腔的希望离去了,可也没有留下任何希望的痕迹。

也许唯一剩下的还抱有希望的人就是唯一能够改变现状的人——像我这样的十几岁的青少年。我们这些好学生们一定要学会关心人。十五岁的我不知道能否做到这一切。长大成人的过程本身就已经够艰难了。

汉特生活在一个比布拉德福德社区还要贫困和混乱的社区,他的文章写出了自己的经历。布拉德福德高中还有机会转变,因为这里的好学生也许还占大多数。但是,也有很多坏学生。不幸的是,好学生竟往往以坏学生为榜样,还觉得自己是不成功的。由于同伴群体在学生的生活中起主导作用,再加上一种在学校教育中受到欺骗的感觉(从家长的回答中看得出,他们也有同感),好学生也就愿意听取那些并不能帮他们走上进步之路的意见了。在布拉德福德社区,只有少数几个相互依赖的工厂,因此学生总会感到他们的家长有可能失业,这对学生来说也是很有破坏性的打击。

很明显,要想改造布拉德福德高中,光是修补一下课程、再派一名副校长、提供更多的教材、举办更严密的教师培训项目,是不可能实现的,尽管这些方面和改革也是不容忽略的。布拉德福德高中需要全面的改革计划,并需要管理人员、教师、学生和家长的共同努力。他们需要了解我们收集到的各种资料,明白他们共同看到的问题的严重程度,避免相互指责谁是敌人——如果真有共同的敌人,他们每个人都是其中的一分子。此外,政府领导、私人援助、警官、教堂、服务机构等也必须起到积极的作用。

遗憾的是,这种协作也常常会变成官僚的怪物,不同的个人和群体都在"我们的孩子"的名义之下争夺自己的地盘。在一些社区,有些声称做好事的团体甚至不再提儿童利益的口号了。他们很快就进入了成人的争斗。

我从我们的一些调研资料中得到这样的印象,那些陷入困境之网的年轻人很有希望冲破这张网。他们并非太不成熟、太无经验、对所参与的事情太无知。他们中的许多人已经怀孕,许多人酗酒和吸毒,一些人已经有了工作,所有人都将有选举权。我们的年轻人在很小的年龄就接触到了成人社会的价值观念、问题和各种邪恶。但是,在过早地接触成人社会的时候,他们却没能担负起相关的权利与责任,在这方面已经过于耽误了。为什么不从现在开始就号召他们加盟成年人来解决校内外的青少年问题——这些问题显然不是成年人可以自行解决的。我认为我们的年轻人已经准备好响应这一号召了。

一些总结性的思考

尽管对学校的教育期望广泛多样,但是人们都不敢忽略学术学习和智力培养的目标。虽然学生一般都认为智力目标是学校教育的重点,但当他们看到学校给他们提供的教育草率而无效时,也会忧心忡忡。与学校有关的人们认为学校在某个特定的时期应有某些侧重点,这对重新确立学校教育的优先培养目标也可能是一个关键的因素。

这种对学校的观察引发了一种现存文献中很少见的变革和改进学校的新观念。新提出的革新方案本身并不一定具有威胁性,但是如果它们预示着取代那些目前被认为是重要的东西——尤其是当那些被认为是重要的东西的价值被低估了或是已经在腐蚀了,那么这些变革方案可能就具有威胁性了。结果,一场预定的变革在一所学校里顺利进行,而在另一所学校里却可能引起深切的关注。

此外，那些寻求改造学校的人们，必须避免这样的观念，即他们只需调整一下学校教学计划中几个领域的平衡性就能达到改革的目的了。从我们的资料看出，学校在实施教育时，对学生的关爱方式是决定家长是否对学校满意的重要因素，正像他们看到学校重视智力培养而对学校满意一样。根据我们所调查的家长的愿望，我们至少可以将"以温柔的爱心教我的孩子"和"知识解放人类精神"的口号并排贴在公告板上。

初看上去，两组有关教师对学生个人发展教育的看法的数据出现了令人不解的矛盾。一方面教师比任何人都重视学校计划中的个人发展目标，另一方面他们似乎又在自己和学生个人的问题及兴趣之间保持了一段距离。但是，我们必须记住，个人发展的教育与关心那些在成长过程中遇到问题的个别学生不是一回事，尽管我们可能希望把它们紧密地联系起来。我们的数据表明，教师希望在学校里从事教学的工作，他们对教师作用的认识并不包括在学校里要关心学生个人和社会等非智力方面的发展。

对教师来说，教学是一项明确的工作，从我们的数据中可以看出，学生对于教师这项中心的教育任务并没有异议。与此同时，尤其是在初中和高中，学生们对个人及社会发展的许多其他方面也抱有浓厚兴趣。而教师一般对这些方面没有过多的干预。实际上，他们对学生的问题和他们所热衷的事情要么略知一二，要么把这些视作与教学无关的事情而置之不理。他们可能认为，介入其中或者不妥当，或者会潜在地影响他们的中心任务。

然而，教师替代家长来处理吸毒和酗酒的问题是一回事，而他们在日常学习中当学生遇到问题时给予学生关心和支持又是另一回事。如果教师了解、诊断和解决个别学生的问题能帮助他们在学习上取得进步的话——正像其他研究所指出的那样——那么这种对学生个人的关心也就成了教学的一个重要部分。这样做才能使知识教育人性化，才能帮助大批具有不同能力的年轻人获取知识。

但是，从我们的资料可以清楚地看到，在学校，尤其是在高中，创造出一种强烈的学习气氛是相当困难的。年轻人对学业以外事情的兴趣在所有的学校都大大存在，在个别学校，实际上已经占了上风。一些家长指望学校为他们的后代提供他们自己不能提供的严格管理和指导。如果失去家庭的支持，学校无论在教育上还是在监护责任上都会陷入严重瘫痪。

然而，已经习惯于日益扩大的教育体制的教育工作者们很难想象这个教育体制至少有一部分还不能满足家长们的需要。如果要保证所有年轻人都获得同样的知识，而不仅仅是去学校上课，这个教育体制就必须作必要的调整。教师们会说问题的根源在于学生缺乏学习的兴趣,而不在于教育机构。那些有能力也愿意学习的学生必须受到保护,免于受不愿意学习的学生的影响。一种办法是把这些学生分到不同的班组,另一种办法是对不愿意学习的学生进行大量的职业教育,把他们与愿意学习的学生有效地分开。有些人建议将那些没有能力也不愿意在校学习的学生在不同的年龄阶段开除出校。⑦还有人建议将离校的法定年龄降低到14岁并鼓励那些最惹是生非、最不听话的学生早日离校。⑧

这些建议具有荒诞的讽刺意味。我们一贯坚持,受过教育的公民是民主繁荣的必要条件。托马斯·杰斐逊、休伯特·汉弗里和无数毕业典礼会上的演说家动人的演讲响彻我们的耳畔,而我们却时常建议要提前结束这些未来公民的普通教育,因为我们认为他们没有能力获得这种教育。但是,这也许是因为,我们今天的教育体制还需要调整才能完成我们在演说中不断承诺的教育任务。

以上的建议在决定诊治方案的时候侧重于学生,而不是机构的问题。根据前面所描述的青少年的特点,这些建议在某种程度上是可以理解的。但是,我们不能忽略的是,至少在中学,学校教育的机构以它目前的形式和运作还不能为大批年轻人提供他们自己和今天以及未来的民主社会所需要的教育。

大批高中生中的一部分人,上了四年制大学之后专攻学术科目;有些人继续学下去进入职业学校。无论他们在早期的学校生涯中有什么样的沉浮和厌倦,学校现在和过去都是为他们办的。在许多情况下,往往在小学时就可以预测一个学生今后在学校的成长和表现。⑨一些学者认为,大多数学校改革运动首先有益于这些有能力的学生,尽管改革的最初目的是为了帮助那些在学习上处于困境的学生。他们说,这是因为有些年轻人比别人更能适应指导学校工作的传统观念和原则,而改革运动总会使他们适应得更好。即使改革的目标是帮助那些不适应学校的学生,可是在改革开始之前就已经适应得很好的学生将继续很好地适应学校,并且在他们良好的基础上更上一层楼。

即使对于那些最成功的学生来讲,学校也不一定是理想的场所。当想到众多生长在没有学习气氛家庭的学生,或那些在学校学习中感到日益困难的学生,或对学习引不起兴趣的学生,或那些不能够也不愿意推迟参加工作的学生时,我便加倍地忧虑起来。学校的学术课程很少是"为他们"制定的。有些研究数据表明,实施一些干预措施来帮助这些学生会产生积极的效果。这些措施内容广泛,包括更细心编排的课程设置,更频繁地使用鼓励的措施,采取替代的学习方法,还有与掌握性学习理论有关的一系列理念和技巧。⑩这样一来,至少这些学生可以像那些更有天赋的、不用接受很多帮助的学生一样有机会成长。然而,这样的措施在小学阶段实施得比较多,在随后的学习阶段里,由于对学生学习上的辅助支持逐渐减少,学校便不能使学生投入和保持学习的兴趣。对那些适应性强的学生来说,他们并不少参加青少年的文化活动,也精力充沛地投身于个人和社会性的活动,只是他们更有能力成功地达到毕业的要求。

在这样的社会背景之下,为大众创办的公立学校能够生存下去吗?到2040年,那些1980年出生的成年人在谈论各自学校经历的时候,能够找到共同点吗?在这个问题之下的现实情况是,越来越多的家长希望把孩子送进私立学校,这并不是在他们为公立学校付税之后,而是通过"为私利追公款"的方法从政府部门获取了教育券之后用这笔钱送孩子进私立学校。⑪有些人寻求私立学校是因为他们确实担忧公立学校里课程、教学和班级规模的问题,并且相信现行的教育体制不会变好了。另一些人送孩子进私立学校是不希望孩子结识公立学校中越来越多元化的学生,并接触到这些学生的价值观。还有一些已经享受过免费的公立学校教育利益的人们简单地忽略了或者没有意识到社会上还有许多人需要这种公立教育。

在以下两章里,我将阐述为大众所办的公立学校与这种需要之间的关系,出发点是如何为所有的学生提供同样的学习知识的机会。第4章探索学校中获取知识的不同途径,展现课堂的各种活动。第5章主要描述不同的学生所经历的不同的知识传递和教学。两章均提出了知识获取过程中的平等问题。

事实上,我确实怀疑现行的学校教育是否能够为大多数年轻人,包括一大批"干得好"的年轻人,提供他们本人和这个民主社会所需要的教育。要想改进学校教育的各个方面,有许多事情可以做。例如,设立更有挑战性的课程,为教师提供帮他们转变以往的教育方式的职业培训,利用校外的环境设施创造新的学习机会,动员全社区抨击青年文化中最危险的倾向,等等。只要齐心协力地去做,一定会产生重大的效果。但是,如果想进一步接近我们时常希望为我们的国家和所有人民而实现的教育理想,我们必须从长计议重新建造我们的学校和整个教育体制。这种重建需要全面利用整个社会的教育资源,而学校应比现在发挥出更加明确的作用。我在结论的章节里将论述短期和长期的改革方案。

注释

① John I. Goodlad, M. Frances Klein, and Associates, *Looking Behind the Classroom Door*.

Worthington, Ohio: Charles A. Jones, 1974.

② C. Wayne Gordon, *The High School as a Social System*. Glencoe, Ill: The Free Press, 1957.

③ Particularly the work of James S. Coleman, as represented especially in *The Adolescent Society*. Glencoe, Ill: The Free Press, 1961.

④ James B. Conant, *Slums and Suburbs: A Commentary on Schools in the Metropolitan Area*. New York: McGraw-Hill, 1961.

⑤ Thomas F. Green, *Predicting the Behavior of the Educational System*. Syracuse: Syracuse University Press, 1980.

⑥ Carnegie Council on Policy Studies in Higher Education, *Giving Youth a Better Chance*. San Francisco: Jossey-Bass, 1979.

⑦ Robert L. Ebel, "The Failure of Schools Without Failure," *Phi Delta Kappan*, Vol. 61 (February 1980), pp. 386 – 388.

⑧ National Commission on the Reform of Secondary Education, Frank Brown (Chair), *The Reform of Secondary Education*. New York: McGraw-Hill, 1973.

⑨ Benjamin S. Bloom, *Stability and Change in Human Characteristics*. New York: John C. Wiley, 1965.

⑩ Benjamin S. Bloom, *All Our Children Learning*. New York: McGraw-Hill, 1980.

⑪ Freeman Butts, "Educational Vouchers: The Private Pursuit of the Public Purse," *Phi Delta Kappan*, Vol. 61, No. 1 (September 1979), pp. 7 – 9.

▶ 第4章

在教室里

我站在我们调研的一所初中的一个教室敞开的门口。这个教室和其他几个教室在一条长廊里并行排列。这一天气候温暖,所以有三个教室的门敞开着。在每一个教室里,教师都坐在桌旁,或在观察学生,或在看书。学生们坐在排成行的书桌旁,大多数学生都在写着什么,有几个学生在伸懒腰,其余的人或若有所思或茫然地望着空荡之处。有两个教室关着门。在其中的一个教室里,学生们在看一部电影,这部电影似乎是关于土壤腐蚀的原因及如何预防这种现象。另一个教室里,教师正在黑板上写一个代数公式并向学生们讲解。在那天参观的其他几个课堂中,我没有发现他们在教学过程和学生活动方面有什么明显的不同。驱车离开教学楼时,我的同伴说:"一整天我几乎没有看到什么教学活动。"他说得对吗?真的没有什么教学活动吗?这些问题不容易回答。

作家和演说家用他们的言辞强化了我们自己对教室的记忆:方块式的教室,每班有30名左右的学生,摆成排的书桌,教师站在前面,学生们看着教师。如果拍摄一张快照,最常见的就是教师在讲课或者提问,而学生以各种姿势在听课或者回答问题。黑白照片比彩色照片更能表达出这种情景。

我们知道,今天的课堂有时会与过去的不一样,我们可能会看到一百名或更多的学生在一个铺着地毯的开阔空间里学习——这个空间不一定是矩形的教室,但它占有四个传统的盒式教室的面积。还可能会看到一个供学生小组讨论和扮演不同学习角色的地方;教师、助教和成群的学生围在桌旁或聚集在兴趣活动中心;教室里色彩鲜艳,有各式各样的教学设备可供使用。早在20世纪50年代和60年代,就有文章赞扬过这些做法和设置为学习创造了理想的客厅,但也有人谴责它们是在纳税人的金钱上建造的宫殿。于是人们自然会得出结论说,我们记忆中的那种鸡蛋盒排列式的学校教室以及与其相关的教学实践都是过去的事了。

然而,我们的研究却示意我们尚不能沉湎于对那些昔日熟悉而如今已被取代的事物的怀恋之中。我们所观察到的教室更像而不是更不像昔日教室的样子。通常我们看到书桌被排列成行,面向着位于教室前方的教师。像图书角这样的教育辅助设施,偶尔会在小学的教室里看到,但在中学的教室里就很少看到了。家用的椅子和地毯有时也会在小学的课堂里使用,但随着年级的升高,这些东西便很快消失了。

大多数成年人回忆自己早年上小学的经历时,都会记得他们全天的学习过程基本上是没有受到什么干扰的。第一节课通常上数学课或语文课,从上课铃声响直到休息为止,时间为一个半到两个小时。15—20分钟的休息之后,继续进行基础学科的教学直至午餐休息时间。下午的课通常是社会学习、科学(每周一两次)、艺术以及带有休息性的体育课,通常是有组织的运动。一名教师教全部的课程。如果请一个专职教师,那通常是为了教音乐。

虽然学校的基本模式尚存,但今日小学的教室确实变成了一个更加复杂的场所,尤其是在城市里。在我们的抽样中,小学低年级(前三个年级)每班有一名专职教师,还经常配有一名兼职的助教,平均有27名左右的学生。到了小学高年级(四—六年级),班级规模扩大,平均有29名左右的学生,课堂里也很少有助教了。多数情况下,在小学,一个班的学生不是全天都在一起的。学生分成小组离开班级到教学楼的其他地方接受一段时间的特别教学,尤其是在低年级和城市学校。比起我们所记得的过去的学校,现在的学校在一些专门学科,如艺术(尤其是音乐)、体育和阅读辅导等方面都有专门的教师。我们大多数人在校读书时,只要数一下课堂教师的数量,就可以确定学校师资的规模。但是,在我们所研究的学校里,除了教师之外,还有许多额外的专职人员和助手也担当着教学的任务。

今日的初中和高中看起来很像我们记忆中的学校,一天的时间被划分成若干时间段,每个时间段在不同的教室上不同的课。在我们的样本中,初中平均每节课为55分钟,高中每节课比初中要少一两分钟。

在所有这些教室里,究竟有什么样的教学活动呢?

本章再次使用"学校教育研究"的数据来直接观察这些教室里的教学工作,同时间接地了解学生的学习情况,以便看清其中的模式和变化,增强我们的理解,推出改进教学的新方法。重点是检验教师的教学实践——分组、个别化教学、时间分配、决策过程、实施控制以及他们组织课堂的方式,等等。要想真正了解课堂活动的实质是困难的,观察学生在做什么并不能告诉我们学生学习的全部内容。但是,通过教师、学生和研究观察者的眼睛来看教室里的现象,可以使我们洞察教师与学生,以及学生之间的关系。

在描述研究数据之后,更难的是如何解释、评估和判断数据。我们要如何看待数据中所出现的任何模式呢?在教育研究中,我们缺乏评判教学所需的一个完整的知识体系。但我们确实有一些可用的知识,告诉我们什么是最可能使学生取得优异成绩并使他们对学习满意的教学方法。在下面的分析研究中,我将引用这些知识。并且已经有一些我们相信在任何情况下都对人类有益的标准。我们在解释数据时也将使用这些标准。

用于学习的时间

可以使用的时间

也许由于学校占据了童年和青少年时代的大部分白天的时光,所以它在我们对成长过程的记忆中显得格外清晰。然而,实际上,我们大部分人每年在校的天数还不到一年时间的一半。现在,全国学生平均上学的天数为 365 天中的 180 天。儿童和青年人的在校时间大约从早上 8:30 到下午 3:00——比一天 24 小时的 1/4 略多一些。这也只是一个平均时间。实际的情况各地会有些不同。

从访问过的一个学校的停车场,我可以看到人们是怎样度过 12 年的学校教育生涯的。一名 6 岁的孩子在 1980 年走进了位于我右侧的小学,如果他/她仍住在同一社区,那么 6 年以后就将进入位于我前方的初中,并且将于 1992 年 18 岁的时候从我左侧的高中毕业。那天接待我访问的初中校长向我保证说,这里有些青年人的确走过了这样的学校教育历程。他们在这些大楼里每年度过 180 天,在这块土地上度过了 12 年。这在人类历史上是短暂的一瞬,但在一个人的一生中却是漫长的时光。另一方面,假定一个 12 岁的孩子要接受一年的公立/私立的学前教育(大约 18% 的 5 岁儿童并没有注册上学前班),然后每年 180 天,每天 6 小时连续地上 6 年的小学,那么他将在学校度过 7 020 小时,这仅仅是他人生总时间的大约 6.5%。到 15 岁的时候,他的在校时间为 10 260 小时,约占他生命总时间的 7.7%。到 18 岁高中毕业的时候,这个百分数只上升到 8.5%,其中大部分的时间是在教室里度过的。根据有关青少年看电视的数据,我估计,每一个美国孩子从出生到 18 岁,看电视的平均时间要占人生总时间的 9% 到 10%。

但是,儿童和青少年在校的时间无论长短,都会相当直接地影响他们所学的、经过考试测量的知识数量。将每年的在校时间从 175 天增加到 185 天似乎可以提高学生的成绩。[1]这就意味着州政府不应该减少学年时间,即使是出于良好的目的,如教师的在职教育。教师自我提高的时间应当增加,但不应占用教学的时间。年复一年的教学会提高学生的成绩,如果给学生的在校学习辅以相应的家庭作业,他们的成绩就会受到积极的影响。[2]很明显,用在某一学科上的时间量本身就是影响学习的有力因素。在校时间的总体影响对于数学、科学和文学这些不便在校外讲授的科目来说要比对阅读和语言等科目大得多,因为后者的学习受到家庭环境极大的影响。[3]

在我们的问卷中,教师们比较准确地报告了他们每周投入不同科目的教学时间。他们的学生也因此在不同的课堂里享有不同的学习机会。教师还报告了他们对教学时间的分配,使我们看出小学之间存在着极大差异——在一所学校,每周用于教学的时间少于 19 小时,而在另一所学校,每周超过 27 小时。中学也存在着同样的情况,教师每周用于教学的时间因校而异。

时间是怎样使用的

由于可以使用的时间为学习提供了基本的条件,如何利用这些时间就成为学生学习成功的重要因素。许多研究证明,良好地使用时间对于成功有重要的意义。[4]

我们在调研中试图了解教师用了多少时间在教学上,又用了多少时间来控制学生行为、处理课堂日常事务和帮助学生参加社会活动。我们为此询问了学生、教师,并在课堂上进行观察,每五分钟就计算一次教师用于每一种活动的时间,观察中穿插一些其他的内容,然后将总时数转化为课堂总时间的百分比。

在我们抽样的所有学校中,教师对于时间分配的估计与我们观察的结果十分接近。小学和初中的教师认为他们大约将 70% 的课堂时间用于教学,在高中是 73%。我们观察到的数据略高一些——各级学校分别是 73%、77% 和 76%。在表 4-1 和图 4-1 中,有更为精确的分类,显示了每五分钟内,每类学校每种活动的时间分配。

表 4-1 不同学校用于教学、日常事务、行为控制和社会性
活动时间五分钟观察结果(各校平均百分比)

	教 学	日常事务	行为控制	社会性活动
小学低年级	73.22	18.99	5.52	2.27
小学高年级	72.89	20.71	4.39	2.01
初 中	77.42	18.02	2.88	1.68
高 中	76.12	20.39	1.29	2.20

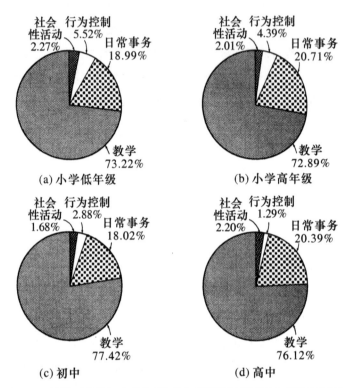

图 4-1 教学、日常事务、行为控制和社会性活动时间五分钟内分配的百分比

70%的课堂时间用于教学,这个百分比与其他研究者的发现相似。如果在一个教室里,每天的课堂总时间相对较少,用于教学的时间也少,那么纯粹用于学习的时间就会特别少。反之亦然。结果在不同教室的学生就会经历完全不同的学习机会。

在中学,我们比较了教师在几门不同学科上用于教学的时间,用学校的平均值计算出百分比。多数情况下,外语课上用于教学的时间最多。我们从观察得出的结论是,在初中,将近85%的时间用于教学,在高中这个百分比是83%。用于初中职业教育和高中语文课的教学时间较少,大约是73%。根据学生和教师的回答,体育课用于

教学的总时间最少,而外语课用于教学的总时间最多。

我们抽样调查的学校与学校之间的差异极大。仅根据我们观察的数据,用于教学时间的百分比从小学低年级、小学高年级、初中、高中的变化分别是从 63 到 79,64 到 84,69 到 87,及 68 到 84。当然,这些百分比是各学校的平均值,包含了各个学校内部不同课堂之间的不同百分比。如果用于教学的时间对于学习的影响像许多研究者所认为的那么重要的话,在各级不同学校里的学生就经历着很不相同的学习机会。

根据我们的资料,在费尔非德小学,低年级教师用 80% 的课堂时间,高年级教师用 84% 的课堂时间进行教学。他们分别只用 14% 和 13% 的时间来做日常事务。在洛瑞小学,教师用于教学和日常事务的时间百分比在低年级分别是 63 和 32,在高年级分别是 64 和 29。在我看来,仅仅这些数据就可以为洛瑞小学的教师提供改进教学的重要起点。为什么他们要用将近 1/3 的课堂时间来忙日常事务?这些日常事务是什么?都是必要的吗?怎样才能缩短这方面的时间以增加教学的时间?这些教师需要参加专门的教师培训,首先要学习课堂管理。这种培训应该安排在学区为全体教师举办其他的培训项目之前进行,除非通过调研发现课堂管理的问题是学区所有学校普遍存在的问题。

同样,在初中阶段,克雷斯特夫初中的教师平均用于课堂教学的时间是 69%,用于日常事务的时间是 25%,而费尔非德初中的教师用于课堂教学的时间是 87%,只有 9% 的时间用于日常事务。学校之间类似的差别在高中也是显而易见的。

当然,我们不能把用于教学的时间等同于教学质量。尽管在费尔非德地区的学校里,除了高中以外,教师用于教学的时间是我们所观察到的学校中最多的,但是这个学校在学生、教师和家长眼中并不是最令人满意的。早在我看到记录用于教学时间的数据之前,我就从自己对费尔非德学校独立的观察中得出了一些暂时的结论。我的印象是,这里的初中和高中十分相似,在这些学校里,人与人之间感情平淡,课堂上教师缺乏热情。用于教与学的时间只能提供最初的学习机会,教师和学生如何利用这些时间存在着极大的差异。

一些学生的看法

我们在调研中尽最大努力去了解学生对于自己身临其境的课堂活动的看法。我们让他们在教学、行为控制(包括社会性活动)和日常事务中选择占用课堂时间最多的项目。所获得的数据展示了学生对三类不同活动所占用时间的看法。图4-2和表4-2列举了学生选项的百分比。

表4-2 占用最多课堂时间的项目(学生选项的百分比)

	小学低年级 (人数=1 775)	小学高年级 (人数=1 577)	初 中 (人数=8 793)	高 中 (人数=10 700)
教 学	44	53	63	74
行为控制	38	32	24	15
日常事务	18	15	13	11

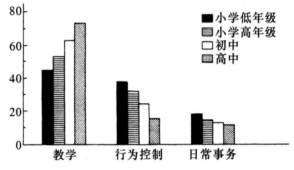

图4-2 占用最多课堂时间的项目(学生选项的百分比)

值得注意的是,在学生的选择中,教学占用时间的百分比从小学低年级的44%明显增至高中的74%。在这方面,教师对时间支配的回答及我们的观察资料都没有显示出像学生看法中这么大的差异。38%的小学低年级学生认为,行为控制占用了教师大部分时间,到了高中,这个百分比下降到了15%。为什么年龄小的学生和年龄大的学生对课堂环境的看法差异如此之大?

从我们的调研资料来判断,年龄小的学生认为教师不仅要教学,还要控制学生行为。我想他们对教师的提问很敏感,认为那是对他们提出行为上的要求。如"亨利,你在图片中看到了什么?"这句话不仅是为了启发学习,同时也是一种暗示。如果这时亨利正在挑逗朱丽,老师的这句话就是要把他从白日做梦的状态唤醒,使他回到学习活动中来,遵守学生的行为规则。学生也许是反映课堂动态比较可靠的显示器,而这些动态往往是那些临时进入课堂的人所不易观察和感觉到的。这有什么不可能呢?学生身处教学过程的中心,毫无疑问深知那里所发生的一切。我们在了解课堂活动时,却往往忽略了学生的这种亲身体验。

课 堂 活 动

在前面的讨论中,我的研究和其他一些最近的研究一样,认为时间本身就是影响学习的一个重要因素。只要教师找到更加有效的方式处理日常事务,并学会使用最少的时间进行社会性活动和控制学生行为,就可以增加用于学习的时间并提高学生的成绩。研究的成果让我们有理由相信,在教学时间增加的情况下,如果学生积极并持久地投入学习活动,他们就能取得最好的成绩。

研究个别学生怎样参与学习活动,推断他从阅读、听讲或观察中学到什么知识,是比较容易的事。但是,要研究一个由 25 名学生或更多的学生组成的班级,尤其是在相对较长的一段时间内研究确定他们的兴趣以及参与课堂活动的持续程度,则是异常困难。鉴于这种困难,学者们在这一领域的研究结果有很大的分歧是不足为奇的。因此,我们并没有某些固定的标准可用来判断一个班级的学生参与课堂活动的高或低的程度。

课堂观察的复杂性

我在调研中参观了沃乐斯老师的一年级课堂。在铺着地毯的教室的一角,有八九个孩子围在她身边,每个人都坐在小椅子上,每人手里都拿着一本书,应该是一套教材里的同一本书。一个头扎红色蝴蝶结的女孩正站着读书。班上其余的孩子分成小组坐在几张小圆桌旁。在一张圆桌旁有两个男孩。其中一个正在练习册上抄写句子,他按照上一行写好的字在下一行整齐地抄写每个字。另一个男孩在一张白纸上着色,他在往一团褐色上添加绿色的线圈(是在画褐色树干上的绿叶吗)。在另一张桌旁,两名女孩在轮流读书,书的字体很大并配有图片,是典型的苏斯博士的图画书。其他桌旁的孩子们都在静静地、专心致志地阅读一些简单的、图文并茂的书,或在画画涂色,或在做练习题。在阅读角那儿,沃乐斯老师让一个名叫丽莎的女孩帮助那名站着读书的女孩找出"因为"这个词。

这是一个十分传统的一年级课堂。我见过许多这样的课堂。但是即使是在如此熟悉的一个环境里,要想尽可能多地记录课堂环境的设置特征、所使用的教材、学生们所参与的活动和教师对时间的支配等,也是一项艰难的任务。所有这些事情都在同时进行着。

当天晚些时候我走访了一个六年级的班级，它十分与众不同，使观察者很快就能感到它的独特性。西尔维诺老师简短地向我打了招呼，并解释说，他正要为过去五周的科学系列活动做总结。这个系列活动每周都围绕一个科学概念进行。例如，其中的一个概念是能量。他指给我看一张放着电池、电线和一套油印教材的桌子。几组学生正准备开始在这张桌子和教室里其他四张桌子上做实验。

　　接下来我看到学生们编成五六人的小组开始轮流做五个实验，每个都要展示他们所学过的一个科学概念。每个学生都要在不同程度上与他人合作。当每一组学生离开一张桌子时，西尔维诺老师就换掉用过的实验材料。起初，教室里一片嘈杂混乱，而后当讲完注意事项开始实验时，学生们就渐渐安静了下来。西尔维诺老师什么也不说，但是他在桌子之间很快地走来走去，因为需要补充实验的材料。

　　人们要怎样记录和归纳这种教学方式及这些教学活动？例如，是将所有的时间都归于教学时间，还是把花在讲读注意事项的时间归于处理日常事务的时间？

　　那天我还访问了该学区唯一的一所高中。该校拥有职业教育所需的先进设施，似乎所有的学生都在使用它们。在这些设施中，有一处宽敞、分隔开来的空间，设有工厂和各种设备——从摄影用的暗室到做金属工艺的锻工车间和做木工的旋床。

　　在这里不容易找到教师。他们正忙于示范、纠正和指导学生，一直被学生包围着。一些学生在提问，一些学生在忙于制作或定型产品。学生们时常在交谈，不是总在交谈他们所参与的活动，常常互相帮助，大部分时间都在专心做事。显然，他们很开心。

　　人们怎样才能系统地记录这一切？这不是普遍意义上的一节课，这是若干节课的结合，每种课都提供一套手工活动。有几名教师参加了这些活动，但每个人都占有他/她自己的"空间"。他们所做的事情不一定是集体教学，并且他们的教学与传统的教学几乎不相干。他们给学生做出示范，帮助他们发展技能。他们是作为年长的、更为熟练的伙伴与学生相处，而不是作为权威人士。我发现自己也想加入了。

　　我们在调研中通过记录短时间内的课堂动态及有规律地描述正在进行的活动、使用着的教学材料，等等，来深入了解课堂生活——就像用照相机拍摄下一连串的照片一样。当然在分析理解调研数据的过程中，这些观察的资料可以通过学生和教师的问卷和面谈资料来印证。可是人们怎样才能确定在刚才描述过的那种职业教育课上教师投入教学的时间和控制学生行为的时间各占总时数的多少百分比？人们又怎样去理解其他形式的教学环境呢？我在本章开头描述的那些较为典型的初中班级使观察者感到较为容易观察，但是他们还需要进行面谈才能了解学生的看法和思想。

如果用在教学上的时间与学生成绩相关,那么教师就可能只采用在前方正面教学的方法而避开其他所有形式的教学法。但是,有些学习是需要学生的参与和合作的,不应由教师控制和支配,在这种学习中,如果只用教师主导教学的方法就会产生负面影响。

研究单个教师的行为比研究全班学生的行为要容易些。因此,研究者们努力把教师行为,而不是学生行为与学生成绩联系起来。直到不久以前,他们的研究集中在个别因素的短期效果上,例如一种教授阅读的新方法的效果。一般说来,他们是无法确定这些个别因素对学生成绩或学生态度的影响的,没有哪一个单独的因素本身足以对学生的学习产生重大的影响。⑤

相反的是,在一组教学方法中,似乎每一种方法都自有其作用,配合在一起使用,才能对学习产生巨大的影响。其中的一个方法是,组织和重组教学班组以达到不同的教学目的,例如从以讲座为主的大班教学转到为适合学生互相合作的小班教学。第二种方法也与转变有关——把学习的重心从课本转到电影,转到外出郊游、图书馆研究,以通过不同的学习途径达到同样的学习目的。第三种方法的重要性正在日益被人们所认同,那就是强调教学的清晰和对学习者提供支持和反馈:教学的要求是清楚的;出色的表现会受到表扬;错误或不当的地方能被尽快发现;教师在对待那些在某一学习领域遇到特殊困难的学生时,会采用与一般课堂教学所不同的替代方法。其中最常使用的方法是诊断性测验,用在"算数"考试之前,目的是使有困难的学生看到自己的差距并在成功学生的帮助下制定改进的措施。⑥我们目前已有几种最有前途的教学方法,也证实了几个效果不佳的教学方法。⑦但是,我们非常需要设计更多的、针对课堂现象的综合性与长期性的研究,以便为教学评估提供可靠的标准。

与教学有关的消极因素与上述因素往往是相反的。要避免的是那些助长学生的被动性和死记硬背行为的每日重复的课堂活动——这种教学法不能满足学生的个人需要。无论教师采用何种教学方法,总有一些学生能成功,但我们也知道,对那些能力逊色的学生来说,如果教学与他们的特殊需要相吻合,他们就能够也的确可以在学习水平上接近那些成功的学生。⑧

我们观察到的一些活动

我们从 1 000 多个课堂收集到的观察资料证实了公众对课堂的印象:一个教师站在或坐在教室的前面为一组学生传授知识。根据教师和学生的回答以及我们的观察,解释和演讲是最常见的教学活动,并且这些活动从小学到高中逐步增加。教师也花大量时间观察和监督学生的操作和课堂学习,尤其是在初中。

我们的资料还显示,从小学到中学,不仅上述的教学活动增加了,而且教师与学生的相互作用也逐渐减少了。几种不同的数据表明,教师与个别学生或小组学生的相互作用在小学低年级最多,但随着年级的升高直到高中毕业,教师对全班讲课的时间逐步增多了。

表4-3显示的"课堂快照"数据表明,有三种被动性的学生活动——书面作业、听课和作业准备——在任何时候,在各级学校里都占有主导的地位。如果你走进我们样本中的任何一所学校,你都很有可能看到这三种活动中的一种正在进行,而不是表4-3和图4-3所列举的其他十项活动中的某一种。这三种活动几乎无一例外地由教师安排和支配。相比之下,我们没有看到什么鼓励学生积极参与的学习活动。除了艺术和职业教育课以外,学生们不常有建造、图画、表演、角色游戏或制作的机会。在中学,需要体能或表演的活动确实有所增加——这是由于课程中增加了艺术、职业教育和体育课的缘故。

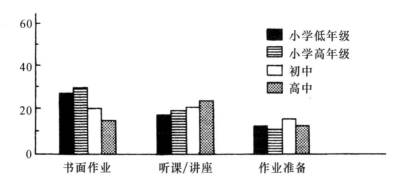

图4-3 课堂观察数据:学生可能在参加的一项活动(前三种活动百分比的顺序排列)

表4-3 课堂观察数据:学生在任何特定时间可能在参加的一项活动(各种活动百分比的顺序排列)

小学低年级活动	%	小学高年级活动	%
书面作业	28.3	书面作业	30.4
听课/讲座	18.2	听课/讲座	20.1
作业准备	12.7	作业准备	11.5
表演练习	7.3	讨 论	7.7

续　表

小学低年级活动	%	小学高年级活动	%
使用电教设备	6.8	阅　读	5.5
阅　读	6.0	表演练习	5.3
无任务		使用电教设备	4.9
没有作业	5.7	无任务	
讨　论	5.3	没有作业	4.8
口头练习	5.2	口头练习	4.4
参加考试	2.2	参加考试	3.3
观摩演示	1.5	观摩演示	1.0
接受纪律处分	0.5	角色模仿	0.4
角色模仿	0.2	接受纪律处分	0.3
初中活动	%	高中活动	%
听课/讲座	21.9	听课/讲座	25.3
书面作业	20.7	表演练习	17.5
作业准备	15.9	书面作业	15.1
表演练习	14.7	作业准备	12.8
参加考试	5.5	无任务	6.9
讨　论	4.2	参加考试	5.8
口头练习	4.2	讨　论	5.1
使用电教设备	4.1	口头练习	4.5
无任务	3.6	使用电教设备	2.8
阅　读	2.8	阅　读	1.9
观摩演示	1.5	观摩演示	1.6
角色模仿	0.2	角色模仿	0.1
接受纪律处分	0.2	接受纪律处分	0.1

特别是在过去的十五年，人们建议教师在学习速度和学习方式上考虑学生的个性差异，并为他们提供适当的学习条件。然而，我们的资料表明，教师并没有经常或习惯地去这样做。在各级学校里，学生们都是独立地学习，主要是完成同样的任务，而不是参与适合他们个性差异的各种不同活动。总体来讲，小学课堂比中学课堂有更多样的教学活动，小学教师时常改变学生分组的形式，甚至偶尔变化教学内容和教学方法。

中学教师很少在他们的课堂里针对学生个人需要进行教学。从整体上看,各学校的教师显然不懂得如何使用多种多样的教学方法,他们不想去做,或者做起来有某种困难。

学校的批评家们指出,20世纪60年代和70年代初兴起的大规模个性化学习和其他"进步主义"方法的实施导致学生考试成绩下降。如果说我们所研究的学校颇具代表性的话,那么教学的个性化是否促进或阻碍了学习似乎是一个学术性的问题,在这些学校里传统的教学法,而不是进步主义的教学法占着统治的地位。有趣的是,小学低年级的教师比其他教师更注重在课堂教学中使用不同的方法,或许就是考虑到了学生的差异性,并且小学低年级的分数在全国学生成绩测验中是最好的!

我们数据中有一个令人吃惊的发现,根据观察,学生们用于读和写的时间是有限的。在一些人看来,办学校的目的就是教学生读、写、拼字和数学。学生在入学的最初几年,大量的时间是花在写字上的,但我们从其他的研究中了解到,这种写字大多是回答练习册上的问题、用短句子填空等。与小学相比,这种写字的频率在初中只相当于小学的2/3,在高中只相当于小学的一半。从小学高年级到高中,学生写字练习的机会逐渐减少。

我们观察到的课堂的阅读状况也十分令人担忧。学生们轮流朗读一篇普通课文是唯一共同的阅读形式。阅读在小学占大约6%的课堂时间,在初中和高中分别下降为3%和2%。如果我们的学生不在学校阅读,他们在哪里阅读呢?他们又能够读多少呢?我们不仅需要研究儿童和青年人如何度过他们的在校时光和他们花在电视机前的时间,也需要研究他们是如何周复一周、月复一月地度过了每天除了睡眠以外的其他时间。⑨

教室的气氛

我们的数据响亮和清楚地揭示了课堂生活的四大要素。第一,课堂里的全体师生都是教与学的主体。第二,教师是这一主体中战略性的关键人物。第三,管理这一主体的标准主要来自维护教师战略作用的需要。第四,课堂的感情基调既不严厉和有惩罚性,也不温暖和令人愉快,我们可以很确切地说它是平平淡淡的。

课堂的模式

无论我们如何描述和理解课堂里发生的事情,教师的角色总是被描绘成一个教练、橄榄球队的四分卫、裁判,甚至是一个规章制定者。但是,这些称谓都不恰当,因为这里并没有一支运动队,只有联系松散的一组人。每一个学生/队员的作用相同,但技能水平各异。在这里没有机会或理由去羡慕别人的表现,敬仰其他人是如何为集体做贡献,使集体有效地获得成就的。在我所看到的课堂生活中,几乎不存在什么集体团结的准则,或对这种准则的需要,也没有为共同的目标而合作的努力。

最成功的课堂可能是那些教师成功地创造出共同的奋斗目标,学生个人之间相互合作以保证每个人都能成功地达到目标。最终的标准是在个人进步基础上的集体成功。但是这个标准与盛行的课堂实践是相抵触的,至少我们的数据是这样显示的。

教室里所进行的大量活动就像按数字绘画一样——按照页数填充颜色。这种活动从小学就开始了。孩子按照老师的指示,把房子涂上黄色并在相应的颜色旁写上"黄色"。之后,他们的阅读和写作能力提高了,在读完若干段落之后,他们以句子的形式回答问题。教师通过对作业和材料的选择,给学生提供了绘画的布景,然后他们将物体画上去。

类似的情况也存在于口头教学。大部分时间教师在讲述或解释,等于为学生既提供了物体又提供了布景。我们样本中的小学低年级教师和高中的教师"在教室前面"教学时,分别用15%和9%的时间提问学生,要求他们以填空的方式回答这样的问题:"加拿大的首都在哪里?""日本的主要出口产品是什么?"学生们很少能扭转这种局面,向老师提出问题。教师也不给学生自由地回答开放性问题的机会,如"你对电视节目的质量有什么看法?"智力活动的地带被教师设定好了,走过这一地带的道路也大多被教师预先决定了。

在我们调研的学校里,大多数情况下,教师严格地控制着确定学生学习内容、地点、时间和方法的决定权。而且,越是关于学习内容和方法的决策,学生参与决策的机会就越少。学生所能参与决定的都是一些无关紧要的事情,如决定他们坐在哪里。在小学,大约有55%的学生说自己根本没有参与过选择自己在班上做什么。大约2/3的中学生也说他们没有帮助过做出这样的决定。

平均而言,小学高年级学生在某种程度上比中学生更多地参与了课堂的决策过程,并且他们表示有更大的渴望参与决策。随着年级的升高,学生们似乎变得更加顺从并愿意接受教师的权威角色。他们被现有的课堂理念驯服了,尤其是接受教师的权威的理念。从我们的数据中可以看到的是这样一幅图片:学生变得越来越顺从,不认为他们应该为自己的教育担负起日益增多的独立决策的责任。

一方面，许多教师都表示他们明白学生逐渐成长为独立的学习者的重要性；另一方面，他们中的大多数人又认为自己需要控制课堂的决策过程。教室是一个受到种种限制又以种种方式限制人的环境。因此毫不令人吃惊的是，许多教师害怕对这种环境失去控制。他们不给学生过多的"空间"，很可能是害怕他们喧宾夺主。学生们无疑已经看到了教师发出的信号。正像一名高中生简洁地表述道："我们是笼中鸟，门开着，但是外面有只猫。"但是，形象的比喻还不能展示整个课堂的复杂性。从某种程度上讲，教师也是身在笼中，带着社会对课堂行为的种种期望。社会希望教师管好他们的课堂。

至少从我们的资料中可以看出，事实确实如此。各级学校的教师都认为他们几乎全部控制了教学方法和学习活动的选择。初中和高中的教师报告说他们完全控制了对学生的评估；小学的教师也认为他们在这方面有很大程度的控制力。各级学校的教师都认为他们基本上控制了目标的制定，教室空间的使用，时间和教材的安排，教学内容、课题和技能的选择，以及学生分组教学。我们样本中的教师似乎在与教学有关的所有关键领域都有相当大的自主权，因而可以在学校计划和教室空间的限制之下创造出学习的环境。这种限制从小学到中学有某种程度的增加，其结果是教师和学生认为他们参加和控制决策的机会随着年级的增高反而减少了。

从接受我们调查的学生眼中来看，教师在课堂上的权威是至高无上的。学生们认为教师控制着课堂，而自己在做着教师告诉或期望他们做的事情。在我们调研的小学里，学生普遍表示"我总是在做老师告诉我要做的事情"，还有"我完成老师交给我的所有任务"。在中学，尽管学校和班级不同，大多数学生同意说"我通常做家庭作业"，"我通常完成班上布置的事情"，"我做老师叫我做的每件事情"。一般来说，他们认为课堂里并没有过于严格的规章制度。

为什么在学生的眼中，教师在课堂生活里有这么重要的意义？学生又为什么似乎愿意服从教师呢？至少对我们调查的中学生来说，这并不是因为教师和学生之间存在着好感。正如第3章所述，在选择"学校里最好的一件事"时，他们把"朋友"列在首选，而把"教师"和"上课"远远排在后面。

在我们调研的中学里，青少年与朋友和其他同龄伙伴之间交往的社会活动并没有垄断课堂活动，尽管学生们脑子里总是在想这些事情，但有的时候，正像我们在布拉德福德高中所看到的，学生的社交活动似乎就要占上风了。

人们开始怀疑，如果课堂学习的主要方式是个人在小组的形式里独立性地学习，其内在的作用就是防止学生互相结成小帮派,扰乱课堂的学习。因此,有些教育措施可以被用来作为管制的手段,这种情况在初中比在高中更常见,因为早期发育的青少年所产生的动荡不安状况迫使教师实施更多的控制。在现有的课堂组织和管理之下,学生各自为阵地学习,这就不利于团体的共同努力,也不利于学习合作的价值观念和技能,但至少可以在很大程度上避免课堂外部的帮派争斗渗透进教室,也可以避免课堂内部产生小集团及团组之间产生冲突。我们又一次可以看到,在较小的空间内,管理相当多的学生可能会成为确定和限制教学方法的一个令人生畏的因素。很难了解这种情形会耗损教师的多少精力,以及他们是否能够有意识地、心满意足地去适应这种环境。能够平心静气地生活在这些限制之下的教师才能长期在公立学校工作吗?在那些离开教学工作的人当中,有多少是因为课堂生活的限制过多、要求过多而离开的?

同样地,人们会问,课堂的组织和管理方式是否与我们在许多课堂观察到的平淡的感情基调有关系。我们无论是观察教师怎样与学生联系还是学生怎样与教师联系,都得到这样一种深刻的印象,即他们之间的感情联系是一种既无冲突又不快乐的中立关系。

我们观察到,教师很少惩罚学生,尽管有理由担心学校要求学生听话顺从的做法,并质疑学校为什么缺乏更多的热情和笑声。但是,从整体上来看,我们所调查的教师并没有被学生认为是野人或怪物。各级学校的学生都认为教师在关心学生方面是积极的,而不是消极的,尽管我们的数据显示出,班级与班级之间在这方面有差异。中学生确实感到教师中存在着一些惩罚学生的行为、权力主义的行为并有偏爱某些学生的迹象。但是,根据我们的判断,他们对教师在这些方面的否定评价并不多。同样地,各级学校的学生都对自己的同学抱有较好的感情。

在我们的资料中,学生是否感到教师关心他们与学生对课堂的满意程度有很大的关系。我们发现,那些认为教师是权力独裁的学生对课堂也不太满意。学生同伴之间的关系没有像师生关系那样较大地影响学生对课堂的满意程度。

在本章开始我提到,当学生了解各方对自己的期望、自己的努力得到承认、及时纠正自己的错误、在学习上得到指导时,他们的学业就会进步。这些教学实践的实施在很大程度上取决于教师,我的经验是教师们也把这些视为理想的教学方法。但是,我们的数据表明,这些方法的实施只是寥寥无几。当问到是否懂得教师让他们做些什么的时候,大约有57%的小学低年级学生回答"是的",40%的学生回答"有时",半数以上的小学高年级学生回答不知道老师要他们在课堂上做些什么。关于教师提问的清晰程度,大多数中学生委婉地同意说他们和同学们懂得老师在讲些什么。然而,很清楚的是,有相当数量的高中生(每所学校每班平均20%)在理解教师的指令和评论上有困难。各级学校中有同样多的学生认为教师没有指出和纠正他们在学习上的错误。

从我们的观察资料推断,教师纠正学生错误和指导改进学生学习的行为从小学低年级到高中逐步减少。并且我们在观察时也注意到,教师对学生的表扬在小学低年级大约占我们观察时间的2%,到高中便下降到约1%。我们很少发现教师正面表扬学生的表现,也几乎没有听到教师对学生的表现有什么消极的评论。

我们的数据所显示的主要课堂模式使我们得出这样的结论,在我们抽样调查的各级学校的课堂里,都看不到生机勃勃的行动和欢乐的景象,听不见笑声,也看不到冲突和赞扬、对个别学生表现的纠正性指导、教师的惩罚式行为或紧张的人际关系。

那些常常被我们认为是课堂积极因素的特征更多地体现在小学低年级,但从小学高年级到整个中学阶段持续减少,在初中时期更是急剧地减少。

如前所述,在维持课堂控制方面,教师中存在着某种自我保护意识和相对平淡的感情格调。我们没有理由要求教师比我们任何人都怀有一种对他人的更饱满的激情。教学是教师的日常工作。在小学,教师每天五小时左右要始终积极鼓励和支持关心27个孩子是艰难的和令人疲倦的。同样,在中学,要求教师每天连续四至六节课这样去教导25名或更多的学生,也是不可能的。

以上的观察为学校教育,特别是初中和高中的教育,提出了一个棘手的问题。如果课堂上积极的师生关系与学生在校的满意度有关,如果纠正性的反馈与学生成绩有关,那么就必须在学校最大限度地为这些积极因素创造条件。学生和教师不断地从一个课堂换到另一个课堂的做法似乎无助于师生的相互了解,更谈不上建立一种互相支持的稳定关系。事实上,它助长了人际关系的随意性和中立性,正如我们在许多课堂中所观察到的那样。

然而,我在描述了学生的较大被动性和课堂上情感平淡的大画面之后,必须马上指出,学生们对课堂生活的看法并不像我们那样消极。相反,他们往往表示喜爱他们所学的科目,并认为教师是关心他们的,而且大多数教师喜爱他们的工作甚至对此充满热情。很多学生表示他们喜欢以听老师讲课为主的课堂活动。随着年级的升高,学生们似乎适应了课堂环境的被动性。人们不禁要怀疑那些离校的学生是否因为不能适应这一切。

根据我们对学校教育最初四年的研究,我和同事认为,尽管有环境的限制,学生们还是很投入学习的。⑩我们当时表述的是成年人的看法,我在这里表述的也是成年人的看法。也许青少年从根本上来说既可以接受,又不怕挫折地去参加那些在成年人看来索然无味的课堂活动。或许他们感到没有什么其他活动可以代替学校的活动,也意识不到还有其他明显不同的办学方法。也许,至少在青少年早期,学校是一个人所共知的场所,为同龄伙伴的交往和活动提供着方便。学生将课堂的经历摆在他们感情尺度较低的位置上,以便保存自己的精力,投入其他的事情。无论如何,不能简单地解释学生以及教师为了适应学校教育环境而作出的调整。

但有一个重要的方面是清楚的,我们不能用相对简单的输入—输出的工厂模式来理解或准确地描述学校和课堂,最好把它理解为小村庄,在这里个体的人们每天有一部分时间在一个被约束的和有约束性的环境中相互联络。即使在一天结束的时候,众人已离校,但许多约束性的因素仍然历历在目。例如,那些已成为这个约束性空间一部分的东西和家具的摆设。每天早上到校时,学生都要默默地接受某种约束,并按照这些约束的要求保持被动的状态。至少在小学,学生们大量的时间是在等待教师分发材料或告诉他们要做些什么。⑪也许这就是为什么我们常常看到这样的描述:在下午放学的时候,孩子们无拘无束地冲出学校。

变化和差异

在前面的分析研究中,我使用了这样一些词句,如,"平均来看"、"一般地说"或"总体上来看",这些都是用来表述种种模式或趋势,并提醒读者不要认为我们的资料中存在着一成不变的相同性。人们容易忘记的是,在我们的调研结果的某些方面存在着差异,而且它们就像一些模式和持续性的趋势一样经常地出现。我们已经看到,从小学低年级到小学高年级,再到初中和高中,教学的模式就经过了许多变化。同样,学习科目之间和班级之间也存在着差异。

*学习科目之间的差异。*初中和高中的学习科目之间存在着明显的、有趣的差异,但这种差异并不是英语和数学课之间的不同,而是一组课与另一组课之间的差异。我们多次发现,艺术、体育和职业教育在很多方面都不同于大学入学录取时通常要考虑的四门最重要的科目——英语、数学、社会学习和科学,这些差异往往是细小而微妙的,但是它们反复地出现并稳步地增加。同样地,我们的数据也显示出外语课和上述三门非主科以及四门主科之间有所不同。当然,我们必须记住,外语只是初中和高中课程中很小的一部分,而且大多数学生并不选修这门课。因此,可供观察的外语课很少,上外语课的学生也不能代表全校的学生。

初中和高中的艺术教师和高中的体育教师比其他学科的教师更认为自己在教学设计和教学的九个不同领域有较大的决策权。很明显,他们不认为自己受到外在要求的限制。初中的体育教师认为自己在这些方面的权力不太大,可能是由于体育课是初中学生的必修课。学生们认为自己在这两门课和职业教育课上最有机会参与决策过程,至少部分的原因是教师感到他们可以自由地、更多地将自己的权力分给学生。

不管是什么学科,学生们都认为他们喜欢那些自己可以积极参与或与他人合作的课堂活动。这些活动包括郊游、电影制作、物体的建造或绘制、物品收藏、与人面访、表演以及开展项目。学生们认为他们很少有机会参加这样的活动,我们在调研中也不常看到这种活动。在艺术、职业教育和体育这一组课上,我们能观察到一些这样的活动,但在英语、数学、社会学习和科学这一组课上就较少见到这种活动了。

我访问学校的目的是为了系统深入地获取我们所研究领域的直观印象。在所有学科的教学中,教师都在大量地进行讲解和提问,学生也在被动的状况下大量地做功课。但是,在我走访的艺术、职业教育和体育课上,这样的做法就少一些。教师在课堂上很少作演示、展览和模拟,学生也很少建造东西、表演节目、实施项目等,但在艺术、职业教育和体育课上,这些活动就多一些。从问卷和系统的课堂观察中所获取的"过硬"数据证实了我的印象。尽管如此,令人费解的是人们为什么要把学术科目的教学方法也应用到那些应该使用其他更适合的教学方法的科目中去。

我又一次注意到了一种并非一成不变的模式。人们一定还记得,在本章前面,我们从资料中总结出来的教学模式适合艺术、职业教育、体育等学科,也适用于那些更有学术性的科目。我想指出的是,在这三门非主科的教学中,以讲座和课本为主的教学少一些,学生参与学习的决策过程多一点,学生有更大的学习热情;教学时间少一些,教学方法也灵活多变一点。学生们对这三门学科比对其他学科更满意。也值得注意的是,在艺术课上,我们看到学生参与决策越多,教师控制学生行为的时间就越少。这是艺术课上独特的发现。

我们样本中的学生都认为这三门学科是他们最喜爱的科目,这一点不使我们感到吃惊。我们让四年级到十二年级的学生回答在学校的课程中,他们对每门学科的喜爱程度并评价这些学科的重要性和难度。表 4-4 和图 4-4 显示了调查结果。我们看到,艺术、职业教育和体育课是所有学生最喜爱的科目(职业教育不作为小学高年级学生的选项,因为小学很少开办此科目)。在各级学校里,学生对这三门学科的喜爱都超过学术性学科。

表 4-4　学生对各学科的态度排序(各级学校比较)

喜爱程度								
小学高年级			初中			高中		
科目	喜欢%	人数	科目	喜欢%	人数	科目	喜欢%	人数
艺术	93.2	1 621	艺术	85.9	5 130	艺术	83.6	6 903
体育	86.9	1 615	职业教育	81.0	4 912	职业教育	80.8	6 884
数学	81.5	1 609	体育	80.1	5 177	体育	79.8	6 969
阅读/英语	81.3	1 622	数学	74.8	5 160	英语	72.1	7 046
科学	80.9	1 604	英语	69.3	5 231	数学	65.0	6 966
社会学习	65.6	1 617	社会学习	66.0	5 184	社会学习	65.0	6 958
			科学	66.1	5 068	科学	64.1	6 908
			外语	62.0	4 734	外语	52.8	6 825

重要性								
小学高年级			初中			高中		
科目	重要性%	人数	科目	重要性%	人数	科目	重要性%	人数
数学	93.9	1 618	数学	95.0	5 154	数学	94.3	6 988
阅读/英语	93.5	1 617	英语	91.5	5 220	英语	93.6	7 043
科学	89.4	1 593	职业教育	85.1	4 972	职业教育	85.9	6 899
社会学习	88.9	1 614	社会学习	83.1	5 146	科学	79.2	6 963
体育	87.2	1 621	科学	78.8	5 045	社会学习	77.8	6 961
艺术	80.2	1 610	体育	75.3	5 174	体育	67.4	6 998
			外语	73.5	4 842	艺术	65.3	6 929
			艺术	70.4	5 103	外语	65.1	6 784

难度(只包括当时正在选修各门科目的学生的看法)												
小学高年级				初中				高中				
科目	难%	易%	正好%	人数	科目	难%	易%	正好%	人数	科目	难%	易%	正好%	人数
社会学习	19.9	47.1	33.0	1 602	外语	23.3	29.2	47.5	219	科学	27.8	25.2	47.0	1 313
数学	17.7	55.0	27.3	1 610	社会学习	17.9	27.5	54.6	1 420	数学	26.0	28.3	45.7	1 587
科学	14.5	54.5	31.0	1 594	科学	17.1	29.0	53.9	1 056	外语	24.2	29.8	46.0	526
阅读/英语	10.7	46.3	43.0	1 613	数学	14.0	32.3	53.8	1 670	英语	16.3	32.3	51.6	1 793
体育	10.3	67.1	22.6	1 609	英语	12.5	31.6	55.9	1 644	社会学习	15.9	35.2	48.9	1 749
艺术	3.4	78.6	18.0	1 608	职业教育	8.2	42.0	49.8	1 023	艺术	9.3	45.4	45.3	1 474
					艺术	7.6	45.7	46.7	1 176	职业教育	9.1	42.5	48.4	1 726
					体育	5.0	45.8	49.2	754	体育	7.8	54.0	38.2	768

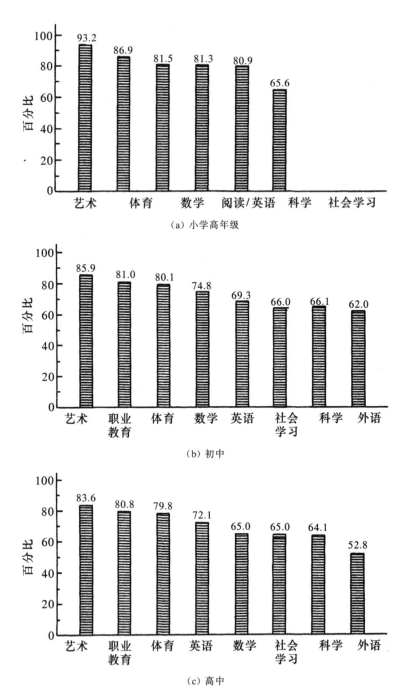

图 4-4 学生对学校各学科的喜爱排序

表 4-4 显示,学生认为数学、英语和职业教育是最重要的学科,反映出社会对这

些学科的期望和学校对这些学科的资源分配。与此对照,体育、外语和艺术学科并没有受到美国社会的高度重视。学生认为难度相对较小的学科是职业教育、艺术和体育。人们不禁要问是否因为这些学科一般都为选修课。大学的录取工作人员不会仔细检查这些学科的分数。

表4-5 学生对正在学习的各学科的兴趣

小学高年级			初中			高中		
科目	有兴趣%	人数	科目	有兴趣%	人数	科目	有兴趣%	人数
艺术	92.2	1 611	职业教育	84.1	1 022	艺术	86.8	1 476
体育	85.9	1 620	体育	83.6	752	体育	85.1	769
数学	80.0	1 612	艺术	77.6	1 176	职业教育	83.4	1 725
科学	79.6	1 597	外语	74.7	217	外语	80.6	526
阅读/英语	75.0	1 622	数学	69.6	1 666	数学	69.3	1 587
社会学习	66.0	1 616	社会学习	60.2	1 416	社会学习	69.0	1 748
			科学	66.1	1 060	科学	68.6	1 315
			英语	62.6	1 645	英语	68.5	1 795

表4-5列举的数据表明,学生在回答一个不同的问题的时候,艺术、体育、职业教育就排在领先的位置了。我们询问学生对他们正在上的课的兴趣如何。在初中和高中,英语掉在最后,而外语则排在靠近最上面的位置。尽管外语课对学生一般不具吸引力,只有小部分学生选修,但那些选修的学生表现出对这门课的极大兴趣。通常选修这门课的学生都是希望上大学的。我们观察到的外语课一贯是正规的,以任务为主的,快节奏的,令学生满意的。我们注意到,在这些课上,用于教学的时间多于其他任何学科,其中大量的时间用于语言的练习——学生与教师或与其他学生一起操练正在学习的特定的语言。在这里,我们看到了与艺术、职业教育和体育课上相似的情景:学生高度积极地参与课堂活动。此外,一般来说,外语课还有这样的特点,即它比其他的学术学科更多地为学生提供纠正性的反馈。我相信,公平地说,这四门学科(外语和其他三门非主要学科)的相似之处是它们都为学生提供了可对照的榜样,使他们可以及时检查自己学习的效果。在英语教学中,关于什么是最好的英语范文也许就有较多的争议,因此学生觉得很难将自己的写作与提供给他们的范文做比较。但是,除了这一相似之处以外,很难在这四门学生最有兴趣的学科之间找到其他的相同之处。

两个班级的对比。我们对调研数据的分析经历了几个阶段。我们答应那些参加调研的学校的校长和教师,为他们提供在该校及其课堂上收集的资料。使他们得到这些资料成为我们调研工作的一项首要任务。我们研究和总结了大部分问卷资料,并在课堂观察资料可以分析之前,就将一部分问卷资料分送到各校。面谈的数据最难整理,所以放在研究的最后阶段才做。

当我们研究这些连续性的资料时,我们从中发现了一些共性和个性。无论是从我们观察的角度来看,还是根据学生对他们在课堂里的经历的体会,都会发现有些教师显得比较与众不同,这代表着一种积极的方向。下面我要描述的就是这样一位教师所在的课堂和另外一位看起来既不很强又不很弱的教师。

这两位都是小学教师。我选择小学教师是因为我们对他们进行了连续几天的观察,而我们对初中和高中教师的观察是在不同日子的几节课中进行的。由于对小学课堂的观察有较大的连贯性,对教师所教授的一系列学习科目及所开展的课堂活动的描述也是有连续性的。还有,小学的教学程序比初中和高中更加多样化,这就意味着在小学有可能发现教师之间的较大差异。

我们调查的两个班级(一个四年级,一个五年级)是我们调研中一所郊区小学的两个班。两个班都有传统性的教室:一个房间里摆有成排的书桌,没有软垫式的家具,也没有地毯。两个班都有足量的书籍、杂志、地图、地球仪和粉笔板,但是没有植物或动物,也没有学生自制的装饰物。26名学生(14名男生和12名女生)组成了四年级的一个班;30名学生(15名男生和15名女生)组成了五年级的一个班。每班都有一名学生不是白人,每班都有一名教师,但没有助教。

两个班的教师有着相似的教育学生的目标,他们都关心基本技能的训练和学生之间的相互关系。并且,两位教师都认为,他们在很好地管理着他们的班级。他们都没有抱怨在处理班级的日常事务及学生纪律问题之后所剩余的教学时间太少。

乍一看,这两个班似乎十分相像,它们也确实如此。然而,仔细观察后就会发现,其中一个班比另一个班更让学生满意,更能促进学生的学习。另一个班虽然不是在我们样本中最不令人满意的学校里,但在几方面都不能与前者相提并论。几个重要变量的细微差别日积月累便会使学生所接受的教育有较大的不同。

有三个重要的指标表明,五年级班的学习环境比四年级班的更有建设性。第一,据观察,81%的课堂时间与教学有关,只有17%的时间用于课堂日常事务管理,不到1.5%的时间用于控制学生行为。与这所学校其他班级的平均值和其他小学高年级的平均值相比,这些百分比是不同的,是偏向好的方向。四年级班就比较典型了,71%的时间用于教学,25%的时间用于日常事务管理,3%的时间用于控制学生行为。第二,在我们的观察期间,五年级班上90%的学生都高度专注于眼前的课堂活动;在四年级班里,有将近80%的学生这样做,这个百分比并不小,但明显低于五年级班。第三,五年级班上有83%的学生而四年级班有73%的学生回答说,他们通常对课堂里的活动感觉良好,这又是一个小而重要的差别。相比之下,只有21%的五年级学生说他们班的学生不关心课堂活动,而四年级班上有42%的学生这样说。

两个班在开展课堂活动时的不同做法可以提供一些线索来解释,为什么五年级班显得更积极一些。五年级班的教师和学生比四年级班有更多相互作用的机会,说话的机会也更多一些。根据观察,在四年级班的课堂里,很少有讨论,甚至没有学生背诵的时间。这个班主要的课堂活动是:(1)教师面对全班讲课或解说。(2)当教师给一个学生讲解时,其余大部分学生在独立做书面作业。这些活动在五年级班也是常见的,但是也有大量的时间是用在读书、讨论或背诵上。前面提到过,教师使用不同形式的教学活动似乎能提高学生的学习成绩。

五年级班的学生较少说他们由于没有练习而忘掉了所学的内容,或者不知道教师要求他们做些什么。多数学生说他们的老师教学时富有热情,而他们所做的功课的难度正适中。学生们对教师与学生的关系也有很不相同的看法。五年级班的学生认为他们的教师比较关心学生,很少有学生说这个教师有偏袒的倾向。尽管我们在观察时感到五年级班和四年级班在情感格调上都属中性,但五年级班师生相互积极作用的百分比较高。相比之下,在四年级班师生的交往中,有较大的、消极的教师影响。

与教师影响的差异毫无疑问地联系在一起的是学生在课堂时间分配问题上明显不同的看法。在五年级班,73%的学生认为大部分课堂时间是用于学习,只有10%的学生认为主要的课堂活动是纠正学生行为。在四年级班,46%的学生认为大部分课堂时间是用于学习,42%的学生认为大部分课堂时间用于行为管理。

有更多的五年级班的学生声称他们喜欢参与各种形式的小组或个人活动;他们当中有更多的人喜欢听教师讲课,喜欢就各个学科领域的问题展开讨论。但是,也许最大的不同点是在学生对开放性问题的回答中。当问到在每门学科中所学到的最重要的东西是什么时,五年级班学生的回答反映出他们所参加的各种教学活动和所学过的各种知识。他们的回答大多涉及各科所学的具体知识。相比之下,四年级班的学生几乎在所有的学科上都回答,"什么都没学到"。

总　结　与　讨　论

尽管我们在深入调查 1 000 多个课时所采集的数据表明,课堂与课堂之间在每一个学校特征上都有大小不一的差异,但是我们可以清楚地看到能够代表我们调研的三十八所学校里课堂教学活动的模式。其中一些模式在多所学校里反复出现,这就意味着有可能,即使不是非常可能,在我们抽样调查以外的其他学校里也有这些模式。我们将这些模式归纳如下(引出下列观察的部分数据尚未在前面的章节里出现过)。

第一,课堂的主要组织形式是通常被教师视为一个整体的一组活动。课堂里的大多数活动都要受到条件的限制,需要在相对狭小的空间内维持 20 到 30 人或更多人的有次序的关系。这种需要早在小学低年级时就传达给学生并培养他们遵守课堂的秩序。

第二,每个学生都在班组的环境下独立地学习并取得进步。一个班级或许会因为它的成功而受到表扬,但是这种认可通常是表彰个体学生成绩的总和或平均值,而不是表彰全班学生共有的合作的成功。

第三,教师是决定课堂活动和创造课堂气氛的中心人物。教师在决定课堂事务,如在选择教材、确定班级组织、使用教学程序等方面完全有自主权。

第四,教师在教学活动中的统治地位是显而易见的。在大多数时间里,教师忙于在学生前面讲课,监督学生在座位上做功课,进行测验。学生们很少有机会积极地、直接地互相学习或主动地发起与教师的交往。当学生分小组活动时,他们通常是肩并肩地做着同样的事情,并且这些事情也是由教师决定的。

第五,教师很少表扬或纠正学生的表现,也没有指导学生怎样在下一次把事情做得更好。教师对于学生所做的事情既没有积极的肯定也没有消极的反应。我们的印象是,一般说来,课堂既不是一个很积极也不是一个很消极的场所。在这里,热情、欢乐和愤怒都受到了抑制。

第六,学生通常置身于狭隘的课堂活动当中:听教师讲课、写下对问题的回答、参加考试和测验。在不同的教师、年级和学科之间进行着惊人相似的"学校教育活动"。学生们很少使用视听器材、参加郊游或听取客座讲师的讲座。除了艺术、体育和职业教育等科目外,几乎没有动手的活动。在学术性的课上,课本和练习册是教学的主要工具,教师很少用表演艺术、角色的扮演、舞蹈和操作使用不同材料等类似的活动来辅助教学或替代课本和练习册。

第七,上面总结的模式更适合高年级而不是小学低年级。在小学高年级到处都可以看到这种模式,到了初中和高中就更加普遍了。不同教学技巧的运用在小学低年级最多,在中学最少。

第八,我们调查的大多数学生似乎都被动地满意课堂生活。大体上,他们对同学和教师的看法是肯定的。他们表示喜欢所有的学科和课堂活动——即使是重复地听教师讲课。他们最喜爱的活动是与身体运动有关的,但也是他们很少参加的。他们最喜爱的学科里有较多的绘画、制作、造型、运动和相互合作的活动。这些学科被认为是最容易也是最不重要的,这些课恰好也是高年级的选修课,但不是大学录取所要求的科目。

第九,即使是在小学低年级,也有充分的证据表明学生没有时间上完课或不明白教师让他们做的事情。相当多的学生认为,自己在学习上的错误或困难没有得到过老师足够的帮助。在更高的年级,也有相当多的学生表示了同样的看法,虽然那些有最严重问题的学生很可能已经辍学了。

哲学家和史学家们指出,学校肩负着使知识人性化的责任。他们思索的是要通过怎样的组织和传授,才能使全体人民都获得人类的知识和智慧的工具。这是对教学的核心要求。我相信,本章前面所总结的我们样本里的那些课堂模式是不能实现这个要求的。

在学校里使知识人性化并使所有学生都获得这种知识,这个过程似乎有两个重要组成部分。第一个组成部分是教师的个人注意力,即教师对学习者和学习科目的兴趣,这些科目的知识要传授给学生并成为他们内在拥有的知识。第二个组成部分是有特性的教学方法,即所有那些能使学生明里暗里投入学习的教育技能。这两个部分都是可以学会的。但是,第一部分——教师的注意力和兴趣是逐步形成的,并且是建立在教师的生活经历和所受的正规教育的基础上的。随着时间的推移,教师会形成对他人的某种态度,甚至发展对教学的某种部署,这些都会影响到他们的教学功能。第二部分——有特性的教学方法可以通过指导性的实习更快地学会,就像工匠和职业工作人员学会他们的工作所需要的技能一样。

这两种品质和能力的培养和提高成为职前和在职师范教育的现实目标。我们无须等待社会结构和学校教育组织发生深刻变化之后,再开始建造这一改进中小学教育质量的奠基石。

本章和上一章的资料都表明,家长和学生都认为这种育人行为和这些教育技能是教师的重要特质。许多教师也认识到,这些行为和技能有益于学生的学习,并且有不少学者宣传人的发展理论和学习应用这些理论的的重要性。然而,我们的资料也使我们得出这样的结论:我们所期望的教师和教学技能并不是我们所调查的学校课堂的特征。并且,这样的教师和教学方法从小学低年级到高年级,从初中到高中在逐步地减少。教师对学生学习的表扬和支持越来越少,纠正性的指导越来越少,教学方法的范围和种类越来越狭窄,学生参与日常教育活动的决策过程也逐渐减少。

随着这些教学程序的逐步退化,学习的辅助设施,例如好的教学材料和有吸引力的、令人舒适的教室也减少了。另外,在同一时间内与同一班学生保持联系的成年人的数量减少了,师生之间的关系变得更短暂、更支离破碎。在中学,没有哪位教师可以很好地结识许多学生,而许多学生很可能得不到任何一位教师的深入了解。

因此,从上述的情况我们可以看出,教师对学生作为个人和学习者的支持从低年级到高年级越来越少,而初中和高中的环境更适合随便的而不是持久的师生关系。我们在第 3 章里提到过,小学低年级以上的学生在问卷中所打的学习自我感觉分越来越低。我们还指出,青少年同龄群体的主要兴趣是朋友、运动等这些方面的事情,从青春发育早期开始,一直到后来的学校岁月里都保持着这样的兴趣。在小学高年级以后,教师和课程似乎在学生生活中逐渐失去了重要性。

呈现在我们面前的是这样一幅画面:到小学高年级的时候,课堂的教学实践越来越例行公事化,年龄大的学生对个人发展和职业教育目标产生日益浓厚的兴趣,对学校智力教育目标的兴趣越来越少,同龄群体的价值观占据了主导的地位。同时,正如第 3 章所述,教师对学生和学生问题的态度与学生(在很大程度上也包括他们的家长)对校园经历及同学的看法很不一致,相差甚远。

我的结论是,这种环境的复杂性限制了学校在知识人性化过程中的作用。我们需要一个强有力的支持体系,以鼓励学生以较大的兴趣和较高的热情去完成学校的任务,但这些支持体系的力量和种类却正在削弱和减少。

因为本章的焦点是课堂里发生的事情,也因为教师是课堂生活的灵魂,在这里有人可能会再度指责教师的冷漠和无能。但是我相信,深思的读者会越来越明白学校教育的复杂性并对简单的解决问题方法产生怀疑。

毫无疑问,我们样本中的许多教师需要显著地提高教学能力。现有的提高教师能力的做法通常是依赖常识,而不是已有的科学知识的指导,我们知道在这方面和其他方面的常识错的频率与对的频率差不多。一些有问题的学生相信,学校根本就没有足够的资源——尤其是有能力的人,来发展持久性的改革计划,以帮助大批的教师提高教学能力。⑫如果这个判断基本上是正确的话,那么即使州政府和联邦政府突然拨款来培训教师的教学技能,也只不过是给那些自称为教师所需技能专家的骗子们提供了咨询费。

不管怎样,上面所描述的令人失望的课堂生活是可以改变的。数十年来,有关教学的研究总结出一系列好教师的特征,而这些特征与好人的特征没有什么区别。这其中的含义是好人应当被选作教师,并且不需要再做太多的培训,他们可以从工作中学到大多数必要的技能。事实上许多人没有做到这一点。但是,有一些教学的技巧是可以教会和学会的,例如使用各种不同的教学方法,运用诊断性测验,为学生提供他们的学习表现信息,以及表扬优良的功课。而且教师在这些方面的不足可以被诊断出来并得到纠正。只要了解一点需要发扬光大的教师品质,并获取一些资源将自己的教学录下来以进行自我反思,教师便可以在很大程度上自我改进。当教师们都同意将自己的教学公布于众并共同致力于改进时,这一过程就没有威胁性,也没有惩罚性。在校长的支持和学区办公室的鼓励下,教师可以自行发起这种改进工作。

有充分的证据表明,当教师使用适当的教学方法时,学生们对此的反应是积极的。这也是令人鼓舞的事情。尽管在我们抽样调查的课堂中,这些教学方法的使用并不多,但我们可以清楚地看到,这些方法使用得越多,学生们越满意。令人感到鼓舞的是,学生们的满意程度往往是与他们的学习表现有关联的。最后,令人鼓舞的是,许多教师也相信这些教学程序是受学生欢迎的,不管他们自己是否实施了这些方法。这样看来,我们就有了一个相对具体并可行的计划来改进学校教育的一个主要因素——教学方法,不管我们是否愿意投入时间和资源来将这一计划从诊断的过程推向纠正的阶段。

第二个可以改进的领域也同样明确和重要。每个学校的教职员工都需要了解如何有效地利用学生的在校时间,而每个教师也需要进一步懂得如何使用课堂时间。在这方面可以做一个全校范围的调查。教师们也可以观察和记录彼此使用时间的情况。我相信,所有学校都可以合理调整每天上课的起止时间,以及休息和午餐时间,使每周至少多出两个小时的课堂时间。我也同样相信,几乎所有的教师都可以缩短"开课准备练习"和"清洁性"的活动,使每周增加10%的教学和学习时间。这样做并不会在课堂里制造出过分的压力。只要更快更高效率地工作,而不是像现在这样散漫而低效地做事,就可以将这两种时间节省下来。全面调整学校和课堂时间的利用率,这对校长、教师和学生来说是一种令人愉快的合作性的挑战。

成百上千的学校在二到三年之内无须花费多少,就可以有目的地、系统地改进教学方法,更好、更充分和更有效地利用时间。这比起联邦政府在同样的时间内为解决更大范围的一系列问题而大面积拨款的作用更有效,可以更好地提高学生的成绩。这样做也肯定会增加校长和教师的信誉并赢得社会对学校的支持。并且,这种改革活动不会引起教育界有组织集团的矛盾和反对,而这些集团所代表的特殊利益常常会分离和妨碍教改的进程。不用说也知道,教师们对这种改革活动会抱有不同程度的热情。

另一个改革的方向与初中和高中有具体的关联。校长和教师可以探讨怎样才能加强学术学科的教学工作。我们样本中的课堂调查资料十分清楚和令人信服——大学录取所要求的四门基础学科的教学特点通常是重复性的、狭隘的教学活动,强调的是被动的学生行为。这些活动在小学五六年级时就开始占主导地位了。当然,也有一些让人吃惊的例外。

在学术教育的任何一个层次,都不需要再强行加入更多的课程和上课的内容。事实上,从具体的内容中总结出核心性的原则将是有益的。应该通过不同的方法来学习几个概念。对大多数学生来讲,学术性的学习太抽象了。他们需要看见、触摸和闻到他们所读和所写的内容。参观报社、鉴别人工制品,或观察工匠劳作,可以为之后的阅读、解释和讨论提供真实性和起到鼓舞的作用。绘画或建筑是培养洞察力的另一种方法。这些方法的有效性已为几个世纪的人所共知。在太多的时候,人们还是觉得重复已经讲过的课、让学生阅读课本是比较简单的事,但是这样一来就没有任何新奇的刺激。许多学生由此而生的倦怠也是在意料之中的。

如果能说服教师采取第一步行动——即评估自己的课堂(这些课堂就像我们调研中的课堂一样),改革就有了一个新的开端。否则,人们就会认为也许其他地方有问题,但自己的学校没事。我希望校长和教师将读到本章并且说:"我怀疑我们的学校也有同样的情况,让我们试着找找看。"

大多数学校工作者认为除非得到外界的帮助,否则自己是无法进行必要的自我评价和建设性的改进的。遗憾的是,他们往往觉得学区的管理人员持有偏见,所以宁愿不请他们来帮助改进这一敏感的领域。一些研究表明,请一些中间人士,如地方大学的教授来帮忙具有潜在的好处。另一个有用的办法是,与其他学校,最好是在邻近学区的学校,建立合作关系以互相帮助。[13]为一个合作的团体争取帮助往往比为个别学校争取帮助容易一些。

我将在后面的章节里详细地描述改革的过程。在这里,我想说明的重要一点是,要提高课堂生活的质量,最好以每个学校为基础,在教师的互助之下来进行。⑭ 校长可以帮助营造改革的环境并从其他地方获取额外的帮助。过去,在职教育和学校改革的行动和奖励是以学区督学的办公室和全学区的活动为中心的,现在学校校长办公室和学校已变成了改革的关键主体。研究的结果不断地证实了这一转变的重要性。⑮

我们在寻求学校教育中存在的关键问题的呈现模式和与它们有关的假设时,对所收集的研究数据进行了平均性的综合分析。但是,在发展学校改革的具体日程时,我们将不做这样的分析,也不需要全面地或详细地分析这些数据。应该评估每个学校的情况,供所有与这个学校有关的人士在制定改革首要任务的时候作为参考。这样共享的信息可以极大地激励那些在西格马小学或伯塔高中有切身利益的人们。改进每所学校的生力军就是与它息息相关的校长、教师、学生和家长。远离学校的权力机关的责任是制定支持的政策并帮助这股生力军发起改革的工作。

注释

① David E. Wiley and Annegret Harnischfeger, "Explosion of a Myth: Quantity of Schooling and Exposure to Instruction, Major Educational Vehicles," *Educational Researcher*, Vol. 3(1974), pp. 7 – 12.

② Torsten Husén (ed.), *International Study of Achievement in Mathematics: A Comparison of Twelve Countries*, Vols. 1, 2. New York: John Wiley and Sons, 1967.

③ Ibid.; and Alan C. Purves, *Literature Education in Ten Countries: International Studies in Evaluation II*. New York: John Wiley and Sons, 1973.

④ See, for example, Benjamin S. Bloom, "Time and Learning," *American Psychologist*, Vol. 29 (1977), pp. 682 – 688; J. McKinney, J. Mason, K. Perkerson, and M. Clifford, "Relationship Between Classroom Behavior and Academic Achievement," *Journal of Educational Psychology*, Vol. 67(1975), pp. 198 – 203; and B. V. Rosenshine and D. C. Berliner, "Academic Engaged Time," *British Journal of Teacher Education*, Vol. 4(1978), pp. 31 – 36.

⑤ Harvey A. Averch et al., *How Effective Is Schooling?*, p. 171. Englewood Cliffs, N. J.: Educational Technology Publications, 1974.

⑥ Benjamin S. Bloom, "The New Direction in Educational Research: Alterable Variables," *The State of Research on Selected Alterable Variables in Learning*, pp. 10 – 12. Chicago: Department of Education, University of Chicago, 1980.

⑦ See, for example, Michael J. Dunkin and Bruce J. Biddle, *The Study of Teaching*. New York:

Holt, Rinehart, and Winston, 1974; Jacob. S. Kounin, *Discipline and Group Management in Classrooms*. New York: Holt, Rinehart and Winston, 1970; Donald Medley, *Teacher Competence and Teacher Effectiveness*. Washington, D.C.: American Association of Colleges of Teacher Education, 1977; B. Rosenshine and N. Furst, "Research on Teacher Performance Criteria," in B. O. Smith (ed.), *Research in Teacher Education*. Englewood Cliffs, N.J.: Prentice-Hall, Inc., 1971; David L. Silvernail, "Teaching Styles as Related to Student Achievement," in *What Research Says to the Teacher*. Washington, D.C.: National Education Association, 1979. ERIC ED 177 156; Larry Fedigan, "School-based Elements Related to Achievement: A Review of the Literature." Edmonton, Canada: Alberta Department of Education, Minister's Advisory Committee on Student Achievement, 1979. ERIC 181043; and B. Rosenshine, "Enthusiastic Teaching: A Research Review," *School Review* (August 1970), pp. 499–514.

⑧ Benjamin S. Bloom, *All Our Children Learning*. New York: McGraw-Hill, 1981.

⑨ One such study concentrates on how 764 children aged 11 and 12 spent the seven hours from 3 p.m. to 10 p.m.; see Elliott A. Medrich et al., *The Serious Business of Growing Up*. Berkeley: University of California Press, 1982.

⑩ John I. Goodlad, M. Frances Klein, and Associates, *Looking Behind the Classroom Door*. Worthington, Ohio: Charles A. Jones, 1974.

⑪ Philip W. Jackson, *Life in Classrooms*. New York: Holt, Rinehart, and Winston, 1968.

⑫ B. Othanel Smith et al., *A Design for a school of Pedagogy*. Washington, D.C.: U.S. Government Printing Office, 1980.

⑬ For a description of this approach, see John I. Goodlad, *The Dynamics of Educational Change: Toward Responsive Schools*. New York: McGraw-Hill, 1975.

⑭ Mary M. Bentzen and Associates, *Changing Schools: The Magic Feather Principle*. New York: McGraw-Hill, 1974.

⑮ Paul Berman and Milbrey Wallin McLaughlin, *Federal Programs Supporting Educational Change*, Vol. Ⅷ: *Implementing and Sustaining Innovations*. Santa Monica: The RAND Corporation, 1978.

第 5 章

获取知识的机会

我们的社会是一个学校普及的社会。大多数的孩子们、青少年和年轻的成年人接受了正规的小学、中学和高等教育,但这只是整个故事的一部分。在这个国家的多数地区,几乎关于任何内容的课程都唾手可得。如果一个人不能或不愿意去注册上一门课程,他还可以从书籍、杂志、录音和磁带上学习几乎任何他想学的内容。

有如此丰富多样的学习资源,如此便捷地便可以得到,为什么还要强调确保学校的存在,还要保证所有的儿童和青少年去上学,至少到 16 周岁?

在这个国家,尽管有反对的意见,我们至少提出了三个前提来支持开办正规的学校教育体系,并要求所有的学生在一定的时间段里在校学习。第一个前提是,脑力活动的重要特征、交流的技能和知识的积累,只有通过特意设计的系统性的和连续的培养才能够获得。由于这些知识不可能随意地获得,所以必要的知识应当被选出并在学校里传授。第二个前提是,在一个民主的社会里,每一个人都有权利获得这些知识,因此有权利上学校。第三个前提是,一个拥护民主主义信条的社会要求它的大多数公民拥有重要的特征、技能和知识,因此他们要上学。尤其是后两个前提使得大多数州都要求年轻人接受义务教育直到他们年满 16 周岁。

我在这里不想涉及那些反对义务教育或提倡使用更多的非正式的和不正规的教育模式的争议。①直到最近,上述的前提很少受到质疑(尽管几个世纪以来,人们已经表示了对州府插手教育过多的恐慌)。在美国,这些前提引发了一种观点,认为普通的公立学校应做到以下几点:

1. 提供一种自由的教育,达到规定的水平,使学生具有进入劳动市场的基本水准。

2. 为全体学生提供一种共同的课程,无论其背景如何。

3. 通过规划和考虑人口密度低的因素,让来自不同背景的学生进入同样的学校。

4. 在每个特定的地区内为学生提供平等的教育,因为地方税收为学校提供了经费的来源。[②]

这些内容已经受到了挑战并有了新的解释。为学生就业做好准备所需要的学校教育层次也在逐步增高。儿童进入同一所学校的权利在法院受到了支持也受到了挑战。地方政府和州政府为学校提供资助的比率逐步下降,因而扩大了"一个特定地区"的概念。入学学生多元化的增加导致课程上产生了巨大的多样化。

教育机会均等的主题几乎都是围绕着是否每个人都可以有平等的机会进入同一所学校的问题和是否有基于肤色、种族和信仰的歧视问题,但是现在对其他方面的思考有可能扩大争议的范围。渐渐地,问题的焦点将变成学生是否会因为他们正好进入的学校和被分入的班级,得到平等的获取知识的机会。

本章将阐述这个问题。它将描述我们的样本学校中那些影响到学生获取知识机会的教学实践,也将探究那些指导这些实践的假定设想。这些实践为分到不同班级的学生提供了不同的教育机会和教育经历。本章还将专门分析贫困和少数民族学生获取知识机会的平等问题。因此,我们在这里既关注学校提供的教育机会的质量,又关注学校提供的教育机会的平等性。

课程重点的差异

要确定学生在学校里经历着什么样的课程,最基本的因素是小学和教师如何使用时间,以及初中和高中如何为学科配备教师。前者的数据可以使我们看到,时间是如何在课程中的各个学科之间分配的,从而使我们了解学生所经历的课程的实质。后者的数据可以使我们看到学校里课程设置的平衡性的大致情况,以及学生所能学到的课程的情况。学校与学校之间的差异告诉我们,在不同的学校,获取知识的机会是不同的。

小学的差异

我们的数据表明,在小学,为孩子们提供广泛的学习计划并不需要牺牲所谓的基础学科——阅读、语言艺术和数学。只要保证每周在校最低额的学习时间,并将这些时间用于有效的教学,就可以达到目的。

我们所调研的小学教师为我们提供了每周他们用于课程中各学科的教学时间的估计数字。这些估计数字的总和使我们大致可以了解这些学校里孩子们接受教学的时间。表 5-1 显示,十三所小学的平均时间恰好低于 22.5 小时。数据中,学校之间的差异是显著的:低的刚超过 18.5 小时,高的达 27.5 小时。丹尼森小学的教学时间比纽堡小学高出 50%。即使我们允许教师的估计中存在着很大的误差,也有理由相信学校之间的差异是巨大的。

对于这些数据,第一点要说明的是,孩子们在学校里获取知识的机会是明显不同的,只因为他们居住的地区不同。正像我们在第 4 章中看到的,时间本身就是学生取得好成绩的一个主要因素。回忆一下,我们得出过这样的结论,大约 70% 的课堂时间用于教学,这样每天用于课堂学习的时间就只有三个小时——如果总的学习时间本来就不多,而用于教学的时间只是在平均数上。

表 5-1 显示,每周用于语言艺术和数学教学的平均时间分别是 7.5 小时和 4.5 小时。* 每天用于前者的时间平均为 90 分钟,用于后者的时间平均为 54 分钟——比这两门学科加在一起的教学时间的一半还要多——是相当令人满意的。但是,不同的学校情况有所不同:用于语言艺术课的时间,从阿特沃特、巴利萨德斯和洛瑞小学每周的 6.4 小时到布拉德福德小学的 8.8 小时;用于数学课的时间,从福斯特小学每周的 3.8 小时到曼彻斯特小学的 5.5 小时。

表 5-1 小学教师对各科教学时间的估计——每周平均时间量及占教学总时间的百分比

	总数	英语/语言艺术	数学	社会学习	科学	美术	音乐	戏剧	舞蹈	外语	体育	总学术科目
福斯特	19.7	7.5	3.8	2.2	2.1	1.2	1.2	0.2	0.3	0.0	1.2	15.7
		38%	19%	11%	11%	6%	6%	1%	1%	0%	6%	80%
克雷斯特夫	19.1	7.6	4.5	2.1	1.3	1.2	1.0	0.0	0.2	0.0	1.2	15.5
		40%	23%	11%	7%	6%	5%	0%	1%	0%	6%	81%

---

* 我们相信,表 5-1 显示出艺术课(美术、音乐、戏剧和舞蹈)的教学时间在每周总教学时数中占 16%,这是过高的估计,其理由参见第 7 章。

续 表

	总数	英语/语言艺术	数学	社会学习	科学	美术	音乐	戏剧	舞蹈	外语	体育	总学术科目
费尔菲德	24.7	7.9 32%	4.7 19%	2.5 10%	2.2 9%	2.0 8%	1.4 5%	0.3 1%	0.4 2%	0.2 1%	3.2 13%	17.5 71%
罗思蒙	22.4	6.8 30%	4.4 20%	2.3 10%	1.6 7%	1.5 7%	1.2 5%	0.2 1%	0.4 2%	1.6 7%	2.6 11%	16.6 74%
纽堡	18.6	8.4 45%	4.1 22%	1.8 10%	1.1 6%	1.1 6%	0.7 4%	0.0 0%	0.1 1%	0.0 0%	1.2 6%	15.5 83%
伍德拉克	22.5	8.7 38%	4.5 20%	2.9 13%	2.1 9%	1.6 7%	1.1 5%	0.2 1%	0.1 0%	0.0 0%	1.3 6%	18.2 81%
阿特沃特	19.6	6.4 33%	4.0 20%	2.4 12%	1.6 8%	1.6 8%	1.3 7%	0.3 1%	0.4 2%	0.0 0%	1.5 8%	14.4 74%
巴利萨德斯	22.1	6.4 29%	4.5 20%	2.9 13%	2.4 11%	1.5 7%	1.2 6%	0.4 2%	0.4 2%	0.1 0%	2.4 11%	16.2 73%
洛瑞	25.7	6.4 25%	4.4 17%	3.7 14%	3.0 12%	2.2 9%	1.3 5%	0.4 2%	1.2 5%	0.0 0%	3.0 12%	17.5 68%
曼彻斯特	26.0	8.1 31%	5.5 21%	3.4 13%	3.0 12%	1.6 6%	1.5 6%	0.0 0%	0.4 2%	0.0 0%	2.6 10%	19.9 77%
布拉德福德	20.7	8.8 42%	5.4 26%	1.9 9%	1.6 8%	1.3 6%	0.7 4%	0.1 1%	0.1 0%	0.1 0%	0.7 4%	17.7 86%
优克利德	22.5	7.4 33%	4.4 19%	2.6 12%	2.3 10%	1.2 6%	2.7 12%	0.0 0%	0.2 1%	0.0 0%	1.6 7%	16.7 74%
丹尼森	27.5	6.7 24%	4.3 16%	5.3 19%	5.3 19%	1.3 5%	2.0 7%	0.0 0%	0.5 2%	0.0 0%	2.0 7%	21.7 79%
平均小时 平均百分比	22.4	7.5 34%	4.5 20%	2.8 12%	2.3 10%	1.5 7%	1.3 6%	0.2 1%	0.4 2%	0.2 1%	1.9 8%	17.2 77%

在这些学校,用于社会学习和科学两门课的平均时间是每天61分钟。这两门学科每天每门课半小时可能就足够了,但是当我们观察学校之间的差异时,脑中顿生疑窦。图5-1对比了十三所小学中的九所每周用于教学的总时间和用于社会学习及科学课的时间。左边第一组的三个柱形图显示了十三所学校在上述几方面数据的平均值。

显然,那些用于社会学习和科学课的时间少于平均时间的学校,在教学总时间上也大多低于平均值。相反,那些用于这两门学科的时间等于或高出平均时间的学校,其教学总时间也等于或高出平均时间。洛瑞和丹尼森两所学校用于语言艺术课的时间每周大致低于平均时间一小时,但是它们用于社会学习和科学课的时间却大大高出平均的时间。

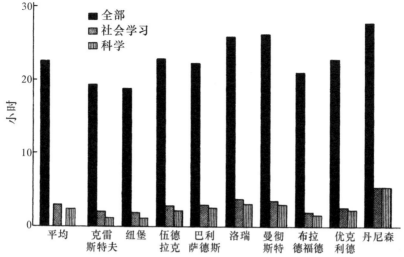

图 5-1 几所样本学校每周教学总时数和用于社会学习以及科学课时间的比较(平均数是指样本中十三所小学的平均数)

看起来,小学的课程可以两全其美。当我们可以开设所有主要学科的课程,又不牺牲任何人对基础学科的定义时,我们为什么还要花这么多的时间来辩论(甚至还要花更多的时间和金钱去落实辩论的结果)究竟哪些学科是学校必教的基础课程呢?唯一合乎逻辑的答案就是,我们在制定政策和推荐改革实践的时候,尚未获得充足的数据。当我们在考虑涉及学校的长远决策时,往往依据人们的看法轻举妄动,而不是依据信息来做决定。

让我们来看一看如何平衡小学高年级的三个年级每个教学周的时间。首先,让我假定每周只要有 23.5 小时的时间用于教学,就可以较容易地使教学变得充分有效——每天只比我们样本学校所用的平均时间多出 13 分钟。所有的学校肯定都能达到这样一个目标。让我们每天用一个半小时教语言艺术,用一小时教数学。很难想象孩子们需要再花更多的时间才会比这样学得更好。这样做可以节省下来 11 个小时另作他用。让我们每周把 2.5 小时用于社会学习,2.5 小时用于科学,2.5 小时用于健康和体育教育等项目(或者多给科学课增加一些时间,如果科学—健康是一门综合课的话)。这样,我们每周仍有 3.5 小时上艺术课。

但是如果每所学校每周的教学时间有 25 小时或更多,像洛瑞、曼彻斯特和丹尼森小学那样,那么课程的安排就会更加从容和宽松。这样就可以为任何一门学科增加时间或增添其他的学习科目。一名好的教师如果可以利用社会学习、科学和健康课来为学生提供阅读、写作和讨论的丰富机会,那就等于有了更多的时间,每门学科的教学就可以因此而取得双重的功效。

一些立法者、学校董事会成员和其他人为了保证学校关注阅读、写作、拼字和数学的基础教育,经常呼吁要取消在校学生接受社会学习、科学、健康教育和艺术教育的机会,对此我只想说这种牺牲是不必要的。如果我们的样本学校还具有代表性的话,那么只需要小学,或许是大多数小学的校长和教师们更为有效地分配和使用在校的时间。

初中的差异

用以推断社会认为孩子们和青少年在学校里应当学些什么的一种方法是,检查分配给课程中各学科的相对的时间量。③学校使用它的资源来雇佣教师并把教师分配到不同的学科和班级的方式确定了学生在学校里学习人类知识及方法的范围。一个孩子或青年越依赖学校获取这些知识,他或她的未来就越依赖传授这些知识的组织决策的实质。

我们把每个学科的上课时数转换为在每个学科相当于全职教师的人数。因为学校绝大部分的支出是教师的工资,最终的统计数字可能与期待的课程重点有某种联系。在初中,当把各个学校的数据平均来看时,课程设置是均衡的。转换为在几种学科里相当于全职教师的人数的结果如下:22%为英语教师,17%为数学教师,14%为社会学习教师,13%为科学教师,11%为职业教育教师,10%为体育教师,11%为艺术教师,2%为外语教师。

但是,当我们单独研究各校的各门学科,或将学科与学科之间作对比时,情况就大为不同了。就数学而言,伍德拉克有13%的教师是数学教师,而在巴利萨德斯,数学教师占22%。优克利德的英语教师占15%,在克雷斯特夫占31%。为什么曼彻斯特54名教师中只有4名科学教师(7%),而洛瑞15名教师中有3名是科学教师(20%),或者为什么洛瑞教师中只有9%的教师是社会学习教师,而在布拉德福德有18%的教师在这一领域任职,人们对这些差异会感到不解。艺术教师在费尔非德学校里占5%,而在阿特沃特则占21%。职业教育的教师在洛瑞只占4%,而在曼彻斯特则上升到22%。阿特沃特有21%的教师是艺术教师,但只有8%的科学教师和8%的职业教育教师,而曼彻斯特有22%的职业教育教师,但只有7%的艺术教师和7%的科学教师。

因此各校在课程均衡方面存在着显著的差异,而学生们要在这些不同的课程中达到大学录取的要求并作出其他的选择。对上述这些不同的课程设置及其不可避免的后果,人们会不会不屑一顾并认为这是地方上雇佣教师的自由?我怀疑,在对学校教育的地方控制权持续性的争议中,我们会认为学校之间在课程方面存在的、有数据证明的那些差异是可能的,更不用说是期盼的了。当我们的宪法规定学校教育不是联邦政府的责任时,曾经召开过乡镇会议构想未来的教育,但是我根本不相信这只是乡镇会议持续对话的一个直接的结果。

我可以相信,在教师的任用方面,学校之间的差异是由各种有意和无意的原因造成的。一方面,这些差异代表着多年以来所做出的决定的累积:督学和董事会对数以百计的立法条款的解释说明,应付地方组织向学校施加的压力,对当前时尚做法的过分反应,对退休教师的空缺做紧急的替补而不是负责任地考虑如何利用这些机会来纠正教师队伍的失衡状况,等等。教师队伍的失衡比其他因素更能反映出学校在这方面缺乏总体上的系统的决策,缺乏可能指出问题和启发决策的数据资料。

另外,许多学校管理者的职业生涯都是在充满了危机,受危机驱动的生活中度过的——消除种族隔离、集体谈判、入学率下降、预算赤字和学校董事会成员的匆忙换届,等等。课程的事情无论有多么重要,都很少达到危机的地步。十多年来,课程始终屈就于其他的事情,占第二位或第三位。

高中的差异

总体上,在我们抽样的高中,对各学科的重视程度是均衡的,数学(有13%的教师)、社会学习(13%)、科学(11%)、英语(18%)和体育(9%)。对艺术课(8%)的重视比起初中略有下降。外语教师的人数在初中只有2%,到了高中上升到4%。较大的变化表现在职业教育上,教师人数从11%上升至24%。

在四门基础学科上,学校与学校之间的差异比较固定,这可能是由于高中毕业和大学录取对每门学科都有具体的要求。在艺术和体育课方面,学校与学校之间的差异仍然存在——艺术教师所占的比例从费尔非德的3%到巴利萨德斯和布拉德福德的12%,体育教师所占的比例从福斯特和罗思蒙的6%到纽堡的14%。在对外语的重视上,学校之间的差异显然更大。在纽堡,有10%的教师是外语教师,而在洛瑞和丹尼森,则没有外语教师。

但是,引起我们注意的是职业教育。在费尔非德高中,42%以上的教师是职业教育教师——仅仅比英语、数学、科学和社会学习的教师总人数略低一点。优克利德的教师中有41%是职业教育教师,相当于英语、数学、科学、社会学习和外语教师的总人数。但是在纽堡,上述五个学科的教师占教学人员总数的62%,其中职业教育教师只占 13%，巴利萨德斯高中的职业教育教师同样也占 13%，而五个学术科目的教师占总教师人数的 66%。这两所学校的艺术教师分别占教师总人数的 11% 和 12%。

学校财政必须要考虑的一点是，学校要有规律性地和平稳地计划教师的工作。在任何时候，费尔非德和优克利德都会比纽堡和巴利萨德斯有更多的学生在上职业教育课。显然，巴利萨德斯比费尔非德多出 11 名教师，职业教育课的比例也较小，它可以为学生提供更为丰富的学术学习项目。但是让我们来比较一下罗思蒙和费尔非德高中教师的配置情况。在罗思蒙高中，95% 的学生是拉丁裔美国人。而在费尔非德高中，53% 的学生是白人，42% 是拉丁裔美国人，4% 是黑人，1% 为其他少数民族。罗思蒙学生的家庭总收入在我们的样本中是最低的，费尔非德也接近最低。但罗思蒙比费尔非德分配了更多的教师到每一个学术性的学科，而分配到职业教育的教师占教师总人数的 21%，这只是费尔非德的一半。

人们不禁又一次困惑，课程的显著差异是如何产生的。在我们采集的初中和高中的数据中，我无法找到比较有持续性的证据来说明：职业教育在一所学校受到格外重视，而在另一所学校中并非如此，这是学校对家长或社区的期望作出的一种理性的和敏感的回答。总体而言，家长似乎没有广泛地参与制定学校的目标和计划学校的课程。有人说，学校之间在课程上的差异主要反映出学校董事会和学校管理人员为地方居民提供他们最需要的教育，对此我表示怀疑。在这个教育体制的任何地方都不存在必要的相互交往或相关的信息。通常也没有时间和资源来开展有意的和持续性的课程计划工作，以促进根本性的变革。

职业教育和学术教育的分离

自从 1945 年哈佛大学出版了引起广泛讨论的报告《自由社会的通才教育》，几十年过去了。在报告的开始，提出了教育的两个目标："帮助年轻人完成生命中独特的、有专门意义的任务，尽可能地使他们适应作为公民和共同文化的继承者与他人分享的那些共同领域。"④

报告的大部分篇幅针对这些目标如何得以在高中落实。三个单元的英语学习，三个单元的科学和数学教育，两个单元的社会学习就可以为学生提供"那些共同领域"所要求的最起码的知识，并占据每名学生将近一半的课程内容。除此核心课程外，每名学生的通才教育还要包括在每个学科中选修一门课。整个高中阶段都应实施通才教育。

这样一来,学生的整个学习计划中还空有 1/3 的时间。"在这里可以设置职业和商贸的课程,还有艺术、农业和家政以及上千种其他实用领域的课程。像多次谈到的那样,即使是这些课程,也不全都是为职业教育而设置的,在这些课程与通才教育之间也没有完整的分界线。相反,职业课程要把通才教育的精神带入它们的领域,并带给这些(不打算上大学的)年轻人,正像数学和语言的进一步训练所带给那些要上大学的学生一样。"⑤

也许报告中最有持续性的主题就是"共同的核心课程所提供的联合性的经验"和将其他的一切内容与"共同的文化、公民和人性美的标准"融合在一起。⑥报告的起草者、哈佛委员会声称:不存在,也不应该存在由于人的脑力或体力的不同而具有不同的兴趣、能力和期望的两种等级的公民。

将近十五年之后,当年任命这个委员会的哈佛大学校长詹姆士·B·柯南特,提出了一套建立综合性中学的建议。⑦所有的年轻人都能上这种学校,它要反映哈佛报告的精神和实质:一个有英语、社会学习、数学和科学的核心课程;为全体学生开设的美术和音乐课程(并设有选修课供学生选择);为准备上大学的学生开设的核心课程中要有高层次的功课;除了通才教育的核心课程和职业教育以外,还要有选修的内容。柯南特建议中的具体内容成为了学校董事会核查学校业绩的清单。

哈佛和柯南特的报告在当时被许多人认为是对学校课程设置相当充分的解释,学校的领导人认为这种课程设置满足了接受中学教育的多元化的学生的需要。现在所有的人,而不仅仅是要上大学的人,都上中学。今天,他们的主张和建议似乎令人遗憾地不合时宜了,因为世界和学校都已经变了。

世界和学校发生了如此大的变化,以至于莫特梅·阿德勒(他和罗伯特·M·哈庆思都认为选修课是令人憎恶的事情)在 1978 年的一次访谈时悲观地指出,不再有可能严肃地探讨诸如全体大学生都应接受一种共同的通才教育之类的问题了,更不必说高中教育的问题了。他说,课程方面出现了如此混乱的状况,以至于不可能恢复正常的秩序了。⑧

我同意他的诊断,但不同意他的预测。争取公立学校入学机会平等的斗争并没有结束,这场斗争在新的时代里将更多地关注学生在学校里学些什么和怎样学。

我们国家设定了中等学校义务教育的目标,公立学校已经在很大程度上吸收了不同背景的学生。白人五年级学生继续上学直到高中毕业的比例在 1974 年就稳定下来，黑人学生毕业的比例在 20 世纪 70 年代也有了大幅度的提高。拉丁裔美国家庭的学生升入高中的比例有巨大的增加，但是从高中毕业对他们来说仍然是个令人畏惧的问题。

现在和未来的中心问题不再是入学的机会问题，而是全体学生获取知识的机会问题。保证学校教育计划中的机会平等和高质量为我们提出了双重的挑战。它一定会使我们回到哈佛和柯南特报告中提到的问题，只不过是在新的外表之下。

"学校教育研究"的数据使我们对这些问题有新的见解，并帮助我们制定改革的日程。有两种情况要引起我们的注意。第一种情况是把中学，特别是高中，明确地划分为以学术教育为重点的和以职业教育为重点的中学。第二种情况是进一步将这样的课程和与其相应的教学法分别组合成不同的课，名义上是开办通才教育，但是它们根本不能构成给所有学生的共同核心课程。首先我要探讨职业教育和学术教育的分离现象。

一个自我实现的预言？

最令我们鼓舞的发现之一是，一至三年级的教师与学生之间有着十分密切的交往。在六十九个我们观察的小学低年级的班级里，只在一个班，一个二年级的班里，师生的交往方式是明显不同的。这个班的教师给学生布置作业，然后大部分时间是坐在自己的讲桌旁监督学生——这种方式我们在高年级的班里更常看到。

总的来说，小学的前三个年级的孩子们喜欢所有的课堂活动。有 65% 以上的学生回答喜欢各种活动，包括参加测试。他们的满意与否与他们对教师的看法有直接的关系。如果教师听他们的意见，并且当他们功课做错的时候帮助他们，他们对教师的看法就更为积极。

尽管这些孩子们往往声称他们喜欢所有的学科，但学术性学科在他们眼中没有艺术或体育课那么受欢迎。有 10%—20% 的孩子认为学术科目困难。然而，最喜欢学校的学生，即使是在低年级，是那些更有学术倾向的学生，他们更有可能说他们喜欢阅读和数学、喜欢参加考试和做练习题。这些学生更喜欢口头表达，也喜欢谈论正在学的内容。多数喜欢绘画的学生不大可能会说他们喜欢参加考试和做练习题，他们也不大可能说他们喜欢学校或作业。

我以现行的小学各年级的班级组织为背景，从上述情况和其他数据中得出一些推论。把小学低年级的班级划分为教学小组进行阅读和数学教学，在学校里就像每天的课间休息一样平常。在一年级最初的几周,就作出了这些分组的决定。教师根据自己的判断,有时借助于测验分数来作出这些决定。他们通常在每门学科成立三个小组。数学课上成立两个小组的比阅读课普遍,而阅读课上成立四个小组的比数学课普遍。在一年级最初的几个月内比往后有更多次数的重新分组。实际上,后来的变动相对很少。

小组成员稳定的原因之一是,随着时间的推移,高水平组和低水平组的区别日见明显。那些在同一组的学生大部分时间都在一起上课,所以组内任何一个孩子要想进步得快些并且赶上较高组学生的水平都是困难的,特别是在数学上。在同一学年中,最高水平小组里的孩子能比最低水平小组里的孩子取得高五倍的进步,这并不是非同寻常的事。后者中的几个孩子可能还会留级再学一年。

但是根据研究发现,留级一般来说并不能改善学生以后的成绩。⑨除非他们的学习问题能够得到个别地诊断和解决,否则,这些学习问题将继续存在着。到了四年级,通过测验可以看出最高组和最低组的学生在全面学术成就上会相差整整四个年级的水平。在阅读上,这个差距往往会达到六个年级。这种差距每年都在增大。将那些差生留级一两年并不能填补这种差距。留级的做法只是把年龄大的成绩不好的学生和年龄较小的学生放在了一起。

这项研究也表明,低组的孩子无论他能否升入下一个年级,他在个人和社会适应性的各种指标上都表现得不够好。他们最有可能感到自己在校学习不好,或者很可能还要失败下去,是最有可能辍学的学生。⑩第3章报告的我们调研的数据显示出,这些学生中的大多数人在学习上的自我感觉是逐年下降的。学生在学术学习方面的自尊心看上去与他们认为自己属于好和差哪个学生群体有着十分密切的关联。学校向学生传递着某种价值观,学生们有时会认为:"如果你不想上大学,这所学校就认为你不很重要。"

我和许多其他人一样,认为学校接受了某些关于人类和人类的学习能力的神话,而这些神话在我们的社会里是根深蒂固的。学校不是与社会唱反调的机构。学校教育的环境使得它们很难去追求那些非社会传统性的想法和理念。

在这些神话中,有一个很现成的是实质上有两种不同类型的人。一种人——小学低年级里有着学术倾向的学生也许就是这一类人——学会运用大脑,并且也应该用大脑去工作。另一种人——或许是喜欢画画的学生——学会用手,并且也应该用手去工作。学校是一个开发大脑的地方。因此,学校更需要也更重视"动脑",而不是"动手"——尤其是在"语法"或"分年级的学校"。我们回忆一下第2章和第3章,小学生家长比高中生家长更认为智力目标应最受学校的重视,并希望维持这种受重视的局面。

小学教师和学术课程的教师在多方面的强化压力之下,相信他们的工作就是开发智力,开发智力的最佳途径就是发展学术课程和实施学术性的教学。像其他公民一样,他们往往看不到体力活动与大脑的密切关系,也看不到体力活动也是一种学习方式。艺术和手工课往往被当作是对阅读、写作和算术等要紧学科的辅助的、休闲的、不紧迫的缓解,但这些科目本身几乎不具价值。学习变成了一条单向的通道,严重地依赖抽象的符号和对符号的掌握,而不是依赖事物和对事物的把握,也不依赖事物与符号的关联。

那些能最自如地以体力的方式去学习,和最不乐意学习语言和数字符号的孩子,常常被认为是差的和迟钝的学习者(这种差和迟钝的概念是与好和敏捷的概念相对照的——而这些特性是不可逆转的——这也是学校所不反对的一个在社会上根深蒂固的神话)。这些学生对体力活动的偏爱被认为是非学术性倾向的证据,而不被当作是另一种学习阅读、写作、拼字和计算的方式。我们的观察数据表明,从小学低年级到高年级,教师使用非传统性的教学方法逐步减少。

高年级的教学更加强调讲述、提问和测验,并且避免开展所谓的做中学——除了艺术、体育和职业教育之外。在中学的每一个班,我们没有见到两种不同的教学活动以适应学生不同的学习方式,而是看到了两种课程的划分。一方面是,享有盛誉的学术性的科目,基本上不承认手工活动也是一种学习方式。另一方面是,非学术性的科目,通常看起来也有学术性教学的外部标志,但是为学生提供更多动手的机会,并往往注重审美特质的培养。我对此进一步的理解是,在这些课堂上,动手能力的培养常常只是为了培养动手的能力,而不是以此为手段来帮助学生更深入地理解,比如说,像哈佛报告委员会所推崇的那些知识。哈佛报告反对把动脑和动手分离开来,并力图在中学和大学的通才教育中避免这种分离。但是,我确实看到了这种分离的情况。在我们调研的高中里,这种分离是再清楚不过了。

为了有把握地准备要探讨的问题,我查阅了职业教育的文献,特别是那些宣扬职业教育的文献。支持职业教育的主要理由是,要培养好的公民,就必须使他们成为社会所需要的商品和服务的生产者。[1] 于是,这方面的争论就分为两部分。第一部分是针对个人的:人文教育和职业教育相辅相成,培养个人有效地生活。第二部分是针对社会的：职业教育满足国家对劳动力的需求。文献中提到为了学生的全面发展，用木材和金属从事劳动是一种有价值的、不同的探究问题的方式和工作经验。但是，最经常引用这些优点的是哲学家和教育家（如约翰·杜威），而不是职业教育专家。

大多数职业教育的倡导者认为，职业教育在课程中占有一席之地，主要是为了满足国家劳动大军中85%的人们的职业需要。他们说无论对于个人来讲，还是对于国家来讲，这都是一笔明智的商业投资，其地位一旦与数学、科学、社会学习和英语一道被确认，职业教育就可以成为通才教育的一部分。学生不但学会工作技能，还学到关于工作的经济和社会观点。为职业作准备的实际好处，在论辩理由的修辞中也是显而易见的。

这种修辞与学校教育目标的历史演变相对应。工业化进程和工作地点的日益复杂，使家庭不再适合作为职业的教育者。通过公立教育体制来提供此类教育，成为社会的责任。⑫20世纪六七十年代的社会巨变，以及随之而做出的种种努力，通过办中学为不断多元化的学生提供学校教育，更强化了这种观念。义务教育被解释为需要更加多样化的学校教育。更加多样化的工作需要有人来做，而为胜任这些工作需要培养更多的工人，这就意味着需要更多的职业教育。

我们的数据表明，高中的学生和家长越来越强烈地认识到学校在职业发展中的作用。对这些人来说，职业教育的重要性增加了。这一领域的课程从初中到高中明显地增多。有一些课是准备上大学的学生也可以选修的，以达到家长所希望的学术、社会、职业和个人发展的教学目的。但是，绝大部分职业教育课程是由一个学科序列组成的，要依序选修，目标是为参加工作做准备。这种顺序的编排与数学、科学和其他学术学科上的教学进展是同步的。我们开始看到了学校教育的两个世界，部分地交叉重叠，一个为上大学做准备，另一个是为就业做准备。

进一步的探究发现，这两个世界之间的分离比学校的课程预先设计的还要大。一个集中精力于学术性课程的学生希望选修职业教育课时，却不一定有广泛的选择余地。他或她常常发现自己想选修的课没有开设，或者必须先上一门预备课。同样，集中精力于职业教育课程的学生在修学术课程时也困难重重。我们的一些样本学校专门为职业教育的学生设置学术课程以解决这个问题。当然，这样做的结果是进一步地将学术和职业教育分离开来。

在我走访的高中，几乎所有的校长、咨询员和职业教育教师都十分热烈地谈论学校的职业教育。他们几乎都要谈到学校的工作准备和安排活动对于那些非学术定向和没有机会上大学的学生的价值和地位。当我问到有学术定向的学生在某段时间内参加职业教育课的百分比时,他们几乎都对此含糊不清。显然,他们脑中所想的重要事情是,职业教育对那些不准备上大学的人来说是一种很好的替代和就业的途径。具有讽刺意味的是,研究越来越多地得出这样的结论:学校里的职业教育实际上与未来的工作是无关的。⑬

我问起学生若想从职业教育方向转到学术学习方向来,结果会怎么样。我往往被告知,这样做是很难的。在完成十年级的课程之后,在十一年级末,如果不大量增加在高中的学习时间,这样做是不可能的。在我走访的学校,在高中的后两年,中学教育的两个世界看来是相去甚远了。

在那些几乎全部都是少数民族学生或少数民族学生占多数的学校,职业教育并没有占主导的地位,正像这个领域的教师所占的百分比所显示的那样。但是在有白人,也有黑人和墨西哥裔美国人的学校里,或者在有白人和一种少数民族(黑人或者墨西哥裔美国人)的学校里,被分到某些特定的为工作做准备的职业教育课程班的黑人和墨西哥裔学生相当多,大大超过他们在学生人口中所占的比例。

例如,费尔非德是一所混合种族的高中,非常强调职业教育,在这里可以看到学生有不同的接受职业教育的机会。首先我们发现,上职业教育课的白人和墨西哥裔学生的百分比几乎等同于他们在整个学校学生人口中的百分比。也就是说,与人们对一所混合种族学校的猜测相反,学校的咨询员并没有动员过多的墨西哥裔学生去上职业教育课。第二,检查一下学校的课程安排总表,我们发现,职业教育领域有各种各样的科目,包括农业、商业、家政和贸易。第三,观察从教室里采集的数据——教师写的课程内容和上课的具体方式,包括每堂课的时间和上课的地点,我们发现,职业教育这门学科是相当多样化的。汇总上述三方面的信息,联系学生的种族背景、他们在职业教育课上注册的情况和教育机会平等的概念,我们可以看出下面的一种模式:比例失调的大量白人学生所参加的职业教育课的内容是比较普遍性的——家政和"美国的未来农民"农业课,还有商业技能方面的——记账、市场学等。相比之下,比例失调的大量墨西哥裔学生所参加的职业教育课的内容多是为低等职业做具体准备的——美容、汽车修理、工业和工作单位的烹饪和缝纫,这里只举了几个例子。此外,白人学生所上的职业教育课多数被安排在常规教学的班级和标准课时内,教室都在校内。而墨西哥裔学生多数被安排在那些课时被延长了的,教室在校外,许多时候就开办在实际的工作场所的职业教育课里。

这些数据的含义是深刻的。呈现出来的种种差异告诉我们，在职业培训过程中，墨西哥裔学生比白人学生更多地被引导到较低层次的社会和经济地位的工作上去。此外，这些学生参加的培训课程的形式有可能进一步扩大了培训内容上的差异。他们的班级看起来并不是学校里"正常的"班级。人们不会感到吃惊地发现，那些在校外的职业培训中花掉了过长时间的学生会觉得与校内的学习计划疏远了，有了相当大的距离。他们的身体离开了学校，在工作的场所中发展起来的同伴关系会很容易地使学生失去继续学习的勇气。鉴于墨西哥裔学生已经有很严重的辍学率（45%），这可能是一个很严重的后果。这种差异的模式并不是费尔非德独有的，在我们的样本中学里的职业项目中处处可见。

从其他的研究中我们了解到，那些来自经济贫困家庭的学生也往往是黑人或墨西哥裔美国学生，他们在上学的头几年里就被不合比例地、过多地分配到特殊教育和补课班。我们也知道，不合比例的、大量的贫困生带着学习上的缺陷进入高年级，在那里，为这些社会经济地位低下的学生所设计的补偿项目就越来越少了。所以，毫不让人吃惊的是，在中学的职业教育项目里，会发现大量的、不合比例的贫困生。这些学生和他们的家长都认为职业教育能为学生做好早日参加工作的准备。尽管这些学科也有学术学习的要求，但是它们比学术科目要容易。对一些学生来讲，这些科目在实际上至少给他们提供了另一种学习模式的新起点。连续性地参加职业课程也使贫困学生能够与具有同样兴趣的同伴继续联系，从某种程度上，他们都脱离了那些他们无法成功地与之竞争的学生主导的学术环境。由于为学生提供了与朋友交往的机会，参加体育运动的机会，为未来的工作做准备并早期参加某种工作的机会，学校可能就变成了一个还可以忍受的地方。

如果没有职业教育，要为多元化的学生提供学术性学习的计划，就会给教师增加更大的压力。与此同时，我相信，学生们的不满也会增加。因此，职业教育的倡导者们获得了支持的力量来声称：在一个强调普及中学教育和有偿就业的社会中，职业教育能满足日益多元化的学生的需求。

但是有三个问题困扰着我。把中学生分为两部分，一部分强调职业学习，另一部分主要追求学术性学习，这本身就是一种自我实现的预言，反映了一种关于学习的流行的神话，难道学生从小学就开始踏上这条无情的分裂道路吗？如果这个预言最终实现了，是否就会进一步把人们划分为两类不同的工人？最后，在社会经济阶层之间，在白人、黑人和墨裔美国人之间，他们在学习过程中所遇到的处境和学习的结果公平吗？

其他一些研究学校的人对此做出了回答。对前两个问题，他们回答"是"；但对第三个问题，他们回答"不"。

我的结论与此相同。我相信，指导小学分班实践的一些假设的想法最终导致了我们所调研的大多数高中里职业教育与学术教育的分离。并且，在职业教育这一边，常常更强调职业培训，而不是通才教育。职业培训项目反过来不合比例地多吸收贫困家庭的学生，他们中的许多人也代表着少数民族。在为具体工作做准备的过程中——往往是收入较低的工作——这些培训项目所教授的知识和技能通常是不能转用于其他行业的。因此，许多学生不具备我们这个社会所需要的职业流动性。对于那些不准备上大学的学生来说，分到职业教育班最初看上去似乎是一个心满意足的结果，但这种分班无论对个人还是对社会来说，都可能会带来严重的后果。

我作出这样的分析，类似于哈佛报告中所表述的看法：通才教育可以最好地培养有效的个体和有责任心的公民。我更进一步相信，职业教育，包括有指导的工作经历，并不是通才教育中仅供选择的一部分，而是其中必不可少的一部分——在这一点上，我超越了许多职业教育的最坚定捍卫者的观点。这意味着职业教育应为全体学生而设置，而不仅仅是为那些学术定向性不太强的学生设置的一种替代性的选择。我希望准备上大学的学生也学习职业教育的课程，正像我也希望那些不准备上大学的学生也一定要有一个平衡的学术科目的学习计划一样。

只要职业教育还是一门地位受到质疑的选修课，并且准备上大学的学生很难有机会参加职业教育，只要它还没有成为哈佛报告中所描述的五个手指之一——数学和科学、文学和语言、社会和社会学习、艺术及职业教育——它就仍然被排除在主流课程之外，并不能获得头等的地位。⑬设置职业教育的理由将更多地依赖于学校是否能够成功地开办职业培训、为学生安排工作，以及毕业生在工作岗位上是否能获取提升的机会，而不是依赖于职业教育对通才教育所能作出的贡献。

问题不是我们的年轻人是否要为职业做准备。在讨论教育的时候，我们不可能长时间地排除教育与工作的相关性问题。我们最著名的大学的校长和学院的院长都懊恼地承认，变化中的就业市场对于学生在选课时所做的决定产生了严重的影响。真正的问题是，什么样的教育最有助于培养学生在经济市场上的竞争力和他们对工作及生活的满足感。如果说这是一种通才性的，而不是狭隘的专业性的教育，那么我们应该在年轻一代生命早期的什么时候可以开始忽视通才教育而重视职业培训呢？

或许在许多学生年满16岁的时候，我们可以明确地将他们的教育转向为未来的工作做准备,这是完全适宜的。许多州把这个年龄定为最早的法定离校年龄,如果在这时我们已经保证学生们接受并理解了我们"文化中的共同领域"。然而,要达到这样的目标,需要学校作出重大的整顿和开发有关的课程,并更加广泛地使用有助于学生学习并使他们达到满意的教学法。我相信,这些必要的改变是可行的,使所有学生接受综合的通才教育直到 16 岁的目标也是可以达到的。但是并不让人确定的是,我们的人民是否已做好准备来承担这些任务并实施改革。

最基本和最困难的事情是,在十年的时间里,我们是否能够根本性地改变这样一种被广为接受的信念,即有相当多的人注定在学校里会有严重的学习困难,他们充其量只能为找工作做一些准备,而做这些准备只需要比较狭隘的职业教育。更为糟糕的是,一些人认为,如果社会上那些最没有人愿意从事的、报酬最低的工作需要有人去做的话,那么就得采用上述的职业教育,事实已是如此,也只能如此。有些人认为,这两种信念如此盛行,以至于我们想为所有的人办共同的学校的理想是无法实现的。他们说周围的世界如果不进行一场革命,那么学校就将继续维持现状,学生在这里所获得的不同的利益只不过十分准确地反映了他们所属的特权阶层或是弱势阶层的社会经济地位。⑮

前面的叙述引出了一个主要问题,即学校现在是否已经走到了 20 世纪的一个重要关口,正像 19 世纪时家庭所经历的那样。当时面临着工业化的迅猛发展,家庭在帮助年轻人为就业做准备的过程中快速落伍了。在当今自动化和科技飞跃的时代,学校在为学生提供就业的准备、安排工作和后续的职业流动性等方面,也许已经过了最有效的辉煌时期了。有一些人的研究迫使我们严肃思考这种可能性。⑯

当我走过我们所调研的高中的职业教育课堂并观察那里的学生时,我被迫思考了这个问题。在这些教室里大多数设施相当陈旧,如果其功能只是保证所有学生在通才教育中经历另一种我们所期望的学习方式,那么我不会因此而烦恼,学校的设施与现代工业的设施不合拍的事实也就并不重要了。但是,当校长、咨询员和职业教育的教师们口若悬河地声称要用这些设施来培养学生迅速成功地进入就业市场时,设施陈旧的问题就一下子变得重要起来了。职业教育设施的落后程度常常是令人震惊的。

相比之下,我在伍德拉克高中看到的职业学习计划以及这些计划的工作人员所谈到的理由,却使人耳目一新。尽管有一些职业教育的内容明显的是为具体工作的技能而设置的,但大部分内容并不是这样。而且,大多数学生,不管他们今后的工作目标是什么,都参加了职业教育课。许多人是为了培养自己终生的兴趣(如摄影),并不是为了就业。伍德拉克的校长和咨询员分别合理地估计了有学术定向的学生参加任何特定时间的职业课程班的百分比。几乎所有学生在高中阶段都参加了一些职业教育课程。

伍德拉克高中的教师和学生在好几种满意指数上都在我们的样本学校中名列前三位。家长的满意指数上排名略低一些，这些家长希望学校多强调一点智力目标，但显然也不愿牺牲职业学习的计划。在从事职业教育的教师百分比上，伍德拉克在高中组里排名第四位，达到27%。但在从事数学和科学教育的教师百分比上，它排名靠后，是9%。伍德拉克高中的家长在高中家长组中的平均收入上排名第五位，其中大多数人属于中产阶级。他们对学校寄予了很高的期望，但是对学校的某些方面感到不满，尽管他们给学校的评分相当高。

中学在职业培训方面可能效率不高，也不再是适合开展职业培训的地方，但这种看法将会遭到许多方面的反对。伍德拉克把职业教育作为通才教育的一部分来重视还可以，但是处于高失业、低收入地区的学校怎么办？我们劳动市场的需求又怎么办？许多人认为，公立学校教育的最终目的就是为了满足美国社会的职业需要。一种极端的看法是："学校是工厂，引进原材料（学生），通过操作（课程）来加工，使他们能满足社会对产品和服务（工作）的需求。"[17]

然而，承认社会需要更多的打字员、更好的汽车司机和有稳定来源的健康行业的工作人员，并不是充分的理由，不能用来说明我们国家的中学因此应该发展培养打字技术、驾驶技能和实用性护理的学习项目。有一些其他的途径，我将在总结性的最后章节中探讨。我们担忧在所谓的文理学院里出现了越来越多的职业教育倾向。我们的数据表明，应该更多地担忧高中里的职业教育——不管它是为立刻进入工作市场做准备，还是为需要大学或学院文凭的职业做准备。

学术课程中的分班现象

我们调研的学校里的学术课程通常分为三种类型。我们发现，样本中的十三所高中在大学录取所要求的四门基础学科（英语/语言艺术、数学、社会学习及科学）中的三门学科上都采取按学生能力和成绩分班的形式来教学。其中有十所高中在所有四门学科上都分班教学。同样，我们调研的十二所初中也普遍采用分班教学的方法。当然，小学里常见的在同一个班内分组教学的形式，包括我们样本学校中的实践，也是按成绩分班教学的一种类型。

从表面上看,将学生按成绩分班教学是一种组织形式,通过把学校里有不同学习进度的学生分成相应的小组或班级,来减少在同一小组内或同一班级内学生之间在学习成绩和表现上的明显差距。在小学,此类形式的分组通常是在同一个班级内进行的,尽管在大的学校,整个班级被分成慢班、中班和快班也是常见的。在这样的班级里,为了缩小教学小组内学生之间在成绩上的差距,往往还要进一步地分组(然而,研究表明,在任何小组里,学生之间在成绩上的实际差距比分组时所假设和描述的都要大)。在中学,分班的做法几乎毫无例外都是按班进行的:班级被分为低班、中班或高班。

在上个世纪之交(19世纪20世纪之交——译者注),当时只有10%多一点的美国青年进入高中,其中将近三分之二的人准备上大学,他们所上的课程都是比较相同的,没有按成绩分班的做法。可以说,进中学就是一种形式的分班,能上中学就是将自己分到了大概相当于今天的高班或中班的班级。此后,高中入学率的显著增加以及随之而来的学生人口的日益多元化改变了所有这一切。测试的增加不仅提供了判别学生成绩差异的工具,也似乎为分班教学的做法提供了科学的依据。按成绩分班作为减少班内学生差异和减少教学任务难度及复杂性的措施,已经普遍地为教育工作者所采用。另外,校外一些人士相信,如果所有的学生在同一个班级里一起做功课时,那么有能力的学生就被学习慢的学生耽误了。这种信仰进一步加强了分班教学的实践。

对许多人来说,分班教学似乎是对令人烦恼的问题的一种理性和常识性的解决方法,以至于对此持反对意见的人的观点常常被讽刺为是出自软弱的、进步主义的和头脑不清的思维。那些认为自己孩子的能力高出平均水平,应该上高班的家长特别喜欢分班教学的概念。许多教师也希望随着他们资历的上升,能被分去教那些更热心学习又较守规矩的高班的学生。

科学地研究按能力分组和分班的做法比研究学校里的许多其他事情要容易些。研究的结果对分组或分班能够带来的所谓教育益处提出了严肃的质疑,并指出了它们的负面影响。但是,这些发现只是停留在研究文献中,很少被用来质问分班教学的政策和实践。传统的观念看上去越是合情或合理,就越难以研究的结果来渗透它。当人们发现遵循传统的观念能使他们更有办法处理一个困难的实际问题时,这些研究的新发现就很难博得公众的倾听了。

按能力分组和分班看上去并不能提高学生的成绩。[18]如前所述,那些留级一年的学生的成绩往往不会得到提高。事实上,这些学生的成绩从某种程度上来看,还不如那些有同样的成绩但已升入下一年级的学生能达到的水平。当把成绩中等,特别是成绩差的学生放入中班或低班时,他们的成绩往往不如在混合班里好。[19]

研究表明,低班学生的自尊较差、不良行为多、辍学率高、犯罪率高。[20]分班的结果影响了学生是否打算上大学和被接纳的可能性,远远超过了能力和分数对他们的影响。[21]

最后,少数民族学生和来自最低社会经济地位阶层家庭的学生被不合比例地、过多地分到最低级班组里,而来自较高社会经济地位阶层家庭的子女总是被过多地安排在较高水平的班组里。[22]法院接受了几个案例并裁决说,按照某种标准将学生分类,以至于少数民族学生被不合比例地分到低班,这是歧视,因而是违背宪法的。

在教育文献中,分班的做法被列在"学校组织"一栏里。因此,它通常被简单地视作为一种组织管理的方式,用来把具有同等能力和成绩的学生分在一起。结果,研究者们并没有检验与分班有关的教学实践,他们几乎都把注意力集中在这种实践的后果上。为了达到学校教育研究的目的,我们对样本中的初中和高中里几个不同水平的班级的活动进行了调研:课程内容、教学实践、社会关系和相互作用。

鉴于各校对英语/语言艺术和数学的普遍重视,和这些学科的不同特性,我们对这两门学科进行了最深入地研究。下面的陈述主要是基于对这两门学科中分班情况的分析。但应该说明的是,社会学习和科学(四门基础学科中的另外两门)领域中的分班情况没有显著的差别。

我在此列出了我们研究的详细数据。我们所调研的班级,在课程内容、教学程序和师生关系等因素上有着很大的不同。这些情况表明,在获取知识和经历教学实践的过程中,学生与学生之间很可能存在着明显的不公平。因此,这些研究发现所内含的意义,也许是这整个报告中最重要的也是最有争议的部分。它建议联邦政府、各州政府和地方部门有必要进一步关注教育机会均等的问题。因此,看起来也需要为读者提供相当多的信息,使他们了解那些用来得出结论的数据。这一领域引起了许多研究者的兴趣,但是很少有人探索了这里报告的几个方面——并且,据我们所知,这类的研究还没有哪一个已经调研了如此之多的班级。

表5-2显示了我们所研究的所有英语/语言艺术和数学课的分班情况。混合班是指没有通过评估学生的能力或成绩来将学生分到不同的班级或把学生分离开来。英语/语言艺术课的学生总人数为3 452,数学课的总人数为2 304。

表 5-2　初中和高中英语/语言艺术和数学的班级分类

分班类别	高中班级		初中班级	
	英语/语言艺术	数学	英语/语言艺术	数学
高　班	18	22	16	21
中　班	31	21	15	17
低　班	12	18	18	16
混合班	22	9	24	15
总　数	83	70	73	69

我们想要发现的是，不同层次班级的课程内容是否不同，教学方法是否不同，社会关系和人与人之间的相互作用是否也不相同。我们也有兴趣调研在按能力和成绩分的班与混合班之间有什么差别。

我们的第一个问题是，学生在不同层次班级里所学到的课程和教学内容是否不同。从我们的数据中可以发现，初中和高中授课的内容分为两个清晰的类别：为上大学做准备的内容和为生活，或者说，为实用而准备的技能。初中和高中的高班与其他班的不同在于，它们偏重于为上大学做准备的内容，例如，在英语课上，有文学名著选读、评论性写作、用语言分析的方法学习语法、准备学术能力考试和语义学。与平均班或低班相比，这些高班不大可能讲授基本的阅读技巧、简单的叙事写作、功能性的文化技能（填表，等等）、语言技巧和听力课。平均班或中班的内容更接近于高班，而不是低班。

我们在调研中探索了一系列这样的问题。现在我要总结一下我们的研究结果：

高班的老师比低班的老师用更多的课堂时间教学，并且期望他们的学生在家花更多的时间学习。高班用更多的时间来培养学生比较高水平的认知能力——判断、推理、综合信息、使用象征性符号等等。低班用大量的教学时间训练死记硬背及使用所学的知识和技能。中班的做法更像高班，而不像低班。

在学习行为的培养上，也有明显的不同。例如，在我们的样本中，几乎半数的高中英语教师和三分之一的初中英语教师在他们教学的清单上都包含了一些与学科无关的学习行为。其中，有的教师描述了一种比较独立的思维方式——自我定向、创造力、批评性思维、独立完成学习任务、在学习过程中积极参与。另外一些教师描述了一种比较顺从的学习行为——安静地学习、准确、合作、改善学习习惯、遵守规则和期望、与他人友好相处。高班的英语教师比其他层次班级的教师更希望自己的学生具有比较独立的思维方式,而低班的教师更经常地希望自己的学生具有顺从的课堂行为。中班的教师更希望学生具有两者相结合的学习行为,在对学生的期望上,他们更像高班的教师,而不像低班的教师。

我们利用来自教师、学生和观察者的数据来判定教学实践的种类和课堂使用的教材——不同的教学方法,对课本、其他书籍、习题册、电影、电影剪辑、幻灯、电视、教学机器等的使用。分析学生的观点可以了解到教师口头教学的清晰度和教师的期望,以及他们的热情和是否喜爱教学工作。同样,我们也试图发现在师生关系中,教师是否有消极的或积极的作用。当教师使用幽默话语、鼓励性的接触或其公开表达对学生的热情和兴趣时,就会产生积极的作用。当教师对学生贬低、讽刺、惩罚或愤怒时,就会产生消极的作用。我们在研究师生关系中还发现,学生的某些行为能被教师所强化——无论是顺从的、被动的、还是独立的、自主的行为。最后,我们也研究了学生彼此之间的关系。

几乎在每一个层面,我们都发现,三种班级中存在着持续的、重大的不同之处。这些不同都对高班有利——也就是说,文献中主张的最有益的教学实践在高班是最常见的,在低班却最不常见;而那些不能赢得学生满意和不能提高学生成绩的实践在低班最多,在高班却最少。

具体地说,有效的教学实践是高班而不是低班的特色。低班的学生很少经历能提高学习成就的教学。只有在学习教材的种类上,低班学生才似乎有些优势。在初中和高中,在教师的讲解清晰程度、组织和热情方面,高班有明显的优势。尽管中班的教师相互之间的差别也很大,但中班的教学实践总体上趋向高班。

高班的教师对学生的期望肯定表述更为明确,学生们也认为他们在教学中热情较高。如果这些特点与加强学习有联系,正像研究不断指出的那样,那么高班的学生在接受教学上似乎就占了优势。相反,更需要这种教学的低班学生在教学上则处于不利的地位。

不同层次班级的课堂氛围使得班级中的社会关系也明显不同。高班的学生比其他层次的学生更多地认为教师较多地关心他们,并较少惩罚他们。这些班级的教师花费较少的课堂时间处理学生的行为和纪律问题。高班的学生最为强烈地同意:其他同学没有不友好的表现,他们也没有感到自己被排除在课堂活动之外。他们表达了最高程度的同伴尊重和同学之间最低程度的分裂与敌对现象。低班的学生则认为,教师惩罚他们较多,关心他们较少。这些班级的教师在所有教师中,花费了最多的课堂时间用于学生的行为和纪律管理。并且,低班的学生最为强烈地同意:其他同学对他们是不友好的,他们感到自己被排除在课堂活动之外。他们也表达了最低程度的同伴尊重和同学之间最高程度的不和睦。

不令人吃惊的是,在这些特点上,中班一直介于其他两类班级之间。在课程内容、教学实践、师生关系以及学生之间相互关系的大多数方面,它们都更像高班。然而,在学生的冷漠和竞争性方面,中班却更像低班。

我们在没有按学生的能力和成绩分班的混合班中的发现是重要的。一些持有传统观念的人认为,在这种班级中,教师的教学是集中针对那些最低水平的学生,从而对较高水平的学生造成不利,并减慢其学习的速度。我们的数据挑战了这种观念——几乎在我们研究的所有方面,大多数混合班的情况都更像高班,而不像低班。只有在高中数学课的课程内容和初中英语课的教学实践上,混合班有些像低班。

通过对前面所有内容的了解,我们的眼前出现了一幅我们抽样的低班被相对孤立的画面。首先,尽管混合班或中班与高班有明显的不同,但它们在我们研究的各种特点上与高班更为接近,而不是低班。其次,由于混合班是与高班和中班,而不是低班,更为相似,因此,低班被孤立的画面就显得更为突出了。我们的数据表明,在那些按能力和成绩分班的学校中,学生被分入低班,就意味着他们将很少有机会得到越来越被公认为是较为令人满意的学习条件了。

上述的分析还使我们从数据中看到另外一种模式。实际上,与每一项关于贫困的和少数民族裔的学生分班的研究发现的结果相一致,少数民族学生在我们抽样的多种族学校里,被不合比例地大量地分到了低班里。在这些学校中,白人学生被不合比例地大量地分到了高班里。这种双重的模式在那些经济上也属于贫困的少数民族学生所在的学校里十分突出。

把这幅画面中的零散部分拼凑在一起,我们就可以看到,少数民族学生被不合比例地大量地分到在几个关键环节上都较不令人满意的班级中去了。相反,白人学生被不合比例地大量地分到那些能够提供比较令人满意的教学环境的班级中去。因此,我们的数据清楚地证明,按能力和成绩分班的做法把学生们区分开来,使少数民族学生,特别是大量的贫困的少数民族学生不合比例地在低班学习,因而比白人学生少了很多获取知识的机会。

按能力和成绩分班的做法在我们调研的各所学校中都在使用,这使我们有机会比较一下各校之间分班的做法,并看到了一幅有趣的整体画面。我们的数据显示,在每一所学校内各种不同的班级之间都有极大的差异。此外，A、B、C和D学校里高班的学生经历着相当类似的课程内容、教学实践和班内的人际关系，无论这所学校是位于西北、西南、东南还是中西部，低班的情形同样如此。当然，学校与学校之间存在着差异，正像在这些学校里，我们所研究的每个方面都存在着差异一样。但是学校与学校之间的一些惊人相似之处使我们可以对于教育体制的行为作出可能的预测。㉒

总 结 与 讨 论

纵观我们调研的三十八所学校，从平均数据来看，从表面上可以令人信服地得出结论说，课程设置得相当均衡，尤其在小学和初中。在时间使用和分配上只要略作改进，将省下来的时间投入除了语言艺术和数学之外的其他课程，就会改善小学的境况——无需增加每天和每周的上课时间。

然而，在总体上，对初中和高中的外语课程关注甚少。在高中，职业教育变成了需要投入最多教师的领域，这就使人们多了一些关注和保留的看法。

但是，是各级各类学校之间的差异引发了深度的不安，当人们评审大学前的教育体系，从小学低年级一直到高中阶段，这种不安就越来越加剧了。纽堡小学的孩子们和洛瑞小学的孩子们都是花大约70%的时间用于学习，这些时间在各学科的分配上是相当不同的。如果可以把教师的分配看作是一个重要的标准，那么我们抽样的初中和高中在对待几门学科的重要性上是有显著不同的。一个孩子或青年人正好进入某所学校，就决定着他们可以获得或有可能选择什么样的课程，这里存在着巨大的差异。

尽管在有些情况下，这些差异反映着社区和家长的特点，但是我们难以把学校的教学重点与它所在的社区背景对等起来。我们没有深入探究社区参与学校发展项目的细节。我们的数据显示，家长参与的多是一些无关紧要的事情。总的看来，学校并没有根据有关当前教学实践的相关数据而制定长远的课程规划。

学生入学的机遇只是始于小学低年级的一系列差别的开始，但它似乎能高度预见学生的学术和职业未来。通过许多的研究，我们现在非常清楚，学生初来学校时，对学习是有不同程度准备的。这种准备在极大的程度上受着家长的经济和教育水平的影响。学生今后的学习成就也受到从家里带入学校的优势的影响。

我们的研究以及其他的研究表明，在学生入学后的早期学习阶段，学校设计了不同种类的干预计划，用于补偿一些孩子，特别是贫困孩子最初带入学校的不利因素。

学生入学几年之后,这些干预计划在数量和种类上就逐渐减少了。学校对待学生之间差异的主要措施就是按能力和成绩分组,特别是在语言艺术和算术课上。教师在区分不同小组时,所使用的委婉用语通常是富有创造性和敏感的——他们一般使用高、中、低班的名称——以减少小组属性的负面含义。

小组与小组之间有个别学生的流动,但低组和高组的成员在学校的前三年是相当固定的。不同小组的学习内容和学生成绩之间的差异,随着每一个学年的增高在逐步增大。从文献中可以看到,高组学的内容是比较丰富的,而低组更多的内容是练习和背诵所学的知识。㉔

在多数小学里,到了四到六年级,分组的做法就不太流行了,全班教学成为主要的教学形式。这时学生在学习水平上已有明显的不同,这些差异在阅读流利的学生与那些口头朗读结结巴巴的学生之间出现的距离上、在书面作业的质量上、在教师布置的作业上、在许多其他学习领域里,都可以看出来。在第3章中,我们的数据表明,学生的学术自我感从四年级以上开始稳定地下降。其他的研究表明,主要是那些进步缓慢的学生造成了这种下降。

课堂的教学组织在初中有显著的变化。习惯于每天有一名教师或仅仅几名教师的孩子们现在发现,连续几节课下来,要接触五名、六名或七名教师。多数初中的规模都足以在每门学科雇佣几名教师,并在初中的三个年级中,每门学科都可以开设几门课。我们调研的学校里的教学实践应该是带有普遍性的——学校根据学生已有的水平,把他们分到各学科不同的班里去。其他的一些研究表明,学生在小学阶段最常参加的班级,很可能就预示着他们后来将被分到的班级:高班、中班或低班。

第4章呈现的数据显示,随着年级的升高,教学方法的种类、教师对学生支持的程度、反馈和纠正性的指导则逐渐下降。在我们调研的高中和初中里,可以普遍地看到教学步骤的贫乏,在学习过程中对学生提供的支持和关注也十分有限。

然而,在这幅相对雷同的画面中,高班和低班呈现出鲜明的对比。课程内容、教学法和班级氛围始终对前者有利。低班的教学实践和班级氛围始终表现出较低的学术性,并且总的说来对学生的期望较低,教师较多地强调行为表现、遵守章程和顺从。经济地位低下和少数民族家庭的学生始终不合比例地在低班占多数,在高班占少数。有的学校没有按能力和成绩将学生分班,而是将学生分在各种能力和成绩都有的混合班。这些混合班在学生学习的内容、教师教学的方式和班级里师生相互作用等方面,几乎毫无例外地更像高班,而不像低班,学生们取得的成绩也更像高班。

我们抽样的二十五所小学和初中显示,一年级到九年级主要为学生提供的是通才教育,集中在英语/语言艺术和数学课程上。初中的职业教育在教师分配上与社会学习和科学课齐平,但在教学过程中,其精神和实质都更像通才教育,而不像就业准备。我们的数据表明,今天的小学和初中共同构成了当代的普通学校。然而,我们的数据也表明,这些普通学校的共同性只是表面的。当某人进入某所学校,被分到某个班级时,就会发现各班之间存在着极大的差异。

如果把我们抽样的十三所高中也看作是普通学校的话,那就是错误的,并会引起误导。首先,强调为上大学做准备的课程与职业教育课程相对照,所设的科目是很不一样的。第二,根据学校的规模,通常有许多学科可供选择,以满足毕业的需要和学生个人的目标。第三,一般来说,高、中、低班学生的教育经历存在着很大的差别。即使这些学校的学生都要通过一种共同的毕业考试,无论怎样推想,他们所受的高中教育也不能算是相同的或具有同等意义的。

最后,我们发现,在不同学校的各种班级在学习内容、教学和课堂氛围上都与其他学校处于相同级别——高、中、低班——的班级惊人地相似。因此,由于所在的班级不同——高、中、低班,同一年从福斯特高中毕业的学生与学生之间会有很大的差异。但是从福斯特高中毕业的低班学生与从纽堡高中毕业的低班学生水平会很相似。同样地,从福斯特高中毕业的高班学生与从纽堡高中毕业的高班学生水平也会很相似。

改进学校教育和教育

我得出的总结论是,我们调研的三十八所学校招收的孩子在学习准备上有差异,在他们的教室里接受的教育有差异,毕业时为进一步接受教育或就业所做的准备也有差异,这就意味着他们未来的职业和社会流动性会有差异。我们抽样的 17 163 名学生在他们接受学校教育的日子里,有着相当不同的机会来获取知识。造成这些不同的学习机会的原因中,至少有一些是与学生的经济地位和种族身份有关联的。

我们的发现和结论反映出近年来在学校教育政策和实践方面三大质疑和辩论的领域。第一,学校在与周围文化环境中的社会经济现实抗衡时有多少威力(实际上是权力)。第二,学校教育是根据哪些以及应该根据哪些人类学习的理论来经办。第三,怎样处理受教育者之间存在着很多个体差异的问题,在这方面有哪些实践的可能性。我现在将在这些主题的背景之中,探讨如何改进学校教育和教育的问题。

学校与社会文化的再生产

人们观察到,学校反映着周围的社会和经济秩序,这似乎无可争辩。同样,尽管家庭的影响在减少,但是它对孩子仍有极为重大的或利或弊的影响——尤其是在语言的获得、对待他人的态度、社会和经济价值观、体力耐性、健康习惯等方面。由于孩子上学的时间有限,学校在实际上只能略微改变或塑造由家庭占主导影响的领域,也只能在少有的几个领域对学生产生较大的影响,它也能够有意或自觉地寻求避免强化那些从家庭继承来的不公正。最后这一点不是容易做到的,因为教师本人所代表的是他在社会文化中的立场。因此,如果学校不想成为维持社会现状的一个工具,州政府和地方学区就必须确立——如果它们有意这样做的话——学校的政策,从某种程度上,超越并减小课堂在维持社会文化现状过程中的复制器作用。

"如果它们有意"是一个富有深刻含义的句子。我们许多人并没有意想让我们的学校努力去弥补家庭为学生所提供的不同的培育。对我们的一些人来讲,即便是稍一想象学校试图在这方面做出一点努力,也足以使我们把目光投向私立学校并拆散公立学校体制。为所有孩子提供平等机会进入公立学校的问题,一旦引起了动用校车接送学生上下学并将教育机会均等的定义最终定为既要入学机会均等又要教育结果均等时,就变得无法令人忍受了。[25]另一方面,我们许多人相信,学校不可能发挥巨大的平衡作用来弥补社会上的机会不等,因此,他们把注意力转向社会的改革,而不是学校的改革。这些人中有人认为,19世纪20年代的工人党提倡将出生后的婴儿马上从家中移走,然后集中培育,这才有可能结束永恒的以家庭为基础的不平等。[26]

这种争论引起了混乱和革命,无疑,它在世界的某些地方将会继续下去。欲想攻击社会经济不公正的人士对于他们眼中学校所起的微弱作用,是没有什么兴趣的。学校折射出周围社会的不公平,而许多人也希望这种情形保持下去。因此,要调整学校里的不公平现象是不容易的。我们的社会对学校教育有着理想化的高目标,而学校为学生提供的机会是有差别的,并且这种差别是受到支持的,这样一来在目标与现实的差距之间就存在着极大的虚伪性。

学院、大学、商界和企业界大批的发言人表示,那些希望进入高等院校和就业的年轻人在阅读、写作、思考和人际关系方面都没有做好准备。他们的批评已经年复一年地重复了很久了,早在目前对学生成绩下降的喧嚣之前就开始了。从过去到今天,有大量支持这些批评的证据。

今天和过去有一个重要的不同点。在世纪之交和此后的几十年里,认为学生没有做好准备的批评是针对八年级和小学毕业生的,而今天,这些批评是针对十二年级和中学毕业生的——当然,也有针对这些年级以下的学生的。20世纪初,普通公立学校的理想(在很大程度上也是现实)是为所有的孩子提供相同的教育,直到他们准备好投入劳动大军的行列或继续他们的正规教育。当时人们认为这种水平在八年小学教育之后就达到了。然后男孩子学一点手工,女孩子学一点简单的家政,大多数孩子就进入劳动市场了。只有少数人升入高中。

今天人们普遍认为,高中毕业便是完成了普通教育。到了毕业时,在接近100%的进入中学的小学毕业生中,大约25%的学生已经就业或者失业,而不能从高中毕业。他们中的多数人在雇主认为高中毕业生欠缺准备的领域工作,无论他们在校期间是否接受了职业教育或培训,无论他们的校长和工作咨询员是否说明了这些项目对今后就业的好处。其余的75%的中学生从高中毕业后,只有不到半数的人立即进入大学,较多的人将试图进入劳动大军。他们中的许多人将被雇主认为欠缺良好的就业准备,他们工作的领域也是大学和工商界发言人认为高中毕业生普遍欠缺准备的领域。

今天的工作场所比起三十或四十年前,是一个更加复杂的地方。那些缺乏语言、计算和独立思维能力的人将只能获得工作领域的边缘地带的职务,并在工作流动性和收入方面受到严重的限制。高中为了给学生提供机会学习主流社会所要求的知识,便取代了传授工作市场的边缘地带所要求的工作技能,这在实际上对学生是有害的。这样做的结果是加强了,而不是平衡了社会的不公平。

可以这样说,绝大多数的工作只需要十年级以下的教育。也许这就是为什么我们继续维持着这种不一致性,即在大多数州学生离开中学的最低年龄是16岁,但是中学的毕业年龄却是18岁。因此,我们在心里认为,学校应当对学生进行十年的普通教育,而不是只对小部分学生为就业做特殊的职业培训。然而,在我们调研的学校中,大量的学生已经深深地陷入了职业教育的课程,以至于很难或者不可能让他们转到以学术科目为主的课程上去。

看起来,几十年来人们对普通学校教育的传统期望,已经延伸到了高中毕业的阶段。普通教育结束后,一部分学生继续学业,而另一部分学生参加工作。也许,毕业意味着完成一种学科分布均衡的相对普遍的课程。然而,在现实中,在进入十年级的学生中,只有一小部分人能完成这样的课程。我认为这小部分学生只占所有学生的1/3。可以设想这1/3的学生是较有能力达到未来工作场所的总体要求的,舆论所不满的那些在工作准备上有欠缺的工人主要来源于其余2/3的学生。

为了保证更多的学生能发展这种能力——也或许是为了"保护"高中教育的真正意义——许多州又开始要求毕业考试。也有人提出要举行国家级的考试。这种做法看起来已经太迟了,并与联邦和州政府对学校实施的其他干预措施相冲突,是带有惩罚性质的。我们坚持要年轻人在学校接受教育直到 16 岁。我们发明了这样的传统:学生都要获得高中毕业证书。但是为了使那些缺乏学习能力的学生就业有望,为了给那些没有指明一定要有高中毕业学历的工作提供雇员,我们鼓励——实际上也资助了学校去发展一种以就业为目标的职业课程。要求学生参加统一的毕业考试就更难推动这些学生中的大多数人达到高中毕业的水平了。

解决这种尴尬困境的办法在于课程改革,在于对学生的敏锐的诊断和对他们在学习计划选择上的指导。一个明确的解决办法是,地方认证机构详细规定,不仅各校的课程,而且每名学生在三年高中所要学习的课程,都必须分布平衡。如果在课程设置中,英语课占 15% 的时间,数学、社会学习、科学、职业教育、艺术和体育课各占 10%,外语占 5%,那么学生仍然还有 20% 的时间可以用来发展自己特殊的兴趣。当然,这个建议中的一个主要问题是,还在继续施行的按成绩和能力分班的现象是不能使所有学生都获得一种同样的中学教育的。

但是,在目前学校教育的框架之下,也许为所有的学生提供同样的中学教育直到 18 岁,既不是令人向往的,也不是可以达到的。我想起了另一个更加激进的替代方法。为什么不试试让所有的学生接受通才教育到 16 岁,而不是到 18 岁就结束呢?这样一来,所有的学生到 16 岁时所上过的课程中就有 70%—80% 是相同的。在这个共同的课程中,将没有选修课,但是学生通过利用现有的时间,是能够培养特殊兴趣的(如,在艺术上多修些功课)。

这个替代方案意味着更多的内容,不仅仅是调整接受普通学校教育的年限以达到目前法定的离校年龄。它包括重组现行的学校教育体制,将其变为与当前的小学、初中和高中所不相同的学习阶段。也包括重新考虑学生在完成学校教育之后的生活。在第 10 章中,我将为此提出一个非常详细的计划。

学校和学生在学习中的个体差异

必须要有来自学校外部的干预力量,才能使学校的教学实践避免重新制造和维护周围社会不平等的现象。过去人们关注入学机会平等的问题,今后他们将更多地关注为学生提供更公平的获取知识的机会所设置的政策。同时,在学校内也可以做很多的事情,来减少那些联合阻挠学生获得最有利的教育经历的规定和组织活动。

我们社会中一些主要的职业队伍在不断地追求为其专业人员提供新的知识和技能,使他们能够超越作为他们服务对象的公众的传统观念。进行研究并把研究发现的意义传达给专业人员,是与神话和庸医斗争的最有力武器。遗憾的是,教师从业的专业培训的根基是低水平的,正如我们将在第6章看到的,它们与后来进一步的专业成长机会之间的联系是微弱的。结果是,教师在他们的教学实践中总会反映出流行于周围文化中的关于学习者和学习的传统观念。

因此,有关"用智慧"和"用双手"、好学生和差学生、敏捷的学习者和迟钝的学习者等盛行的观念和神话,被广为接受,并且从一开始就被贯彻在课堂组织中。教师非但没有创设环境来最大限度地减少和弥补学生在学习上最初显现的不足,而是无意中营造出了种种障碍,加剧了克服这些不足的难度。将成绩好的学生与成绩差的学生编在同一班里上课——特别是创设出各种机会,使前者帮助后者——这对于那些成绩差的学生很有利,同时也不会对其他人产生不利。但是在早期学校教育的主要学科,即语言艺术和数学课上,这些学生被按能力和成绩分到了不同的学习小组。

如果教学实践所反映的是这样一个根深蒂固的观念,即学习像其他方面一样,也有赢者和输者,那么教师只需要有常识就行了,而不需要进行许多专业的准备。这样,一个恶性循环就产生了:不支持教师的专业培训,也不给他们专业人员应有的报酬。

按能力或成绩把孩子们分到不同的学习小组,这是许多人所盼望的和相信的必要的举措,这样做似乎可以顾及个体的差异,帮助教师解决教学上的一个难题。并且,这也是教师自己当学生时所经历的一个程序,这个程序经教师代代相传,几乎没有受到过质疑。许多教师相信,这种课堂组织形式是正当的,因为它响应了大众对个性化教学的呼吁。然而,在实践中,教师又相信,就像我刚才提到的那样,分组实践本身就基本上照顾到了学生之间的差异。因此,就不需要再做教学上的调整来照顾学生的个体差异了。颇具讽刺的是,这个以照顾学生个体差异为名义而使用的措施恰恰可能会阻碍对学生个人的学习问题的关注。看起来,在我们调研的学校中,随着年级的升高,最受欢迎的教学方法的使用频率在低组中呈下降趋势。

初中和高中的分班做法使这个过程更复杂了。高班和低班的教学内容的差距越来越大,以职业为定向和以学术为定向的学生也被分离开来。

这种无情的做法被认为是正当的,因为一方面有人相信那种人与人之间的差异是不可避免和不可改变的神话,另一方面又有人到处呼吁要顾及到学生在学习上的个体差异。这样一来,一种似乎可以"证明"这些观点的自我实现的预言就应运而生了。这种被认为是正当的、顾及到人的个性发展的实践,在实际上却放弃了许多个体的学生。

要想改变这种局面,必须要求教师参加更深入、更全面的职业培训,包括态度、知识和教学法各个方面。但是,学校现在就可以开始拥有一种更乐观的教学观念:几乎所有的孩子都能学好,只要我们为他们提供适当的支持、纠正性的反馈和必要的时间。校长可以要求教师负责让每个孩子都成功,这就已经做了很多了。让大量的穷学生留级一年,只能更多地证明教学的无效,而不是证明有没有达到某些标准。一个好的教师不会使班级里三分之一的学生都失败,而是会尽力使绝大多数的学生都掌握教学的内容。另一方面,学区的总督和中心办公室的人员可以强调希望与责任的理念,为地方学校投入教学资源,支持师资培训,并鼓励教育研究为教学改革提出具有洞悉力的方案。

一些掌握学习的倡导者们相信,个体学习的不同差异是可以被消除的。尽管这种观点明显地令人深思,但是我相信,在今后的十年里,它的现实意义还比不上这样一种内在的观念,即,如果提供了适当的学习条件,几乎所有的孩子都能够学好数学、科学、社会学习和其他的科目。按照这样的提法,那我们几乎还没有开始通过中学为全民提供教育的任务——这是一项伟大的实验,我们的国家已为此得到了广泛的赞誉。

我相信,即使所有学生都有了最为优越的教学条件,高中毕业生在智力取向、知识和工作习惯等方面,也将继续存在着巨大的差别。部分的原因是,学校并不是一个人学习的唯一场所。但是让我们接受掌握学习法的较谦虚的和日益得到印证的主张,即实际上所有的学生通过同伴的帮助、诊断性的测试、纠正性的反馈等方法,每年都可以升上一级。㉗并且,让我们也接受这种看法,即学生在完成十年这样的学习之后,肯定可以掌握一套均衡的课程——达到完成普通教育的效果。很可能,一些学生将会利用前面建议的大约20%的最佳时间选修更高级的基础学科课。

我毫不怀疑,到那时,与现在完成中学教育的学生相比,我们将拥有一大批受过更好教育的16岁的年轻人。其中一些人将完全合格,直接升入大学——其合格率将等同于今天的高中毕业生的百分比。其他的许多人,如果在他们今后接受职业教育或者工作的时候,有机会在社区学院继续学术性的学习,他们也将会达到相当的水平。在第10章里,我将提出一些可供16岁的年轻人在高中毕业之后选择的可能性方案。

我也不排除那些在现有的中学学习直到18岁的年轻人选择这些方案的可能性。这种形式无疑更易于被人接受,因为它所引起的变动不多。但是,这也正是我们应该丢弃它的原因。遗憾的是,最容易走的路正是那些一成不变的路。

注释

① See, for example, Thomas J. LaBelle, "Cultural Determinants of Educational Alternatives," pp. 29 – 48, and Val D. Rust, "Alternative Futures in Education," pp. 143 – 163, in John I. Goodlad et al., *The Conventional and the Alternative in Education*. Berkeley, Calif.: McCutchan, 1975.

② James S. Coleman, "The Concept of Equality of Educational Opportunity." *Harvard Educational Review*, Vol. 38(1968), pp. 7 – 22.

③ Basil Bernstein, *Class, Codes and Control, Vol. 3: Towards a Theory of Educational Transmissions* (2nd ed.). London: Routledge and Kegan Paul, 1977.

④ Report of the Harvard Committee, *General Education in a Free Society*. Cambridge, Mass.: Harvard University Press, 1945.

⑤ Ibid., p. 102.

⑥ Ibid., passim.

⑦ James B. Conant, *The American High School Today*. New York: McGraw-Hill, 1959.

⑧ Mortimer J. Adler, "The Disappearance of Culture," *Newsweek*, Aug. 21,1978, p. 15.

⑨ Glen Heathers, "Grouping," in Robert L. Ebel (ed.), *Encyclopedia of Educational Research* (4th ed.). New York: Macmillan, 1969, pp. 559 – 570; also, John I. Goodlad, "Some Effects of Promotion and Nonpromotion Upon the Personal and Social Adjustment of Children," *fournal of Experimental Education*, Vol. 23 (June 1954), pp. 301 – 328.

⑩ John I. Goodlad and Robert H. Anderson, *The Nongraded Elementary School* (revised edition), p. 36. New York: Harcourt, Brace, Jovanovich, 1963.

⑪ Melvin L. Barlow, "The Challenge to Vocational Education," *Vocational Education*, p. 4. Sixty-fourth Yearbook of the National Society for the Study of Education, Part I. Chicago: University of Chicago Press, 1965.

⑫ Barlow, op. cit., p. 2.

⑬ Randall Collins, *The Credential Society*, p. 16. New York: Academic Press, 1979.

⑭ Report of the Harvard Committee, op. cit., p. 102.

⑮ See, for example, Samuel Bowles and Herbert Gintis, *Schooling in Capitalistic America*. New York: Basic Books, 1976; also P. Bourdieu and J. Passeron, *Reproduction in Education, Society and Culture* (translated by Richard Nice). Beverly Hills, Calif.: Sage Publications, 1977; M. F. D. Young, *Knowledge and Control*, London: Collier-Macmillan, 1971.

⑯ Wellford W. Wilms, *The Unfilled Promise of Postsecondary Vocational Education: Graduates and Dropouts in the Labor Market*. Report to the National Institute of Education, 1980 (mimeo).

⑰ Bruce Gunn, "The System is the Answer," *Florida School Administration*, Vol. 2, No. 3 (April 1979), pp. 30 – 35.

⑱ See, for example, Caroline H. Persell, *Education and Inequality: A Theoretical and Empirical*

Synthesis. New York: The Free Press, 1977.

⑲ See, for example, W.R. Borg, *Ability Grouping in the Public Schools*. Madison, Wis.: Dembar Educational Research Services, 1966; and Warren Findley and Marian Bryan, *Ability Grouping—1970* (ERIC Document No. ED 048382). Athens: College of Education, University of Georgia, 1970.

⑳ W. Schafer and C. Olexa, *Tracking and Opportunity*. Scranton, Penn.: Chandler Publishing Co., 1971.

㉑ K.L. Alexander, M. Cook, and E.L. McDill, "Curriculum Tracking and Educational Stratification: Some Further Evidence." *American Sociological Review*, Vol. 43 (1978), pp. 47–66.

㉒ J. Rosenbaum, *Making Inequality: The Hidden Curriculum of High School Tracking*. New York: Wiley, 1976.

㉓ Thomas F. Green, *Predicting the Behavior of the Educational System*. Syracuse, NY: Syracuse University Press, 1980.

㉔ John I. Goodlad, M. Frances Klein and Associates. *Looking Behind the Classroom Door*. Worthington, Ohio: Charles A. Jones, 1974.

㉕ Torsten Husén, *Social Influences on Educational Attainment*. Paris: Organization for Economic Cooperation and Development, 1975.

㉖ S.M. Lipset, "The Ideology of Local Control," in C.A. Bowers, I. Housego, and D. Dyke (eds.), *Education and Social Policy: Local Control of Education*, pp. 21–42. New York: Random House, 1970.

㉗ For a summary of attendant conditions, see Benjamin S. Bloom, *All Our Children Learning*, pp. 153–175. New York: McGraw-Hill, 1981.

▶ 第6章

教师与教学环境

我认为,20世纪70年代的学校教育是在一种消极的环境中进行的。教师觉得他们是在受批评的氛围中工作,他们得到的信任和支持越来越少,他们的工作也得不到赏识。人们从克里曼[1]、詹克斯[2]和国外的一些学者[3]的研究中得到这样的结论:教师在激发学生的动机,提高学生的学业成绩方面,最多也只能起到中等程度的作用。有的学者断言,教师的作用只能被可怜地排在第二位,远远不如家庭的作用,这一断言使许多教育工作者感到沮丧。

与此同时,关于教师在课堂里的作用,也出现了一些令人鼓舞的证据。我在前面的章节里已经提到了一些有关这些证据的研究。它们表明,在良好的教学环境中,有才能的教师确实能帮助学生在学习上取得重要的进步,特别是在家庭不大可能顾及的方面。这些研究证实了一种流行的看法,即教师是学生学习中最有影响的因素。

有人甚至说:"一切都依赖于教师。"把教师视为正规教育过程中的关键因素是有一定道理的,我们的调查数据也表明,教师对学生的关心程度与学生对课堂教学的满意程度是成正比的。但是,教师会受许多条件的约束和限制,例如教室里没有可以灵活使用的空间,而里面的学生又太多,每天教课的时间过多,管理部门的控制和约束,打断教学的杂事,还有学生上课时脑子里在想与学习无关的事情,[4]这些都经常会影响到教师工作的效益。

所以,虽然有关教师和教学的研究以及大众的看法都进一步证实了教师在学校教育中发挥着重要作用,但我们还是不应该简单、夸张地说"一切都依赖于教师"。学校生活的性质是由许多因素决定的,教师的行为只是其中的一个因素,除此之外还有学校的使命感、家庭的关心与合作、教师和学生群体的稳定性等因素。⑤

教师在为儿童和青少年的学校教育中可以发挥巨大的作用,可教学环境限制了他们的作用的发挥。因此,我们要改善环境,以使教师发挥出最大的潜力。学校改革的方向是很清楚的:查出和改善妨碍工作的条件,增强教师的知识和技能。本章旨在根据我们收集的材料来探讨我们调研的学校里教师与教学环境的实质性问题,并提出改革的设想。

本章的材料来源于对我们调查的学校中的 1 350 名教师(其中小学、初中、高中教师分别为 286、400、664 名)的问卷,以及与其中 956 名教师(其中小学、初中、高中教师分别为 140、337、499 名)的座谈。

教学:工作与扮演的角色

人们常说,教师的工作很轻松,他们每天工作的时间不长,却有很长的假期。其实,这一说法是欠妥的。例如,教师在从 9 月到次年 5 月的 9 个月中所享受的假期,与工人一样;6 至 8 月通常是学校放假的时候,但把它们称为教师的假期也是不准确的,在这几个月里,有的教师们仍在教育系统里工作,而更多的人是在教育系统之外的其他地方工作。

工作日及工作周的长短更是一个复杂的问题。很难描述在我们调研样本中的教师每周工作多长时间。我们的数据表明,教师的工作日既有蓝领工作的机械性,又有一点专业人员的灵活性,特别是在中学里。每日的教学就是最大的、机械性的工作。除此之外,他们还要备课、改作业和试题、报告学生的出勤率、参加会议、与家长交流,并为学校档案提供各类数据。和全国的情况一样,我们样本里的教师工作时间的长短各有不同。如果将各种工作时间加在一起,我们样本中教师每周至少工作 37.5 小时,这与秘书、蓝领工人的每周工作时间相等。但对于那些最忠诚于教育工作的教师来说,他们每周工作的时间很容易达到 50 小时,甚至更多。

许多学区详细规定,有时通过谈判协议,教师每天应在学校多少时间,一般是早上 8 点到下午 4 点。至于在此时间范围内教学和其他活动时间的具体安排,学区和学校各有不同。教师工会往往不允许学校要求教师在此时间之外为它工作,但每周工作的时间往往会超过这个范围。对一年级教师,有时二年级和三年级的教师来说,工作日是比较短的,学生 8:30 或 9:00 到校,下午 2:30 或 3:00 就离开了。但是,他们的工作性质要求他们每天花大量的时间备课并为第二天的教学做课堂准备工作。小学教师——高年级和低年级都不例外——一般没有在校的备课时间,看起来每周他们平均要花 10 小时备课,再加上其他的教学任务,他们每周就要工作 40 小时或更多的时间。1967 年,全美教育协会的一项调研发现,教师每周平均工作 47 小时,这比我们数据中的时间还要多。小学教师每周工作时间比中学教师少两个小时。⑥

高中教师往往在规定的工作时间里有一段备课的时间。在我们的样本学校中,40%的教师说,他们每周为上一堂课要用 2—3 小时来备课;还有 1/3 的教师说,他们每周为上一堂课要用 4—6 个小时来备课。如果一个教师每周上五堂不同的课,他们的工作周就要增加 10—15 个小时的备课时间。对有些教师来说,备一节课可以教好几节课,但是我们必须加上其他活动的时间。我们的数据表明,小学和中学教师每周至少工作 37.5 小时,许多人工作 40—45 小时,最多的略超过 50 小时。很明显,如果教师非常认真地备课,开展多样化的课堂活动,并有规律地布置和批改作业,他们是不能在正式规定的工作周时间范围内完成任务的。

全国统计数据告诉我们,许多教师,尤其是那些还要抚养自己孩子的教师,在学校之外做兼职工作。就是以最低的教学工作要求作为标准,我们也很难想象教师怎样才能既做好工作又照顾好家庭,还要保持旺盛的精力。此外,公众认为许多教师的职业培训是不完整的,所以他们必须参加在职培训。这样我们就开始担忧,如不采取非传统性的措施,学校及教学改革是没有前途的。同时提高两百万教师的专业水平并改善他们的工作环境是让人望而生畏的大工程。

教师工作中有一个特点也许对教师的职业满意感有着重要的影响,这就是午餐休息时间。对大多数工作人员来说,这是工作日中很重要的一部分。中午时分你只要站在任何大型的办公楼里,就可以听见成百上千的工作人员从电梯里冲出来时震耳欲聋的喧哗声。他们去逛商店,或与朋友和同事共进午餐,也许还会要上一瓶酒,以助交谈之兴。让我们将这种午餐的情景与普通学校的午餐情况比较一下。特别是在小学,教师被要求与学生一起用餐。通常他们以兼作体育馆的房间为饭厅,里面气味很重。无论有没有单独的地方,学生总是会出现,并需要教师的关注。

学校餐厅的工作人员一般都能令人钦佩地在有压力的环境里为众人提供有营养的、廉价的食品。有时候,校长、教师和学生共同努力创造一个专门的午餐厅,摆上小桌子,铺上台布,再放上一瓶花。但即使在最好的情况下,学校的午餐时间还是不能为教师提供其他行业大多数工作人员所享受的那种自由、放松的气氛,使他们恢复精力。当然学校的午餐也不可能为教师创造在一起建立个人友谊的机会。

我们还要记住,除了午餐以外,教师们在学校里大多数的时间都是在互相隔离的环境里度过的。教书也许是一种比我们所了解的更孤独,在社交上更受限制的职业,我们很难估计这种情况会对教师的行为、自我更新和他们与学生的关系有什么影响。

为什么有人愿去当教师?为什么有的教师会辞职?

我们可以假设,选择教师职业的男男女女和选择其他行业的人有着许多相同的动机。他们也许是喜欢教书,或步父母的后尘,或听了朋友的劝告。我们调研样本中的教师提到了所有这些原因。但是,57%的教师认为他们之所以选择做教师,主要是因为教学工作的性质。他们中间有22%的人是出于想教书或想教某一门学科的愿望,有18%的人认为教学是一种值得投身于其中的好职业,有17%的人是出于为他人服务的愿望。

我们常常能听到人们娓娓动听地谈论全心全意爱孩子、为孩子献身的教师。在我们的数据里看不到这样一幅图画,但也找不出与其相反的例子。教师也是凡人,他们希望能从事令人满意的工作。在我们的样本中,大约只有15%的小学教师和11%的中学教师说爱孩子是他们选择做教师的主要原因之一。但这并不意味着其他教师就不爱孩子,而只是说明对大多数教师来说,爱孩子并不是他们选择做教师的主要原因。毫不奇怪的是,钱也不是主要原因。

爱孩子是一个难以捉摸的、带有神秘色彩的概念。想象所有的教师都爱孩子是一件美好的事情,但是更现实的想法是,我们不能依赖这一点并对它的发展了解甚微。我们应该期望教师努力地去了解儿童学习的问题并为儿童提供有建设性的指导。很明显,这些能力是可以培养出来的,工作环境也可以得到改善,以帮助教师实现这些期望。

让人毫不吃惊的是,在我们的调研样本中,那些因教师工作的内在价值而对教书和学科有兴趣,或因喜欢儿童而选择教师职业的人最常说他们已实现了自己的愿望。并且,如果让他们重新选择职业的话,他们还会选择当教师。那些受他人影响而进入教师职业或为经济的原因而选择教师职业的人最不可能报告说,他们已实现了自己的职业愿望。

总的来说,在我们的样本中,74%的人认为他们实现了对教学专业的抱负。如果让他们重新选择,69%的教师将再次选择教师职业。我们发现,小学教师中认为实现了专业抱负的比例最高(80%),他们中表示要再次选择教学专业的比例也最高(77%)。初中教师在这两方面比例都最低(分别为67%和64%)。

刚才提到的全美教育协会在1967年发表的报告中列举了更高的百分比⑦(比较这些数据是困难的,因为全美教育协会调研五所学校时所问的问题与我们调研中所问的问题有所不同)。全美教育协会的报告以及其他的研究指出,已婚妇女最有可能再次选择教师职业,而在中学教书的男老师最不可能再次选择教师职业。研究还表明,女教师的精力和兴趣在生命不同的阶段摇摆于家庭和事业之间。她们对教书的兴趣在任何时候都不是和学校体系所提供的刺激或鼓励紧密联系在一起的。⑧

我认为好学校的一个特征就是它的教职员工比较稳定,对工作感到满意。学区应该重视为什么有的教师离开了或者将要离开教师工作的原因。看起来教师离职的原因和其他职业工作人员离职的原因是一样的。我们调研样本中的教师所列举的原因,包括对工作的沮丧和对自己表现的失望。

人与人之间的冲突——与其他教师和行政管理人员的冲突——以及资源不足并不是各级教师离职的主要原因,甚至学生问题也是次要的。对大多数教师来说,个人对教师工作的灰心和不满才是最重要的原因。如果一个人选择当教师是为了能够教书并提供优质服务,但是工作中却因不能实现这一理想而沮丧和不满,那么离职就是一个解决问题的办法。这没有什么可奇怪的。

有趣的是,尽管教师在选择职业时并不把经济收入作为一个主要原因,但它却是教师选择离职的第二位重要的原因。我们可以设想,教师刚进入职业时期待的是教师工作给他们带来的精神上的奖励,所以他们愿意放弃高工资的工作来做教师。但是,当他们的期望不能实现时,再想到有时候自己的工资还不及开校车送孩子上学的司机,就觉得非常不满了。

现在已有大量的对工作单位条件和非技术、技术及专职人员沮丧情绪的研究。其结论也被广泛应用到项目改革中,有时也与雇员协商并写入工作合同里。⑨相比之下,对学校却没有什么这样的研究。如果我们不认真地研究和改进教学的环境,那么已应聘的教师就可能离去,我们想要维持一支稳定的、善解人意的教师队伍就是纸上谈兵了。教师工作的低收入使人感到更需要尽快改善学校的工作环境,以提高教师工作的满意程度。

总之,我们样本中的绝大多数教师选择进入教师职业是出于理想的和助人为乐的精神。而且，感到实现了职业目标并愿意第二次选择教师职业的人占有很大的百分比，尽管比60年代中期要低一些。初中教师对这两个项目的回答比其他教师要低一些。那些认为自己实现了职业目标的人往往是因为职业性的、理想的原因而进入教师工作的。总结我们的调查材料，我感到，如果我们注意清除那些最妨碍教师对教学工作产生满意感的障碍，改革的前景就更乐观了。举一个例子来说，让教师在暑假期间有几周时间专注于改进学校的工作，同时适当调整教师的工资，这样就能鞭策教师。

教师的教学信念

20世纪70年代的回归基础教育运动是被这种批评而激起的：一代相信进步主义哲学和实践的教师垄断了学校。也就是说，教师们没有严格控制课堂和传授基本技能和学科知识，而是过于放松学生行为和学习成绩。批评家们指出，这种教学的结果是学生纪律差，学习成绩差。

我们的数据是在20世纪70年代末期采集的。我们样本中的教师既没有积极地拥戴进步主义课堂教学的思想，也没有什么其他坚定共享的信仰。事实上，每个教师自己也没有一致性的教育信仰。总的说来，这些教师支持传统的信仰比支持进步主义的信仰还要多一些。如果我们的样本是有代表性的，那么很难让人相信20世纪60年代和70年代的教师与更早时期或更晚时期的教师相比有什么不同。也很让人怀疑教师队伍会随着哲学信仰的变化而左右摇摆，使课堂教学变得特别传统化，或者特别进步化。毫无疑问，那些关于学校应该怎么办的大道理的演变比教师的信仰和实践的变化要快得多，激烈得多了。如果我们当中有更多的人能抗拒这种将学校的弊病都怪罪在进步主义或其他什么"主义"身上的倾向，我们就能给学校更多建设性的关注。

不管怎样，我们关于教师工作信仰的数据可以帮助我们了解教师和教学工作。我们要求样本中的教师对关于学生与教师之间的关系、教师的控制权、应该学什么、学生参与备课等问题的21条信念，发表他们同意或不同意的意见；对每一条信念，他们可以在6种回答（从"坚决同意"到"坚决不同意"）中选择一个回答。这些信念有一半是传统的，有一半是进步主义的。例如，认为教师应该实施强有力的纪律和控制、教师在教学中应起主导作用是属于传统的信念，而尊重学生的独立思考、相信学生应该参与课堂活动的规划是属于进步主义的信念。

结果发现共识很少。各级学校的教师都同时支持传统的和进步主义的信念。这与其他研究的发现是一样的。[⑩]半数以上的教师坚决同意，当教师明显地主导课堂活动,维持课堂秩序,并让学生处于忙的状态,就能发展良好的师生关系。但是,同时又有许多其他教师坚决同意,教师如果积极夸奖学生个人的成就,就能提高他们的学习质量;教师如果认真研究学生的学习问题,就能创造最好的学习气氛;还有就是应该鼓励学生参与教学计划。教师在他们的职前和在职教育中也经常被教导要这样去做。初中教师比小学和高中教师更坚决地支持传统的观念。但是,所有各级教师对21条信念的支持都不是太坚定的,大多在"有一些支持"或"中等性支持"的范围内。

从这些和其他的调研数据中,我们开始看清楚我们样本中的教师信仰什么和想做什么。教师一般都认为教授基础学科、培养基本技能,以及增加学生各方面的知识是重要的任务。同时,他们认为教师必须控制课堂环境。如果学生的行为变得无法控制,教师就不能实践教学的中心任务。我对这个问题的理解是,教师意识到他们和他们的学生每天生活在比较拥挤的匣子式的教室里,因此尽管他们愿意按照他们对好的教学法的信念去工作,但他们仍感到需要有控制学生的权利,以防止不守纪律的学生占上风,为学生创造必需的学习条件。如果教师对教室里的学生失去控制,他/她就不能够积极地表彰学生的成就。在一个失去控制的班级里,是不能进行学术性学习的。

教师对各种问题的认识

正如第3章所提到的,当我们请教师选择回答他们认为他们所在学校存在的最大问题是什么时,他们倾向于选择那些影响他们教学,但他们似乎又无法控制的问题:例如学生对学校缺乏兴趣、学校规模太大、教室太拥挤、家长不关心、行政方面的问题、资源贫乏以及学生表现不良(特别是初中阶段)。这些问题妨碍教师完成他们日常的中心工作。另一方面,学生和家长更倾向于认为学校存在的最大问题是学生的个人问题(如吸毒和酗酒),而不是那些直接与教学环境有关的问题。我们请中学教师用三个等级来标出一些问题的严重性,他们对吸毒和酗酒问题的严重性的看法与学生和家长的看法是相似的。但是总的来说,他们仍把学生的表现、学生对学校缺乏兴趣以及家长不关心看作是最严重的问题,并认为这些问题妨碍并阻挠了他们的教学工作。

这两类不同性质的问题虽然都影响着学生的学习,但却要求我们采取不同的策略去改革学校。教师认为阻挠他们教学工作的问题主要来源于学校和学区,也就是说,只要学校委员会、学校视导长、校长及教师联合起来就能想办法解决这些问题。他们可以提出一套方案,改进教师的工作环境,排除那些被教师认为是阻挠了他们教学的愿望和努力的因素。至于吸毒和酗酒等问题,尽管它们在学校出现,因为学校是年轻人每天聚集的地方,但它们不仅仅是学校的问题,也是社会和每个社区的问题。

上述情况使我们再次清楚地认识到,我们要根据准确的数据,为各个学校制订不同的改革方案。学校之间差别很大,问题的性质和严重性也各不相同。如果只看教师提出的问题,外人会认为这只是一种利己的表现。但是,当教师、家长和学生都认为有一系列的严重问题并且对问题的性质有统一的认识,那就可以拟定一套有用的方案了。

我们有理由相信,一所有许多严重问题的学校应该与一所没有什么严重问题的学校很不一样。并且,在有严重问题的学校里,教师和学生参与教学过程的热情会少一些。诸如"学校规模"、"资源贫乏"、"家长无兴趣"、"行政管理"和"规章制度"(联邦、州政府及地方政府的政策)方面的问题超出了教师的控制,也许会妨碍他们的日常工作。其他的问题,如学生吸毒和酗酒,就更超出教师的控制范围了,这只会增加教师的沮丧和无力感。

怀疑论者要问:"那又怎么样?学校又不是为教师办的,而是为学生办的。"我们要证明这样的设想——那些被认为是严重的许多问题的确会影响教学的过程。为此,我们探讨了学生对他们所受教育质量的看法(请他们在问卷调研中回答是否同意"这所学校为学生提供了良好的教育"这一陈述),并分析这种看法是否与教师和学生对学校问题的看法有关联。我们发现它们是成正比的。这就证明了我们的设想,即学生和教师在学校和课堂环境中经历的激烈问题会消极地影响他们所受的教育,正如我们样本中的学生所指出的那样。

教师对工作的满足感

对各种不同的工作环境的研究结果纷纷表明,改造环境中使工作人员泄气和烦恼的因素,就能在某种程度上提高他们对工作的满意程度和生产力。教师的情况应该也是这样。尽管有过一些调研,但还是不容易确定环境问题对教师的满足感有什么样的影响,而教师的满足感又怎样影响他们的生产力——学生的成绩。较通常的研究结果显示,像校长敏感的领导艺术、教学辅助、参与学校的决策这样的积极因素能促使教师以更大的热情,更职业化地做好他们的工作,并实现他们的职业目标。[11]正如我们已经看到的,我们的数据表明,积极向上的教师会对课堂教学环境起到积极的,而不是消极的影响。

但是,我们甚至不用科学的证据,就应该肯定教师与其他工作人员一样,应该享有一个令人满意的工作环境。如果我们能够探索出哪些因素可以构成使教师感到满意的工作环境,我们就可以有目的地开始进行改革了。应用这方面的知识来改造工作的环境,毫无疑问将帮助我们了解学校的条件及学生的满足感与学生所受的教育甚至学生成绩之间的现有关系模式的性质。这也将帮助我们区分工作环境中各种因素及教师的个人因素对学生的不同影响。教师的个人因素是不容易分析和直接干预的。即使学生成绩提高不大或不能提高,改造教学的环境至少能让教师受益。

我们从教师就 120 个关于他们学校和工作的问题的回答中,区分出了哪些学校是使教师感到比较满意的学校,哪些则是不令人满意的学校。这些问题分为几大部分:有些问题是关于教师工作中的自主权对环境气氛的影响、教职员工决策过程的质量、与其他教师和家长的友谊、个人安全,等等;有些问题是关于对所有学生开放的设备和资源;有些问题牵涉到与教师工作和休息相关的资源;有些问题是关于教师对他们所选择的职业的满意感;还有些问题是关于教师对家长及家长在学校中所起的作用的看法。当然,还有教师给他们学校打的分数,以及教师认为学校所强调的目标和他们认为应该被强调的目标之间的差异。

在这里我就不详诉如何确定、计算和整理教师对这些问题正面和反面的回答的复杂过程。结果把我们样本中的学校分为两大部分:教师认为"比较满意"的学校,以及教师认为"比较不满意"的学校。当我们整理完所有数据时,发现教师将六所高中列为"比较不满意"的学校,三所高中列为"比较满意"的学校。在第 3 章里,我提到我们为每一所学校打了一个综合问题分,这是根据教师、家长和学生对问题的种类和严重性的看法综合出来的。在六所"比较不满意"的高中里,教师、学生和家长给其中三所打了最高的问题平均综合分。它们分别是纽堡高中、布拉德福德高中和曼彻斯特高中。教师和家长将另六所高中列为最有问题的学校,学生也将其中的五所列为最有问题的学校。教师认为"比较满意"的三所学校分别是丹尼森、优克利德和伍德拉克高中,它们也是学生和家长认为问题最少、最不严重的学校。

初中的情况也大同小异。教师认为费尔非德、洛瑞、纽堡和布拉德福德初中是"比较不满意"的学校。家长和学生也都认为它们问题很多。教师认为阿特沃特、福斯特及优克利德初中是"比较满意"的学校。家长和学生也都认为这些学校问题很少。

小学的情况有所不同,主要因为教师和家长对学校问题的认识不太一致。我们没有请小学生回答关于学校的问题。但即使是这样,教师认为"比较不满意"的四所学校中的三所——费尔非德、克雷斯特夫和曼彻斯特小学,也正是教师们认为问题最大的学校。家长认为费尔非德小学的问题最多。教师和家长认为"最令人满意"的小学,例如丹尼森和福斯特小学,问题最少。教师表示他们在这样的学校工作比较满意。

从这些调研数据中,可以看到一个假设,即那些使教师感到比较不令人满意的学校,往往也是教师、家长和学生都认为是问题较多、较严重的学校。与此相反,那些为教师提供比较令人满意的职业和教学环境的学校通常不会是教师、家长和学生认为存在严重问题的学校。令人高兴的是,学生们也经常认为这样的学校能为他们提供优质的教育。

我们的调查并不支持"一切都依赖于教师"的论点。相反的,我们得出的结论是:"一切(这里指的是学校教育的质量)都依赖于教师(能力强的和能力弱的,比较满意的和比较不满意的)和学校教育环境之间的相互作用。"但这一论点也有过于简单化之嫌。"学校教育环境"以及"能力"和"满意"的字眼包含着许多因素。当我们进一步理解这些因素和它们之间的关系时,我们就能更有效的改造学校。

近年来,越来越多的人认为校长在学校质量和改革中有重大的作用。甚至有人声称:"一切都依赖于校长。"在我们调查的学校中,我们发现教师的满足程度与校长的得力领导很有关系。在"比较满意"的学校工作的校长和在"比较不满意"的学校工作的校长对他们自己的职业权力和自主权有非常不同的看法。在"比较令人满意"的学校里任职的校长比在"比较令人不满意"的学校里任职的校长能更好地掌握自己的工作和时间,并能对与自己学校有关的决定施加更多的影响。在"比较令人满意"的学校里任职的校长毫无例外地感到他们所行使的权力与他们认为自己所应有的权力是接近的。

但是,我们仍然不能简单地把"一切"都归结于校长领导的质量。我们的数据表明,教职员工的团结和学校里解决问题及制定政策过程的性质也能极大地影响教师对工作的满意感。校长是起一定的作用,但如果把校长的作用看作决定学校气氛或教师满足感的唯一的或者重要的因素,那就不对了。

在"比较令人满意"的学校里工作的教师比在"比较令人不满意"的学校里工作的教师更少认为"行政管理"或"职工关系"是个问题。与此同时,所有在"比较令人不满意"的学校里任职的校长都认为"拙劣的教学和教师"是学校的一个问题,而在"比较令人满意"的学校里任职的校长中,只有一半的人认为这是个问题,但仅仅是一个小问题。57%的在"比较令人不满意"的学校里任职的校长和20%的在"比较令人满意"的学校里任职的校长认为"职工关系"是他们学校的一个问题。一些有关的文献指出,对于教师来说,一个好的校长自己本身就是一个坚强和自主的人,也懂得把教师视为独立的专业工作者。⑫毫无疑问,当校长像教师一样把教师视为专业工作者时,教师便对工作感到更加满意,并提高工作的积极性。同样地,我们发现,在"比较令人满意"的学校里任职的校长比在"比较令人不满意"的学校里任职的校长,更经常地视教师为有能力的专业工作者。

当然,环境的因素也从正反两方面影响着校长和教师的工作效益及对工作的满足感。有些因素是他们不能控制的。我们发现,那些"比较令人不满意的学校"与那些"比较令人满意的学校"相比,一般都比较庞大,学生人均经费较少,学生与教师的比例高。有趣的是,我们样本中的"比较令人不满意的学校"和"比较令人满意的学校"里教师的工资没有什么区别,证明了教师经常为工作付出的忠心。但是,他们阐述的离开教师工作的原因说明我们必须重视他们在这方面的关注,光靠校长和教师的努力是不能解决这些问题的。

令人不安的是,在我们所调查的十四所"比较令人不满意"的学校中,有十所学校的学生大多是黑人、墨西哥裔美国人或不同种族混合的学生群体。而在"比较令人满意"的十所学校中,只有两所学校有这样的学生,而其他八所学校的学生主要是白人。我们还必须看到,"比较令人满意"的学校中有一些是规模小的学校。我们的数据表明:小学校里的教师往往对工作感到满足。此外,在那些几乎全是少数民族或混合学生群体的学校里,教师会遇到额外的困难,从而感到不满。

因此,我们必须注意到工作环境问题,使教学环境为开展教学提供最佳的机会。当教师发现自己受到工作单位问题的困扰和限制,而他们又不能控制这种局面时,自然要感到沮丧和不满。毫无疑问,这样一来,教师的工作效益便受到影响,而那些挫伤教师的问题却越演越烈。学生期待的优质教育便会衰退。可以设想,这种教育的质量也会下降。

一个令人困惑的学校

我们调研中有一所学校使我们对教师的看法感到困惑,这就是罗思蒙高中。在第3章里,我谈到罗思蒙初中是一所拥有大多数学校教育的寻常问题的地方,它看上去似乎能对付这些问题,并且维持一种平衡的学术气氛。教师、学生和家长给我们样本中的三所罗思蒙学校所打的平均分都是 B,除了教师给罗思蒙高中打的平均分是 C。通常来说,学生给学校打的分比教师要低,但是在这里我们发现教师给学校打的分比学生和家长还要低。罗思蒙高中是教师眼中六所"令人不满意"的学校之一。这是为什么呢？

让我再补充一些数据。当我们把教师、家长和学生给学校打的分加在一起计算综合分时，罗思蒙高中的综合分与所有高中的综合分的中数很接近。但是，如果我们分别来看这些分数，就会发现教师比家长和学生更认为罗思蒙高中是一个有问题的地方。当我们细看教师指出的问题的性质时，可以看到首要的问题是学生的语言、家长的冷漠及学生对学习没有兴趣。家长也基本上同意教师的观察，认为在学生行为不端和吸毒/酗酒的问题之后，就是家长和学生缺乏兴趣的问题。教师们还指出，教师对学生缺乏纪律管束，还有拙劣的教学也是严重的问题，虽然这些问题可以排在吸毒/酗酒、学生行为不端和学校的组织结构问题之后，与学校规模（2 702 名学生）的问题并列。我们因而可以看出，教师所确认的大多数问题都是在他们的控制范围之外的：学生的问题（语言、对学习没兴趣、吸毒/酗酒、行为不端）、家长的问题（也是缺乏兴趣）和学校的问题（规模和组织）。这些问题看起来挫败了他们教学的积极性。家长也认为这里有一些问题很严重，但是他们还是觉得学校在传授学术知识方面做得不错，因此给学校打了 B 的分数。

在第 3 章里，我列举了一些关于罗思蒙社区的数据：在一个较大的城市里，它的家庭收入是我们样本中最低的，家长的教育水平也是最低的，学校中有 95% 的学生来自墨西哥裔美国移民家庭。罗思蒙高中的教师中有 63.3% 的白人，27.5% 墨西哥裔人，8.3% 黑人和 0.9% 其他种族的人。根据学生的家庭背景和教师中非墨西哥裔人比例较高的情况，我们不难看出为什么学生的语言变成了一个问题，并且，我们知道那些来自低收入家庭和受过有限教育的家长往往不会像其他家长那样紧密地参加学校的活动，特别是他们中的许多人不会说英语。此外，这些家长对学校的课程非常满意——当我们计算家长对八门学科的满意分的综合分数时，发现这些家长比任何其他家长的满意分都要高。

我们看到在罗思蒙高中里，教师面临着极大的挑战，有足够的理由感到沮丧——比家长和学生的沮丧要大得多。但是我认为还要考虑到另外一个因素。罗思蒙高中在分配教学资源时，比较平均地分给学术教育和职业教育，包括四项基础的科目：英语（22%）、数学（13%）、科学（15%）和社会学习（13%）。在罗思蒙高中，有 21% 的教师从事职业教育，这种比例在我们的样本里刚好低于平均线。当我们在调研中访问罗思蒙高中时，它和罗思蒙初中一样，正像我们在第 3 章中所描述的，积极地维护智力发展的目标和学术学习的气氛。

182　　我们知道,墨西哥裔美国人家庭的孩子在特殊教育和补习教育班里所占的比例是他们在学生总人数中所占比例的四到五倍。我们也知道,这些孩子在上高中时的退学率是非常高的。罗思蒙高中的墨西哥裔美国学生并没有享受到良好的预备教育。我们的数据中也没有任何证据可以显示学校采取了什么有创造性的、覆盖面广的教学措施来弥补这些学生的不足之处或学生家庭学习资源的贫乏。

　　罗思蒙地区各级学校的工作人员抱有明显的愿望,要为这些孩子提供学术学习的机会。他们的努力得到家长的认可和支持,并且做到了使学生在一种学术的环境中学习到初中毕业。但是,初中之后,这种环境就开始解体了。尽管高中生的家长对学校的课程和其他项目尚表示满意,他们还是希望学校多开一些职业教育课,这也是他们青少年孩子的愿望。

　　根据我在这一章里到此为止所阐述的中心思想——即教师们进入教师职业是为了教学生和教专业,但是他们的积极性被环境因素挫败了,我们因此可以理解罗思蒙高中的教师为什么会对他们的工作感到不满——我们可以推进这样的设想,即我们的国家需要并且它的公民们能够获得我在第5章里所推荐的通才教育。但是,阻碍我们实现这一愿望的困难是令人生畏的,要求我们尽最大的努力设计和提供教学资源、学习环境、行政和社区支援以及明智的政策。

　　我在前面已经指出,我们样本中的那些"令人不满意"的学校里充满了少数民族或种族混合的学生群体,而那些"令人满意"的学校中的大多数学生是白人。近年来我们学校(特别是高中)的一个现实是它吸收了越来越多的少数民族学生。这种情形还将继续发展下去。校长和教师们已经在紧张地寻求应付这一局面的办法。他们以前可能并没有学会处理这些情况。

　　然而,也许最紧张的时刻已经过去了。教育工作者在学习更多的有关这些情况及如何应付它们的知识。许多师范教育项目也提供这方面的专门培训。在此之前,消除种族隔离是我们的中心目标,现在为所有学生提供优质教育是头等大事。我们希望可以同时实现教育平等和质量的目标。当然,这是一场新的挑战,光靠教师是不能成功的。

教师:能力、自主权及影响

183　　**培训的充分性**

　　我在研究了一大堆关于我们样本中的教师怎样认识自己的数据之后,发现我自己在用这样的字眼描述课堂里的决策："能力"、"自主权"和"影响"。特别是初中和高中的教师认为自己受过充分的培训,可以胜任学科教学工作。使人并不吃惊的是,小学教师每人都要教开设的全部或大部分科目,他们对自己所受的培训的充分性往往持不同的看法。各级学校的教师一般都认为他们自己是教学领域的决策人,并认为影响他们教学的方法和内容的因素主要是他们自身的经历和所受的培训。

表6-1列举的数据说明了教师对其所受培训的不足之处的看法。在课程最重要的四项基础学科领域,我们样本中大约1/4的小学教师认为,他们仅在科学方面所受的培训不足。不到5%的人认为他们在英语、数学或社会学习方面所受的培训不足,其中认为在数学方面受培训不足的百分比最小。

表6-1 对目前所教的科目感到没有受过充分培训的教师占教学人次的百分比(NAP%)

科 目	高 中		初 中		小 学	
	教学人次	NAP%	教学人次	NAP%	教学人次	NAP%
英 语	159	5.9	126	3.2	234	4.7
数 学	101	4.0	93	4.3	201	2.0
社会学习	111	0.0	66	4.5	175	4.6
科 学	91	6.6	55	7.3	150	23.3
艺 术	88	1.1	59	0.0	148	29.1
外 语	36	5.6	11	0.0	8	12.5
工 艺	39	0.0	17	0.0	3	0.0
商业教育	48	2.1	10	0.0	1	0.0
家政学	29	0.0	15	0.0	3	33.3
体 育	72	1.4	39	2.6	59	18.6
特殊教育	24	12.5	32	6.2	22	4.5
通才教育	23	8.7	20	5.0	103	1.0
总人次*	821		543		1 107	
总NAP%		3.57		3.50		10.48

*在小学里,因为每个教师都要兼教几门课,所以"教学人次"表示的是回答上这门课的总人数。这种情况在初、高中阶段也存在,但比较少。

在前面的章节里,我谈到小学教师一直在用一些不能使所有的学生真正参加学习的教学和分班的方法,并对这些方法提出了质疑。因为教师本人对他们所受的培训的认识证明他们具备应有的知识,所以我们可以假定问题出在教学法上,而不是教师的学术背景上。但是,教学法中只有某些方面是可以各专业通用的,其他的要根据不同科目的特点而定。也许师范教育中存在着缺陷。需要更加重视学生是怎样学习的,以及学习科目是怎样组成的,才能填补这一缺陷。在20世纪50年代末期和60年代,课程改革家们积极探索了学习的性质和具体学科的性质之间的关系。但是,他们并没有在师范教育中找到立足点。大型课程发展项目所激起的热情也逐渐消失了,而不管怎样,对具体学习科目的教学法的兴趣始终集中在中学教育阶段,而不是小学教育阶段。

因此,当我们样本中接近30%的小学教师承认他们在艺术方面所受的培训不足,接近20%的小学教师认为他们在体育方面所受的培训不足时,我们并不感到惊讶。学校雇佣的专门教师往往是这些专业的(学校也雇佣专为学生补课的特殊教育教师)。如果让一般的教师兼艺术和体育这两门课,他们往往会采取比较随便和不正式的态度,有时会把这两门课当作娱乐活动。

具有讽刺意义的是,那些关心艺术和体育教育的特殊利益集团的领导人在呼吁学校聘用艺术和体育教育的专业工作者来上这两门课时,通常要批评说一般的教师在这两方面所受的培训很差。我们的数据表明,这种批评是有根据的。但是,如果我们想要提高这些科目在小学的地位并且增加它们的教学,那么雇佣专门教师的路子正好是错误的。在那些每天从事"面包和黄油"的基础教学的一般教师眼中,这些学科并不重要,也不一定要教。它们仅仅是次要的。相比之下,阅读、数学及其他的学术性科目才是中心和基础的,所以师范教育通常提供的是这些学科教学的培训。

如果我们在英语、数学和社会学习方面不请专门的教师,那么人们就要问为什么在艺术和体育方面要请专门教师呢?也许我们应该保证每一所小学的每一个教师,在能教所有的或大多数学习科目的同时,又经过专门、深入的培训,可以在一门学科上称为专家,并在这方面为其他的教师提供咨询。

初中和高中的教师大多是某一门学科的专门教师。从表6-1中我们可以看到,在教艺术、外语、工艺、商业教育或家政等课的教师中,没有人认为自己所受的培训不充分。有趣的是,这些课再加上体育课,恰好是学生最感兴趣的课。我们必须指出,在高中这两者的关系就没有在初中那么密切。例如,教社会学习的教师没有人认为自己所受的培训不足,但学生对这门课并不是很有兴趣。另一方面,所有教工艺和家政的教师都认为他们受过足够的培训;认为自己所受培训不足的艺术、商业教育和体育的教师只占很小的百分比,而高中生对这些科目最有兴趣。一般来说,那些学生最喜欢、最感兴趣的学科,也正是教师认为自己受过足够培训的科目。但是,从整体上来看,只有不到4%的初中和高中的教师认为自己在专业方面所受的培训不足。我们样本中的中学教师不觉得有必要参加更多的专业培训。

各级学校的教师对特殊教育这一科目的回答值得引起我们的注意。从小学到高中,感到在该科目方面受训不足的教师在教学人次中所占的百分比上升很大——从小学的 4.5% 上升到高中的 12.5%。总的说来,我们数据中有重要的证据显示,随着年级的上升,教师感到越发难以满足学生学习上的需要,并解决他们学习上的问题。特殊教育教师对自己的看法似乎是一只气压表,量出了他们在帮助年纪大一些的学生解决学习问题时所受到的压力和困难。显然这些教师渐渐地觉得不能应付这样的问题了。这些数据和其他类似的调研数据提示我们,如果希望所有或几乎所有的学生都能在学校里成功地学习,就必须为学校教育的全过程和所有环节提供坚强的支持系统。

在小学里,一个教师同时教几门科目是常见的事,而且看上去好像并没有给教师造成什么专业方面的问题。但是,我们有关通才教育的数据表明,混合式课程,例如核心项目,总会给高中的教师带来困扰。从初中到高中外语教师的看法有一个突变,我们发现高中的教师认为他们所受的培训不足,这很可能是因为教师不够,几个教师要上许多高级班的课。科学、数学和外语教师缺乏的问题已经持续多时,并造成了招聘的困难,使一些学校雇佣了那些没有培训好或者培训不足的人。看起来专业培训不足只是师范教育中个别的而不是普遍的问题。

最后要指出的是,我们样本中的教师对"这个学校的大多数教师都工作得挺好"的陈述给予了非常肯定的回答。这在各级学校和各学校之间都是一样的,学校之间的差异比各级学校之间的差异要大一些。总的看来,教师认为自己在专业方面所受的培训是充分的(小学教师中有些例外),并认为自己的同事也工作得不错。所以,我以为,他们是不会欣然响应提高教师素质和目前的工作效率的学校改革倡议的。

教师的孤立

我们收集了大量的有关教师与他们教学工作中的影响因素之间的关系以及教师之间关系的数据。总的来说,我们样本中的教师能比较自主地工作,但他们行使自主权的环境往往是孤立的,而不是与同行在一起进行有关一系列有挑战性的教育问题的热烈讨论。教师在教室里度过大量的时光,而教室本身的构造象征着教师的孤立,它把教师互相隔开,并妨碍教师接触超出他们个人背景的思想源泉。

在各学科、各年级的教师中,有 75% 以上的人认为,他们的教学内容受到两个因素的影响:一是他们个人的背景、兴趣和经历,二是学生的兴趣和经历。教师认为,教科书、商业界制造的材料、州政府和学区印发的课程指南，以及其他教师对他们只有中等程度的影响；学区顾问、家长咨询理事会、州一级的用来测量他们是否有能力教那些自己不一定学过的课目的考试和教育工会，对他们几乎没有什么影响。尽管可以请教校外的专业人员，教师们很少利用他们，并说他们没有多大用处。这种专业人员所处的位置离教师越远，例如那些在联邦和州政府，而不是在学区工作的专业人员，教师越少珍惜和利用他们。一般说来，在教学中，小学教师比中学教师更广泛地利用不同的资源。

我们样本中的教师在参加大学课程、在职培训课和工作坊，以及教育组织会议时结交了一些同行，但是这些相识都是比较短暂和随便的。他们很少与同行开展合作项目，例如学区委员会或项目小组。他们也不去参观其他学校或是接待其他学校的来访者。我们的数据中几乎看不到教师之间有什么积极的、正在展开的思想和实践交流。在学校之间没有这样的交流，甚至在同一所学校的教师之间也没有这样的交流。教师们很少在一起探讨如何解决全校性的问题。

我们样本中的小学教师比中学教师参加过更多种类的个人和职业发展的培训项目。小学教师倾向于参加那些跨专业的培训——人际关系、教学方法、儿童生长与发展等，而高中教师倾向于参加具体专业的培训。中学教师参加高等院校举办的在职培训比小学教师要多。这两种教师的职业培训活动和行为看起来很不一样，似乎有必要为他们设计不同的培训项目，以满足他们各种不同类型的需要，解决不同的问题。

我们的数据表明，教师进修工作缺乏全面性。某一学区所开展的教师进修活动旨在推进某一流行的教学模式，但这类活动往往不能在整个学区里都得到重视，不能使所有的教师都参与进来。没有一项活动能同时得到所有教师或大部分教师的响应。教师们小批量、分散地参加不同的进修活动，这样就没有一个清楚和集中的场合来深入探讨长期存在的问题。

在学校里，尤其是高中阶段，教师与教师之间的互相帮助及在学校改革方面的合作很少或不存在。大多数教师是在一间教室里独自教学。很多人说他们从未观摩过其他教师的课，观摩过的教师说一年也只有一两次。不过我们样本中的各级教师中有3/4的人希望能有机会观摩他人的教学。总的来说，教师认为他们之间的相识、交流和互助是不够的。尽管他们一般来说愿意支持他们的同事，但他们说他们对同事如何与学生相处、同事的教育信仰及他们的工作能力都知道得很少。让人并不吃惊的是，在小型的学校里，教师之间的相识和交流就好得多了。最后，教师认为他们和同事都没有深入参加解决全校问题的活动——这一发现与我们在研究教师的在职教育活动时的发现是一样的。

有些研究表明,学校本身在发起改革方面的作用是比较微弱的。[13]州政府通过立法,还有课堂里的教师,在决策过程中起了主导的作用。最近以来,人们开始认识到学校本身在教育改革中重要的和潜在的力量,但在我们调研的学校里似乎还没有看到很大的变化。

学校教育现有体系的性质和操作使校长、教师、家长也许还有学生不能在一起解决全校性的问题。如果我们样本中的学校是有代表性的话,我们可以看到它们内部缺乏鼓励和支持教师开展交流、改进教学、解决涉及整个学校范围的问题的机制。所以,教师在很大程度上像他们的学生一样,是肩并肩地从事着似乎一样但实质上又互不相干的活动。

改造这种局面不能光靠规劝。毫无疑问,要想改变超越个体教室的大环境,就必须给教师时间和奖励,鼓励他们去开展非教学性的改革活动,这也是教师的一种不同的职责。师资培训中也要增加教学法和教学管理以外的其他内容。至今为止,这一建议一直被那些试图从外界来干涉学校改革的人所忽视。

自主权

教室的确是教师的领地。我们的数据表明,在这里,教师认为他们是很有自主权的。我们样本中的教师认为他们可以控制教什么内容以及怎样教。除了他们自己的背景和经验,还有学生的兴趣,其他都是不太重要的。

当我们问"你对自己的工作有多少控制权"时,教师最常作出的回答是"很多",这是从"全部"到"没有"的5个备择答案中的第二项。在好几个学区的三级学校里,答案都比较一致,这说明学区的政策、督学或工会对教师可能有一些影响。阿特沃特和丹尼森学区的三级学校里的教师都认为他们对自己的工作有很大的控制权。这些学校的教师满意感也是很高的。而在教师满意感不高的曼彻斯特和费尔非德学区,三级学校的教师都报告说他们的决策权不高。我们看到费尔非德学区的督学和董事会对教师的控制较严,还没有给任何教师授予终身职。

我们问教师,他们想对自己的工作有更多的还是更少的控制权,以及他们现在的权力是否适当。使我们并不吃惊的是,只有一小部分教师认为他们的权力过大。在我们的样本中,76%的教师认为拥有适当的权力,23%的教师认为权力太少。总的说来,各年级的教师对这一问题的不同看法的百分比都是相似的。只有高中教师比小学和初中的教师有更多的人(25%)认为权力太少。

我们注意到校与校之间的差异。小学教师中认为教师拥有适当控制权的人占本校教师百分比的范围是 50%—90%,初中教师是 62%—100%,高中教师是 48%—100%,我们在曼彻斯特学区的三级学校里又看到了外界对学校的影响。这里的教师工会组织得最好,而教师中认为教师拥有适当控制权的人占所有教师的百分比却是最低的。

当我们的调研问题涉及教学任务的时候,教师一般认为他们对教学有很多的控制权。在各级学校的教师中,大约有 2/3 的人认为他们在选择教学技术和学生学习活动方面有"全部"的控制权。初中和高中教师中有 2/3 的人认为他们在评估学生方面也有"全部"的控制权,但是很少有小学教师这样认为。尽管各级学校中的大部分教师都报告说他们在其他的计划和教学工作方面有"全部"或"很多"的控制权,他们的权力在下述的领域里一个比一个少:制定目标和方向,选择教学内容和技能,使用教室的空间,将学生分组教学,选择教学材料,及计划使用时间。

但是,教师认为他们一般对教室以外的事均缺乏稳定的控制。为了进一步了解教师的看法,我们请他们在问卷上回答他们认为自己对有关学校生活的 33 个比较广泛的、不同的政策问题(这些问题可分成 9 类)有多大的影响力。对每个问题,他们可以在"有很大的影响"、"有一些影响"、"没什么影响"这三种答案中选择一个,为便于统计,我们分别用 3、2、1 来代表这 3 种回答。

表 6-2 教师认为他们对学校政策问题的影响程度

排列顺序	种类名称	平均分	说明
1	课程、教学、学生行为	2.45	有很大的影响
2	与家长的交流	2.20	
3	课外及与社区有关的问题和活动	1.79	
4	衣着的规定	1.69	有一些影响
5	分配教师去某年级或某班级任教	1.52	
6	安排和组织教工会议	1.50	在有一些影响和没有影响中间
7	财务管理	1.42	
8	聘用助教	1.38	没有或几乎没有什么影响
9	聘用专职人员	1.13	

表 6-2 展示了教师对这 9 类 33 个问题影响的不同看法。正像我们所预见的,他们感到自己对课程、教学、学生行为及和家长交流的问题影响最大,而对财务管理和选择与评估同事的问题影响最小。在同年级的各所学校之间,以及在三级学校之间,教师对这些问题的看法都是这种模式。但是,总的说来,小学教师感到比初中教师更有影响力,而初中教师感到比高中教师更有影响力。

表 6-2 的数据显示,教师感到他们对课堂问题的影响力较大,但这种影响力在全校问题上就明显地减少了。这些数据及我们进一步的分析还显示,我们样本中的教师感到他们对学生政策的影响力比对教师政策的影响力要大。看起来,教师认为他们对财务管理和人事决定没有什么发言权,但是在课程、教学、学生行为及和家长交流方面,他们认为自己很有影响力。

值得补充的一项有趣的发现是,校长所认识到的教师的影响力要比教师自己感到的要大一些。我们样本中只有一所学校的校长不是这样认为。在有的学校里,校长和教师在认识上的差距还相当大(我们在计算差距时是用校长对 33 个问题看法的平均分减去教师对这些问题看法的平均分)。所以,教师希望有更多影响力的想法会让一些校长感到吃惊。校长和教师在集体谈判桌上往往是对立的。已经成熟并可以拿到这些谈判桌上来讨论的问题包括教师参与财务管理和选择与评估同事。

讨 论

超越教与学的环境

教学与绘画不一样,绘画是一门艺术,是在没有框架的画布上开始创造的。而我们称作学校的地方对人有各种限制。例如学生和教师的期望和兴趣交织在一起的时候,就会产生一些限制。有其他的研究描述道,教师们相信只有教师才能在学校里激发出学生的求知好奇心和兴趣。[14]我们的数据表明,教师高度重视学校的学术功能,并认为自己是这一功能效益的关键。但我们的数据也表明,高中的学生特别不重视学术方面的发展。对他们来说,能得到高中毕业文凭就行了,至于学校教育的实际内容和所修的课程都是次要的。许多学生认为接受职业教育是最重要、最实际的目标。相比之下,他们对学术性课程的内容就不感兴趣了。此外,那些非学术性的学校因素——同伴、游戏、体育等——似乎是大批中学生的主要兴趣。

由于缺乏共同的、内在的学习愿望和需求,中学生不可能自觉地创造出良好的教学环境;而教师以为他们只有在这种环境里,才能最有效地工作,并获得最大的满足感。这至少可以在一定程度上说明控制课堂对中学教师来说是多么重要,控制课堂是维持教师个人的生存和保证教与学所必需的最起码条件的一种手段。他们感到必须先控制课堂,然后才能实施那些他们珍惜的先进的教学方法。高年级的教师在教学中使用更多传统式的课堂生存方法,这些很可能是他们在师范培训的教学实习中向那些有经验的教师学来的。

正如其他一些调查研究所发现的那样,师范教育课程的指导思想和在实践中的教师所信奉的思想有很大的不同。⑮我们样本中的许多教师指出,师范教育的指导思想是进步主义关于教学的信仰,但在实践中的教师所信奉的思想都是与控制和次序相关的。当教师最终面临着对自己课堂负责时,许多中学教师还是采取了那种把学生压在消极、被控制地位的措施。而此时的青少年正应该为自己的教育负起更多的责任。看起来教师并没有忘记他们学过的"专业"思想,只是将它们永远地搁置起来了。

最近,我们听说出了一些经过"检验"和"确实有效"的教学方法。关于什么样的教学实践能达到什么目的和适应什么样的学生的文献已经堆积如山了。但是,在将这些新方法付诸实施的时候,人们往往忽视了这一较新研究中的细微差别。例如,教师对学生的表现如果采取消极或简单粗糙的反应,就会导致他们的学习没有成果。但是,也没有肯定性的证据来说明采取表扬的做法又会有什么样的结果。所以,即使教师在培训中学过那些能提高学生成绩的新方法,他们在课堂里并不一定会有效地使用这些方法。

这一切向我们展示了一个富有讽刺意味的事实:我们希望年轻人开展学习知识的各种活动,但是在课堂里他们几乎没有机会这样做。学生也不经常参加由他们自己和同学设计的项目活动,或去争取达到那些对他们来说至关重要的目标。所以,他们的行为准则是不能根据他们自己想追求的有意义和合作性的活动的需要来制定的。这些准则是由教师制定的,以用来在小课堂里约束大批的学生。更有讽刺意味的是,有的研究示意说,如果教师改变那种在课堂前面开讲座或是提问全班的教学方法,学生们"用在学习任务上的时间"就会减少。其含义是以教师为主导的教学方法是人们更喜欢的方法。但是这样一来,恐怕许多,事实上也许是大多数学生就要在学校之外寻找对他们有意义的活动和经历了。

我们要小心的是,不要把这种学生生活和学校提供给他们的教育之间的明显脱节归咎于课堂的环境。海斯和他的同事们记录了家庭在儿童对学校的期望的形成过程中所起的早期的和持续性的作用。⑯处于底层社会经济地位的家长警告他们的孩子不要被伤害到或自己陷入麻烦,教导孩子在学校要低调和听话。而中产阶级的家长则鼓励他们的孩子从学校获得一切有利于他们将来发展的教育。这些不同的期望随着孩子的年龄和年级的增长越来越大。这两种对学校的期望都不符合这种观点,即学校为学生提供个人成长和完善的机会。越来越多的学生接受了学校是一种工具的观点,除了分数和成绩的工具性作用以外,至于学到什么知识及其价值都变得无关紧要了。

从这些事实里,我们可以看到,如果教师的主要目的是唤起他们的学生对历史或生物学的学习兴趣,那他们难免要大失所望。学校的校长可以帮助学生树立学习的目标并改善教师的教学条件。教师本身也应具备超越那些限制学生学习的环境的职业能力。但学生对学术性学习的动机问题远远超出了学校和课堂的范围。我们必须为年轻人在他们周围的环境里提供更多的专业学习和智力发展的动机、奖励和榜样。特别重要的是,家庭和学校应该密切合作,共同为儿童和青少年提供更多的了解社会及他们与社会之间关系的机会。我们还没有把学生看成是学校的真正顾客,也没有尽全力使学校完成帮助个人发展并成为有责任心公民的任务。

专业化:理论与实践

从我们的调查中可以得出这样的结论:实践中的教师的信仰和期望往往是专业性的,但由于工作条件的限制,他们的实践却更像是工匠性质的。毫无疑问,现在想要倒拨时钟,重新给教师职业带上专业的桂冠,已经为时已晚。但是,我们可以提出这样一个问题,即是否有可能改造教学的环境,使所有的教师都能发展专业化的行为。专业的性质要求其成员有相当的决策自主权,并在职前和在职教育中发展和完善专业知识和技能。总的来说,我们样本中的教师选择进入教师职业,正是因为这些内在的职业价值。但是,他们在学校里面对的许多现实情况都妨碍了他们往专业化的方向发展。

人们希望教师能日复一日地热情奔放地教学生,并敏锐地诊断和帮助学生克服学习上的困难。这种希望现实吗?据杰克逊的研究,教师在每个小时的上课时间里要作出200多个决定。⑰在每个工作日里,许多教师要连续不断地给多达35名学生的班级上课。不久以前,有位教师告诉我:"正是每天与173名学生的交往使我筋疲力尽,垮了下来。"

教师的负担如此之重,以至于即使他们能采用最佳的教学方法,他们中的许多人也会转向使用那些精神和身体都不那么劳累的老办法。他们哪有额外的时间和精力去关注第5章中所提出的课程问题呢？有的教师故意做好了离开课堂的准备。一旦教师获得教育专业的最高学位(博士学位)，他/她就几乎毫无例外地离开中小学的教学工作，进入更高工资的其他工作。教书也许是唯一的使其最高学位获得者离开中心工作的"专业"。

有一个办法似乎能解决四个关键性的问题，虽然它不会受到非教育工作者的欢迎。这就是将教师的每周授课时数减少到约15小时，和日本一样，也和我们大专院校里最高的教学时数相当。与此同时，发动由全体教工参加的、以学校为立足点的课程与教学改革运动。首先，人们就可以期待教师每天只教3小时的课；第二，我们在第5章里探讨过的课程方面的不足就可以得到重视，这同时也为教师提供动脑筋的机会，使他们与大学的学科专业人员以及行为科学家建立起一些联系；第三，像大学里那样，在工作周里也可以进行专业进修活动；第四，我们有可能为儿童和青少年提供校外学习的机会，使用整个社区的非正式的教育资源。

这样一来，也许一个有效的学校工作日可以只安排3小时或最多4小时缩短的但更紧凑的学术学习，而不是像现在这样，学生每天要在学校里比较轻松地度过5到6小时。一天中其他的时间学生就可以用来学习职业教育课程，并在有兴趣做同样事情的成人指导下，发展个人的智能。这样教师就可以为学生树立"动手"而不是"动口"的榜样了。同时，教师每天可以用4小时的时间来发展更好的课程，并且很显著地改进备课。

我意识到这种建议会遭到断然拒绝，因为这样做会增加学校教育的费用。我问教师们，如果让他们按我们的提议来分配工作的时间，是否还是能够为学生提供一个全面的学习计划。学生的情况应当符合他们现在工作的学校里的学生情况。他们肯定地回答说，如果每周教20小时的课，是可以达到这个目标的，不过如果每周只教15小时的课就不敢肯定了。但是，与我交谈过的教师说，他们愿意尝试一下。教师们在这个提议中，显然看到了提高他们教书积极性和创造性地为学生设计不同的学习环境的机会。

很明显的是，如果我们能动员社会上的广大公民义务参加教育工作，那就更有可能实现这一改革计划。在学校内和学校外义务教育儿童和青少年的自愿工作者也能为孩子们提供崭新的做人榜样。我们有理由相信，有些自愿者可以参加到学校的正规教育计划中来。例如，将艺术家、政界和商界的领袖人物、科学家、医生、律师等请到学校来,或把学生带到他们那里去。特别是那些学生认为是很有意义的事情,目前还做得太少了。我们只有解放思想,把我们的思路从传统的关于学校的想法中解放出来,才能设想并实施这些既支援学校教育又加强社区教育年轻人的作用的改革措施。这些措施并不需要多花钱,但是需要我们重新分配资源,动员更多的义务工作者,并促进教育机构和社区里有教育潜力的组织之间创造性的合作。

教书作为一种职业

我们的研究没有观察进入教师职业的人的特征,也没有探索教学工作的大社会和经济环境。但是,已有一些关于这些方面的研究。最重要的有我在本书中引用过的洛蒂的研究,还有沃勒的研究。⑬当人们将我们关于教师在学校里工作的环境的数据和其他研究中关于这些环境以及校外的大社会环境的数据联系起来时,人们就会感到泄气,不敢指望今后能不断吸收有献身精神的、受过良好训练的人来当教师并留在教师队伍里。我在前面几页里谈到社会对学校的约束,例如学校传统的午餐作法。尽管小说和历史文献中所提到的那种教师在社区中的孤立现象已经不那么严重了,但是许多年轻的女教师仍然报告说,她们感到"被人监视着",特别是在那些比较小的社区。

沃勒和洛蒂都注意到了教师工资晋升缓慢的问题。教师退休前的工资,通常也不过是刚开始工作时工资的两倍。我们的数据显示,虽然只有2%—4%的中小学教师出于经济原因而选择了教书的职业,但有18%—25%的人却因为经济原因而离开教师队伍。教师工资增长速度在所有职业中是属于最慢的,这就造成了教师离职的经济原因。继续留在教育职业并享受高工资的机会不多,往往是从教学工作转入监督和管理的工作。还有许多其他的因素也阻扰着教师去做他们想做的事,使他们感到灰心。有时人们要问,在这种情况下怎么还有那么多的男女教师默默无闻地坚守着他们的教学岗位。事实上,近些年来,妇女的就业机会显著增长,不再限制于传统的教书、护士和秘书性的工作。这样一来,进入教师职业的妇女就比几年前少多了。我们的国家和许多其他国家一直依赖着妇女当学校的教师,特别是小学。

今天,进入教师职业的男男女女会发现自己在社区里的自主权比以前增加了,但他们的威信和地位却下降了;在校学生,特别是中学生之间的差异越来越大;学校被更多地利用来解决重要的,诸如消除种族隔离的社会问题;通过立法和执法机构来管理学校的做法显著增加;教师个人的经济收入仍然较低;在教育领域里调换工作的机会仍然很有限;学校和教室里的条件依旧,使教师感到筋疲力尽,只好沿用传统的教学方法，而不去创造性地教学。如果只要求教师提高学生的成绩，而不去探讨上述的环境问题，我们就不可能改善教师的职业生活，也不能提高他们所在学校的教学质量。

注释

① James S. Coleman et al., *Equality of Educational Opportunity*. Washington, D. C.：U. S. Government Printing Office, 1966.

② Christopher Jencks et al., *Inequality*. New York：Basic Books, 1972.

③ For instance, see M. Dino Carelli and John G. Morris (eds.), *Equality of Opportunity Reconsidered: Values in Education for Tomorrow*. Third European Colloquy for Directors of National Institutes in Education, Hamburg, September 1978. Lisse：Swets and Zeitlinger, 1979.

④ Dorothy M. Lloyd, "The Effects of a Staff Development In-service Program on Teacher Performance and Student Achievement." Unpublished Doctoral Dissertation. Los Angeles：University of California, 1973.

⑤ Thomas Sowell, "Patterns of Black Excellence," *The Public Interest* (Spring 1976), pp. 26 – 58.

⑥ National Education Association, *The American Public-School Teacher 1965 – 1966*. Washington, D. C.：Research Division, 1967.

⑦ Ibid., p. 100.

⑧ Dan C. Lortie, *Schoolteacher*, p. 94. Chicago：University of Chicago Press, 1975.

⑨ See, for example, Lee Braude, *Work and Workers*. New York：Praeger, 1975；Louis E. Davis, Albert B. Cherns, and Associates (eds.), *The Quality of Working Life*, Vol. 1, 2. New York：Free Press, 1975.

⑩ L. J. Wehling and W. W. Charters, Jr., "Dimensions of Teacher Beliefs about the Teaching Process," *American Educational Research fournal*, Vol. 6 (1969), pp. 7 – 30；Marvin Sontag, "Attitudes toward Education and Perception of Teacher Behaviors," *American Educational Research fournal*, Vol. 5 (1968), pp. 385 – 402；P. Ashton et al., *The Aims of Primary Education: A Study of Teachers' Opinions*. London：Macmillan and Co., 1975；N. Bennett, *Teaching Styles and Pupil Progress*. London：Open Books, 1976.

⑪ See, for example, Mary M. Bentzen and Associates, *Changing Schools*. New York：McGraw-Hill, 1974.

⑫ See, for example, Kenneth A. Tye and Jerrold M. Novotney, *Schools in Transition*. New York：McGraw-Hill, 1975.

⑬ See, for example, Gary A. Griffin, "Levels of Curricular Decision-Making," in John I. Goodlad and Associates, *Curriculum Inquiry: The Study of Curriculum Practice*. New York：McGraw-Hill, 1979.

⑭ Lortie, op. cit., p. 114.

⑮ Garth Sorenson and Cecily F. Gross, "Teacher Appraisal: A Matching Process," Occasional

Report No. 4. Los Angeles: Center for the Study of Evaluation, University of California, April 1967; Frank Dyer, "Teacher Role Expectations of a Secondary School Staff." Unpublished Doctoral Dissertation, University of California, Los Angeles, 1966.

⑯ Robert D. Hess and Virginia C. Shipman, "Early Experience and the Socialization of Cognitive Modes in Children," *Child Development*, 36(1965), pp. 869 – 886.

⑰ Philip Jackson, *Life in Classrooms*. New York: Holt, Rinehart and Winston, 1968.

⑱ Willard Waller, *The Sociology of Teaching*. New York: Russell and Russell, 1961.

▶ 第 7 章

学校和课堂在教些什么

197 在本章,我将努力整理归纳我们样本中的学校和课堂所教的内容。我将讨论到表面的课程和内在的课程。在教育文献中,后者常常被称为"隐性课程",但这样的称呼是不妥的。如果说是隐性的,它往往只是略微地被掩盖住了。

谈到表面的课程,我指的是那些教师通过课程指南所提供的课程,即学校为学生开设的科目,为这些科目列出的教学题目、测试的内容和所使用的教材,教师所阐述的他们将如何教学生或要求学生学什么,等等。所谓的附加课程或课外活动,如游戏、运动、俱乐部、校报、学生管理,等等,在这里也被认为是表面的课程的一部分。

我说的内在课程是指所有那些传授表面课程的教学方式——强调背诵事实或强调解决问题、侧重个人表现或合作性的活动、要遵循的种种规则、所鼓励的多种学习风格,等等。内在的课程也包括学习的物质环境和体现教学环境特色的社会和人际关系给学生传递的信息。

198 学校所教的一些科目和内容是因为它们在传统上就一直是这么做的。有些内容格外受到重视,并被认为对于准备上大学的学生来说是必要的。学校教一些思维和行为方式,因为教师们就曾经被教过这些,他们认为没有理由改变。教师传授的某些内容是因为他们认为社会期望他们去教这些,而他们传授的其他一些内容,是因为学校教育的环境示意他们有必要去这样做。正像我们已经看到的,教师将其中的一些内容以不同的方式传授给分在不同班组的学生。然而,我下面所关注的问题仅仅与学校为什么要教它们所教的内容有一点点的联系。我的目的是要描述,并且尽可能地推测我们样本中的学校所教的最相同和最不同的内容是什么。别人或社会做出不同的推测。自始至终,我都尽量在读者面前展示这样一个问题;这些学校表面上正在教的内容是否就是他们应该教的内容。对学校抱有不同期望的人们将对此问题作出不同的回答。我将试图根据自己对于学校的目的是什么和应该教什么的信仰来回答这个问题。

学校课程中的学习科目

表 7-1 总结了一些小学低、高年级教师在不同课程科目上分配教学时间的情况。很清楚,他们认为每周最多的教学时间是用在语文和数学课上——在三个低年级里,每天有大大超过 90 分钟的时间用于语文课,用于数学课的时间略微低于 1 小时;在三个高年级里,每天用于语文课的时间略少于 90 分钟,用于数学课的时间多于 1 小时。由此看来,在大多数人认为是基础知识的课程上,学校投入了相当多的时间。在第 2 章里提到的那些我们用来归纳一系列学校教育目标的多数州的教育文献中,基础知识也是首要的重点。

表 7-1* 小学教师关于各学科每周教学时间平均分配情况的报告

	小学低年级		小学高年级	
	平均小时	教师人数	平均小时	教师人数
英语/语言艺术	8.46	65	7.41	59
数 学	4.65	65	5.12	58
社会学习	2.09	66	3.83	59
科 学	1.65	66	2.93	58
艺 术	1.50	66	1.29	58
音 乐	1.08	66	1.35	57
戏 剧	0.10	61	0.07	55
舞 蹈	0.29	62	0.17	54
体 育	1.49	65	2.26	58

* 细心的读者会注意到表 5-1(第 5 章)和表 7-1 的一些不同。这是因为学校间的平均数与从代表着所有学校的抽样教师那里得到的平均结果是不同的。

我们看到,其他科目在学校的地位就比较低下了。当一些像纽堡和克雷斯特夫那样的小学里的教师每周用于教学的时间还不到 20 小时的时候,这便成了一个问题,无论这种情况是出于什么原因。这些教师往往把注意力放在语文和数学课上,而用于社会学习和科学课的时间就严重地缩短了。

我们对于小学低、高年级教师关于艺术课的教学时间的报告表示怀疑。我们试图判定学校对美术、音乐、戏剧和舞蹈的相对关注程度。但是,当我们问教师他们用于每一学科的教学时间是多少时,我们最后得到的总时间或许是过量的。不管怎么说,我们的数据所显示的小学用于艺术课的时间一般比其他研究人员报告的数字要高。在州教育文献中,艺术的目标提到的最少。因此,在小学课堂中,用于艺术的时间也就相对低些。

表 7-2 显示了中学学科教学计划的百分比。很难把它们与小学相比,因为在两类学校采集的数据种类不同;初中和高中的数据是通过把总课时数转化为对应的任课教师人数而统计出来的。尽管如此,可以看出,小学高年级对数学的重视程度一直持续到初中。然而,对英语的重视下降了,职业教育开始出现并且占用了将近 11% 的教学力量。在高中,职业教育的分量更加重了。对英语的重视进一步下降,对数学的重视也下降了,这可能是因为一旦学生完成了毕业最起码的要求后,许多人就不再报名上数学课了。

表 7-2 初中和高中学科教学总计划(百分比)

高 中		初 中	
职业教育	24	英 语	22
英 语	18	数 学	17
数 学	13	社会学习	14
社会学习	13	科 学	13
科 学	11	职业教育	11
体 育	9	艺 术	11
艺 术	8	体 育	10
外 语	4	外 语	2

根据对教师的调查,平均来讲,我们样本中的小学每周将近 54% 的教学时间用于阅读、语言艺术和数学。如表 7-2 所示,初中和高中分别把 39% 和 31% 的课程时间和教师分配给英语和数学。从总体上观察一下样本学校中的学术性课程,平均而言,

各年级的教学计划和教师的绝大部分都用于被普遍认为是核心学术性的学科,也是大学录取时最看重的四门学科上——英语、数学、社会学习和科学。据估计,这些学科共占据了小学每周课堂时间的76%,在初中和高中分别占用了66%和55%的教学力量。对于两类学校来说,它们仍然保持着强有力的地位,但对它们的重视程度有所下降。总体上,在初中,对职业教育的强调几乎与社会学习和科学相当。而在高中,平均来说,这种强调则超过了上面两门学科中的任意一门。这种现象大体上与州教育文献中所表达的社会期望相一致,也折射出抽样中许多家长的兴趣,尤其反映了多数学生的喜好。然而,在我看来,对一些学校来讲,职业教育课程与教师及学术课程与教师之间的比率是相当高的。当这个比率失衡的时候,我注意到,教师和家长观察到的学校计划中的重点与他们喜好的重点之间就出现了越来越大的分歧。偶然出现的例外,也是有独特的背景的。例如,丹尼森高中是一个非常小的农村学校,家长对这所学校十分满意,认为职业教育是学校的主要重点和认为学术是主要重点的比例是相同的。但是,如果单纯追随家长的喜好,就要极大地偏重职业教育。考虑到这里大部分学生最终还是要在学校所在的农村地区就业,这种现象并非异常。

表7-3 各学科全职教师的百分比:初中*

	教师总数	学科教师数	英语 人数	%	数学 人数	%	社会学习 人数	%	科学 人数	%	艺术 人数	%	外语 人数	%	职业教育 人数	%	体育 人数	%	学术学科 总人数	%
福斯特	49	47.3	10.0	21	8.0	17	7.0	15	8.3	18	5.0	11	0.0	0	6.0	13	3.0	6	33.0	70
克雷斯特夫	32	30.3	9.3	31	5.0	16	4.0	13	4.0	13	4.0	13	0.0	0	2.0	7	2.0	7	22.3	74
费尔非德	42	39.2	9.8	25	6.0	15	5.0	13	1.8	5	0.6	2			6.0	15	5.0	13	26.4	67
罗思蒙	44	41.8	10.0	24	8.0	19	6.0	14	6.8	16	3.0	7	1.0	2	3.0	7	4.0	10	31.8	76
纽堡	75	59.6	11.0	18	10.4	17	8.6	14	5.0	8	8.0	13	0.8	1	8.0	13	7.8	13	35.8	60
伍德拉克	30	30.7	8.0	26	4.0	13	3.0	10	4.0	13	3.0	10			2.0	7	5.0	16	19.7	64
阿特沃特	24	24.0	4.0	17	4.0	17	2.0	8	5.0	21					6.0	25	3.0	13	14.0	58
巴利萨德斯	49	44.6	12.0	27	10.0	22	6.0	13	3.7	7	3.8	9	0.8	2	3.0	7	6.0	13	31.8	71
洛瑞	24	15.0	4.0	27	3.0	20	1.4	9	2.0	13	2.0	13			0.6	4	1.0	7	11.4	76
曼彻斯特	62	54.2	9.6	18	9.6	18	7.0	13	4.0	7	4.0	7	2.0	4	12.0	22	6.0	11	32.2	59
布拉德福德	35	32.4	7.0	22	5.6	17	5.8	18	5.0	15	3.0	9			2.0	6	4.0	12	23.4	72
优克利德	13	6.5	1.0	15	1.0	15	1.0	15	0.8	13	0.3	5			0.8	13	0.7	10	4.2	64
平均		35.5	8.0	22	6.2	17	5.0	14	4.2	13	3.7	11	0.5	2	4.1	11	3.8	10	23.9	68

*仅指全职教师在这些学科上所占的百分比——不包括其他学科的教学(如特殊教育)。

表 7-4　各学科全职教师的百分比：高中*

	教师总数	学科教师数	英语		数学		社会学习		科学		艺术		外语		职业教育		体育		学术学科	
			人数	%	人数	%	人数	%	人数	%	人数	%	人数	%	人数	%	人数	%	总人数	%
福斯特	84	80.0	16.0	20	10.0	13	9.0	11	10.0	13	9.0	11	3.0	4	18.0	23	5.0	6	48.0	60
克雷斯特夫	44	44.0	9.0	20	6.0	14	6.0	14	4.0	9	4.3	10	1.2	3	10.6	24	3.0	7	26.2	59
费尔菲德	57	53.2	9.2	17	5.0	9	4.8	9	5.0	9	1.6	3	1.0	2	22.6	42	4.0	8	25.0	47
罗思蒙	121	118.6	26.2	22	16.0	13	15.6	13	17.6	15	6.0	5	5.0	4	25.0	21	7.2	6	80.4	68
纽堡	85	70.2	13.7	20	8.0	11	7.7	11	7.0	10	7.7	11	6.7	10	9.2	13	10.0	14	43.2	62
伍德拉克	57	54.8	11.8	22	6.0	11	7.0	13	5.0	9	4.0	7	2.0	4	15.0	27	5.0	9	30.8	56
阿特沃特	25	23.6	5.0	21	2.2	9	4.0	17	2.0	8	2.0	8	1.0	4	5.0	21	2.4	10	14.2	60
巴利萨德斯	68	63.8	10.0	16	9.4	15	8.0	13	8.0	13	7.4	12	5.0	8	8.0	13	6.0	9	42.4	66
洛瑞	18	20.0	3.0	15	4.0	19	4.0	19	2.0	10	1.0	5			3.0	15	2.0	10	13.0	65
曼彻斯特	114	111.0	25.0	22	15.0	14	17.0	15	14.0	13	4.0	4	5.0	5	21.0	19	9.0	8	77.0	69
布拉德福德	63	50.0	8.0	16	8.0	16	6.0	12	6.0	12	6.0	12	3.0	6	7.0	14	6.0	12	31.0	62
优克利德	24	14.5	2.0	14	1.3	9	1.0	7	1.3	9	1.5	10	0.3	2	6.0	41	1.0	7	6.0	41
丹尼森	11	8.5	1.0	12	1.0	12	1.0	12	1.0	12					6.0	35	1.0	12	4.0	47
平均		54.8	10.8	18	7.0	12	7.1	13	6.5	11	4.3	8	2.6	4	11.8	24	4.7	9	33.9	59

* 仅指全职教师在这些学科上所占的百分比——不包括其他学科的教育（如特殊教育）。

表 7-3 和表 7-4 证实了第 5 章提出的一个观点：我们抽样的初中和高中，在一些学科领域的科目和教师的分配上，有着很大的差别，特别是在非学术领域。表 7-2 中显示的总平均数是有误导作用的。这里的课程平衡性比人们观察各所不同学校的学科和教师的分配情况时所发现的平衡性好多了。

正如在第 5 章观察到的那样，学校之间在学科资源分配上最显著的不同在于职业教育方面，尤其是在高中。当学校既要满足学生接受高等教育的期望，又要迎合就业市场的需求时，为学生提供良好的教育、实现开发个人潜力、培养有责任感的公民的任务，就退居第二位重要了。如何制定一套均衡的教育计划并且只雇佣全职的教师的问题就变得复杂起来了。

我以丹尼森和优克利德高中为例来说明这个问题——这个在小型的学校中最为严重的问题。丹尼森初中和高中一共只有 61 名学生，11 名教师。这 11 名教师中，只有 8.5 名教师从事教学，其中有 3 名教职业教育。优克利德有 262 名学生，24 名教师，有 14.5 名教师从事教学，其中有 6 名教职业教育。在这两所学校里（大量的家长都认为学术科目在课程中的地位等同于或超过了职业教育），家长们希望在学校的教学计划中进一步加强职业教育。但是,除非增加教师,否则,这样做就会严重影响学术科目的教学。丹尼森有3名职业教育教师,因此四门学术科目的每一门只分到一名教师,没有外语教师,并且只有1名半的教师教艺术。优克利德有6名职业教育教师,2名英语教师,但在其他学术科目方面的教师只比丹尼森略多零点几名。

英语、数学、科学和社会学习等科目每门只有1名或1点几名教师(更不必说在优克利德,没有外语教师或只有1/3名外语教师了),对这些学科的教学带来了严重的影响。要么必须准备一些结合性的学习计划——没有哪一级的学校能做好这样的计划——要么必须为学生提供某一领域内几门学科的粗略知识(教师在某些方面会准备不足),要么教师必须选择只教某一门学科里的单个知识体系。但是,在丹尼森有35%的教学力量、在优克利德有41%的教学力量从事职业教育,他们享受的课程优势得天独厚,不为其他教师所具有。这是我们所希望的中等教育吗?——尽管这两所学校的家长都赞同这样的课程安排,并且还希望再增加一些职业教育。我们常常说学校属于社区,但是我们关于社区的概念应该延伸到地方学校及其服务范围以外多远的地方呢?学校对顾客的责任是什么?当学校在满足家长期望的同时限制了学校传授给学生的知识面时,学校应该怎么做?

学校既要满足家长的特殊需要,又要为所有的学生提供通才教育,但它们会受到一些来自于教育体制内部的限制。这个体制不愿意使用兼职人员或没有资格证书的人员。因此,那些创新的建议,例如,把一名全职的有资格的职业教育或社会学习教师和几名兼职的、没有资格证书但具有某些专业能力的人员结合在一起教学的模式,就不能盛行起来(当然,这种建议对农村学校,如丹尼森高中和优克利德高中,是最没有用处的,因为在那里,兼职的专业人员短缺)。然而,人们还是不禁要思考,把学校内外可以获得的潜在的教育资源结合到一起,建立新的创造性体制的可能性。不管怎样,我们必须克服头脑中关于教育年轻一代的地点、人员和时间的精神阻力。

课程、主题、测试和教材

为了深入地了解课程,除了使用访谈、问卷和观察等方法外,我们还请求教师为我们提供学校的档案和资料,以获得尽可能多的信息。我们研究了课程表、教师列举的教过的和将要教的主题和技能、所使用的课本、考试和小测验、访谈教师时所采集的数据等。我们所想得到的信息并不都是可以采集到的;在教师提供材料的综合性方面,有很大的不同；一些人其实什么也没能提供。但是，所提供的文献的数量和从中得到的信息量是巨大的。

下面，我将尽可能地描述前面提到过的表面课程——主要是课程、主题、测试和教材。然而，要清楚地把表面的课程和内在的课程分开是不可能的。两者十分有趣地交织在一起，有时候，要想从无意中看到有意竟是十分困难的。

英语/语言艺术

英语/语言艺术形成了我们所研究的班级的课程的主干，特别是在小学。在这个主干学科的框架之下有不同的科目及活动——阅读、作文、书法、说、听、拼写、语法（尤其是学习词性）、写信、文学、查字典——因此它在小学比其他任何学科所占的时间都要多，在中学（包括初中和高中）比其他学科所配备的教师都要多。

这门课贯穿始终的教学重点是传授基本的语言应用技能，掌握技巧——用大写字母书写、标点符号、段落、划分音节、同义词、同形异义词、反义词、词性，等等。在小学年年的教学中，这些内容都在重复，在初中予以复习，并且，在高中的低班上，学生要再次学习这些内容。穿插在这些基本技能教学中的有一些培养自我表达和创造性思维的活动——写故事、演出戏剧的某一场景或小说的某一主题、朗诵诗歌、写读书报告、讲故事、访谈，等等。在初中和高中教师列举的教学内容中，有自传、小说、散文、诗歌、民间故事、短篇小说、创造性的写作、日记、写原创诗歌和短篇小说。但是在一些学校，教师列举的这方面的内容很少。

初中和高中的阅读教学看起来是一种包括字词辨析、语音和词汇量扩大等技能的矫治性的教学。英语课上，仍然大量强调语法和作文的基础知识——标点、大写、句子结构、段落组织、词句分析、词性。与我们在第5章分析按能力和成绩分班的发现相一致，低班往往强调英语使用的技能，而高班多强调分析、评价和判断的智慧技能，尤其是通过文学作品来进行。低班的学生不大可能有机会学习高班里讲授的那些通常认为对大学录取来说非常重要的高水平的知识。

高中英语课中最常见的是文学和语文技能结合起来的课，然后是纯粹的文学课，再就是语法和作文课。这些课形成了高中英语必修课的核心。在这个核心之外，还有一些选修课，如新闻、演讲和创意写作。

所有学校和所有年级的教师在语言艺术课的教学中，尤其是在选用作为训练方法辅助材料的学生练习册的过程中，都大量使用商业公司准备的材料。小学使用的教材的书名大都与教师所列举的基本功教学主题相似——《新语音学》、《阅读技巧》、《语言规则》、《基础拼写手册》、《与书法一起创造性成长》、《口语写作》、《语言的发音》、《英语进步》、《拼字和写作规则》等。多数教材都是由本领域大公司出版的标准化的按年级分类的丛书——这些公司中有基恩公司、史高特公司、佛尔门公司、雷德罗公司、富莱特公司、美国图书公司、哈库特公司、布莱思公司、奇凡诺维奇公司、利品科特公司,等等。无论这些书是关于什么的,所涉及的主题内容都十分相似。

初中和高中经常使用课本和练习册,重复和增加一些小学里讲授过的语言应用技能。初中教师列出了一些通常在课堂上学习的文学作品。被认为阅读难度相对较低、但学生们十分感兴趣的作品包括:《杜兰沟大街》、《局外人》、《猪倌》、《几乎之年》、《不光彩的死亡》。经典和近乎经典的作品包括:《优立斯历险记》、《给阿尔及农的花》、《群鸟》、《杀死反舌鸟》、《航海的一个习惯》、《家里的客人》、《完美罪行的完美时辰》、《田野里的百合花》、《康-惕矶》。教师也列出了诗集、短篇小说集和其他形式的文学选集。我们的印象是,学生主要是通过这些短篇的文选,而不是像小说这样的完整的作品来了解重要的欧美作家,因为阅读完整的作品要求学生花费课外更多的时间和精力。

高中课本中重复的内容不太多。不同的学校同类级别的班级里会有一些相同的内容。较小规模的学校学科数量和种类较少,这也减少了课本内容的重复率。然而,像初中一样,在列出的一系列教学内容上,有着大量的重复。

高中的文学教师列出了长期以来与中学课程有关的许多作家和作品,例如,莎士比亚、狄更斯、易卜生、坡尔、郎福楼、惠特曼,还有《罗密欧与朱丽叶》、《双城记》、《哈克贝利芬》、《莫比帝克》、《朱力叶恺撒》、《格列佛历险记》、《悲惨世界》、《黑麦中的捕捉手》、《樱花园》。教师也为我们列举了许多短篇小说集、诗集及其他文选,特别是美国和西方文学的选集。低班的学生远远没有高班的学生接触到文学的机会多。

从教师那里采集到的资料中,明显地可以看出教师偏重说明文体的写作,而忽视了创造性小说体的写作。没有学习词义和语言历史发展的参考书目。另外,中学也没有强调培养听的技能——尽管我们从其他数据中注意到,所有的学生都花了大量的时间在听课。

还记得周五上午的拼写测验吗?现在仍然有。我们样本中的大多数小学教师都列出了这一项。正如第 4 章所指出的,随着学校教育级别的提高,测试的频率也在增加。初中和高中常常使用标准测验将学生分到不同的班级。教师自编的测验在这些学校里设计和使用的目的不是为了诊断，而是为了评估和区分学生的成绩，也为了控制学生的行为。在所有学校，这些测试几乎都要求学生作简答和信息的回顾。练习册和活页练习常常是日常教学的一部分，也被许多教师用来累计学生的进步与成绩。这些常常是商业性材料的复制品。活页练习上的要求常常是"抄写句子"，或"圈点每一个动词"，或"把两句话合成一句"，或"加正确的标点"。如果教师出一些涉及写段落和写论文的试卷，他们很少提出明确的要求。

纵观十二个年级，我们看到，在英语/语言艺术的教学计划中，重复强调语言的基本技能——教师讲课的题目中大大强调学语言的机械方法，课本也侧重这些内容，练习册、活页练习和测验强调简答和对特定信息的回顾。偶尔，我们会看到与众不同的情况——有个二年级老师写道：学生的学习要注意得出结论、识别推论、利用大背景来理解主题的意思；一所小学的几名教师强调表达和交流，而不是强调语言技能；一位中学教师把世界文学的学习与当前的国际问题联系起来。尽管初中和高中的英语课从某种程度上讲，与一般的教学模式有所不同，但考试和测验的格式还是十分类似的。

人们不禁要问，那些已经熟悉了这些模式的初中和高中里最低班的学生们还要一次又一次地接受这种模式的教学，他们是否乐意呢？有什么新鲜的东西能唤起他们的兴趣呢？

数学

正像基本的阅读和写作技能主导着小学的语言艺术课一样，在我们研究的小学中，几乎所有的数学课都是基本技能的教学。在教师列出的教学内容中，包括这些技能：认数、加、减、乘、除、分数、小数点、百分比、钱币、报时和几何入门（图形与测量）。同样的技能在今后的几年中继续教授，只是难度略有所增加。数据中不清楚的是，教师是否想在后教的内容中逐渐培养学生的技能。教师很少讲解每一个内容与前面内容的关联。

初中的数学课通常被定为数学6,7,8,9班。占主导地位的教学是基本运算的复习——加、减、乘、除，也会进一步地教一些分数、小数点和百分比的知识。一些教师还会讲授货币管理和其他的技能，而这些应该是消费者数学课的内容。个别学校在八年级开设初级代数课，但通常地九年级以后才开代数课。初中的高班学生有机会上代数课，但是低班的学生继续学习实用数学的技能。就像小学教师一样，中学教师所列举的教学内容几乎都是教学题目，而不是从这些题目中可以学到的概念或技能。

各所高中教师所列举的数学教学内容几乎都是相同的,从强调基本技能的矫治班,到代数课和几何课,有些学校开设了微积分、三角学和计算机程序。同样,教师多数是列举了教学的题目,而不是技能。这些题目在不同的学校都是十分类似的。在初中,他们从教分数、小数点和百分比开始,接着教几何、微积分和三角学。在同一所学校,不同的班级(高班或低班)的课程内容是极为不同的。

在分析英语/语言艺术课时,我们得到的总体印象是,这门课在各所学校都极为相似,数学课给我们的这种印象更加深刻。当一个在缅因州的波特兰市念书的五年级学生离开那里的第十街学校,转入俄勒冈州的波特兰市的第十街学校时,将会学到几乎完全一样的数学内容。当一个学生转学到另外一所初中或高中时,如果他被安排在同以前一样级别(高班或低班)的班里,情形也是一样的。

像我们抽样的多数教师一样,数学教师认为自己的背景、学生的兴趣和经历是高度影响教学的因素。但是,数学教师一般比其他教师(外语教师除外)更认为州和学区推荐的课本对他们有相对高的影响。我们关于教材的数据也强有力地证明,在我们研究的课堂里,数学课程是受到课本的支配的。

所采用的课本系列显示出对基本技能的重复教学,年级与年级之间难度的增加不大。很难判断究竟是学校的计划决定了课本的内容还是课本的内容决定了学校的计划,两者相互加强影响。生产一系列的课本是造价昂贵的,除非它能保证与现实需要紧密吻合,课本公司是不会投产的。因此,不同公司的产品最终是非常相像的。当大型的改革兴起的时候——像20世纪60年代所谓的新数学运动——出版业往往是跟大流,而不是领导潮流。

我们看到,七八年级使用的课本比小学里教的基本运算在难度上有某种程度的提高。代数内容一般在九年级引入,但高班的学生常常在八年级时就学到了。高中的课本也因班级类别的不同而有差异。高班的课本介绍代数、几何和三角学的概念和微积分;几乎没有基本技能的内容。有几所学校使用了计算机编程方面的课本和练习册。低班使用的课本包括"生存"的内容——写支票、平衡支票账目、存款、准备收入税表格、借款、保险、日常财务等等。

练习册和活页练习的使用比英语/语言艺术课还要多地与测试结合在一起,常常无法与测试区分开来。教师经常用学生做练习的结果来给他们打分。更正式的考试和小测验也有活页练习题型的特点——填写计算结果、选择正确答案、用公式解决问题、完成句子等。这些测试都要求学生简短地回答问题,各个学校之间在这方面差别不大。中学里高班的学生在测试中能看到较复杂的问题——列等式、分解因子、求几何定理、标出对数、从数据中做出假设或得出结论。

数学课的内容、教材和测试给我的印象是，数学课正在传授给学生的知识是固定的事实与技能，而不是用数学作为一种开发学生某种特殊智能的工具。人们希望看到，小学高年级的数学活动的设计是要学生们运用以前学过的基本技能。相反地，学生们又重复学习这些技能，数学课以此为目的。有趣的是，数学教师从某种意义上比其他学术科目的教师更认为他们自己是一直都在寻求让学生们学会怎样学习，而不是单纯地掌握技能。许多人都希望自己的学生成为有逻辑的思考者，学会如何解决问题，如何自我思考。那么为什么在我们的样本中，只有很少的数学教师能够做到远离那种死记硬背和依赖课本的教学方式呢？这些方式是不可能开发学生批判性的推理能力的。

社会学习

我们的数据显示，英语/语言艺术和数学在课程中占有牢不可破的地位，教师们对这两门课应该教的内容和技能有相当大的共识。校方，尤其是小学，对于社会学习这门学科的重要性以及学校应该教什么，似乎没有太大的把握。中学生则认为，社会学习不如英语/语言艺术、数学和职业教育重要，和科学一样重要，比外语、艺术和体育课重要一些。初中生和高中生认为，社会学习对他们现在和未来的需要来说，是最没用的学科之一。

小学的课程是不确定的，尤其是在低年级。许多一二年级的班级把理解自我和他人的主题与家庭和社区的讨论合在一起。比起高年级，他们更多地组织到社区单位和设施去郊游。其目的显然是从身边做起，先了解自己，再加大个人对周围环境的了解。到了三年级，学生们常常要了解社区的需要，如身体保健和水保护等问题。一些班级还调研了其他文化（爱斯基摩人和毛利族）或了解自己的社区在获取某些食物、原材料和生产制品上对其他社区的依赖性。四年级常常借助于地图和地球仪，学习早期殖民地和开发美国的经历。到了五六年级，历史、地理和公民的主题成为主要内容，多数都以美国的形成和发展为背景，也常常有关于其他国家的内容。

当问及教师试图教些什么时，接受调研的教师相当一致地认为是识别地图的技能。他们也列出了这样的一些内容，如发展学生在小组里合作学习的能力、口头表达能力、运用图书馆的能力、理解不同文化之间共性的能力以及一系列较为复杂的智力过程——提出假设、做出比较、理解事物间的关联、得出归纳和结论、运用想象力。

小学社会学习项目中的多样化和不确定性到了初中就改变了,各所初中之间有着极大的相同性——美国历史、世界历史、世界地理,通常还有一门学校所在州的历史课。美国历史应该在八年级时讲授,这似乎已达成共识。教师希望学生获得识地图的技能、做笔记的能力、熟练使用字典和百科全书的能力,以及口头和书面表达能力。像小学教师一样,初中教师也列出了一套复杂的思维能力——理解相互关系、做出推断和结论、理解因果等。

根据我们的抽样,高中社会学习的"基础知识"是美国历史和政府。这些内容在所有的学校都以某种形式呈现。除这些科目外,所有的学校中,只有一所学校没有开设选修课。这些选修课包括经济学、社会学、法律、人类学、心理学、世界历史、州历史、世界文化、人类关系、当前时事和其他不同国家的历史和/或地理。在美国历史和政府课程的教学内容上,各校都颇为一致,但学校在设置选修课时,所包括的科目和内容就相当广阔了。教师认为,最普遍培养的技能是地图认读、使用图书馆、测验、写作和思考。

小学所传授的内容和技能的种类反映在课堂所使用的课本和材料的多样性上。令人吃惊的是,尽管初中的课程相对来说是相同的,但是只有几所学校使用的两三种课本是相同的。同样,高中的课堂里使用着各种类型的课本,但也存在着某些相同之处——例如,关于历史和政府的课本,在时间和地点上都与现实中的人们相距遥远。① 无论使用什么样的课本,所有中学都有报纸、杂志和电影胶片作为辅助教材。

我们可以认为,教师出的试卷反映了他们认为是重要的内容,并传授给学生他们希望学生学到的知识。依照这种假设,我们抽样的小学低年级的教师在评价学生时,并没有把社会学习课看作是一门重要的科目。他们没有进行测验,或者只通过口头提问来把握学生的理解。在小学高年级时,开始有些笔试,在初中和高中就更多地使用笔试了。

社会学习作为学习的一个领域,特别有助于推理能力的发展——从相关事件中得出概念,在新的环境里论证从另外一个环境中得出的假设,探索因果关系,从一组数据中得出结论等。各类学校的教师都列出这些和其他方面作为学习的目的。他们的测试反映着相当不同的侧重。我们研究的测试卷大多是测验学生死记硬背所学过的信息的能力——多项选择题、对与错选择题、搭配相关事物、填入词或短语。一些论文型的问题在小学高年级使用,在中学里也有出现,但这些不是主要的类型。

在我们调研的学校中,所有的孩子和青少年都要学习美国的历史、地理和政府。

对多数人来讲,在小学高年级最早学到这些知识,到了初中和高中,还要继续学习这些内容。还需要进行一项比我们这项研究更耗神费力的研究(最好是一项长期的研究)来判定多次讲授这些内容的重复量。我的印象是,小学以上的学生会认为自己对这些内容似曾相识——这种感觉会因熟悉的教材形式和教学方法(我们将进一步探讨这些方法)而得到加强。

一个令人困惑的问题是,为什么相比之下,小学高年级学生最不喜欢社会学习课。我们的数据显示,他们认为这门学科是最难的学科之一,这是理由吗?在中学,社会学习在学生喜爱程度上仅次于英语和数学,并与科学并列。包含在社会科学之中的内容通常都是人们所感兴趣的。但是当这些内容走进课堂的时候,似乎就发生了奇怪的事情。学习的内容远离了原本是社会学习所内在的人类本质,被缩减到只剩下读者一定要背记的年代和地点以应付考试。这正是许多年前在初中进行的一项研究的启示。这项研究让学生对几门学科,包括社会学习,打出自己的兴趣分数。结果发现学生对社会学习的内容是有很高兴趣的,但对于社会学习作为一门学科,与其他几门学科相比,兴趣是低的。②

有一种情况,我们从数据中不能确定,那就是在调研的学校中,是否所有的学生对美国的印第安文化或其他西方或东方文化进行过某种全面的分析。很明显,有的学生做到了。但是对不同文化的比较学习并不是我们所观察到的课程中的一门基础学科。我们也没有发现这些课程包含了多少全球或国际学习的内容。我们抽样中有超过一半的学生相信外国及其思想体系对美国政府是危险的。从学生对我们其他一些问题的回答中也能看到社会学习中对本国的强调和对全球其他国家理解的相对缺乏。我们的研究发现也与另一项研究的发现吻合,这项研究比较了八个国家的14岁学生,发现只有美国的学生在与朋友和父母讨论时,对外国事务的兴趣比对本国事务的兴趣少得多。③

我们抽样中的许多教师不能够在社会学习的教学计划中做出课程的和教学方面的设计来保证学生在世界上众多的国家中理解和鉴赏作为其中的一个国家的美国,以及它与其他国家的社会、政治和经济体制的关系。毫无疑问,他们的这种窘境只是反映了周围的社会对于我们国家在这个日益相互依赖的世界中的作用的认识含糊不清——我们的年轻人现在生活在这个世界、将来要作为成年人生活在这个世界上。④

我的结论是,课堂里社会学习的主导活动包括听讲、读课文、完成练习册和活页练习、参加测验——相比之下,很少有那种解决问题、实现小组目标、学生设计和实施某个项目等类似的活动。社会学习所培养的能力与语言艺术课培养的能力十分相似。在许多方面,社会学习课的教与学,其实更像语言艺术课的教与学(但不强调基本技能),而不像社会科学的教学。看来,即使学校课程包括社会学习,我们也不能设想它所培养的目标是社会科学所应培养的目标。

科学

在我们研究的学校中,分给自然科学课的时间和资源,少于但接近于给社会学习课的分量。小学上科学课的时间很少,而中学科学课的教师百分比又较低,这说明人们对科学课在大学前教育中的重要性的认识是不足的。

像社会学习在小学课程中的处境一样,科学课在小学的地位也是不确定的。同时,它的内容是重复的,并且在四年级往往会出现有趣的定向改变。前三个年级的教师经常把孩子们引向自然世界,而不是仅仅获得科学的信息。相比之下,小学里三个高年级的许多教师则倾向于只教孩子们一些科学的内容和方法。

小学前三个年级科学课讲授的内容包括动物、植物、季节、光、颜色、热、声音、磁、滑轮和显微镜的使用。到了小学高年级,这些内容再次出现,并加上太阳系、天气与气候、海洋地理、简单的生态系统、电、不同形态的动植物改良和健康教育的内容,如营养和毒品/酗酒。这门课就被称为一年级科学、二年级科学,等等。

初中的科学课被称为生命科学 7,地球科学 8,物理科学 8,普通科学 9 等。小学里教过的内容会在初中的内容里重现——植物、动物、地球大气、太阳系、磁场、光与能量、污染、海洋地理、太空。内含的概念也变得更为复杂——分类学、社区与人口、人体系统、动植物再生、遗传学、地质时代、食物链、基础化学。有些科学课还包括了健康教育的内容,如性病和性教育。

小规模高中的科学课程仅仅开设几个基础学科——物理科学、生物和化学。大的中学除了这些外,还开设更多别的学科。例如,曼彻斯特高中列举了十几种——物理科学、普通科学、地球科学、园艺学、普通生物Ⅰ、普通生物Ⅱ、实验室生物Ⅰ、实验室生物Ⅱ、生理学、普通化学、化学Ⅰ、化学Ⅱ和物理学。

通常,人们从科学课的名称上就可以将为上大学做准备的课和不为上大学做准备的课区分开来。罗思蒙高中在这一区分上十分明确:课程被分为应用物理科学或学术物理科学,应用生物或学术生物。这里只有 21% 的课程是职业教育课,比高中的平均数略低。罗思蒙高中的学生也被清楚地分为以学术为重点的和以职业教育为重点的两类学生。学生根据自己所在的类别参加学术的或应用的科学课程的学习。

教师所陈述的对学生学习的期望,比他们的教学实践更接近于我们对科学教育目标的期望。小学教师说他们希望学生能够比较和对照现象,探索生物间的相互关系,解释环境变化,从数据中做出推论、形成假设、观察和分类、养成质疑的习惯,等等。初中教师也这样认为,但是他们也提到较为具体的习惯和技能,如学习科学术语、解读图表、建构模型、在科学中应用数学以及解剖。

初中和高中教师在向我们报告时,一次又一次地使用这样的词句:学习习惯(或技能)、组织信息、科学方法和批判性思维。高中教师所列举的他们希望学生能学到的内容与初中教师所列的内容很相似,但也明显地更加有综合性。高中教师更经常地列出批判性思维中的潜行为和家长作用。在初中和高中,都有大量的证据说明教师希望学生参与科学的过程和思维方式。然而,我们在课堂上的观察使我得出这样的结论:我们抽样的大多数初中和高中科学教师的期望与他们的教学实践之间的差距是令人生畏的。显然,教师又一次不能够使自己的表现与自己的理论相符合。

如果说教师对我们问题的回答是相当完整和精确的,那么我们的结论必须是,小学课堂中使用的教材,其供给及种类都是非常有限的。在关于除课本外的教材使用情况的问卷栏目上,有些教师的回答全部是空白。有几个教师——他们只是整体中的一小部分——给我们送来了自制的质量较高的材料。但是,课本还是占统治的地位。由于课本到目前为止还是科学课教学的主要工具,熟练的阅读显然是理解科学信息和概念的必备条件。

通常,高中教师声称他们使用全套的材料,不仅包括教学目标、单元计划和活动,还有用于评估目标落实情况的测验。初中和高中里使用这种材料的教师说,这种方法能够使他们的教学具有个性化。但是我们研究的抽样材料表明,学生们之间唯一的区别在于,要求他们完成这些材料的时间会有所不同。所有的学生都要完成同样的阅读内容、活页练习、实验和测验——并且得出实质上是同样的结论。

除了以上已经得出的结论之外,关于我们的数据,还要作出以下几点归纳:第一,科学课程在不同的程度上一方面与健康课有关,另一方面与数学课有关。前者常见于小学,后者常见于中学。例如,在回答我们提问时,有接近半数的高中教师将公制列为一项教过的教学内容或一套技能。第二,所有的学校都没有讲授伟大科学家的生平或教育学生将科学作为一种职业生涯。第三,很难把教师列出的教学内容与教师时常提到的科学和批判性思维联系起来。也就是说,我看不出教师如何能通过他们所列举的教学内容来开发他们所提到的智力行为。对教师公平一点地讲,我们在调研中请他们回答问题时并没有引导他们自然地把这两方面联系起来。不管怎样,我们对教学实践的观察和收集的有关测验的数据进一步证实了我们所怀疑的这个差距。所用的测验又着重强调死记硬背,而不是训练较高的智慧能力。我们获得的整个数据体系使我得出这样的设想,我们样本学校中的科学和社会学习课程的教学,都没有足够地强调与这两个学科领域有正常关联的智慧能力。

外语

外语在中学课程中仅占很小的比例——高中有4%的外语教师,而在初中,只有2%的外语教师。一所小的高中没有外语教师,另一所高中只有一名教师教其力所能及的西班牙语。十二所初中里有五所没有外语课。

初中和高中教得最多的外语是西班牙语,然后是法语和德语。十三所高中里有四所教拉丁文。两所相对较大的高中(它们的学生成分碰巧很不相同)除上述所有语言外,还教俄语。在所有的初中和高中(除了一所中学之外),当只教一门外语时,那就是西班牙语;当只教两门外语时,那就是西班牙语和法语或西班牙语和德语。一所初中只教拉丁语——这是所有初中里唯一教拉丁语的学校。不用说,讲授四五门外语的机会是直接与学校的规模大小有关的。

初中的外语课讲授语法,但课程的绝对重点是扩大词汇量。此外,教师也注意正确的发音和进行简单会话的能力。熟悉所学语言国家的文化只是偶尔地提及。

在高中,据教师讲,词汇的扩大不是一个主要的目标,但它是同听说、阅读和写作等重点目标结合进行的。"对话流利"是一个重要的外语课内容,对语言国文化的了解和鉴赏,现在也变得相当重要了。像在初中一样,语法是直接讲授的,但也穿插在写作中讲授。高中阶段,特别让人印象深刻的是学生"应用"语言——即,他们在语言使用中作为参与者的作用。

初中似乎更加以课本为中心。所有的高中也使用课本,但也更多地使用磁带和语言实验室。在那里,他们听语言,录下自己的音,接着再听。在学术性科目教学中普遍使用的无所不在的练习册和活页练习,也在两级中学的语言课上时常出现。

两级学校中的外语测试都强调死记硬背特定的信息——例如,初中是记忆语法规则。初中和高中都强调词和短语的辨析。高中,外语教学强调技能的掌握,大量使用简答测验、外语听写和语言互译的方法。测试很少要求写原创段落或短文。

对外语教学计划的总体印象是,教学过程是比较快速、有次序的,在某种程度上是受学科自身的内在规则控制的。在外语教学的最初阶段,学生的创造力很少有机会发挥。例如,学生不会想出法语的名词在英语中有哪些替换的词。在所有学科中,外语课用于教学的时间是最多的,用于行为控制的时间是最少的。与其他四门主要学术学科相比,上外语课的学生把这门课列为最受自己喜爱的学科。

外语教师比其他学科的教师更认为自己非常能够控制所有的教学决策——教学内容和教学方式——并对自己控制的力度十分满意。但他们似乎并没有与自己的学生分享这种决策权。教师所传达的课程和教学信息是:"学习计划在这里,由我来负责。"各个年级和学校的某一种外语教学实践都是十分相像的。一旦进入外语课,学生就积极参与语言学习所要求的活动。

我们必须记住,外语只是少数中学毕业的必修课,也是少数大学录取的必要条件。但是外语常常是那些准备进入任何一所高校的学生希望学习的科目。因此,上外语课往往是自选的。这无疑意味着,比起那些要求所有学生都要学习的科目的课堂里的学生,或者比起那些因学习困难走投无路只好去选修一些科目的学生,学外语的学生有着更强烈的动机,并有更好的学术学习能力。

艺术

美术和音乐在我们调研的小学艺术课程里占有明显的统治地位。教师给孩子们讲授蜡笔、水彩画和泥塑使用的基础知识。他们把泥塑成型,他们用蜡笔和水彩笔把自己周围的事物或读过的故事画成图画。他们学涂色——噢,他们是怎样涂色的!他们把各种形状、动物和景物描绘在练习册上;他们把简单的静物涂画下来;偶尔也画自画像。

音乐包括识谱、唱不同的歌曲,许多歌曲已经连续唱了几届学生了。还有音乐鉴赏,也包括鉴赏其他国家的音乐作品。爱国歌曲要反复地学习和吟唱。许多学校在每年都要举办某种形式的儿童演出,其中音乐是主要节目。

除了这些寻常的音乐和美术计划外,也还会有舞蹈、哑剧、木偶戏、戏剧表演、动作剧、刺绣、编织;在一所学校,还有电影制作。除了上述两个学科常见的活动外,一些孩子还做拼贴画,学习演奏一种或多种不同的乐器,研究不同的音乐职业,了解著名的作曲家。多数班级还配合季节和节日的来临安排一些活动。

初中典型的美术课有美术7,8,9,音乐课有音乐或声乐7,8,9。其他还有手工、乐队、合唱、书画艺术、设计艺术、管弦乐、戏剧、电影、女声合唱、男生合唱、音乐会乐队、军乐队、格里俱乐部、吉他,等等。教师们列举的教学内容几乎都与不同艺术形式的技巧有关——使用美术不同媒体的技能、适当的玩耍习惯、节奏、旋律、和谐、线条、质地、形式。初中还强调学习音乐的"演出与排练纪律"。

高中除了开设音乐、美术和一般艺术鉴赏等相对普通的科目之外,还增加了大量的美术、手工和特别专业化的音乐课。合唱和乐队课在各校是比较普遍的。爵士乐课、陶艺课、摄影课、雕塑课和消费音乐课都在某些学校里有开设,但并不普遍。

各年级的教师都阐述了艺术教育的内在目标,也列出了超越这些的更高目标——透过表面看实质的能力,对实验的积极态度,对技能掌握的自豪感,对人的尊严和价值的欣赏。但是,像对其他课的印象一样,我对艺术课的印象是:这些超越性的目标,比起艺术教学中对工具的使用和对表演的重视,是居于第二位的——远远居于第二位。初中和高中音乐课的学生们花了过多的课堂时间为即将到来的足球赛或其他事件的演出而排练。

在小学,美术、戏剧、舞蹈和体育是唯一不以课本为中心的教学科目。如果教师们为我们提供的调研信息是准确和完整的,那么看起来他们在教学时就没有使用课本。美术教师使用的主要教学材料是美术工具、颜料和纸张。但是,我们不要以为美术课是以学生活动为主的,即使是在这些课上,教师也是讲得多。音乐教师实际上也使用课本,特别是斯尔福伯代特出版的系列课本。

初中和高中美术课的教师在安排授课计划时,使用各类的教师用书,但通常并不使用学生的课本。他们在教课时用一系列供学生们使用的美术书和课本,但并不将这些书和课本作为全班的学习资源。各校的这些课程的教学,没有什么明显的重复。斯尔福伯代特的系列课本仍在音乐课上使用得较多。

在小学和中学,艺术课比其他课都更少地使用书面测试,体育课除外。评估多是根据参与、表现或完成的作品而定。与其他艺术形式的教学相比,音乐课采用了更多的传统测试。各年级的测试都是教师出题。测试和小测验随着年级的升高而有所增加。

各年级的学生都一致认为音乐比学术科目更加有趣和令人开心,同时也是较不重要和容易的。尽管他们没有大量参与选择学习材料和学习活动的决策,但他们在艺术课上比起在其他学术性的课上参与决策的机会要多些。我们抽样的校长和教师都认为,艺术课给学生的个人发展和审美体验提供了独特的机会,这些学校的艺术项目比其他项目更能够吸引学生的个人兴趣。

但是关于我们研究的学校里艺术课程教学的实施,我有两大保留意见。这两个保留意见恐怕也是针对更多学校的。第一,艺术课堂上的气氛似乎受到英语、数学等其他学术性科目的氛围的影响,这使我感到失望。艺术课也呈现出被描述为"学校"的特点——遵守规则、找出一个正确答案、进行较低级的认知训练。应该承认,我们抽样的多数艺术课堂,如果用顺从这个词来描绘的话,都还不如学术科目的大多数课堂那么严重。然而,他们也没有呈现出艺术领域前瞻性实践的辞藻所描述的那种富有个性表达和艺术创造的情景。⑤当艺术走向课堂的时候,它也遇到了滑稽的事情。

第二,艺术课上明显缺乏对艺术作为一种文化的表达方式和历史遗产的强调。表达的需要恰恰处于人类对食物、水和社会化的需要之后。然而,研究学校的艺术教育项目之后我得到的印象是,这些项目很少超越涂色、磨光和玩耍的形式——很多时候,艺术学习只是社会学习课上进行的一种辅助活动,而不是为艺术本身的目的而学习。如果说艺术是一种以其丰富的艺术形式、艺术过程和艺术作品使人们获得个人满意感的重要形式,那么在我们的数据中并没有很多的流露。在青少年的成长过程中,如果没有机会开发这种艺术欣赏能力,就等于在成长中被剥夺了这种机会。

职业和工作教育

我使用的"职业教育"一词既包括职业的又包括工作的教育。那些努力要对两者进行明确的定义和划分的专家并不喜爱这个缩略语。

工作教育的意思似乎是相当清楚和始终如一的,无论人们检验其定义还是实践。这种教育向学生介绍工作的世界,各种不同的工作及其性质,以及为参加这些工作可能需要做的准备。这种教育在小学似乎并没有一个非常确定的位置。关于不同种类的工作的话题以及从事这些工作的人——消防队员、警察、邮递员、宇航员、科学家、医生、作家等——出现在小学社会学习、科学和健康课程里。在个别小学的高年级,也有不与其他学科掺合在一起的单独的工作教育。在中学,未来工作计划等课程的目的明确,与其定义相吻合。

在中学,职业教育超越了工作教育,也更加难以形容。这一领域的领导者,如巴罗,强调职业教育的重要性,认为它是通才教育的一部分,他非常重视一个自由社会中的通才教育报告的作者们所倡导的那种传统,这些人大声疾呼所有的人都接受职业教育,因为它是通才教育这只手上的第五个手指。⑥但是,在一些倡导者们的文字宣传中,其含义却变得模糊不清了,其实践更是令人迷惑。他们的文章多是论述职业教育对于大多数不打算上大学的学生的重要性。它们通常都一致认为,这种教育不仅要使学生对工作场所有一个总的了解,还要对特定工作有所了解。我们的数据显示,职业教育的实践主要是在为特定的工作做准备。

我们样本中的初中所开设的职业教育课至少有三个可能的目的:提供生活技能;通过非课本性的工具为通才教育的科目提供一种动手学习的方法;为某种可能的职业培养初级的技能。家务、家政、家庭艺术、本土艺术和消费者权益的课程属于第一类。金属、木料、工艺和塑料等课程属于第二类。还有一些看起来更像为工作做准备的课,包括办公实践和建筑保养。打字、文件起草和普通机械维修等科目提供生活的技能,也为那些需要这些技能的工作做准备。总之,初中的课程既强调一般生活中最有用的事物,又通过某种替代书本的动手方式来学习。

到了高中,职业教育明显地转向讲授专门职业的技能。家务和家政课重又出现。但是为职业做准备的科目远远多于丰富日常生活的科目——如化妆技术、室内装潢、汽车修理、楼房建造、职业印刷、办公室教育精讲、餐饮管理,还有打字、速记和图书管理的序列科目。显然,为那些包括打字、速记和记账的工作而开设的职业教育课已经成了我们样本中的许多高中里必备的项目。还有一些不太起眼的科目,为社区的需要给学生提供各种工作经验,如食品、能源、交流等方面的工作。并不使人吃惊的是,农业地区的学校为学生提供了农业经济和管理的课程。

总之,我们抽样的中学里所谓的职业教育课程包括六组科目:工作教育、家政、运营教育(市场和经济)、工业艺术、商业教育(特别是秘书技能)和农业。各所学校开设科目的数量不等。在优克利德和费尔非德高中,有20多门职业教育课,有40%以上的教学力量投入。而在洛瑞,打字、工业艺术和家政三个领域中,每个领域只开设两三门课,只有15%的教师在这个领域任课。多数大型的高中开设的课程广泛多样,一般由专业教师任教,他们常常为某些特定的职业开设两或三门系列课程。

实际上,在职业教育的所有领域,初中和高中通常都要使用系列的课本。这些包括供学生操作使用的练习册类型的练习。比起其他的学科,这门学科更多地使用商业性的教学计划和成套资料,特别是在高中。

测试的实践类似于其他学科的教师所使用的形式,重点强调多项选择和简答题。所取得的成果和表现出的能力通常被认为是水平的显现。这个可以依据表现来很好地评估学生的领域也如此广泛地使用书面测试,真是让人吃惊。

与其他学术课程相比，职业教育课程的特点是，学生大量参与所要做的或所要学习的内容，有更多动手的活动和运动，而花在教学上的时间较少。教师比较经常地演示实际工作所需要的过程或表现，并给学生直接的帮助。讲课、提问和监控学生等标准的教学方法还是占了主体，但不如学术课堂上那样多。

体育

我们的数据显示，投入体育的时间和教师，从小学高年级到初中有稳步的增加，但在高中略有下降。学校对体育运动的强调弥补了从初中到高中这方面的滑坡。也就是说，高中的学校教育计划越来越关注那些显露出运动才能的学生。

我们样本中的各所小学开设的体育项目在种类上是有很大不同的。在一些学校，实际上并没有能称得上是项目的。体育成了由教师监控的休息，学生大部分时间在做团体运动，其内容随着季节的变化而有所不同。一些学校很明显地努力教一些足球、排球、橄榄球和棒球等球类的规则和基本技能，把天气晴朗时的户外活动与雨天在教室里讲授并常常以电影为辅助教材的健康、安全、游戏规则回顾、营养知识介绍穿插起来。个别学校还有一些项目，强调作为体育教学一个组成部分的教育——空间与身体感知、节奏感、模仿动物、如何在不妨碍别人的情况下练习不同的身体动作、如何自觉地利用肢体。

我们抽样的所有初中都要求各个年级的所有学生上体育课，不能以生病为由缺席。学生每天或隔日上体育课的时间平均为50分钟。一些健康教育是与体育课结合在一起进行的。偶尔，会有为残疾或有姿势问题的学生开设的特殊课。

初中教师列出的内容使我们对这些学校的体育课涉及的范围有所了解：健美操、射箭、羽毛球、棒球、篮球、滚木球、调节和纠正性练习、舞蹈、躲球游戏、健身、足球、民间舞蹈、体操、手球、曲棍球、橄榄球、乒乓球、台球、拍球游戏、推圆盘游戏、滑冰、软球、快球、网球、田径、弹簧床、特技、触感足球、排球、摔跤和瑜伽功。但是有个别教师在回答什么是他们的教学内容时，并没有列举体育课的内容，而是罗列了体育课的目的或应该培养的素质：自律、集中注意力、灵活、力量、协调、敏捷、忍耐、领导、合作、运动员品质、责任、尊重、信心、大家快乐。

尽管上述的内容在高中体育课程中也是常见的，但是高中明显有两个转折点。第一，通常都有一套比较相似的在室内体育场做的热身练习，其控制动作的技能往往接近体操的水平。第二，强调竞争性的团队运动，这在初中已有所强调，在高中变得更为突出,而不是强调教那些每个人终身都可以受益的个人体育项目。事实上,个人运动的项目在高中也有所增加,但学生们在很大程度上也认为这些项目是竞争性的项目。此外,参加橄榄球、棒球、篮球和足球这些团队运动的学生人数也大大超过了参加游泳、摔跤等个人运动的人数。

我们发现,体育课是一门没有被测试和练习占主导的学科,甚至连中等程度的主导都谈不上。教师使用书是为了自己学习一些观点和信息。几乎在所有的年级都是根据表现来评估学生的,偶尔的书面测试只需要对体育术语、规则和某种程序,如仪器的使用,做简要的回答。当健康教育与体育结合进行的时候,健康教育只是占第二位的,正式的书面测试也常常是测验健康的知识。一旦需要使用笔试的可能性出现时,大多数教师还是要用的。有趣的是,教师很少把对学生体育技能的诊断作为进一步帮他们提高的基础,然而还是有一些关于技能的实际操作的测验。

听教师讲课是课堂教学的一个特色,在体育课上也不例外。比起上学术性科目的课堂,学生在体育课上可以更为积极地投入各类运动、练习技能、玩游戏,但教师仍然抓住时机大量地讲课。像在艺术课和职业教育课上一样,学生们在体育课上比在学术课上更多地参与学习上的决策,他们把体育课列为自己喜爱的学科,但也认为其重要性和难度相对较低。

我们研究的学校里的体育项目中最引人注目的特色是,各年级都强调学习和开展竞争性的团队运动。这些运动对于密切合作都有着不同的要求,严重依赖于每个人的表现,都同样需要在同一个班级内的小组之间、各个班级之间和各学校之间展开激烈的竞争。那些不需要团体就可以开展的个人运动技能的教育,比起对团体运动的强调,只能居第二位了。占主导地位的主题是竞争,即使在个人运动项目上也是这样。学生们特别认为竞争的氛围十分浓厚。关于学校体育的作用,教育理论特别强调培养那些在人的一生娱乐活动中都有用的技能,如个人运动。但这种理想与我们所观察到的和分析过的实践之间的差距是巨大的。

正规课程之外的活动

中学生特别习惯于参加一些正规的学科领域以外的活动——运动队、特殊兴趣俱乐部、学生会、艺术表演团、荣誉社团、各种社区服务活动等。我们对学生在这些活动中的参与略作研究,但这些所谓的课外活动并不是我们研究的重点。

我们再一次看到,年轻人很喜欢参与运动和游戏。除了两所初中和四所高中以外,在我们调研的所有学校里,参加运动队的男女学生比参加其他任何活动的学生比例都要高。参与者的平均人数从初中到高中略有所下降。部分的原因可能是由于更多的高中生应聘参加了临时性的工作,并且校际间的运动需要更少的学生更紧张地投入。当然,更多的学生加入了观众席,这也是参与体育运动的平均人数下降的一个原因。

也有大批的学生参加特殊兴趣俱乐部。事实上,在个别的初中和高中,参加俱乐部的人数可以与参加运动队的人数媲美。平均来说,高中生参加这类活动的比例比初中生要高。

学生们常常参与的另一个活动领域是音乐、戏剧和舞蹈,初中生参加这类活动的比例比高中生要高。

在两级学校中,都有将近1/3的学生说自己参加了与学校或社区有关的某种服务活动。我们发现,大约每七名学生中,就有一名参加了学生会,我们把此类活动与服务类活动区分开来。可以假设参加荣誉社团并不是一种开放的选择。根据我们的数据,在两级学校中,大约有19%的学生是其成员,这表明这类团体仍然富有生机,运作良好。

在所有这些活动方面,学校与学校之间的差异是非常大的——就像我们研究的其他的学校特点差别一样大。这些差异在某种程度上与学校的资源和政策的观念有关。我们不能够把它们与学生的种族或学校交通的模式等因素联系起来。并不令人吃惊的是,在小型的学校里,参加活动的学生占较大的比例。例如,比起大型的学校,小型学校里学生参加管理学生会事务的比例就比较高了。在这方面,我们的数据证明了其他研究者关于学校规模和学生积极参与各类活动的机会的相关发现。⑦大型学校由于学生较多,校园面积就相对较小,它们要为大批学生提供适合学生规模的课外活动就比较困难了——当然,它们的活动选择范围是比较大的。

我们需要更多了解的是谁参加这些活动。我们从其他方面的资料了解到,学校倾向于反映出大社会的现象,即一些人介入到几乎各种活动中来,而另一些人则停留在边缘,没有加入。总的看来,我们样本中那些参加了课外活动的学生自我感觉的打分都高于那些没有参加这些活动的学生。人们可以猜测,在课堂上学习好的学生会更多地参加学校提供的学术课以外的活动,并且通常对他们在学校的所有经历都感觉良好。

学校项目的多样化和可选择性的目的是为每个人的发展提供机会的。但是,像大社会上的一些成年人一样,自信的学生往往从现有条件中最早获益并且获益最多。学校需要:(1)能够帮助学校准确地了解那些最无力进行自我帮助的学生的数据;(2)设计和推行旨在帮助学生发展自信心并学会利用现有的资源的教学实践。现有的学校过于真实地反映了周围环境中有差别的成功模式。这种对生活的反映不应被学校当作借口来继续它再制造社会文化现象的作用。学校毕竟是一个教育机构,担负着发展个人愿望和能力的责任。但是,也许我们的学校更加安于维持社会的现状,而不是威胁这种现状。

隐 性 课 程

从课堂方式中学习

经过我们培训的观察员对129所小学、362所初中和525所高中的课堂进行了全面的观察,采集了数据。他们描述了教室的建筑布局、座位和分组模式、用具设施、材料和设备。在每一天的观察中,他们都综合性地描述教室的空间、现有的材料、决策方式和师生相互作用的过程。在小学的每一天里和在中学的上课时间内,他们都记录下每个成年人和学生正在做的事情、学生小组的规模、正在进行的活动的特性。在描述连续五分钟的时间段内的活动时,他们把重点放在师生的相互作用上,由此我们能够推断谁(教师或学生)在对谁(教师或学生)做些什么(如,提问、讲课、纠正、回答等),怎样做(如口语或非口语性交流,带着积极的情感,带有指导性,等等),以及在什么背景之下做这些事情(教学的过程、行为的控制、社交的相互作用,或课堂的常规活动)。这些几乎都是教学过程中发生的事情。它们描述了一种课堂氛围,我们可以设想学生们从中获得了价值观、态度,以及思维和行为的方式。

我们的数据显示,大多数课堂的外部环境十分相似,没有可以让人感觉舒适的设施,缺少魅力或从审美的观点来看十分乏味,空间狭小(每人只拥有几平方英尺)。通常这些环境里墙上没有什么挂件,缺乏好的艺术作品,墙壁、门和壁橱上也没有对比鲜明的色彩。小学低年级的课堂里丰富多彩地展示着孩子们的艺术作品,还有宣传画、植物和其他的装饰物品,目的是为了表扬孩子们的作品,制造一种宜人的环境。有时,挂上墙的作品太多而又不取下任何已经挂上的东西,这就造成了视觉上的混乱。但是,布置后的实际效应比起很少有这种装饰的高中教室,还是有趣得多。随着年级的升高,教室也变得单调乏味了。

人们会以为午餐室可能会有一种与众不同的令人愉快的美感,其实并非如此。事实上,午餐室往往更加乏味,几乎都没有在教室中见到的那些学生的艺术作品,只是偶尔会发现一些努力营造一个能吸引人的饭厅的迹象。在一些学校里,成群的学生把盘中吃剩的食物倒入大箱子里的景象又增添了令人不快的一幕。然而,我们也知道,一些学校做得较好些,墙上贴有图片,桌子上铺有明亮的台布,甚至还摆上花。⑧

商业社区越来越认识到环境对工作的重要性,如在墙上粉饰鲜明或柔和的画面、在有漂亮家具的休息场所播放音乐,以及摆设一系列其他装饰物品。一些商界办公室里挂有壁画、移动工艺品、水彩画或油画。为什么教师、孩子们和青少年的工作学习场所如此空白一片?为什么这些场所里的人们对其环境的美化几乎无所作为?

并且,重要的是,学生们从中领悟到了什么?没有证据表明他们在一所充满美感愉快的学校里就能学到更多的数学或科学。但是,有理由认为,作为物质统一体的学校和教室也在以微妙的方式施教——它们每天在培养学生的文明举止、审美情趣和满足他们个人的生活方式时,增添、或减少着自己的作用,或保持中立。我只能从我们的数据中得出结论,我们访问的学校——像我在过去三十年中访问过的多数学校一样——为在学校里工作和学习的人们所提供的通常是一种从中立到消极的物质环境。

人们常说,教育机构的目的就是教人们使用我们的文明工具。在我们研究的学校里,为实现这个目的而进行的活动使我们泄气。学校中几乎所有的人是如何极为有效地设法逃脱正在开展的技术革命的呢?我们发现,教室里普遍缺乏学习用的现代技术设施,这就传递了一个内在的错误信息,即这些技术与教育过程毫无关联。学校教育工具的父辈是铅笔,母辈是圆珠笔,而其他家庭成员是蜡笔和塑料量尺。我在一所小学发现了几个计算器——它们被放在一个特殊的数学中心的壁橱里,只有几个孩子在特殊的场合使用一下。在一些高中的数学课上使用了计算器,但我没有发现任何年级的课堂使用微型计算机。在那些有学生使用某种计算机的学校,计算机常常被用来操纵学生。但是,在西蒙·帕培特的预见里:

孩子操纵着计算机,这样一来,他既学会掌握一项最先进和最有力的技术,又密切地了解科学、数学、智力模式建构艺术的一些最深层的理念。⑨

在得克萨斯州达拉斯郊区一所名叫兰普莱特的私立学校里,孩子们在只有三四岁大的时候就开始了这方面的探索。

对于西蒙·帕培特和其他那些熟悉这种技术的人们来说,今天的课堂上孩子与计算机之间的关系近乎于昨天的课堂上孩子与铅笔之间的关系。此外,不存在其他的关系。我们的世界正在被这个最多才多艺的人造工具的超乎寻常的能力所改变。但是对我们大多数人来说,包括对我们的这些成年后将会经历更大的世界变化的孩子们来说,伴随着由此产生的经济、交流,甚至社会关系的变革。这场正在进行的革命,大体上还是一个秘密。我们样本中的学校和其他学校都没有去积极探索这个秘密,这也直接反映出周围社会对此发展的无知和缺乏远见。幸运的是,目前已有了一些变革的迹象。

在显性课程中,我们发现了一些介绍计算机及如何使用计算机的内容。这些内容在职业教育课,也可能在数学、社会学习或科学课上教。职业教育者们如何能证明自己履行了"了解工作场所"的教育目标而不对高中学生讲授计算机的知识呢?作为一个民族,我们怎么可以原谅学校继续对这个在人类所有的时代最为重要的发明之一,这个可以塑造每个人命运的社会变革的基础毫不在乎,不闻不问呢?或许,像收音机和电视的出现一样,计算机对于学校的活动来说只是个无关紧要的因素。如果是这样,学校对于人类社会来说,也会变得无关紧要。

当然,计算机的作用只是要加强所有工具中最重要的工具——人的大脑。我们通过对五分钟之内课堂里师生相互作用的连续观察,并结合对课堂活动所拍的"快照"而采集的大量数据,可以对学校在大脑开发和计算机使用方面做了些什么得出某种相似的假设。据观察,有5%—10%的班级的学生积极地参与了学习活动,这使我们看到会有哪些可能性。但是,因为有很大比例的学生没能参与学习活动,这就摆明了我们面前的改革任务。

我们观察的班级里的学生很少对自己的学习作出任何决定,尽管许多人认为自己参与了决策。几乎100%的小学班级在座次、分组、教学内容、教材、教室空间的使用、时间利用和学习活动上,完全是由教师主导的。有90%的初中和80%的高中班级存在类似的情况。学生作决定较多的只是在一两个领域,常常脱离学习活动本身,多在艺术、体育和职业教育课上,而不是在学术科目上。也许,学生们也是简单地期望这样,所以也以为自己已经参与了决策,即使自己的参与是有限的。

我们观察到,平均来讲,大约75%的课堂时间用于教学,其中有将近70%的时间是"讲话"——通常是教师对学生讲。教师在课堂上讲话的时间比全体学生大约多三倍。如果教师讲学生听讲是我们所希望的课堂模式,那么可以放心地说,我们做到了。

我们样本中的学校大多使用这种模式,因此我们认为别的学校的情况也大同小异。

显然,教师的这种讲课主要是在以讲述的方式教学。其教学时间只有5%是用来激发学生回答的热情,甚至不到1%的时间是需要学生推理或谈看法,做某种开放式的回答。通常,当叫起一名学生回答时,他只是对教师的问题做出一个信息性的回答。

相反,教师不回答学生的问题,很大程度上是因为学生并不主动地发问。或者说,当教师得到学生的回答时,他很少反过来用鼓励性的语言、纠正性的反馈或其他有意义的建议,直接对学生的问题做出回答。即使教师做出回答,也多半不是针对学生个人的。比如他说"好吧",这是一种针对全班学生的自动的转折说法。事实上,在各级学校,教师讲课大多都是针对全班学生的。教师与小组学生之间的相互作用很少出现在任何学校。当学生确实积极参与占主导地位的教师讲课模式的时候,他们几乎都是在回答教师提出的问题,而不是主动地发起与教师的交流。

我前面讲过,教师和学生之间的关系几乎完全没有情感的表露。会心的笑声,公开的热情,或爆发的愤怒都很少看到。不到3%的课堂时间是用于表扬、评论、高兴或幽默的表达,或情不自禁地爆发出"哇"或"太好了"。

无论观察的角度如何,都会看见同样的画面。大多数学生参与最多的两类活动是听教师讲课和写书面作业(我们看到这类作业大多是按练习册或练习活页要求的形式去答题)。当我们在上述两类学习活动的时间上再加上用于课堂日常准备或听教师讲课的时间,就可以看到学生大多数时间里是在被动地学习。用于其他任何一种活动的时间(如角色练习、小组计划、解决问题和建造模型)是非常少的——所有这些活动的时间累加起来也不是太多。无论是个人活动还是集体活动,学生们在大部分时间里是独自学习。也就是说,学生作为班上的成员之一在听教师讲课,或者自己坐在座位上做功课,都是以个人学习为主的。通常,在一天当中,小学课堂上的学生要经历五种不同的活动或分组形式,但是随着年级的升高进入中学,他们一般要做的只是听讲和在座位上做作业了。

前面叙述的是我们在各种观察中所看到的,各年级的大多数班级里的情况。在小学低年级,当然也包括在艺术、体育和职业教育课上,有更多的动手活动和身体动作。实际上,我们观察到的典型课堂组织形式是这样的:教师对全班或对某个学生解释或讲课,偶尔提问并要求用事实回答;当教师不讲课时,他在学生书桌旁观察或监督学生们的独立性学习;学生听教师讲课或看起来似乎在听教师讲课,偶尔回答教师的问题;学生独自在桌旁阅读或写作。所有这一切都不带什么感情色彩,没有人与人之间的热情或敌意的表露。

为了描述所有学校的这种共同性,我的同事肯尼斯·史若特尼克重温了安迪·华何尔的电影《理发》中的一幕。在一段无终止的漫长的时间里,镜头集中在一个男人的面部、头部和理发师正在使用的工具上,最后终于猛然出现一个喀嚓的动作,观众爆发出近乎狂热的欣慰的欢呼声。接着,史若特尼克描绘了一幅想象中的华何尔电影里的刚才提到的典型课堂的画面:

> 场景展开时,我们会看到这样一幅中学课堂的画面,55分钟的过程中,任何一丝情感的显露都将是庆贺的原因——正面的情感是再好不过的了,但即使出现消极的情感也不错,也是受欢迎的变化,因为它不同于弥漫在整个屏幕上的平淡无味的情感格调。如果是一节体育课,如果教师真正花时间帮助一名学生(或一组学生)完善他们的棒球动作,而不是监控正在开展的体育活动,我们就会爆发出热烈的掌声。如果是一节科学课,如果教师真正来演示空气压力和真空的效果,而不是仅仅解释这些现象或监控学生们独自完成书面作业,我们就会发狂地欢呼。⑩

在我们的描述中,看不到学生们有很多机会积极主动地去汲取知识,以全面开发自己的智力。人们不禁怀疑那些终年坐着听讲或重复做着练习的学生所获得的知识的意义所在。部分大脑,被称作马古恩的大脑,是靠新奇事物来启发的。依我看,在我们所研究的学校里度过12年的学生不大可能经历很多新奇的事物。那么,他们大脑中的一部分还在沉睡吗?

称作"天才研究项目"的跟踪调研请30岁左右的人们回忆他们自己在学校的经历。⑪他们所记得的,并认为有用的经历是那些他们感到有趣的和积极参加的活动。我们从几年前的一些研究中就知道,让学生们回忆两年之前的课堂考试时,已有将近80%的内容被忘掉了。20世纪30年代末和40年代初对三十所学校进行的为期八年的研究,试图找出一些替代的方法来保证学生在学科学习上的兴趣和参与。⑫即使当时采用的考试,目的也不是仅仅了解学生对信息的记忆,而是让学生利用试题中的数据或试题以外的数据进行推理。这些试题反映了也强调了教师在课堂上着力要培养的推理能力的重要性。此后,伴随着学校开展的创新活动,学者们准备了有关通才教育以及如何实施通才教育的一系列文献。⑬

几十年以前的这项重要工作,以及之后一直位于前沿的许多教育思想,都强调了教师寻求方法的重要性。这些方法要使学科与学生有关,让学生参与设定自己的学习目标,改变学习方式,运用调动所有感官的方法,确保有把知识与经验或实际的应用相联系的机会。这些事情做起来是不容易的,教师也了解一些理论说辞,但是很少在师范教育项目中或在后来的工作中实践这些方法。当前对于改进教学法的一个误区是,教师只要学会把他们正在做的事情做得更好就行了。当然,教师在讲课和提问上掌握高超的技术是重要的。但是,只鼓励教师改进教学的这几个有限的方面,就等于重复性地加强那些已经过剩了的教学行为。

学生的一些看法

关于数据中学生对自己课堂经历的具体看法的数据,有些人可能会做出不同的解释。我得出的总的结论是,我们研究的大部分学生都对自己的经历持有相对积极的看法——可以说是更积极的而不是更消极的,但也谈不上是充满热情的或充满厌恶的。然而,随着年级的升高,事实上所有的学生看法指标都有所下降,更偏向消极的一面。

虽然80%以上的小学高年级学生都表示他们非常喜欢艺术,但只有51%的高中学生作出这样的回答,* 对社会学习的喜欢也从35%下降到25%。56%的小学高年级学生非常喜欢数学,但到了高中只有27%的学生喜欢这门课。只有英语和数学始终被很高百分比的中学生认为非常重要。其中认为数学非常重要的学生比例从小学高年级的82%下降到高中的68%。小学高年级的学生中有62%的人认为科学非常重要,到了高中时这个百分比就下降到了37%。

中学生似乎都相信,他们现在正在学的大多数学科在以后会比他们现在认为的更有用途。超过30%的初中生认为,只有英语、数学和职业教育现在非常有用。到了高中,43%的学生这样认为,现在很有用的科目就只剩下职业教育了。在初中,超过30%的学生认为只有艺术课不是"以后非常有用"的科目。另一方面,超过1/3的高中生认为,只有数学(40%)和职业教育(57%)有望在以后非常有用。

人们总是希望相信在校的学生会觉得他们的学习经历在大多数时间里是十分有趣的。我们的调研发现,超过1/3的初中生和高中生认为在所学的科目中,"非常有

---

* 比起第4章,这些数据是更细的划分。虽然后者用"喜欢"作为一个总分类,在分析这些数据时,包括了喜欢的程度或水平。

趣"的是艺术、职业教育、体育和外语。令人沮丧的是,只有约23%的学生认为英语课是非常有趣的,尽管他们认为这门课是比较重要的。

我们越深入地了解具体的课堂实践,就发现学生"非常喜欢"该课的百分比越来越低。特别令人苦恼的是,最常见的课堂实践只受到较少数学生的喜欢。例如,当问及课堂里的分组形式,初中任何一门学科都只有不到1/3的学生说他们"非常喜欢"独自学习或与整个班级一起学习——而他们几乎总是以这两种方式学习的。这种情况在高中也存在,除了艺术和体育课以外,在这两门课中,喜欢这两种学习方式的学生比例略高。最常见的教材和教学活动也是如此。在我们调研的初中和高中里,没有任何一门课有超过1/3的学生说他们非常喜欢使用活页练习或课本。虽然与其他课相比,数学课有较多的学生——初中有35%,高中有39%——表示他们非常喜欢听教师讲课,但这个百分比仍是相当低的。并且,在中学的任何学科,都有不到26%的中学生说他们非常喜欢书面回答各学科的问题,而这种学习活动也是最常见的。

作为一个成年人,我对这些课堂活动的方式会做出何种反应?我会变得坐立不安。我会对新布置的课堂作业发出不满的声音。在讲课开始后不久,我就会走神。我需要将我的大脑"停止下来"。这就是学生们在做的事。那些比较好的教师在教室前方教学的镜头(讲课或对全班提问)清楚地显示出许多学生的注意力会很快地转移,或者干脆打瞌睡。

学生们也许不会简单地站起来离开。对许多人来说,他们没有其他可以选择的出路。学校是他们的朋友们都在的地方,抗拒或反叛就会动摇这个被控制了的氛围,并且破坏这小小的空间内的和睦共处。学生学会了怎样处于被动,学校里的学生其实从一开始就被熏陶成这种状态。

像在华何尔一类的电影中一样,任何与常规不合的细小事情都变得重要了——考试当中一声深深的叹息,皮特装模作样地走去削铅笔,一只鸟儿落在窗边,公共联络广播网上一则不寻常的无意义的通知,甚至连教师也要发笑。每个人都会感觉到片刻的良好。坐在座位上做功课的感觉也会好一阵子。

学生们认为自己在学些什么?我们让抽样的学生写下他们在学校科目中学到的最重要的内容——小学高年级的六门科目,初中和高中的八门科目。因为我们在其他调研数据中已经看到了那种一成不变的课堂生活,所以我们在浏览他们对这个问题的回答时,没有感到什么特别的吃惊。

"什么都没有学到"不是一个常见的回答,也不是一个少见的回答。特别是在中学,一些学生试图解释为什么他们没有选出什么是他们所学到的最重要内容。"实话说,我没有学到很多我想学的内容,但是我们所作的一切,确切地说,是她所做的一切,就是讲课,我厌烦了每日雷同的课堂生活。"另一名中学生谈到另一门学科时写道:"我们想学如何辩论,但他从来不告诉我们如何做,他只是给我们讲他去年教过的一个好班。"一名九年级数学班的学生这样回答道:"都是我们以前学过的东西,他总是列些参考书。"这类回答往往是针对某些科目的,但是在所有的学校里,上同一个班级的学生都会提供一些不同的回答,从"什么都没有学到"一直到"学到很多内容"。

学生们最普遍的回答是列举某个事实或题目——"关于名词"或"分数"或"英雄是什么"或"我学会了新词"(一个高中生的回答)。有时,学生们只是选择了某个学科下面的一个分类题目,如语法或对数。同样普遍但并不太多见的回答是列举某种技能——"如何写学期论文"、"学习行军"(海军科学)、"如何辩论"、"如何快速解题",这类回答在针对英语/语言艺术和数学课时比较常见。五年级学生列出的关于这两门学科的题目或技能常常被六、七、八和九年级的学生重复提到。学生们在谈起这两门学科时,比谈起其他学科要更多地提到测试的事情——常常是关于学习怎样应试。

从学生们的回答中可以看到,学校课程里缺少的是智力的获得或创造力的开发。因此,当一整个班的答案当中突然出现了"学会创造我自己的东西"时,这句话似乎是用彩色书写的,格外醒目。同样,在回答中也缺少有关人际关系的内容,如与他人合作时的满意感或学习他人的方式。人们或许期待在"我们的现代社会"这门课上能够见到后者,但是学生们只是提到了一些历史日期、地点、政治联盟和法国革命领导人的名字。

在美术、体育、职业教育和主流学科之外的新闻及社会等其他学科上,我们看到了某种不同的侧重面。重点从学科的内容和题目明显地转向获取某种能力或掌握某种知识上来,尽管前者仍然贯穿始终。一名七年级美术班的初中生回答道:"最重要的事情是配颜色。"另一名八年级普通机械维修班的学生写道:"我学会了焊接并用火焰切割,我帮助焊接了一辆拖车。"在一门有七年级和八年级男孩注册的体育课上,几乎每个学生都以某种方式说:"打篮球、橄榄球和垒球。"有一个高中的新闻班显得十分出众,学生们经常写出优秀的、用词准确的文章,并且这门课强调超越学科本身的学习。例如,有的学生答道:"在这门课上学会了如何写文章并富有说服力","学会了如何与他人更清楚地交流"。尽管一个高中社会学班上的学生们在回答中带有消极的言辞,但是看起来这是在我们所调研的学校中能够相当深入地分析文化差异与社会结构的少数几门课之一:"我在社会学课上学到的最重要的内容是,我们的文化不是世界上唯一的文化","学到了社会上其他民族的习惯和价值观"。

与代数 B 班(十年级)的学生相比,在高年级的学术班(它也是一门普通的课)——微积分班(十二年级)学习的学生提供了显著不同的回答。代数 B 班的大部分学生简单地认为这门课使他们"多学了一点数学内容",或"如何做数学题",或"如何把代数学得好一些"。微积分班上的学生显然准备上大学,他们写道:"我在这个班里所学的一切,都将与我以后的生活相关,都相当重要。""由于每一个新概念都是建立在旧概念的基础之上的,我学的每一个概念都是重要的。""在这个班,我许多次都答错了,但是在这个班上,我从自己的错误中学习。"没有学生感到这门课乏味,也没有一个人写"什么都没有学到"。

可惜的是,代数 B 班学生那种平淡模糊的回答是我们样本中比较典型的回答。总的来说,学生们在谈论自己所上的课时缺乏兴奋感,特别是愉快、热情或纯粹的乐趣。看起来,对许多学生来说,让他们回答在某一门课上学到的最重要的内容是什么这样一个问题,似乎也会让他们感到吃惊。他们在回答这个问题时,常常像他们要回答关于自己国家的主要城市是哪些似的,好像这个问题刚好不在他们真正感兴趣和参与的领域里。

总 结 与 讨 论

在我们抽样的小学和中学里,时间和教学资源的分配反映了我们调研的各州最普遍阐述的和有可能最早出现在教育文献中的目标。另一方面,所表达的许多其他目标和我们在各类学校和课堂中观察的情况之间缺乏相似性。这一点,只要重温在第 2 章中列举的学校教育目标并将其与本章所描述的课堂情况相对照,就可以察觉到。这些目标主要是基于各州对教育目标的阐述。我在下面的讨论中要进一步说明这一差异。

我们的资料,无论其来源如何,不仅显示出英语/语言艺术和数学在课程中的统治地位,也揭示出学校持续地和重复性地强调基础知识和技能。正像各州教育文献中提到的那样,培养"读、写和掌握基本数学运算的能力"贯穿于从一年级到九年级和更高年级的低班的教学之中。我们抽样的学校在这些学科中没有强调的是列在"智力培养"条目下的那些常见的品质:理性思维的能力,运用、评估和积累知识的能力,进一步学习的愿望。我们很少能够看到,有哪些教学有可能超越简单的信息获取,上升到理解其内在含义、应用它或探索其应用的可能性。我们也没有看到有可能唤起学生的求知欲、或参与探寻非教师或课本预先设定好的问题的解决途径的活动。

看起来，在社会学习和科学课上所盛行的也是这种较低级的智力活动。对学习的题材和使用的材料分析之后，我们的印象是学生并没有在学习人类的适应性和探索精神，而是在学习一堆事实。人们很少看到那些有可能帮助学生进一步理解环境中生物和物质资源相互依赖关系的活动，也看不到过去的精神遗产和传统在今天是以何种方式继承下来并影响今天社会的方向和价值观。然而，这些学科设立的目的原本就是为了实现这些目标的。

英语/语言艺术和数学课所承受的基础教育方面的社会压力似乎并没有殃及社会学习和科学课程。事实上，有相当多的成年人嘲笑学校在社会学习和科学的教学中讲授的都是一些较无生气的事例，而大量地忽略了更深刻的道理和更高级智力的培养。那么为什么这些学科的教学不能超越平庸的水平呢？一个合理的解释就是，标准已经被英语/语言艺术和数学课的教学设定了。这些学科是最占主导地位的学科，学生们认为这些学科高度重要，并在以后的生活中相当有用。这些学科的教学可能就奠定了一套标准，而大多数教师是不愿意违背这些标准的。

另一种解释基于我提到的所谓的学校环境。社会学习和科学的有效教学需要带学生去参观正在开会运作的政府机构、田野池塘、工业试验室等等地方。教好这些学科要求教师离开课本和练习册，寻求利用多种资源——电影、一系列参考资料，或许还需要建造材料和小型会议室。外出参观、不合常规的教学方式、小型教室，等等，要求学校作出不合传统常规的日程和安排。那些试图迎合最新模式教学实践的出版公司常常会有经济上的损失。尽管有竞争，营销课本还是会更有赢利。一开始，教师可能会"向体制宣战"，但是到最后，安于传统的教学模式还是更加容易做到些。这样做教师也显得更加"正常"些。创新的阻力是巨大的。

我们在研究中，从州政府和学区的教育指导方针到学生们眼中最重要的学习科目上，看到了两大缺陷。第一，学校的课程教学没有区分和识别事实本身与事实帮助我们理解的更为重要的概念之间的关系。第二与第一密切相关，就是学校没有把学科和学科内容视为可以让学生经历他们个人发展的奋斗与满足的园地。

从教师所阐述的他们希望学生学到什么的声明中，可以看出他们对事实和概念的区分。但是，在调研中我们发现教师将教学的课题（如磁场）和概念（如能量）混为一谈，列在一起，表明这些教师并不十分清楚怎样利用前者去开发学生对后者的理解。

几乎没有任何证据可以说明课堂里有这样的教学过程。我们的数据显示,现有的课堂教学注重对事实的强调,在测验中也要求学生死记事实,这不仅说明很难实行那种能培养更基础的理解能力的教学和测验,也说明多数教师可能并不懂得如何教学生发展较高水平的思维方式——例如,运用和评估科学原理。这不应使我们感到吃惊。他们自己的教师或许也不太懂得如何去这样做。

关于第二点,小学低年级教师往往看起来,至少在部分时间里,是清楚地懂得他们所介绍的内容对学生的个人发展有工具性的作用。但是,到了小学高年级,教师所传授的内容就变成既是目的又是手段了。从其他的调研中,我们了解到,学校工作人员的讨论与对话一般不涉及较大的教育目标,而是局限于那些与学校科目相关的知识与技能。⑭ 因此,学校往往不会自然地认为校中发生的一切事情都要有助于学生大脑的开发和性格的培养。相反,当一个人教或"学"代数时,学习代数的目标是通过代数测试和分数来实现的。

在学生的成绩报告单上,有一处是填写学生的公民表现分数的,但这只是学生在某种程度上的表现。这并不是学校的活动有意培养的。教师所注重的是教授具体的内容——那些他们在校时学过的具体的内容。⑮ 把这些具体的内容与一些更大的目标联系起来,并不是他们常常考虑或准备好要去做的事情。教师可以读到的这方面的职业文献,多数是关于思想理论的,很少是关于教学法实践的。相反,关于学校里学科教学的文献,多数是关于操作的,而没有理论上的辅证。因此,教师在教学中仍然强调事实和技能的培养,好像这才是以学校为本的教育的主要任务。在实践中,也是如此。尽管许多教师都声称他们是根据学生的需要和兴趣来教学的,但他们并没有做到这一点。20世纪60年代的许多课程改革运动,特别是在数学和自然科学方面,都希望改变这种定位,但是家长和教师都不愿意接受新的方法。⑯

虽然艺术、体育和职业教育的教学强调表演和操作,但学生坐在那里听教师讲课的时间还是惊人得多。我们观察的许多艺术课上教师讲课的时间如此之多,实在是没有道理的。教绘画的老师只是偶尔才需要对全班讲课。教师在一个学生表演或操作时才能更好地提醒学习的重点,尽管这样做意味着老师要常常将这些重点重复地告诉不同的学生个人。我们观察到的表演或操作多半是由教师,而不是学生决定的。人们希望通过艺术课提供创造性地解决问题和有纪律地操作的机会。由于在其他教师和校外人士中间存在着一种盛行的观点——认为艺术课是软性的、不重要的,人们担心艺术课的教师会太经常地去模仿学术课教师的教学行为。艺术课教师应当大胆地展示那些其他学科所不能表现,只有通过艺术课才可以表现出的潜力。

学校的职业目标出现在各个州的文献中。它们都强调培养职业意识、态度和习惯,从而使个人有效地参与经济生活。当这些目标强调实用技能时,它们所关切的是学生的经济独立性。尽管这些目标在我们研究的课程中有所体现,但是没有占主导地位。事实上,与培训的目的相比,它们是次要的。

最初将手工艺术的教学引入课程的主要的目的是,使学生获得手和脑的同步发展。活动的媒体——纸、木、金属或土——要求在学习手工技能的同时,给大脑提出问题。这样做的目的不是要培养木匠、铁匠和园艺工,尽管今后有人可能会去做这样的工作,而是要用不同的方法发展智力并培养一些有用的技能。在职业教育普及前,多数中学为男孩子们开设手工班,为女孩子们开设家政班。一些学校仍然这样做着,只是有更多的男女学生混合班。不久前,我们发现在几所小学的班级里,通常是在社会课上,孩子们忙着敲锤、锯锯、建造课文中描绘的先驱者的村落,把抽象的概念演绎为具体的经历。

我对课堂的观摩和从学校教育研究中采集的数据都说明,为这类实践提供养料的智慧之根已经枯萎了。一些小学低年级的教师的确运用了需要建造之类技能的项目方法,但这些似乎是作为发展基本技能的工具,而不是用体力活动来培养新鲜的智力挑战的精神。我认为培养以动手为主来解决问题的能力应该是对全体学生实施的通才教育的一部分,但是当我在调研中试图探讨这一问题时,几乎所有的中学校长、咨询人员和职业教育教师都客气地对我的看法和提问表示疑惑。除了极个别人外,他们都不能给我提供关于学生参与非工作定向的职业教育的百分比,以及教师运用与体力技能有关的活动来促进智力发展的数据。他们更乐于讨论职业课程专业的学生成功就业的事情。同时,中学学术科目的教师们回避动手的活动,几乎完全依赖讲课和书面作业。

在社会、公民、文化和个人发展等领域为学校确定的目标是极为理想化的。正是在这些目标里,我们发现了最富有助人为乐理想的期待:期待学生们了解不同的价值观念体系;在尊重、信赖、合作和关爱的基础上与他人发展有效益的和满意的关系;培养对人类的关心;培养运用美术和人文的基本原理和概念,鉴赏其他文化的美学贡献;培养对道德行为的必要的理解。也正是在这里,我们发现了关于培养各种能力的论述。如,有效利用闲暇时光、进行建设性的自我批评、以新颖的方式处理问题、体验和欣赏不同创造表达的形式。我的结论是,我们抽样的学校为达到这些目标,做得太少了。对一些目标,它们保持着不冷不热的态度;对另一些目标,它们则起了负面的作用。正像对其他的教育目标一样,它们有区别地对待个别学生和学生群体。

只有几所学校的校园建筑看上去是让人愉快的——这往往是因为它们与其他学校的丑陋相比还算好看,而不是因为这些学校的建筑本身就优美。位于一个平坦地段的一组姐妹学校——小学、初中和高中是如此单调、肮脏,没有风景和色彩的装饰,以至于我不禁怀疑这些学校对那些要在这里连续度过十二年的学生会有怎样的影响。甚至那些坐在死气沉沉的休息室里的教师也显得呆板,好像他们特意被选中来配这个环境似的。当地的督学谈起要引进加利福尼亚州的设计风格,但没有解释为什么院落里的草坪和树木已经死掉了。在我们国家的另外一个地方,有一组学校位于三个地点,彼此毗邻。人们穿过一片绿树林就可以走近这些红砖建筑。这个具有艺术风格的优美建筑,以及那些错落有致的、专门设计的、宽阔的场地对那些在校学生有一些影响吗?他们看起来比那些在单调无味的学校里学习的学生有更高昂的精神,但或许我本人对愉悦的感受扭曲了我的观点。

然而,尽管我相信学校为人们提供了独特的机会来创建生活与工作的愉快场所,我更感到难过的还不是现有的学校建筑如何缺乏美感,而是家长、教师和学生显然没有参与改进这些环境的工作。这是一个好机会,可以让年轻人和老年人共同承担公民责任,同时培养审美的意识。这类活动可以在教室里通过参与"城市建设"而得到加强。"城市建设"是多瑞·南尔森提出的一种教学法,通过这种教学法,学生在发展阅读、写作和讲话技能的同时,能够学到人类对环境的适应性,学习建筑设计和生态体系。[17]一些教师通过马瑞林·克鲁尔斯基的经济和其他社会科学教学的微型社会方法,将学术教育、职业教育、社会教育和个人发展几方面有机地结合起来。[18]这种教学把公民教育、经济和审美从课本中分离出来,融于学生的生活中。但是,这样的教学十分欠缺。

由于经济的原因,教师将全班作为一个大组来教学,其中当然也有一些个人的学习活动。但这种形式不是培养合作能力的有效途径。学生们很少树立团队的目标,而这些目标的实现要依赖于分工合作和团队的成功。在我们研究的学校中,几乎没有哪些数据可以说明学校可以在尊重、信赖、合作和关心的基础上培养学生与他人有效的和满意的关系,也没有数据可以显示学生在做个人练习时互相帮助的合理性。相反,我们的数据说明,学生如果寻求别人帮助,就会冒"抄袭"之险,而给别人提供帮助也被视为会损失个人拥有的竞争力。人们对此最宽容的看法就是,学校没有故意去提倡反社会的行为。另一方面,它们看上去也很少推动我们学校目标中所倡导的促进社会的行为。

在个人发展领域,有一个教育目标谈到了学校在培养个人明智地创造性地运用闲暇时光中的作用。我参观的学校让我参加了足球、篮球、橄榄球和排球的活动。这些运动需要极少的设备——一只球、一副球拍和一道网。学校和家庭都付不起竞技型运动或滑冰、球拍和其他个人运动项目的装备中所需要的保护服的那笔开支。一旦离开了学校,我就失去了这些娱乐活动中所需要的五名、九名或十一名队友。我没有机会学习高尔夫球、网球、滑雪、羽毛球等项目的技能。我们的数据表明,学校一直忽略了培养许多成年人从事的体育项目的能力。到现在它们也没有太大的改变。

很有可能,孩子们和年轻人在体育课上和课外活动里常常开展的小组活动中学到了某些团队合作的知识。但是,在对体育项目的分析中,我们注意到,这些活动普遍强调竞争。我并不是反对竞争,而是反对在我们学校教育的设计中几乎不存在刻意培养建设性的社会互动和团队成功的价值观和技能的活动。我们对这些内容津津乐道,把它们看作是我们的民族特质,但在我们的教育中却忽略其到殆尽的程度。

我们的教育目标中颂扬的个体灵活性、原创性和创造性与我们的学校对于这些方面的培养之间的差距暴露出巨大的虚伪性。从一开始,学生们就感受着学校和课堂的环境,而这些环境把他们限制在与教育目标正好相反的行为中——寻求"正确的"答案、遵从并复制着已知的答案。这些行为每天都会受到种种方面的强化,如,小组活动或教室物质环境的限制,教师提问的种类,教师布置的课堂练习的特点,以及考试和测验的形式。这些又进一步受到奖励特性的强化——特别是默默接受"正确的"答案和行为的微妙性,同时忽略或抛弃"错误"的或有偏差的答案和行为。只有在"不太重要"的学科和高级领域或学术学科里,才能看到培养和强化较有创造性的或独立的智力行为的教学活动。

对于学生在学校教育的众多经历中所学到的道德和伦理常识,我们很难抱有客观的态度。我认为,强调个人的表现和成就有助于欺骗的行为,而不是正直的道德观的发展。我看不出现有课堂里进行的活动将会在多大程度上有助于理解和欣赏他人的贡献。我在显性的或隐性的课程中,很少看得见那些能提高学生对人性的敏锐意识的活动。知道学校有这样的课程设置之后,当我在自己的和其他人的研究中发现我们的年轻人对其他文化相对有限的了解和猜疑的情况,就不感到吃惊了。我们的数据中特别少见的,是一些能够说明学生们有目的地参与道德判断以及理解这些道德判断和基于科学事实做出的决定之间的差异的内容。

人们不必抽象地去猜测学校是怎样培养自我实现的目标的。一般说来,学习好的学生自我感觉很好,而学习差的学生自我感觉不好。我在想,源于个人表现的成功感与源于他人表现的成功感相比有什么不同。我们的数据表明,学校没有鼓励学生努力去超越自己以往的表现。我在想,这些失败的经历会有一种反作用,使学生感到自己根本就不行。学校在培养学生"现实地评价自己,了解自己的局限和优势"的能力上,正在做些什么?有少量的学生年复一年地得到大量失败的分数,很难把这种情况看作是有益的失败。如果学校正在发挥的作用是保证学生取得成功,那么学校将会与现在的样子大大不同。我们不可能长久忍受一名医生把我们生病的孩子遣送回家,而不给予恢复健康的任何帮助。

最后,我在思索我们研究的多数课堂里存在的那种平淡的、中立的、毫无感情的氛围所造成的影响。乏味就像流行病一样蔓延在我们的学校里。乏味的传播能使人感到不满、烦躁,没有成就感。对数以百万计的人来说,电视是一种镇静剂;对另外一些人来说,毒品和酗酒可以使人获得暂时的解脱。总的来说,我们抽样的高中生认为毒品和酗酒是超过一切问题之上的学校最为严重的问题。学校里的乏味是乏味引发的问题的开端吗?

我们的学校为什么不是愉快的场所?还有比学校更好的、能培养自由的自我的地方吗?斯蒂芬·贝利认为:

> 当然,教育体制的最大作用就是帮助人们有创意地生活在自由自我的世界中。因为,如果这个自由自我的世界可以恰到好处地生成,并巧妙地融合人们的志趣、精力和社交,就可以影响、感染和帮助人们从工作和繁琐中解脱出来。那时候,自由的自我就不仅仅是一段生命,而是一段有质量的生命。⑲

贝利的话提醒我们注意课堂生活中一个奇异而独特的特征:一种不十分令人信服但却相当持久的借口,即人的存在是可以分为不同部分的,其中的某个部分可以留在课堂的门外。在走廊里、操场上和学校外,人的整体又回归到了一起。但是要把整个人都带进课堂,努力地接纳他或她,这样的学生又是众多的,那就等于在威胁这个不完整的生态体制的存在。这个体制既没有磨损,也没有什么不适宜的地方。有偏差的行为,如过度的恐惧和难以控制的大笑,都会破坏这种平衡。

人们可以看到,学校教育的环境是如何抑制行动、小组活动,甚至快乐、愤怒和其他情感的公开表露。更难以理解的是,学校几乎没有设计什么能让学生产生共鸣的活动——那些以某种富于激情和同情的方式将学生与人类经历的完整性联系起来的活动,特别是培养希望、勇气、对人类的热爱等高贵品质的活动。这些品质主要是通过人文学科,特别是文学作品来刻画的——神话和童话、小说、戏剧和诗歌。在我看来,学校教育的早期阶段令人吃惊地缺乏童话的内容。这些童话通过龙、英雄和对他人的关爱,异乎寻常地表述了生活中的挑战、问题和机遇;世上还有龙要消灭,还存在贫穷、疾病、毫无理性的暴力和偏见,等等。人类奋斗的悲剧和胜利,都在各种形式的文学作品中有所描写。然而,我们的数据显示,学生们并没有深入学习这些内容,尤其是分在英语课低班的学生。他们大多数时间是在重复地学着用词的技巧。课本和练习册以外的阅读不是主要的学习活动。因此,许多学生在结束十二年学校教育毕业的时候,对那些重要的文学作品,只有表面的、极少的了解。

多年来,人们批评学校和教师忽略了基本知识,但是如果我们的抽样颇具代表性的话,似乎教师们都在非常努力地教孩子和年轻人那些人们责怪他们没有教的内容。然后,当我们把他们正在做的事情放在显微镜下,与关于学校的使命中最理想的论述做对比时,我们并不喜欢我们所看到的。

我们想要学校怎么做呢?我们想要学校和教师对他们听到的呼唤做出回答吗?这些呼唤告诉他们特别要培养学生读、写和算术运算的基本能力。如果是这样,我们就不要期望现在的学校会有许多变化。英语/语言艺术和数学将继续主导学校课程。其他的学科,除了高中的职业教育之外,将继续它们在课程设置中的不确定和不平衡的地位。讲课、提问、监控课堂作业和测试的方法,以及现行的教材将继续流行。学生中大约15%的人会学得非常好,另有15%—25%的人将学得比较好,并且少数民族学生在这些学生群体中将慢慢地增加。15%—25%的人将不能高中毕业,而少数民族学生将继续在这群学生中占绝大多数。标准化测试分数很可能会提高到可以接受的水平。由于大量进入主要大学的学生将会在某种程度上提高他们的写作和拼字水平,改革学校的压力在几年内将会减少一点。

但是,学校的教育质量将不会提高,实际上,可以想象,还会变得差一些——更乏味、乐趣更少、更重复、接触重要智力问题的机会更少。有更多的非学术走向的学生被吸收到职业培训中来,学生体验艺术的机会还会少一些。不管怎样,我们国家的教师将可以说他们已经回答了对他们的呼唤。这个呼唤也是他们一直都听到的,除了那些偶尔的严肃改革的日子,例如1957年到1967年的那十年。

或者,我们当真相信并希望我们的学校在达到读、写、算的基本目标之后,至少还要达到那些动听的教育论述中提到的一些其他目标吗?如果是这样的话,一只凤凰鸟将在我们的眼前飞起,它将是一种非同寻常的鸟——也许是一种不太可能存在的鸟。因为现在我们将面临的是需要让学生掌握各种各样的思维方式,把概念而不仅仅是事实介绍给学生,为唤起和激发好奇心提供场景,培养学生关心自己在工作中的表现和达到自己标准的满意感,通过合作性的努力来培养对别人的赞赏,并关心在学校养成的大脑和品质的特质。只讲授一些地理的事实、一点代数或语言的技能,将是不足的。学校的学科将成为超越这些学科知识的学习工具。

上述的内容提供了一点我们所希望的学校的品位和影子了吗?我完全没有把握已经做到了这一点。我们所提倡的教育活动反映了各州声称学校应起的作用和我们抽样中多数家长的期望。但是我们还是没有完整地考虑过这些高谈阔论的含义。我们的企业需要多少有创造性的思想家?一个充满有自治能力的个人的国家是个什么样的国家?我们能够养得起多少艺术家和博物馆?我们的国家是一个欣赏教育的工具价值的国家。如果接受更多的学校教育并不能保证学生获得一个更好的工作,那它还有什么好处?

可是我们仍然继续对学校抱有理想主义的期望。我们必须对这些理想的相关性和价值有所笃信。我们要么就断定我们对学校的期望是不现实的,满足于比现状稍好一点的学校;要么就要将我们的金钱用在刀刃上。到目前为止,我们所设计出并支持的学校仅有能力做好整体事务中最简单的事情。我们能够做得更好。

现实主义告诉我们,通往重大变革的道路是漫长而纷乱的。我们一直都没有认清变革所涉及的任务的实质和重要性。我们失败的一部分原因在于没有认识到,光学校本身是无法教会年轻人在这个很少为我们多数人了解的世界中所需要学习的内容的。我们失败的另一部分原因源于一个巨大的嘲讽:那些仍然生活在过去的人们,自信地为那些将要生活在未来的人们制定了教育的准则。时机已到,我们要更加仔细地审视过去建造的教育体系,并认真地努力去创造不同的学校。

注释

① For a comprehensive analysis of secondary school social studies texts, see Frances Fitzgerald,

America Revisited. Boston: Little, Brown and Co., 1979.

② Arthur Jersild and Ruth J. Tasch, *Children's Interests and What They Suggest for Education*. New York: Bureau of Publications, Teachers College, Columbia, 1949.

③ Judith V. Torney, "Psychological and Institutional Obstacles to the Global Perspective in Education," *Schooling for a Global Age* (ed. James M. Becker), p. 84. New York: McGraw-Hill, 1979.

④ The President's Commission on Foreign Languages and International Studies, *Strength Through Wisdom: A Critique of U. S. Capability*. Washington, D. C.: The White House, November 1979.

⑤ See for example, Jerome J. Hausman (ed.), *Arts and the Schools*. New York: McGraw-Hill, 1980.

⑥ Melvin L. Barlow, *The Unconquerable Senator Page: The Struggle to Establish Federal Legislation for Vocational Education*. Washington, D. C.: American Vocational Education Association, 1976.

⑦ Roger G. Barker and Paul V. Gump, *Big School, Small School*. Stanford, Calif.: Standford University Press, 1964.

⑧ The Kincaid Elementary School in Georgia, for example. See Henry W. Hill and Associates, *Goodlad-Theory into practice*. Atlanta, Ga.: Canterbury Press, 1982.

⑨ Seymour Papert, *Mindstorms*, p. 5. New York: Basic books, 1980.

⑩ Kenneth A. Sirotnik, "What You See Is What You Get: A Summary of Observations in over 1,000 Elementary and Secondary Classrooms." A Study of Schooling Technical Report No. 29. Los Angeles: Laboratory in School and Community Education, Graduate School of Education, University of California, 1981.

⑪ John C. Flanagan (ed.), *Perspectives on Improving Education: Project Talent's Young Adults Look Back*. New York: Praeger, 1978.

⑫ Progressive Education Association, *Thirty Schools Tell Their Story*. New York: Harper and Brothers, 1943.

⑬ American Education Fellowship Commission on the Secondary School Curriculum, *Science in General Education, Language in General Education, Mathematics in General Education, Literature in General Education, The Social Studies in General Education, The Visual Arts in General Education*. New York: Appleton-Century Co., 1940.

⑭ See Gary A. Griffin, "Levels of Curricular Decision-making," and Robert M. McClure, "Institutional Decisions in Curriculum," in John I. Goodlad and Associates, *Curriculum Inquiry*. New York: McGraw-Hill, 1979.

⑮ D. H. Kerr, "The Structure of Quality in Teaching," *Philosophy and Education* (ed. J. F. Soltis), p. 79. Eightieth Yearbook of the National Society for the Study of Education. Chicago: University of Chicago Press, 1981.

⑯ John I. Goodlad (with Renata Von Stoephasius and M. Frances Klein), *The Changing School Curriculum*. New York: Fund for the Advancement of Education, 1966.

⑰ Doreen G. Nelson, *Manual for the City Building Educational Program*. Los Angeles: The Center for City Building Educational Programs, 1974.

⑱ Marilyn L. Kourilsky, *Beyond Simulation: The Mini Society Approach to Instruction in Economics and Other Social Sciences*. Los Angeles: Educational Resource Associates, 1974.

⑲ Stephen K. Bailey, *The Purposes of Education*, p. 61. Bloomington, Ind.: Phi Delta Kappa Educational Foundation, 1976.

▶ 第 8 章

相同却又不同

有人这样说过,学校就是学校,如果你见过一所,就等于见过所有的了。我们所研究的学校代表了更多的学校,就此而言,这种观察有正确的一面,但仅仅是部分正确。

当我们观察学校教育最典型、最有特征的事物时,例如,教学的机制、学生在课堂上参与的各种活动、鼓励的学习模式、教学内容、考试和小测验、分组练习和课室设置等,这种关于学校与学校之间大同小异的说法就似乎是正确的。这些特征是观察者最容易关注的内容,也是我们课堂观察中最普遍的内容。

在我们观察的一千多间教室里,我们已经看到教学实践所具有的极为相似的地方。以个体学校为单位来展示这些数据也不会改变这幅基本的学校构图。我们发现了一些作为榜样的班级,但它们分散在不同的年级和不同的学校里。这些班级的课堂实践也仅仅是在程度上有所不同,而不是性质上的不同。换言之,教师一般乐于做一些或多或少体现班级特色的事情。

我们也明白,我们所研究的学校存在着差异。但我所用的许多表示差异的例子,绝大部分不是教育实践上的差异,而是其他领域的差异。当然也有一些例外,比如,分配教师到不同的学科和一些非常特殊的班级,那些与学校有利害关系的人认为这方面有不同的做法。不同学校的课堂教学看起来可能是,的确也是有许多相同之处。但是,校长、教师、学生和家长也常常看到学校与学校之间有较大的差异。师生的交往方式、学校的学术定位、学生受同辈群体的非学术性兴趣感染的程度、校长和教师相互尊重的方式、校长和教师开展工作的自主性、学校和家长监护人之间相互关系的性质,等等,在所有这些形成学校氛围的、有些令人难以捉摸的特质方面,学校与学校之间似乎存在着更多的差异。对于那些与学校日常运作没有真正利害关系的参观者和观察者来讲,他们不可能体验到这些差异,但那些与学校关系密切的人却强烈地体验着这些差异。

我们也看到,学校里面和周围的人对学校持有不同程度的满意感。其指标包括他们给自己学校打的等级分,他们喜欢的目标与学校最强调的目标之间的一致性,以及教师、学生和家长对学校的问题及其严重性的看法之间的巨大差异。我们的数据资料中,有一些零散的证据表明,家长的满意感来自他们对课堂实践的认识。但是,既然他们对课堂活动缺乏全面的了解,那么他们对学校的满意或不满意可能只是他们对学校的笼统看法的一部分。我们的数据引出这样一个结论,即那些与学校关系密切的人所体验到的和表达出来的满意度,很少或者根本不能说明教师是怎样教学的。但是,高的或者低的满意度却极有可能是反映课堂师生关系性质的强有力的指标。

在教室里,我们观察到教师讲课和提问、学生听讲,教科书是教和学最普遍的工具——在教学上强调的是服从和一致性。但是其中也有一些细微的差别。这些差别是第4章所描述的同一所学区分四年级和五年级的那种差别。五年级的教师花很少的时间来管理学生,他们被学生认为是公平的,对学生的关心更多一些,布置的作业也使学生感到不太难或不太容易。还有,这位五年级教师班上的学生能较好地互相尊重,较少地竞争,更倾向于认为他们的同学对课堂学习的经历是有兴趣的,而不是漠不关心的。还有许多细小的事情加在一起形成了课堂的气氛,学生对这种气氛也会感到较满意或较不满意。

确实,课堂环境对于学生来说有着非常重要的意义。使我感到震惊的是,教师只要表现出一点点的关心,不偏袒任何一个学生,学生之间互相尊重,恰当的作业难度,这些再加上与学生个人幸福相关的其他指标,就会使学生对课堂的经历有更为积极的看法。良好的教学能在教师和个体学生之间建起桥梁,其作用远远超出机械性技能的锤炼。

课堂周围的环境体现着学校的精神气质,对此学生也会表示满意或不满意。青少年同辈群体的主要兴趣是游戏、运动和彼此之间的交往,这一点几乎到处都是一样的。例如,在费尔非德,学校生活中的这些方面看起来几乎要失去控制,以至于学生在实质上忽视了学术事务。许多学生说这所学校没有给他们提供良好的教育。另一方面,在丹尼森,有证据表明,一种更为好学的气氛超越了还是相当强大的同伴文化。学生对学校所提供的教育也就更满意些。我在前面已经描述了一些学校之间的差异。这些差异也像课堂气氛的差异一样,看上去比较微妙,而不是很明显。

学校里的其他人和那些与学校关系密切的人对学校的满意程度也显然与学校和课堂气氛的特征有关。与学校相关的人对学校满意或不满意也取决于这些特征是以积极的或者消极的方式汇集在一起。教师、学生、家长认为比较满意的学校(如等级分是"B+")与他们认为不太满意的学校(如等级分是"C−")之间在学校的气氛上有着重要的差别。

从学校满意度的几个指数来看,我发现自己能够预测学校之间差异的一些其他特征。我的预测远非完美,但却产生了一些非常有趣的模式。例如,可以预见,各级学校的满意指数综合分的高低直接关系到人们对课程的相关性、暴力和恐惧感,还有其他几个学校问题的看法,相应地或高或低,或者更确切地说,赞同或不赞同。

令人惊奇的是,那些气氛好、满意程度较高的学校也正是学生认为它们的课堂气氛好的学校。教师、学生和家长满意指数最高的三所高中,恰恰也是其学生认为课堂气氛最好的三所学校。满意指数最低的四所小学,恰恰也是其学生认为课堂气氛最差的四所学校。

我想进一步说明有关我们研究结果的一个论点,即这些学校作为一个整体所获取的满意指数和课堂实践之间并不存在平行的关系。学生对课堂气氛的看法与课堂实践之间也不存在密切的关系。换句话讲,前面所报道的相同的教育实践在实质上已跨越了所有课堂和所有学校。教师的教学技能看起来也极为相似。但是,很显然,教师行为中的一些其他因素,教学的环境,以及学校的运作都会影响着那些与学校关系最密切的人对学校的满意程度。不管这些因素是什么,它们似乎凝聚在整所学校,而不仅仅体现在几个特殊的教室里。

这个结论对于某些读者来说是令人震惊的,但是不应该以此断定教学方法、教学内容以及其他类似的课堂事物就是不重要的。在前一章里,我热情洋溢地讨论了它们的重要性。这些学校的特征完全有可能最有潜力为我们创造真正有效的学校。然而,仅仅通过改造目前课堂里乏味的、重复性的讲课,提问,监视和测试的教学程序,我们并不能证实这一点。而且,这一点也是教师在职教育和所谓的教师发展项目刻意要达到的目的。仅仅精雕细琢传统的教育实践是不够的。当我们敢于冒险去运用和支持那些明显不同的课堂程序时,我们将只是刚开始看到教学法的潜在能力的证据。

关于这一点,我们资料中有一个令人失望的情况是,那些受到最好评估的学校似乎并没有充分地利用这个优势来创建不同的课堂程序。它们也喜欢某些传统的办学方式。这些学校的校长和教师一般都认为自己拥有很多的权力和影响，但他们没有充分地利用这些优势来重新设计教和学。另一方面，那些对自己的工作单位持较消极态度的教师也并没有显示出他们就会使用明显蹩脚的教学方法。似乎两种教师都受到现存规则的约束和限制。他们都没有努力地去探索其他的可能性。

在下面的几页里，我将描述我们样本中的学校与学校之间所不同的地方，并试图分析和总结比较令人满意和比较令人不满意的学校的一些特征。然后，在本章的结尾部分，我将根据学校所有的不同点和相同点探讨改革中存在的问题，实际上也是从根本上探索其他可能的改革方案。

学校之间的比较

我和我的同事把几十个主要的变量因素（其中每一个变量又是由许多更小的变量所组成的）归纳成几大种类，用来描述我们样本中的学校和课堂的生活与实践。我们用这些变量为每个学校描绘出一幅形象图，然后我们就可以将这所学校与同级的所有其他学校做比较。

但是，在开始做这些比较之前，看起来有必要重申本项研究的主要目的——即通过研究少数的但非常具有代表性的学校的综合数据，提出关于学校教育的假设。本章的分析反映出这个目的。我将作出的推论仅仅基于我们样本中的十三所高中、十三所小学和十二所初中——如果我们的目的是运用统计显著性检验来证实研究的假设，那么这只不过是一个相当"单薄"的样本。但是我们对每所学校以数据为基础的描述却是非常"厚实"的，也就是说，我们在每所学校都进行了一个月的密切观察并收集了大量的背景资料，才描绘出它的形象图。因此，我们对这三十八所学校中的每一所都了如指掌。正因为我们拥有这样的信息，我们觉得不难从有关这些学校的数据中得出具有启发性的推论。

学校之间的第一项比较是教师、学生和家长对他们学校的满意程度——他们给学校打的等级分，每个人看到学校所强调的和自己所喜欢的教育目标之间的一致性，他们对学校问题的数量和程度的理解，以及对整体的课程和每个学科领域的满意程度（此项仅有家长的数据）。从比较中得出的结果来看，在丹尼森、优克利德、伍德拉克、阿特沃特、巴利萨德斯和福斯特这六个学区里（每个学区的样本都包括小学、初中和高中三所学校),对学校的满意程度普遍较高。而在布拉德福德、费尔菲德、曼彻斯特、纽堡和洛瑞这五个学区里,对学校的满意程度则普遍较低。优克利德学区的三所学校的满意指数始终居于最高的两个位置。而费尔菲德学区的满意指数始终居于最低的两个位置。在罗思蒙学区,只有初中这一所学校的满意指数较高。克雷斯特夫学区的三所学校的满意指数则稍为低于最高线。

满意指数较高的学校有一些共同的人口特征——它们大多数是较小的学校;学生主要都是白人(巴利萨德斯除外);在所有调研的学校中,这些学校的父母的教育程度和家庭收入都高出平均水平,而且大多数学校位于乡村或郊区。福斯特的三所学校都位于郊区,相对来讲都比较大。虽然这里的父母的教育程度和收入在我们所选学校中相对比较高,但学生的人均教育费用却很低。巴利萨德斯的三所学校坐落在市区;登记在校的学生几乎一半是白人,一半是黑人;小学很小,两所高中大小适中。但是,在这三所学校里,父母都拥有相对比较高的教育程度和收入水平。

满意指数较低的五个学区的学校在人口特征上差异很大。洛瑞的学校相对比较小又位于乡村,黑人学生和白人学生几乎各占一半。父母的教育程度和收入水平都很低。纽堡的学校坐落在市区,人数多;学生的背景多种多样,父母的教育程度和收入水平也有很大的差异。尽管曼彻斯特的学校人数多,位于市区,并且几乎都是黑人学生,但在我们选样的学校中,父母的教育程度和收入都高于平均水平。费尔菲德的学校位于乡村,两所初中在我们所选学校中接近平均的规模,相比之下小学的人数比较多,墨西哥裔美国人的学生比白人学生稍微多一点,并有少数黑人学生,父母的教育程度和收入在所选的学校中低于平均水平。布拉德福德的学校都位于郊区,在规模上接近平均数,学生主要都是白人,家长的收入高于平均水平,但教育程度低于平均水平。

我们的这些数据在某种程度上证实了人们对我们国家最令人满意的学校的一种陈旧的看法,即这些学校都是小规模的,位于乡村或者郊区,主要都是白人学生,并且得到那些教育程度和收入都高于平均水平的父母的大力支持。但是,也并不一定都是这种情况。与这种看法平行的还有另一种不那么盛行的陈旧观念,即那些最不令人满意的学校都是大规模的,位于市区,学生主要都是少数民族并来自教育程度低的贫困家庭。那些不太令人满意的学校似乎都具有"大规模"这个特征,而较为令人满意的学校都没有这个特征。[①] 这个特征是可以改变的。也许时机已到,我们是可以做一点改动了。

与那些陈旧看法相背离的学校是非常有趣的。罗思蒙学校的人口特征很像那些不合格学校所惯有的人口情况。其三所学校都位于市区,中学有很高的入学率,学生几乎都是墨西哥裔美国人,父母的收入水平和教育程度都非常低。但是,没有一所罗思蒙的学校的满意指数落在最低的五位中。布拉德福德的学校似乎具有最多的与满意程度高的学校相关的人口特征,但是它们并不使人满意。对那些满意度较高的学校进行更深刻的分析后,就能揭示出与它们的自然优势很不协调的缺点。小规模,位于乡村或郊区,父母的教育程度和收入水平高似乎可以支持但是并不能保证学校会有杰出的发展。我们不可能总是将学校之间在文化和气氛上的差异与那些容易记载在文献里的差异联系在一起。我们不能这样简单地来解释这些重要的差异。鲁特在研究位于伦敦中心的中学时,有幸地发现这些学校的人口特征是相对稳定的。但是,他在这些学校的环境和气氛中却察觉到了明显的差异。② 除了规模、资源和学生群体的社会经济水平之外的一些其他因素,在这些学校中强有力地发挥着作用。

　　我们将样本中的学校按满意程度归类之后,又比较了这些学校的几个其他特征。第一组特征被我们称作"与学校相关的问题",包括课程的相关性,学术学习的气氛,教师、学生和家长所看到的暴力和危险;所提供教育的质量(仅收集了学生的数据);学生对学习漠不关心或缺乏兴趣,以及获得咨询人员帮助的可能性(后面两项仅收集了中学生的数据)。

　　当我们根据参加调研的人对自己学校里这些特征最好和最不好的评价来归纳学校时,很明显地发现,那些得到最好评价的学校也就是那些最令人满意的学校。这里似乎有一种密切的相关性。事实上,在这些特征上得到最好评价的高等中学几乎都是最令人满意的学校。简言之,从人们对学校的满意程度上,我们可以预见人们对上面所提到的具体特征和问题的看法,特别是在高中阶段。

　　用这种方法对将近十二组学校和课堂的特征进行比较分析之后,我得出了下面的结论:从人们对同级中的任何一所学校的满意程度上,我们都可以预测这个学校在几乎所有其他特征上获得的评价。纵观所有的特征,这种相关性似乎在高中比在初中和小学稍微高一些,并且在那些最令人满意的学校和最不令人满意的学校显得格外突出。我们将样本中在同一层次的学校按问卷评价分的高低分成四组,每组有三个学校,这样一来就容易看出这种相关性了。因为在小学和高中层次各有十三所学校,所以每个层次的第四组,或评价分最低的那组,便包括了四所学校。

　　尽管在对一些学校特征的看法上,同一小组的三所学校有相似之处,但是这种相似性并不强。在那些不太令人满意的学校里,特别是在曼彻斯特、费尔非德和布拉德福德的三组学校,这种相似性却比较强。

在高中阶段,满意程度最高的第一组的三所学校在五组其他特征上的评价分也是最高的。这些是丹尼森、优克利德和伍德拉克学区的学校。根据六组学校特征所描绘的这三所学校的形象图,与同一层次的其他十所学校相比,看起来是这样的。教师、家长和学生对他们的学校有相当高的满意感。他们对课程的不相关、学术兴趣淡漠、暴力和危险、得不到咨询员的帮助、学术气氛不浓,以及教育质量普遍差的问题无需多虑。学生认为学校和课堂的气氛是积极的。教师对他们的工作场所也有积极的看法,包括对以下问题的认识:校长的领导才能、解决问题过程的性质、职工的团结、教师对全校范围事物的发言权和影响力,以及他们在计划和教学方面的决策权。同时,他们认为自己用了更多的课堂时间在教学上,只用了较少的时间在日常管理和监控学生行为上。

这种比较正面的图景也可以用来描述丹尼森和优克利德高中。这些中学里的家长和教师之间的关系非常密切,而且家长认为他们也是学校教育的参与者,熟知学校的情况。

在学校满意度排名的另一个极端,三所最不令人满意的高中在其他特征的评价分上也是最低的。这几个是曼彻斯特、费尔非德和布拉德福德的学校。它们的形象图显然非常不同于那三所使教师、学生和家长最满意的高中。在以下方面有比较大的问题:课程的相关性、学术气氛不浓、学生对学习兴趣淡漠、暴力和危险、得不到咨询员的帮助,以及所提供的教育质量低劣。三所最不令人满意的高中的学生对他们学校和课堂的气氛有明显的、更消极的看法。教师对他们自己的课堂实践也有更消极的看法。同时,这三所高中学生的家长一致报告说与教师很少联系,也很少了解他们的学校。

最令人满意的和最不令人满意的初等中学之间在所有特征的评价分上都具有相同的差异,虽然这些差异不是很明显。虽然三所最令人满意的和三所最不令人满意的学校在六组特征上都得到了与满意程度相应的评价分,但是对每一组特征来说,每组学校中至少有一所(时常是两所)学校的评价分与它们的满意程度是不相应的。由此看来,在初中阶段比较难以区分令人满意的学校和令人不满意的学校。

为什么会这样呢?出现在我的脑海中最具说服力的假设是:大部分女孩子和几乎所有的男孩子在初中阶段开始发育,这种生理上的变化在随后的几年里主导着他们的生活。他们对自己是否漂亮和受欢迎的关切超越了大多数其他校内和校外需要考虑的事情。我们可以回忆在前面的章节里提到的,高中生在回答问卷的问题时,认为"我的朋友"是学校最美好的事物之一,并认为"漂亮的同学"是最受欢迎的人。学生对学校的满意程度与同龄群体的关系和他们对社交的个人看法很有关联。毫无疑问,同伴关系和社交活动在青春发育期的最初几年对学生的压力比随后几年要大。如果我们把初中一级的学校分成女校或男校,这样做能改变学校教育的气氛吗?

初中教师比其他两级学校的教师更感到需要控制课堂,并且表示他们为如何与他们的服务对象"建立联系"的问题感到沮丧。同时,选择他们的教师作为学校里最美好的事情的初中生比高中生要少一些。这些和其他的资料支持下述的假设:初中生非常努力地在处理一些同伴地位和个人身份的新问题;他们参加的学术学习仅仅间接地与这些问题有关;他们的满意感来源于在同伴关系中获得的成功而不是来源于其他的学校特征。为了对学生的满意程度的缘由有更多的了解,我们必须在每一所学校更加深入地了解青少年的同伴文化。相应地来看,初中教师的满意感也可能受到学生在学校中的个人和社会生活特征的影响。不管怎样,我们所检验的初中特征并不像小学和高中那样与满意程度紧密相关。

设立初等中学的目的在很大程度上是要为初中生这个年龄群体提供专门的学校教育。它具有特殊的意义,应该与一般的办学思想不一样。但是我们的数据并没有显示出初中与其他级别的学校有什么不同。我们只看到初中的教师比其他级别学校的教师更努力地在维持着学校教育的常规。

在我们样本中那些最令人满意和最不令人满意的小学里,人们对学校的满意程度与他们对学校其他特征的评价也是有关联的,但这种相关性的强度介于高中和初中之间。有趣的是,在教师、学生和家长认为最不令人满意的四所小学里,学生们对课堂气氛的看法也最为消极。确实,在五所最令人满意的小学和七所最不令人满意的小学里,学生对课堂气氛的看法与他们对学校的满意程度是相对应的。

而且,令人满意的小学的气氛中有一个重要的标志是课堂里积极的感情基调——教师和学生以及学生与学生之间没有不和谐的地方。在最令人满意的小学和最不令人满意的小学里,人们对其他的学校特征的评价并没有与他们对学校的满意程度有如此的一致性。

在各级学校中,校长和教师对他们的工作场所和工作都有明显不同的看法。这些不同点也是区分比较令人满意和比较令人不满意的学校的因素之一。比较令人满意的学校校长认为,他们所拥有的影响力与校长应该具有的影响力相吻合;他们很少会认为低劣的教学、素质低的教师和教职工关系是他们学校存在的问题,并且一般不会赞同下面这种说法,即"普通的学生在这所学校里没有得到足够的关注"。比较令人不满意的学校校长对所有这些问题的看法正好相反,并高度一致地认为低劣的教学、素质低的教师和教职工关系是他们学校存在的问题。

正如比较令人满意的学校校长和比较令人不满意的学校校长对他们的教师的看法不同,这两种学校的教师对他们的校长的看法明显不同。在比较令人满意的学校里,很少有教师认为行政管理或者教职工关系是一个问题。在比较令人满意的学校工作的教师再三地认为,他们的校长给予他们最充分的支持,替他们出力,或者给他们以最好的援助。在比较不令人满意的学校里,只有一个教师提到他的校长"非常支持我"。当这些学校的教师提及从校长那里获得支持时,他们通常谈到某个已经离开学校的校长。一般而言,似乎"好"校长与比较令人满意的学校是联系在一起的。我们调研中的教师认为,一个好校长是这样的人,他或她本人作为一个人和领导是有相对自主权的,把教职员工看作是同事和专业人员,并且对待教师和学生一视同仁。

我们根据学校的主要特征来描绘和区分学校是有益的,这不仅使我们看出其中的规律和模式,而且在满意度较高和满意度较低的学校中揭示出一些尖锐的和可能有重要意义的差异。例如,尽管伍德拉克的三所学校的满意分都比较高,但是三所学校的家长都认为他们与教师的联系和对学校的了解比较少,他们对这个学校特征的看法似乎更像比较令人不满意的学校的家长的看法。我断定,在伍德拉克学区,学校和社区的关系问题是改革的首要任务。学区的督学人可以带头开展这项改革。

总体来看,伍德拉克所有学校中,小学相比而言要比初中和高中差一些。我们的资料显示,教师和校长之间的关系非常紧张(当我们在这些学校收集资料的时候,这位校长在学年底被调走了)。这个消极的因素并没有使学校的总体满意程度分降落到最不令人满意的水平。有一些其他的积极的因素支撑着这所学校。但是,我们的数据显示出一种恼人并毫无疑问会恶化的情况,威胁着学校的整体健康。可以开展一项十分有趣的跟踪研究,看新校长上任之后学校会怎样发展。

最后这一点引起了一些令人困惑的问题,即学校在推进改革的做法上是否有差异,以及这些差异是否与人们对学校的满意程度的差异有关联。近年来,人们已开始反对这种观点:当改革的动机和大部分思想来源于外部时,改革最有可能在学校里发生。③与此相反的观点是,当那些与学校相关的人——特别是校长和教师——认识到他们的问题和需要并创造出不断自我改革的机制时,改革才最有可能发生。④ 有这种意识的学校做好了准备,面对问题,确定需要优先处理的事情,并采纳其他有用的改革思想,不管这些思想是来自何方。⑤

我们的一项分析显示,我们样本中的十八所学校可以分为两组——革新较多的学校和革新较少的学校,每组九所学校。分组时我们首先参考的是教师在调研的面谈中对一个有关学校改革问题的回答,他们被问及在过去的三年里他们的学校是否发生了变化以及这些变化看上去是否具有重要的意义。将学校这样最初分组之后,我们又查阅了问卷中一系列问题的答案来确定这种分组的准确性,这些问题涉及学校是否能持续性地评价各种项目、检验不同的办学方法、探索新的思想,并愿意试用一种新的思想。根据学校革新的能力将学校分组之后,我们的研究工作者探寻在这种能力和一些其他特征之间是否有相关性,这些特征包括教师的个人特征(例如,年龄),他们对教学的信念,他们对教学环境的控制和影响,以及教师参与决策的过程和校长的领导风格。

我们的分析与其他的研究一样,发现在教师的个人特征和学校的革新能力之间并没有多大关系。但是,我们确认,在革新较多的学校里工作的教师认为学校能够解决他们的问题,能够给他们提供良好的工作条件,并且拥有能干的职工来完成任务。事实上,革新较多的学校的教师普遍认为学校知道怎样办学。这些学校的教师也很少会认为学校资源不足,缺乏援助。那些认为他们的学校能够良好运转的教师也认为他们的校长在与员工相处时既开放又支持。

我对比了这两种分组方式,一种是将学校分为革新较多和较少的学校,一种是将学校分为比较令人满意和比较不令人满意的学校,发现在它们之间有很大的重叠性。这种重叠并不是完全的,部分原因可能是在将学校分为比较令人满意和比较不令人满意的学校时,我们参考的是从教师、学生和家长那里收集的满意程度的资料,而在将学校分为革新较多和较少的学校时,我们仅参考了教师的看法。革新较少的学校更容易与比较不令人满意的学校重叠,更有一致性,因此也更容易被辨别出来。

有一组令人满意的学校,丹尼森的学校,很突出地没有被列入革新较多的学校的行列中。规模非常小的丹尼森初中/高中在大部分学校特征的评价分上(前已述及)独一无二地位居榜首,就像自成体系一样。丹尼森小学有一半以上的学校特征评价分位居四等分的顶端,但它的总体评价分把它从最令人满意的学校行列中拉了下来。但当我核查资料的时候,我有一种感觉:丹尼森学校的教职员工处于一种"轻车熟路"的状态。他们庆幸的是班级都十分小——中学有十一名教师但只有六十一名学生,小学有四名教师和四十八名学生。在我们所选的学校中,这里的教学材料和设备在数量和种类上都超过了平均水平。规模这样小的中学却令人惊奇地设有大量的课程。但是,丹尼森的各级学校里的学习活动的种类都非常少,在一般的学校里也不多。尽管在所有的学校里,教师给学生提供的热心积极的反馈及学生在课堂上的主动性都很少,但我希望丹尼森中学的情况会好些。事实却并不是这样;实际上丹尼森学校的所有这些教学指数都偏低。值得注意的是,教师的专业化水平也很低,这包括获取教师执照后的进修、参加专业培训项目、成为专业组织的成员和阅读专业材料。在革新较多的学校工作的教师的专业化发展就好一些,尽管教师们承认这也是很有限的。

丹尼森学校的客观条件是很好的:家长教育水平高、家庭收入好、社区支持强,并且没有官僚机构。以传统的标准来看,教师当然是在做着让人信服的工作。但是,我们的资料表明,这些学校并没有充分地利用它们的优势成为改革的先锋。这些条件好的学校看起来也没有规划出什么超越传统学校教育模式的前景。丹尼森的学校是这种学校最好的例子,即它们能使几方面的利益群体满意,但是以它们的条件应该还可以做得更好。

最令人满意和最不令人满意的学校的特征

平心而论,在很多方面,学校之间仅仅有一些微小的差异。但是,我们必须记住,每一组差异都是由许多种差异或者差异群构成的,可以说每一个差异都以某种重要的方式影响着学校整体的发展。当我们从整体上去观察这些差异时,也可以看到一系列众多微小的差异形成了引人注目的不同点。如果我们进一步将一所有许多层次的差异的学校与我们样本中另一所和它最不相像的学校相比较时,这些差异就会显得很突出,并且往往会变成重大的差异。正因为这样,在每个学区,当我们把学校按教师、学生和家长的满意程度划分为三所最令人满意的学校和三或四所最不令人满意的学校之后,也试图将这些学校按其他的学校特征划分为不同种类的学校。

表8-1列举了在每一级学校中满意度(前面已描述过)最高的三所学校和满意度最低的四所高中和小学以及三所初中(为分类起见,丹尼森学校的初中和高中的划分还像以前一样归入高中组)。每组中的学校并没有按照它们在满意程度上的实际排名顺序来列举。我在表中排列学校时,尽量把同类型中属于同一学区的学校排在一行,以便于读者辨认。

表 8-1 满意度最高和满意度最低的学校

	高　　中	初　　中	小　　学
满意度最高的学校	丹尼森		
	优克利德	优克利德	优克利德
	伍德拉克		
		福斯特	福斯特
		罗思蒙	
			帕里塞德
满意度最低的学校	纽堡	纽堡	
	曼彻斯特	曼彻斯特	曼彻斯特
	费尔非德	费尔非德	费尔非德
	布拉德福德		布拉德福德
			克雷斯特夫

表 8-1 中列举的满意度最高的每一所学校在其他一系列学校特征的评价分上都比满意度最低的学校要好一些。这些特征包括课程的相关性、学术学习的气氛、暴力和危险、教育项目的质量、学术兴趣的淡漠，以及获得咨询员帮助的可能性。与满意度最低的学校相比，满意度最高的学校（除了一所以外）也被教师看作是较为令人满意的工作场所。这一组特征包括教师解决问题的过程、教师对教学决策的影响力、教工的团结、教师对全校范围决策的影响力，以及校长的领导风格。满意度最高学校的学生几乎一致地报告说他们的课堂氛围是鼓舞人心的。仅仅在一所满意度最高的学校和两所满意度最低的学校里，这个模式没有得到证实。

有关中学生对学校氛围的认知的数据表明，在满意度最高的学校里有比较浓厚的学术气氛。除了一所满意度最高的学校和两所满意度最低的学校，满意度最高学校的学生在回答关于他们学校氛围方面的问题时，认为学生对教师和上课比较感兴趣，学生较少专心于运动和朋友，并且他们是从好的方面来看这些问题。同时，他们更有可能参与课外活动。

满意度最高学校的教师除了对他们的工作场所持有比较积极的看法外，也倾向于给教师专业化程度的问卷项目打比较高的分。同时，除了一所高中以外，我们样本中的小学和高中教师认为他们在课堂里花了更多的时间在教学上，而花了较少的时间在日常管理和监控学生行为上。在初中也有这种趋势，但并不是一种稳定的模式。

有两个其他的模式也值得一提。我们把样本中的二十所学校,其中四所除外,分成两个组,发现满意度最高学校的家长认为他们自己与教师有较多的联系,对他们的学校有更多的了解。除了四所中学以外,满意度最低的学校里的学生缺席率是最高的。虽然我们不想仅仅通过一个案例来下定论,但是社区对学校的不满会产生非常具体的、戏剧性的后果。1981年,在一组始终处于满意度最低的三所学校中的一所就濒临关门,因为社区一再拒绝支持学校提高税收。也许当人们认为学校是不令人满意的地方时,他们就更有可能让孩子待在家里,成年人也更有可能拒绝支付教育费用。

值得注意的是,在学校教育的一些主要方面,满意度最高的学校和满意度最低的学校之间并没有出现显著差异。在分析了教师的个人特征(例如年龄、经历、从事教学工作的原因)和他们对教学的重要意义的看法之后,我们发现满意度最高学校的教师在专业发展方面做得更好一些。教师的大部分特征是不能被学校环境所改变的。同样地,具有不同自我概念或者抱负的学生在学校里也没有组成专门的群体,形成清楚的发展潮流。可以推测,他们在这些方面受到了校外因素的严重影响。而且,非常重要的是,满意度最高的学校和满意度最低的学校在教学方法上并没有太大差异,因为本来就没有太多的差异,除了高中在某种程度上有一些差异。我们给课堂活动拍下的"快照"说明,满意度最高的学校所显示出来的一些差异包括教师在课堂中用于预备和结束工作上的时间较少、测验较少、教学内容更丰富、学生和教师非学习性的行为较少,并且教师只用较少的时间来管理学生和处理日常工作。满意度最高的学校和满意度最低的学校的基本教学模式都是一样的:教师在课堂活动中占主导地位、讲述和提问、纠正学生对教师问题的口头回答、对全体学生讲课,等等。

现在,让我们想象一下,我们又研究了另外两组学校(每组有三所学校,共有六所学校)并分析了有关的数据。但现在我们要把这些数据与我在本书中描述的三十八所学校的资料进行比较。假设我们发现这另外两组学校中的两所高中很不相同,一所可以清楚地加入满意度最高的学校的行列;另一所则拥有满意度最低的学校的特征。如果让你在没有这些数据的情况下(我们已经故意将这两所学校从样本中除去)比较这两所学校,你能做到吗?我相信你能够十分准确地做到。

我对"最令人满意的学校"和"最不令人满意的学校"的描述是相对的,正如这些词组所暗示的那样。在接下来的描述中,为了增添一些具体内容,我会时不时地插入一些不相关的资料,这些资料是从我们所选学校中那些最令人满意和最不令人满意的高中收集上来的。我描述的每所学校的综合形象图都与我们样本中满意度最高或者最低的学校的综合形象图相似。

满意度最高的学校中的新学校是梅柏瑞高中。教师、家长和学生给这个学校打了一个好分——平均之后达到 B^+。这三组问卷回答者中有超过一半的人认为梅柏瑞高中强调了他们认为是最重要的目标。他们列举了一系列比较严重的问题：吸毒和酗酒、学生的品行不端、部分家长和学生缺乏积极性。课程问题或课程的不足之处没有被包括在问题当中。很少有人认为教师不关心学生，或者普通的学生没有得到足够的关注，也没有人认为许多学生不爱学习。

在问卷中，我们问学生他们最喜欢学校的什么事物，一些学生选择"无"作为他们的回答，但是他们占的比例非常小（小于 2%）。在选择学校中受欢迎的人时，运动员和漂亮的同学明显地占据了首要位置，将近 1/5 的学生认为聪明的学生是最受欢迎的。在梅柏瑞学校里，几乎每个学生都参加了课外活动。

显而易见，对一名教师或者行政人员来说，梅柏瑞学校是相当令人满意的。教师、学生或者家长不用担心暴力和危险的问题。校长认为这里的教师是有能力的。教师认为校长支持他们，有相当大的权力，并运用这种权力。他们认为自己在全校决策过程中有影响力，并且在课堂决策中拥有实质性的自主权。他们认为自己和同事们在课堂里的工作很出色。而且，他们认为他们的学校被维持得井井有条。

梅柏瑞学校的学生对他们的学校普遍持有积极的看法，也许这在很大程度上是基于他们课堂里的经历。不管怎样，许多学生认为他们的教师努力使课堂令人愉快，倾听他们的意见，并且不嘲笑他们或者伤害他们的感情。他们普遍知道教师期待他们做些什么，认为自己能够获得正确的反馈，并且理解教师所用的词汇。而且，他们一般认为他们的教师是公正的、不偏心，认为他们的同学是相互帮助的，没有过度的竞争。大部分学生认为自己和同伴做着学校期望他们做的事情。总而言之，课堂不是一个令人讨厌的地方。

送他们的青少年儿女到梅柏瑞学校就读的家长似乎相当容易接近教师，并能及时收到学校项目和活动的信息和通知。他们也喜欢学校决策过程中的权力平衡。教师和校长似乎拥有相当大的权力，每一方面都认为他们拥有他们实际应该有的权力。学区的督学保持着低姿态，正如教师和校长认为他应该做的一样。

在课堂里，教师似乎主宰着一切。他们讲课的时间很多，时不时向全班学生提出一个问题。问题回答完之后，教师就接着讲课。学生往往是处于听课的状态；听完一段时间的课之后再做一些阅读和写作的功课；在那些非学术性的课里除了这些活动之外还经常有一些身体活动的练习。这种上课的方式本身似乎解决了纪律的问题；教师不用花很多的时间去控制课堂。虽然大部分课堂是相当令人愉快的，没有学生捣乱或者教师斥责的迹象，但是也没有什么乐趣和笑声。学生相当地专心，似乎并没有像观察者可能会期望看见的那样无聊。

在伯克斯伍德高中却是另一番景象——某些方面非常不同。学校的总评分（大约是 C⁻）因学生所打的低分而落得特别低。仅仅有 1/6 的教师认为伯克斯伍德学校重视他们认为是最重要的目标。总体而言，只有不到 25% 的教师、学生和家长认为他们喜欢的教育目标也是学校所强调的目标。伯克斯伍德学校的领导无法在这些不同的分歧中看到清晰的改革方向。学生会希望学校更重视看起来似乎已经很庞大的职业教育项目；教师会选择更多地重视个人目标；而家长会希望学校更重视学术性的教育。

在梅柏瑞，教师、学生和家长认为他们所指出的三个问题中仅仅有两个是严重的问题，但是在伯克斯伍德，三组学校共提出了二十五个严重问题，许多问题是每组学校都存在的问题：学生的行为（在所有这些学校的问题清单上名列榜首）、吸毒和酗酒、学生和家长的兴趣或者说是他们缺乏兴趣、教学（甚至教师也认为这是一个问题）和管理的质量、教工关系以及课程。家长对课程的不满也反映在他们对课程相关性和学科质量的不满。那里的许多学生认为教师很少关心他们，认为普通的学生没有得到足够的关注，还认为学校对那些不打算上大学的学生不够重视。他们的家长也持有一些相同的观点，甚至许多教师也批评他们的一些同事对待学生的态度。同样地，所有三组学校都认为学生对学习的兴趣很淡漠。所有的学校都担心学校中的暴力和恐惧。很少有学生认为教师工作得很出色及学生获得了良好的教育。

在问卷调查中，当问及什么是学校里最美好的事物时，几乎有 20% 的学生选择"无"作为回答。超过 80% 的学生认为运动员或者漂亮学生最受欢迎。因为还有接近 10% 的学生选择帮派成员为最受欢迎的人，大概就只剩下 10% 的学生的第一选择分散在包括"聪明学生"在内的其他选项中。伯克斯伍德高中有 1/3 的学生根本没有参加过课外活动。

学生对课堂环境持有的看法往往非常消极。许多学生认为他们的教师不公正，对他们不感兴趣，嘲笑一些学生，偏心，没有努力营造一种令人愉快的课堂氛围，而且还经常用看不起他们的神情对他们说话。他们常常认为同班同学不互相帮助，在教室里吵吵闹闹、好争辩。虽然大部分学生认为他们做着期望他们做的事情，但是从总体上来看，他们顺从教师的程度要比梅柏瑞学校低得多。与梅柏瑞学校的学生相比，他们的课堂经历很不愉快、缺乏和谐。

教师也认为他们的工作环境不像他们理想中的那样好。他们认为校长既没有能力又不支持他们。确实,由各方信息勾画出的图景显示出学校无人负责管理。从另一个方面来看,校长认为教师的能力和教工关系是问题的一部分。教师也同意教工关系是一个问题并影响到全校范围的所有决策过程。他们认为自己在学校决策中的作用非常小,正如他们认为校长没有很强的领导能力一样。虽然大部分教师看起来能掌握他们的课堂决定,但许多教师对强迫他们花大量的时间去管理学生的行为很不满意。此外,许多教师对同事所做的教学工作也不够满意。

家长对决策权所在的看法强化了那种学校无人负责管理的印象,也指出了学校必须开始着手处理其问题的急迫性。许多家长在学年里没有和孩子的老师谈过话;许多家长感到没有从学校得到必要的信息。

像梅柏瑞学校一样,课堂里几乎所有的活动都是老师安排的,但是这里有更多的时间花在准备下面要讲的内容、花在整理结束工作和其他日常工作上,也花在管理学生的行为上。似乎讲课和提问比较少,而监控学生的阅读和写作活动比较多,可能是为了确保教师管理的权力。教师待在他们自己的书桌旁的时间比较多。像梅柏瑞学校一样,伯克斯伍德学校的课堂也是非常低调的,但是这儿常常出现一点紧张的状态,需要严格管理课堂以确保稳定的局面。而且在这儿,也很少有乐趣并听到无约束的笑声。

讨论:改革的问题

学校是各不相同的,但是各地的学校教育都很相似。学校的不同之处在于处理自己工作的方式上,也在于处理工作时人们互相交往的方式上,但教育工作到处都是一样的。

有一些现象合在一起,就形成了学校教育。这些现象在所有学校都普遍存在,只是在组合结构上有些不同。结果,正如邮局或者医院有共性一样,学校也有它们的共性。宽敞的空地和平坦的地面环绕着教室的建筑,通常没有树木、大石头、小丘和溪谷。有时这些宽敞的空地上铺着水泥或者沥青,有时没有铺这些材料。芝加哥的城市学校更像伦敦和汉堡的城市学校,而不像芝加哥的郊区学校。但我们仍旧把所有这些地方看作是学校——是学校教育发生的场所。正是学校与学校之间这种高度可见的相似性引导我们错误地得出到处的学校都一样的结论。

需要进行更多的探索才能发现不同地方的学校教育为什么会有更重要的,也许是更有持久性的相似之处。如果我们过早地停止这种探究,我们就可能发现不了学校的差异。通常情况下我们确实停止得太早,很大程度上是出于无知,因而我们不能认识到学校的差异并不在于教育的常规,而在于每个学校应用这些常规的方式。从那些与学校关系密切的人——校长、教师、学生和家长的认识上,我们可以看到这些差异。同时,这些差异也最直接地影响着这些人。发现这些学校之间的差异给我们带来一些希望,使我们感到即使那些最顽固的学校教育特征也是能够被改变的。但这种希望也许是不现实的。

在前面几章里我反复地提到过学校教育的常规。下面我要总结一些最重要的常规。最引人注目的有学科的组合、编排、教授和测验的方式。正像学校教育的整体特征都很相像一样,学校的不同点最初也具有一致性。小学1年级到3年级的教师比高年级教师更强调学习以经验为基础的技能和事实,更少依赖教材和测验,并且更多地使用各种不同的教学实践。也有个别教师的教法不同,她大部分时间坐在自己的书桌旁,监视着孩子学习而不是主动参与他们的活动,是一个典型的不同。1年级到3年级的教师更多地帮助孩子将学习的内容与自己的经历联系起来。但是,学校里不同年级之间的这些差异只是程度上而非性质上的不同,课程对学生的要求和重点以及教学的实践从4年级开始变得越来越固定化。

在中学阶段,学校中的差异表现在学术性和非学术性科目之间。艺术、体育和职业教育的教师讲课较少,演示较多,更多地鼓励学生参加选择性的学习活动,调动学生更加主动积极地进行身体活动和动手实践,很少进行书面的测试。同样地,这些差异只是程度上的不同;在这三个学科领域里的教学大多数情况下更像数学、英语、科学和社会学习课的教法,而不像一些人所希望的那样。

同时,在中学阶段,学习成绩不同的学生被分到不同的学习轨道上。根据他们之间的差异,将他们分到高、中、低三个学习轨道。不同的轨道在学习内容、教学法和师生关系上都有不同,而这些不同点在各个学校的相应轨道上都十分相似。

有些教师讲课和提问学生要比其他教师少;有些教师的特点是大部分时间坐在讲台前或讲台上监视学生做课堂作业;有些教师经常用学生小组讨论的方式;有些教师几乎很单调地使用电影教学。但是,这些教学的特性也都在传统教学方法的范围之内。人们很少能找到一个这样的教师:他/她放弃了传统的讲课、测试、课本、练习本和书面练习,几乎完全是围绕着观察校外的事物来组织学习活动,要求学生以小组的形式合作,并且学习原始性文件和著作,阅读、写作和对话都以这些活动为基础。

我们还发现学校教育的另一个共同点,即故意维持一种学校生活的方式以确保现有的学校教育正常运转。这种方式在小学低年级时就很故意地、完整地建立起来,在小学高年级以后很少受到质疑。它的特点是教师起主导作用,学生很少有机会主动发起学习活动,及学生班组安静和被动地学习。这些特点被当作美德而不断地强化。与这些特点不同的教学行为可能会得到容忍,但它们既不会得到宽恕也不会得到奖励。通常情况下,现有的学校生活方式在学生和教师中有强大的影响力,并直接地反对或者最终压制那些不同的教学方法的施行。

然而,使学生适应这些学校生活方式的目的并不是为了培植学生群体的权力。恰恰相反,奖励的只是个人的成就。学生们就像采浆果的30个人一样排成行肩并肩地向前进,每个人都做着同样的事情。时不时地,他们上缴所采集的一桶桶浆果,并根据教师对采集的数量和质量的认知获得奖赏。但是,教师所用的评估天平比人们用于称浆果重量的天平更容易受主观意志的影响。

学生们是通过课外体育运动队和学生的自治团体,而不是通过正规的学术学习项目,才有机会为实现共同的目标而一起工作、解决团组的问题、分工协作而获得成就,以及体验团组活动的成功。但是,课外活动也是相对比较狭隘的,并受传统观念的束缚,如在体育运动中受竞争的束缚,并不是所有的学生都能够参与其中。

比这些学校教育常规更显而易见的是支撑它们的全校范围的组织安排和传统做法。其中最重要的是按年龄分班的组织结构。学习的科目是按照年级编排的,每个年级要占用两学期,或者一个学年。此外,在中学有时在小学还要进一步按学习的科目排课,每个科目要排出30到60分钟的课,每堂课每周上一次或者多次。

这种组织结构不仅保留了前面所总结的特征,而且在现实中不允许它们有任何的变动。按年龄分班的做法支持了一种短浅的学习观念——学习主题和事实而不是基本概念和它们的相互关系;关注一个星期或者一个学期能够获得什么,然后进行测试,而不是关注智力能力怎样长期地成熟起来;遵守纪律而不是让学生不断学会自律。将学习科目分成一节一节的课的是在鼓励一种认为知识是零散性的而非整体性的观念。结果,学校教育要求学生所学的知识变得越来越不自然,切断了学科知识与人类社会经历的关系。当学生渐渐长大成人,越来越意识到他们必须处理现实生活中的复杂情况时,学校所传授的知识就会显得越发不自然。对于许多学生来讲,学校教育变得与他们的生活越来越不相干。

许多年以来,这些学校教育的方式已被证实是特别顽固地抵制变革,使一些人产生了这种说法:"什么都没变,只有表面上的改革。"学校教育是否在过去的年月里产生了变革可以说是一个看法的问题。还是有一些修改的。好多年前,我们就不再把书桌用螺丝钉固定在地板上,而是把它们用螺丝钉固定在木板条上,三张书桌钉在一块木板上。后来,我们采用了能够随意移动的书桌、椅子和圆桌。但大多数时间它们还是一排排地摆放着。教师们说,这是因为清洁管理员坚持认为这样摆可以确保过道打扫得干净。然而,人们越来越清楚地认识到,这种习惯的摆设是有助于维护教师在教室前方讲课的教学行为的。⑥

我们可以列举一长串令人难忘的修改方案,增加新的学习模式并改造现有的学校常规。但是,学校顽固地抵制那些较为违反常规的、为打破现有结构而设计的改革方案——如取消年级(办无年级的学校)、合作教学而不是单独教学(结成教学组教学)、消除教室之间的墙壁(开放空间性教室)、使用大段时间教课(适用于综合性核心课程),或者为不同的学科安排不同的时间段授课(按单元排课)。这些方案中的每一个都意味着变革及改进教学的行为规则。因为这些行为变化的实质很少被澄清(也因为学习项目的变化常常是很模糊的),所以那些提倡从根本上改革学校的建议往往对现有的学校文化造成了威胁和不安。一种革新往往会唤醒所有那些保护传统实践的机制,而不是促进改革。改革者很难理解所有这些,并常常会把责任推到把门的校长身上,以及那些无能的、不顺从的、不能理解新颖的和更好的办学方式的教师身上。但是,如果将所有这些校长和教师都换掉,也只等于更换了演员。剧本还会像以前一样上演。

尽管学校教育具有相似性,见到一所学校并不等于见到了所有的学校,但是,学校确实是不一样的,这并不是因为它们在组织结构上或者行为规则上有所不同,而是因为学校中的人在以个人和集体的方式应用这些规则和相互交往时各有不同之处。例如,校长鼓励教师参与有关学校工作的决议。校长和教师在很大程度上都没有意识到,处理这些工作的自由度是非常有限的。在学校工作的人已经深深地陷入学校教育工作,以至于他们把学校的现状看成是学校应该达到的理想境地。为什么要改革呢?

然而,我们知道有许多工作都是可以做得更令人满意或更令人不满意的,例如安排家长—教师会议、召开教工会议、计划图书馆的使用、管理操场和午餐厅、分配工作用品和记录迟到的情况。这些都是教师寻求发言权的决策领域。它们对个人来说变得极为重要，远远超出了它们在学校教育中的重要性。

课堂与课堂之间是各不相同的——这并不在于它们的行为规则，而在于由教师建立起来的课堂氛围所关注的事情。显然，当整个学校的气氛都有利于课堂里的努力时，就比较容易建立和维持一种令人满意的课堂气氛。还需要松动一下但不是改变行为的规则。确实，如果教师使用他们所珍视的自主权去实施明显地偏离现有教育方式的改革措施，每个人都会感到惊讶。

在大学教课时，我有时会把班级分成几个小讨论组。偶尔地，我们因为如此投入地讨论问题而没听到下课的铃声和门外想要进来上下一节课的学生的喧闹声。一次——仅仅就那么一次——我们忘记了重新摆好椅子。"古德莱得先生，"要上下节课的老师傲慢地说，"在你上课期间，你愿意做什么愚蠢的事儿都行，但下课后，请把那些课桌椅按原来的样子摆好。"

本章揭示了一些在满意度较高和满意度较低的学校之间的不同点。我们清楚地看到这些不同点对进一步发展使学校里的人比较满意的学校的深刻寓意。现在已经有许多文献谈到校长和教师怎样在一起工作才能创造一个满意度较高的工作场所，这些文献都很重视人的因素。本章认为正是人的因素造成了学校与学校之间的根本差异。同样地，我们已经获得了一些具有创新性的研究成果和指南，它告诉我们什么是创建满意度较高的学习环境的必需条件，以及怎样去实现它们。关于改革的研究已经清楚地说明了过去的一些愚蠢做法和一些有前途的可取之道。⑦对那些与学校有关联的人来说，创建较为令人满意的学校似乎是一个可以达到的目标，也值得去努力。在下一章我会详细地说明这一点。

然而，上述对学校间差异的讨论使我们痛苦地认识到，这些满意度较高的学校在组织结构和行为规则上并不会显著地不同于那些满意度较低的学校。进一步来讲，如果我们仅仅用学业测验成绩这个标准来评定普通学校教育的质量，仅仅用教师、学生和家长的满意度这个标准来决定他们所在学校的质量，那人们就没有什么动力去改变这些规则。我们样本中的学校的课程和教学重点使我感到没有任何理由去庆贺这些学校给将近35 000名学生提供的教育的种类和质量。然而，在这些学校里，人们对课程相当满意，即使在满意度较低的学校也是如此。

这里我想说明一点的是，若要改变学校教育的常规，首先必须使我们社会中的一大批人和组织看到这种需要。这就意味着不仅与学校密切相关的人，还有社会上更多的人都必须充分地超越他们自己的文化背景，认识到除了目前流行的办学方法之外，还有其他的可能性。这是不太容易的,有可能做到吗?

如果学校没有得到相当明确的指示说需要强调什么重点,那它们是不会去强调这些重点的。一旦它们做出反应,随着时间的推移,就会看到不同的效果。目前还没有任何强大的压力迫使学校改变现有的办学方式。确实,现有的办学方式看起来很适合关于办学目标的一些流行观点,如回归基础教育运动就是一个典型的例子。家长对学校教育的众多期望似乎并不能左右学校的政策和实践。大多数公众没有意识到,需要更多地强调发展学生多方面的能力,因此也需要使用相关的教学方法来培养这些能力。教师在其职业培训项目中瞥见了这些可能性,但由于缺乏实践而不能运用这些方法来代替他们在学校和大学里学到的传统教育方式。结果,教师队伍本身并不积极地推动学校的变革。其他的职业领域不断地进步,主要是因为与这些职业相关的知识迅猛发展并且职业人员掌握了这些知识。但是,教书工作仍然是一个脆弱的职业,还没有坚实地建立在生物学、社会学和行为科学的强有力的知识基础上。

我认为,我们样本中满意度最高的学校在影响课程和教学法的改革上处于一个相当好的地位。我们的资料表明,学校非常需要这些改革。但是,这些学校的顾客似乎对现有的学校很满意;校长和教师有许多影响改革的自主权。所缺少的似乎是广大的社会公众对改革的鼓励和支持。当人们不觉得很急迫地需要改革,目前存在的弱点还没有得到诊断,以及其他的办学方法的性质和要求还不清楚时,为什么要在学校做任何不同的事情呢?

我相信在此讨论的这些资料有助于使人们对学校教育的许多方面产生必要的不安。我进一步认为,学校看到本校这方面的类似资料时会产生改革的动力。但是,我们描述的那些满意度较低的学校没有能力把握住自己的命运来根据这些资料制定改革的议程并随后开始采取行动。它们不是健康的有机体。它们根本不能胜任课程和教学法改革的艰难任务。对它们来说,第一步应该提高目前工作的效率,争取早日成为使那些与它们紧密相关的人们比较满意的地方。它们需要关于其自身现状的资料,还需要在必要的改革过程中得到大量的支持和鼓励。

另一个方面,满意度较高的学校已为更多的根本性的改革做好了更充分的准备。但是,如果社会上没有形成一种需要改革的意识,没有人帮助诊断学校,也没有人支持对个体学校的专门诊断,改革就不太可能会发生。过去实施改革和创新的努力中的致命错误就是以为那些在偏远地区、有教育经费的学校最了解什么是错误的以及怎样处理它们。⑧我们是否已经实实在在地从过去的失败中吸取了教训还是个未知数。

让我们再回到这些问题：我们是否能够看清当前学校教育的现状？我们是否对我们所观察到的学校现象感到很不舒服，以至于我们希望有根本性的改革？还有，我们是否能够想象和提出其他可能的办学方式？如果对这些问题的回答是"不"的话，至少我们在开始创建比较令人满意的学校时，已经知道我们是能够达到目的地的。但是，我们不可能停留在这一步。研究学校教育的学者正加快速度为我们揭示学校的复杂性，在此过程中，他们也指出过去对学校的诊断和解决办法中具有误导性的简单化倾向。渐渐地，我们放弃了学校里"有坏人作怪"的理论，意识到学校教育的常规超越了与学校相关的每个人。

我们失去了无知，这是关键的一步，之后就要创建和维持能够敏感地和有效地为人类服务的学校机构。我们在了解现有学校教育的实质和学习新的办学方法的时候动作太慢，但已有加快速度的令人鼓舞的迹象。随着我们对学校教育了解程度的加深，改革的压力以及我们改进学校的能力也会越来越大。正是这种观点促动了"学校教育研究"。

对我们所研究的三十八所学校的资料的介绍和分析，本章进行了总结。接下来的章节将致力于讨论学校改革的议程和策略以及校内和校外教育发展的其他可能性。我认为，这些适用于我们样本中的公立学校的议程和策略也同样适用于私立学校。我们还将介绍一些新的数据，但只是为了详细阐释改革的过程而不是为了进一步理解学校。

注释

① Careful studies of schools of different sizes reveal differences between large and small schools in matters that would appear to affect satisfaction quite markedly. Students in small schools participate more broadly in the life of the school, are more likely to be known by teachers, and are less likely to be left out of activities. It appears to be more difficult in small schools for the more extreme peer group values to take hold. See R. G. Barker and P. V. Gump, *Big School, Small School*. Stanford, Calif.: Stanford University Press, 1964.

② Michael Rutter and others. *Fifteen Thousand Hours*. Cambridge, Mass.: Harvard University Press, 1979.

③ See Arthur E. Wise, *Legislated Learning*. Berkeley: University of California Press, 1979.

④ See Mary M. Bentzen and Associates, *Changing Schools: The Magic Feather Principle*. New York: McGraw-Hill, 1974.

⑤ See John I. Goodlad, *The Dynamics of Educational Change: Toward Responsive Schools*. New

York: McGraw-Hill, 1975.

⑥ I am indebted to Seymour Sarason not only for the concept of regularities — programmatic and behavioral — but, especially, for his insightful analysis of the consistent, unchanging elements of school culture. See Seymour B. Sarason, *The Culture of the School and the Problem of Change* (2nd ed.). Boston: Allyn and Bacon, 1982.

⑦ See, for example, P. Berman and M. W. McLaughlin, *Federal Programs Supporting Educational Change (Vol. VIII: Implementing and Sustaining Innovations)*. Santa Monica, Calif.: The RAND Corporation, 1978.

⑧ Ernest House, *The Politics of Educational Innovation*. Berkeley, Calif.: McCutchan, 1974.

第 9 章

改进我们现有的学校

短期内可以采取许多措施以改进我们现有的学校。没有必要等待宏伟设计的开发或者目前所有研究的完成。改进学校教育的紧迫性证明了短期议程的重要性。下面我将转向其中一些要素。

前面几章提供的资料是很有说服力的。因为在某种程度上我们研究的学校是有代表性的,那么学校改革的议程也是令人生畏的。它包括澄清学校教育的目标和功能,发展课程以响应广泛的教育承诺,设计教学使学生更有意义并积极地参与学习,增加机会使所有的学生获取知识,还有其他更多。单独地去解决每个问题是不能带来重大变革的,需要将所有或大多数这些问题领域作为一个整体系统来改进。

然而,下面潜在的假设是,我们的样本之外的其他学校在不同程度上也存在着我们的数据中最常见的问题。因而,有些读者可能倾向于在此停住,为他们自己总结这些最重要的问题领域,并提出他们认为需要的改革计划。与其争辩任何一套解决方案,包括我的解决方案,从而忽视了许多中心问题,不如在学校改革的议程上取得一些一致意见。

虽然下面将要讨论的大部分议程源于从第 2 章到第 8 章所表述的研究数据,但并非所有的议程都是如此。我们的确还没有研究学校教育的所有方面,我也没有呈现我们调研的所有发现。我们在组织和综合这些数据以说明主要论题时,许多有趣但并非明显有关的发现都弃而未用。在仔细检查这些未被使用的图表以及相关的分析,特别是在阅读大多尚未被分析的开放性问题的答案时,我获得了一些感想,并相信这些感想和那些与本书的论题有关的、经过系统处理的数据同样值得信任。即使我现在试图仅仅使用已经呈现给读者的调研数据，在实际上也不可能将这些感想放在一边。

此外，"学校教育研究"的发展是紧接在我和我的同事合作在十八所学校及其它们所在的学区进行的教育变化及改革的研究后面。"学校教育研究"直接探索了学校生活的实质，而先前的这项研究力图洞察改革的过程。我在下面的论述中会很广泛地引用这一研究的结果①。并且，我还将引用我对学校的其他研究项目的经验以及我与学校教育的种种联系：作为一名学生、教师、管理人员、师范教育工作者、顾问以及经常光顾学校的观察员。

谁将作出何种决定？

最近几年出现的关于改善学校教育的颇为流行的观点之一就是，家长应当更加积极地参与决策。支持这种观点的具体说法包括家长应当拥有更多权力这一相当模糊的概念，以及家长应当创立他们自己的学校这一具体的提议。

呼吁家长更多地参与学校教育富有自然的吸引力。有证据表明英国的学前幼儿游戏组②以及美国的家长联合创办的合作性托儿所③都使顾客更为满意。20世纪60年代在美国兴起的所谓的自由学校运动，是由思想相同的家长建立起来的小组，有时他们还在自己的学校里从事教学工作。

然而，由家长接管学校教育，在相当大的程度上是一种非现实的浪漫主义做法。自由学校的创立者时常发现他们自己明显处于不能协调的意识形态的争议之中。随着一些新学校的出现，其他的仅有几年历史或者几个月历史的学校关闭了。

在学校组织形式的另一端是美国的公立学校系统。围绕其发展的信念是，学校不应当仅仅传授几个家庭或者一个邻里街道的狭隘信仰和价值观，而应当介绍给年轻人一套更加广泛的观念。的确，约瑟夫·施瓦布令人信服地指出，学校是无用的，除非学校和家庭处于一种建设性的紧张状态：家和家庭为个人打上一个种族、一个信仰、一个社会等级的烙印；而学校有个人发展与各种不同种族认同的共性，并且培养能包涵和融合不同文化因素的共性感觉。④在这种对学校功能的认识之上产生了普通学校的概念。那些只强调一种价值观或者只为我的种族、我的邻居和我的经济阶层服务的学校是不能承担这种学校功能的。

就我们所知，关于公立学校和家长开办的学校的辩论已经形成了一种非此即彼的论调,而且我相信,它还导致了不幸的和非建设性的两极分化的观点。这在某种程度上来说是源于我们对家长期望的肤浅理解。民意测验和调查表明,家长愿意在学校事务中拥有更大的发言权。但是这并不意味着家长们想接管学校。有些家长的确这样想,但是大部分家长并非如此。他们宁愿尽可能清楚地了解学校的情况,特别是关于他们的孩子的进步和健康的信息。此外,他们希望学校的决策和决策人为众人所知。他们倾向于将学校的管理权留给校长,将课堂留给教师,并且如果有可能,要求他们对之负责。如果家长接管学校就等于要求自己的邻居对学校和课堂负责,这样就会导致邻里关系紧张,这是大部分人所不希望看到的。

我们的数据反映了这种观点。大部分家长认为学校的重要决定,即使是他们自己的学校的决定,都是由学区督学和董事会作出的——校长们和教师们也这样认为。大部分家长希望将更多的决策权从学区督学、董事会成员,以及州政府和联邦政府立法人员那儿下放到地方学校去。大部分家长也希望提高他们自己以及家长协会,还有外行顾问理事会的决策权。但是他们并不希望将自己的权力凌驾在专职人员、团体或者董事会之上。

校长和教师也与家长一样,期望将现有的权力重新分配,让更多的权力下放到学校和地方。令人惊奇的是,在喜欢看到的权力结构中,校长将自己置于教师之前,而教师则将自己置于校长之前。教师喜欢的权力顺序是教师优先,而后是校长、学区督学,最后是董事会。校长们则将他们自己置于首要位置,而后才是教师、学区督学和董事会。我们询问到的学区督学和董事会成员都将他们自己置于已经具有的最高决策者的地位。所有的人都愿意稍微提高一下家长个人或群体的作用。

在这些资料中,没有任何迹象向我表明,在我们包含各种不同类型人口的样本中的家长想要接管他们的学校。他们在喜欢看到的权力结构上将自己及其组织群体排在最高的四种人选之后。但是有这样一则信息:我们所调查的大部分家长希望将权力从比较遥远的、不太看得见的、比较不近人情的学校教育领导那里转移到比较看得见的、个人更加了解的、接触得到的学校职工以及靠近学校的家长群体手中。

在我们的样本中,可以清楚地看到对这种权力转移的期望。它意味着将学校作为改革的单位的重要性,以及将那些与每所学校相关的人作为改造学校的主力军的重要性。我认为这并不意味着应该完全拆除现有的教育系统,使成千上万所学校摆脱所有来自外部的指示和限制。有些学校无疑会成为众校中的明星,但是我担心大部分学校会成为流行的时尚、传统的教条、不胜任的工作和地方政治的牺牲品。各个学校提供的非同以往的教育在质量上会出现很大的不平等现象。此外,这种惹人心急的自由景象很快就会因多如牛毛的财政规则和法令,加之来自外部的文书工作而变得模糊起来。假如要纠正这种地方上的差异,州政府就得继续地提供大部分的教育资金。这就意味着不论学校的结构如何,都要采取措施保证有责任地使用资金。

我要重申的是,对学校的结构抱着非此即彼的态度,即或者不要现有的体系,或者要一个高度集中的官僚机构,最后是行不通的。应该做的是,必须分清权力和职责并将它们分配到整个体系的各部门。这样做的主要目的是激发和支持地方当局努力为每一所学校的学生提供优良的教育项目。以下的建议就是为了使我们在权力和责任之间找到适当的平衡。

首先,州政府在寻求保证教育质量的时候,不应该把注意力集中在校长、教师及个别学校身上。州政府应该承担的是以下的责任:让学区保证将州政府的教育目标转达给学校,为每一所学校发展平衡的课程,雇用合格的教师,为地方学校改革提供时间和资源,并保证在这些资源的配置方面确保公平。州政府评估学区的工作情况也是合理的。但是从遥远的州政府对每一所学校和教师的活动和表现进行监视就是不现实的,最终也是有害的。这是属于学区的职责。目前州政府还无法评估针对每一所学校及其职工而立的法规的结果。此外,由于许多立法对一些学校来说是不恰当的,很可能此类立法在给这些学校带来好处的时候,也带来了同样多的害处。

州政府官员,包括州长在内,有责任为学校确定一套综合性、一致性的教育目标。当前对学校的期望是一盆大杂烩,汇集了零散的立法规则。新的立法很少或者根本不考虑教育法规中的现行要求。事实上,大部分立法者确实不知道这些要求以及新的法令对学校有限的时间和资源会产生什么影响。⑤校长和教师经常陷于无奈的状态,就是因为受到不断变化而且经常互相冲突的期望的冲击。

提出的目标应当归纳成几大类,如同第 2 章所表述的那样。应该有周期性地更新这些目标的重点和内容,或许每隔四年在每一位新州长就任之时便更新一次。应该将这些目标作为一个有机的整体来宣扬,并不让它们受到立法机关及政治运动的蚕食性的削减。相对稳定并且缓慢地、深思熟虑地修正州一级的学校教育目标能给我们带来一些希望,使我们有时间开发和改进评估的手段,以确定学校里为实现这些目标而设立的条件是否能帮它们实现这些目标。这些条件不仅包括课程和学校教育,还包括州政府和学区提供的资源。

这些建议的预期结果是为学校提供一个可以共用的基本框架,在此框架之内,学区可以有不同的理解和做法,学校也可以因规模、地理位置以及观念上的一些差异采取不同的措施。很明显,州政府将会担当比目前更低调的角色。它们将在实际上不插手于教学工作的具体细节。但是,它们会愈加关心那些可以促进或者阻碍有效益的、令人满意的学校发展的条件。因此,州政府的角色还将包括为各级学校印发和宣传必要的知识,使它们能够评估学校的资产和债务。

第二套建议是关于学区的权力和职责的。我的建议是学区真正地将权力和职责下放给地方学校,并要确保学校之间的平等和检查责任落实的措施。每一所学校都有责任提供一套平衡的学习计划。每一所学校都应当发展自己的课程项目以及相关的计划文件和预算,并且由校长向学区督学呈送以上材料。我建议以上的计划及预算应当按照3—5年一个时期设计,并且每年更新和审查。

学区的督学和董事会应当主要关注学校呈报的课程计划的平衡性,而不是学校与学校之间的统一性,还应关心计划的过程以及最终资金分配的平等。他们应当避免干涉地方学校计划中的具体细节,最多只提供比较广泛的指导方针和咨询帮助。学区与学校之间关系的实质是审核的过程,在这个过程中校长向学区上交并解释在他领导之下所发展的计划。接着学区的督学在经过恰当的咨询以后,应当有权分配资金以资助非同寻常的创造性努力,并拒绝资助失败的计划。

我相信在这里我们援用"自力更生"或者基本上自力更生的原则,会促使学校管理好自己的事务,矫正积弊,并与家长建立有效的沟通——这些都是我们样本中比较令人满意的学校的典型特征。并且,我想用不了多少时候,那些与学校密切相关的人们会越来越有创意地设计出不同的教学项目,这在我们的样本学校中是少见的。最后,那些与当地学校有关联的人们会逐渐地增强学校主人公的感觉。

第三套建议是关于每一所学校的权力与职责的。此处提出的指导原则是学校应当在很大程度上自己制定改革的方向。与学校有关的人员必须发展一种促进更新的能力并为此创造条件和机制。这样一来,如果吸毒的问题出现了,就可以用更新的机制将其克服。如果孩子们的阅读成绩看起来下降了,提高阅读水平就会成为学校更新议程上的首要任务。这种改革的途径与那种从校外引进革新的模式来推动学校改革的做法明显不同。只有在学校自己的改革步骤看起来是失败的,并且似乎校外的革新模式看上去会起作用,才能试用这些模式。现有的步骤包括识别问题,收集相关的数据,讨论、制定解决问题的办法,及监视所采取的行动。这样既能管好日常工作,又能搞好改革。⑥这是学校工作人员必须培养的自我更新能力,如果他们希望工作的场所变得富有成效并且令人满意。

但是，大多数学校都缺乏这种能力，主要是因为校长缺少集体领导的必备能力。大部分新校长都是在六月份离开课堂教学的工作并且很快就投入新的工作。他们先前的课堂教学工作并没有为他们做好从事学校领导工作的准备。极少数新校长知道如何为学校制订一年的改革计划；有些校长召开员工会议仅仅是为了发通知，而这些通知在布告栏上或者通过备忘录就可以有效地转达给员工；很少有校长知道如何赢得员工的"一致同意"。目前校长的在职培训强调他们在改进教学中的作用。不管这种培训有何优点，它的确不包括培养校长解决全校范围内问题的能力。[7]

因此，我建议，每一位学区督学的首要职责就是选拔有培养前途的校长候选人，并且培养他们以及现任校长的领导和管理能力。在履行这一职责时，督学可能有必要请专家帮忙，以提供必要的培训。应当准备好足够数量的、合格的后备人员来接替每一个空缺的校长职位。每个学区物色新的领导人的工作应当是连续性的。那些非同寻常的有前途的男女教师应当被选拔出来并且给他们提供带薪假期去参加大学优秀的教育管理培训项目。学区督学和董事会在选择校长时，应当超越当地的候选人员并且超越他们自己的资源来作出选择。选拔委员会应当包括其他的、与准备雇佣校长的学校有关的人员。

每个学区的校长们都应当组织起来，并有时间不断地更新他们的知识和技能。他们应当与学区的督学和学区外请来的一名专家商议，建立他们自己的年度工作学习计划。这一计划中必须包括学习本学区之外的教育思想——应当学会倾听其他的擂鼓手传递的可能与自己的想法不同的信息。

所以，我所设想的教育权力下放并非使学校放任自由，而是使学校既与其中心（学区办公室）相连，又与其他的学校形成网络。它并不是一艘在未标明区域的大海上行驶的孤船，供给和联络都被切断。然而有关这艘船上的人的福利的决定也不是学区负责人或其他船长的特权。校长才是这艘船上拥有全部权力和责任的船长。但是如果校长比较明智并为此职务做好了准备，他或她便能在其他人的伴同和咨询下完成任务。

确实，除了校长之外，必须有其他的人参与为学校的福利作出的决定。比如说，应当成立一个由校长领导的政策和计划小组，包括教师、学生、家长，也许再加上一个不是家长的社区代表，并且如果有可能的话，有一个来自学区办公室的代表。这个小组应当与管理学校的机构分开，并与学校教师平常考虑他们日常工作的过程分开。这个小组应当随时随地警觉那些对学校整体有影响的问题,应当确定哪里需要新政策,应当负责最后批准计划的文件和预算,这是为校长和学区督学讨论而准备的。这一计划小组应有什么样的成员不应由上面的领导来规定,而是应当要求校长说明需要采取怎样的措施才能确保很多人都能参与计划的过程。

每一所学校的预算应当包括所有的花费以及运用此资金的选择性方案。因为即使在怎样分配花费在教师身上的资金这个问题上,每一所学校都应当可以自由地行使某些控制权。比如,预期有两位教师将要离任,继续留任的三位小学教师可能会建议不再雇佣更多的正式教师。他们可能宁愿用同样的资金雇用五至六位兼职教师在他们的监督下工作。其结果是减少了专职教师的数量而增加了孩子们可以接触到的成人的数量。以这种方式设计和执行的教师结伴教学项目比起学区中心办公室命令所有的学校这样做,有大得多的成功机会。

同样地,教师们应当在他们学校如何使用分配给学校购买材料的经费问题上拥有发言权。确实,他们应当拥有某些资金用在他们认为合适的地方。比如,当一位教师要求为一个特定的班级购买 5 种教科书,每种买 6 本,而不是只买 30 本同一种教科书。这一要求在经过恰当的内部审核之后,应当是可以接受的。这样购书一般花费要比较高一些,但是通常能达到更好的教学效果。

每一所学校应当有权力和责任发展长期的职工雇佣计划,明智地替换退休和离开学校的教师。比如,一所小学的教师可以特别要求下一位被雇用教师,除了通常的教学技能之外,应当拥有数学方面的背景知识,以保证学校教职员工拥有广泛的专业背景知识。每一个人对于其他人来说,都是一个专业的才智资源主体,但是每一个人又都是一位普通的课堂的教师。

正如我先前提出的,很少有时间被用于学校教育的改善。有些州和学区为职工培训安排时间,但是它们总是注重培养单个教师的技能并且通常将他们从学校所在地拉走参加培训。我们的资料表明,我们样本中的教师很少在一起研究学校里的争端和问题。因此,学校范围内值得关注的问题往往无人问津。可是这些问题往往能影响教师、学生和家长对学校的看法,也直接影响到教师的课堂教学。所以,学区经费预算中应该考虑到每年至少需要聘用教师 180 天教学,加上 20 天从事计划工作和开展学校改革。这些额外的工资支付对于提高教师的年度收入来说,会是一个重要的步骤。这些额外的时间应当节制地使用,主要为了达到学区制定的目标。但是,这些额外的工作日的长度应当同教学日的长度一样受到学区规定的严格控制。此外,每一所学校在安排这些工作日的时候应当都有一些回旋的余地，有些学校可能倾向于在每几周教学之后便插入一周教学计划的工作，而不是将所有的四周教学计划工作时间集中安排于一年中的某个时期。

我们还应当考虑我先前的建议，即教学时间应当缩减。这会给计划安排提供更多的时间——也可为教师提供更多的时间关注每一个学生的学习，阅读学生的文章，等等。高中教师曾经告诉我他们能够将每周的教学时间缩减至 20 小时，还仍然能够给像现在一样多的学生教授同样的课程。很可能，在他们心目中，已有与目前不同的教师工作安排模式，并有办法帮助学生发展更多的自我指导能力。为什么不让他们试一试呢？同样地，为什么不鼓励小学教师实验一下不同的教师工作安排方案呢？

我确信上述的建议为地方学校提供了机会，使它们在一个总的框架下显示出自己的个性或不同的特征。这个框架是为了确保职责的落实，在预算和其他日常工作中局部性地集权管理以节省费用，还有学校之间的相对平等。我能够听到那些专职管理人员和董事会成员的抱怨，他们相信对课程、教职工安置、预算以及其他事情应实行集中控制。但是他们应当注意到检查和制衡的条款，也应看到发挥校长和教师的创造力的可能性。目前校长和教师感到他们被现有的"制度"过度地束缚住了。还要慎重考虑的是目前家长对他们在学校管理中的遥控作用不甚满意，应该设法使他们高兴起来。假定我们现有的学校教育制度或者有些人认为我们所拥有的学校制度是最好的制度，就会招致更大的不满并且引起更多人逃避这一制度。

分配时间和教师

在第 2 章所概述的学校教育目标和我们所研究的学校为达到其目标而设置的课程之间，似乎存在着巨大的差异。要传授这些目标所包含的知识领域和思维方式，首先必须要有相应的时间和课程，所以也必须要有相应的教师。我们数据中学校的平均指数显示出一种综合性的课程，但从小学到高中，随着年级的增长，这种综合性逐渐地减少了。但是我们的资料表明，在具体的学校里，学生所经历的课程，并没有反映出平均的水平。学校与学校之间的差异是巨大的，即使在同一所学校里，学生所经历的课程也存在着重大的差异。

有两种主要的论点为这些不同的课程安排作出辩护：地区的选择和学生与学生之间的差异。如果我们研究的地区学校之间的差异源于深思熟虑的政策决定，那我们就没有注意到这一决策的过程。此外,在参观学校期间,我自己对这种可能性的探查使我得出结论,学区督学、校长、指导顾问和教师很少注意收集和分析与课程的平衡性的决策有关的资料。我相信现行的课程并非源于谨慎的地方计划而是源于权宜之计和疏忽的累积。

但是,即使决定课程的主要组成部分的权力得到了审慎地运用——我相信有些学区在这一点上堪称模范——我们又能承受得起多少学校之间的差异?我们生活在一个流动性很高的社会之中。我们能接受这样的事实,即一些学生在数学、美国文学以及计算机应用等方面几乎是无知的,只因为他们碰巧所上的学校无法给他们提供这些文化知识的教育。我认为不能接受这一事实。

具有同样重要性的问题是,是否有些学生可以而其他学生不可以学习某些课程是因为他们在学习能力上的差异。他们之间的差异是否可以被当作忽视像数学这样的课程的理由?我再一次地认为不能。是否安排不同的课程是因为有些学生可能对其他的课题更感兴趣?正如哈利·布劳迪非常尖锐地质问道,学生们怎么可能对他们一无所知的东西感兴趣呢?⑧

如果学校教育要卓有成效的话,就必须因材施教。这包括教学法上的策略——给予有需要的学生更多的时间学习,设计动手活动以克服抽象性学习的困难,总结和复习通过不同教学手段教授的功课,等等。教学内容的具体细节也能够而且应当有所不同。生态学的原则能在印第安纳州的小湖和池塘中学到,也能在加利福尼亚州的海潮水池里学到。但是,如果任何州有学校不教生态学的概念,我是不能接受的。被断定为比其他人稍逊一筹的学生有同等的权利去学习这些知识。

经过许多学校改革的实践,前面描述过的关于课程差异的资料表明,州政府应当对所有的学校提出具体的要求。事实上,当我正在写此书时,有些州政府已在考虑通过立法来提出要求,并且在有的情况下,州政府已经在用我们的数据作为辩护的依据。我的忠告是要当心。提出的行动方案的后果可能是有建设性的,但也同样可能令人失望,甚至具有破坏性。那么,让我们来看看除了立法规定,还有哪些有前途的改革方案,有些方案主要适用于小学,有些适用于中学,有些二者皆适用。

但是,首先我想再一次强调州政府的积极性责任。州政府有权力和责任对学校提出明确的教育目标,而且它们有权力和责任要求学区确保每一所学校都设有综合性的、平衡的课程。它们还有责任开展研究,了解全面的优点和缺点并广泛传播这些发现,但不提及具体的学校。它们有责任评估必要的改革所需的费用,并且尽可能确保必要的资源。能做好所有这些事情的州政府就会圆满地履行它们在课程发展方面的职责。

时间

在第5章，我们看到了学校与学校之间在用于教学的时间方面的极大不同对课程造成的影响。在时间分配的杠杆上，处于高端的小学不仅为数学和语言的教学安排了充足的时间，而且每天还有大约一小时诸如科学和社会学习等科目的课程。但是，那些处于底端的学校在数学和语言教学安排之后，就没有时间进行其他科目的教学了。⑨孩子们因为碰巧上的学校不同，就经历了显著不同的课程安排。

我在第5章里建议每周25小时用于教学，这与我们样本中的小学每周平均大约22.5小时的教学时间相比，可能是一个合理的目标。然而，建立统一的教学时间目标也许还不如在每一所学校发动改革，这样会更有建设性。几个星期的自我鉴定可以帮助人们认识到，目前四年级平均每周有23小时的固定教学时间，并可能促使人们决定每周增加一小时的社会学习、科学以及艺术课。这样做需要一年的时间来落实转变的过程。这种努力可能包括如下的做法：家庭和学校合作以确保孩子每天早晨准时到校；采取更有效的步骤使学生在早晨、休息时间以及午餐时间顺利地进入和离开教室；在课前准备和放学前的最后结束活动上花更少的时间。每天在校时间的长短在全国各地不同的学校里会有些不同。有些学校可能发现有必要延长在校的时间，但是它们应该先实施诸如我们上面提出的调整建议，再考虑走这一步。

州政府和地方当局在这一领域应当避免下命令。我们关于时间运用的数据早已引起了新闻界的注意。因而，我已经收到了认真的教师的来信，悲哀地叹息行政部门所采取的迅速但并不明智的行动。例如，一个董事会要求所有的小学将目前的休息时间从15分钟缩短至10分钟！这所学校的教师有权愤怒，是因为这项专横的决定并非基于与这所学校有关的数据。根据一份新闻报道就采取一项非明智的行动，在实际上剥夺了每个学校的校长、学生、教师和家长自己评估当地条件并施行所需要的改革方案的权力。结果会达到比提高时间的使用效率更多的改革目标。我们已经发现，总的说来，我们样本中比较令人满意的学校都能自己应付它们的问题。那些对学校更满意的教师也认为自己参与了重要的决策工作。先前尚未报道过的资料表明，许多家长希望他们在学校的作用不仅是参加学校的筹款活动和家长教师协会的会议。一旦有效地将与学校有关的人士发动起来参与改革，他们一定会全力以赴，超额完成最初开始的改革任务。为学校培养改革的能力比在学校实现一项具体的改革方案更为重要。

此外,鼓励自我更新能力的发展比行政命令更有可能激发创新的方式以达到期望的目标。在目前讨论的例子中,目的不仅仅是为了增加地方学校里的教学时间,也不是为了在每周的学科时间安排上确保不变的统一,目的是采取一些合理的措施来确保男孩子们和女孩子们都能学到知识和学习的方法。

例如,有些学校可能会喜欢不在每周都安排或者不用每周平衡的方式来安排艺术科目的学习。他们可能倾向于连续三周不安排艺术课而在第四周每天都安排几个小时的艺术课。很可能在一大整块的时间里学习艺术会进步最快,那么这样的安排可能就很有道理了。或者,教师们可能每周安排半天的时间让学生学习艺术课程,并让孩子们每年在四个时间段轮流学习音乐、视觉艺术、戏剧以及舞蹈。这种安排能够满足州政府或者学区的要求,即学校必须保证所有的学生都应当有艺术学习方面的经历。这种经历不应当受到上面发下来的为确保统一性的指令的钳制。

我再一次重申先前的忠告。如果我们有意提高学生教育经历的质量,我们就不能停留在仅仅提供更多的教学时间上。我总会宁愿选择充分利用更少的时间,而不是花更多的时间去从事毫无结果的活动。增加学校的教学日和教学时间在实际上会产生反作用,除非我们同时显著地改进使用这些时间的方法。

教师及其所教的内容

在纠正课程失衡以及确保学生不会因为他们碰巧所上的学校而遭受惩罚时,我们需要时间并采用一些非同寻常的、富有创建性的措施。但是,有一些非常实用的措施现在就可以开始,而它们的成功几乎完全取决于学校是否能够自己发起改革并得到州政府和学区的支持。

学校的教职员工有必要开展两项可能尚不存在的计划工作。第一,要仔细地理解州政府提出的学校教育目标的意义及内在的启示。第二,主要是在中学阶段,既要分析教师在学科领域的分布,又要分析学科、课程和思维方法在学生所经历的课程中的分布。

这些过程中的首要任务包括两种持续不断的争论。第一种是学校范围内的争论,包括校长、教师、学生和家长。它的目的是使人们了解培养学生智力和其他行为的深度以及课程中应该包括的知识范围和人类经验。不需要从零做起。第 2 章所介绍的教育目标可以很现成地作为对话的基础。不应当指定组织和开展这些讨论的具体方式。实际上存在着各种不同的方式。比如说,在华盛顿州的艾伦斯博格镇,人们在州立大学人员的领导下,运用大众论坛的形式,与社区领导人一起以他们独特的见解讨论这一系列的教育目标。⑩

另一种讨论的参加者是学校的教职员工(在有学科系的大学校里,以系为单位或者以跨越学科系的小组为单位),目的是学会理解和尊重要传授给学生的知识种类。对于英语老师来说,仅仅关注语法和写作是不够的。他们还必须考虑怎样用他们的学科来培养学生的批判性思维能力。并且,他们还要考虑,英语课怎样才能帮助年轻人思考个人和社会发展的问题。如果每个科目的教师都不探讨这些目标,那么学校中还有谁会去这样做呢?所有的这些做法都是为了激发一种意识,即教育不仅仅是背诵一下事实和锤炼运动的技能。

第二项同时进行的计划工作包括建立评估课程的平衡性的程序。大部分中学都有这种资源,特别是校长和指导顾问有能力来做这种评估工作。必需的信息已经有了,所需的仅仅是用一些与普通实践不同的方法整理和分析这些信息。这种分析首先要提供的是教师按学科领域或者学科分类的分布图。其次,从最近毕业的班级中随机抽样一些学生,勾画出他们所学过的学科项目的综合图。这两种数据都具有揭示性的意义并迫使我们面对这一问题:这些就是人们所期望的或者甚至是站得住脚的分布情况吗?有关现在已经上了高中的初中毕业生的资料可以用来引导这些学生计划他们来年的学习。

令人鼓舞的是,有些州正在逐渐认识到这种课程评估的重要性。比如,加利福尼亚州的教育厅已经为学区董事会准备了一本手册,以激发人们的兴趣,并指导评估的过程。⑪在我看来,这本手册里有 100 个待回答的问题,真是不必要。如果问题简短些并旨在引导收集至关重要的信息,其用途或许更大些。麦克尔·克斯特已经为我们开出了一个应优先注重的条目。⑫我相信,州政府应该确定课程评估的需要,提醒学区去开展评估,并为它们制定评估的指导原则。但是,如果州政府下达课程的具体要求,那就不是一种建设性的州政府行为了。

介绍这些程序的目的是要提醒人们注意目前课程资源的分布情况并促进调整的工作。在许多情况下,所收集的资料本身就能说明问题,导致再度的调整,并提供支持这一调整的理由。未来教师的雇佣安排将会变成一项有计划性的、满足重新调整需要的工作。比如,英语教师离任或者退休时,不一定要用英语教师来替换。如果将超编学校的教师安置到教师短缺的学校,就能更快地做好重新调整的工作。

课　程

当我在写这些文字的时候,我很清楚地意识到国家、州以及地方人士对大学前的学校课程设置日益增长的关注,尤其是对中学的课程。正在出现的情绪似乎希望对高中毕业时的学科要求有更加详细的说明。比如,通过要求入学的新生在高中学过更多年的数学和科学,一些州的大学已经给中学传递了一个强烈的信息。但是这些新的要求是针对将来进入高等学校的新生的——其中只有不到半数的学生在高中时会期待自己今后要上大学——这离目前中等学校的全部学生人数相差甚远。

无论学校教育的不同阶段之间可能有着多么松散的联系,它仍然是一个体系。在某一个部分发生的主要变革会影响到其他部分。比如,所提议的课程改革如果不与教学上的实质性提高相配合,就会增加已经太高的高中生的退学率,特别是那些拉美裔的学生。⑬一所教育机构的质量必须根据它是否能留住它的学生来判断,而不是仅仅根据对其毕业生的评估来判断。

大学录取标准中对中学课程的要求及其变化,影响着对教师的需求并且对师范教育改革也有暗示,这些是不容易且难以迅速作出调整的事情。全国教育联盟估计,在这十年的最初几年,数学老师的供和需之间有22%的缺口。同时,全国数学教师委员会估计全国有26%的数学教师岗位都由不具有教师资格或者仅有临时性资格的人担任。这并不是一个新出现的问题。在20世纪60年代早期,我参加了詹姆斯·B·科南特领导的美国师范教育研究。⑭在东部的大学里,我们问起在它们的师范培训项目中为何没有看见数学和科学教育的师范生,答案是西部地区在培养更多这样的教师。到了西海岸,我们又被告知,参加我们调研的答问人认为,东海岸正在培训着更多这些学科的教师!

课程的平衡性

若要确保在课程平衡的工作中取得初步、真正的进步,地方学校必须作出困难的、敏感的决定。指导原则必不可少,但是如果对于州政府的指令一味地服从将会造成一些消极的后果,诸如在文书工作上花费过多的时间以及怂恿欺骗性的行为(比如仅仅在名义上将社会学习的教师转变成科学教师)。

这些指导原则的本质应该是什么?我反对大学和州政府统一要求所有的中学生,

在每一个学科方面应该上什么具体的课,及上多少年这样的课,才能达到大学入学的要求。但是我也主张过,并且还要继续主张,各个学习领域之间应有更好的平衡,并且在这些学习领域里应有更多的共性。

下文所述的主要是针对中等教育的。这并非将我们关注的焦点从小学移开。在我们的样本小学中也存在着不平衡,主要是因为语言和数学课程在小学教育中占有重要的地位,而其他的学科却处于不稳定的地位。但是,看起来似乎没有必要减少这些被强调的重点,只要我们采取适当的步骤,正如改革建议所推荐的那样,来保障有更多的教学时间,并且将这些时间用于那些被忽视了的学科。

要保证课程的平衡,首要的和最重要的注意对象是学生。具有讽刺意味的是,学生个人的学习计划最不受到关注。我建议为每一个学生建立一份累积的档案,记录他已经完成的学习项目和预期的学习项目(至少有一个暂时的、在同一所教育机构所有学习年限的档案),并且将整体的学习项目与理想中的学习项目做比较。

理想中的学习项目的类别对于所有的学生都应是一样的。要详细说明这些广泛的类别,我将再次求助于在第 5 章里所讨论过的哈佛报告——《自由社会的通才教育》,并借鉴它所提出的一些建议。如果我们能够同意人类知识和积累经验的"五个手指"的重要性——数学和科学、文学和语言、社会和社会学习、艺术、职业教育,那么还要决定这些学科领域之间应有的平衡和在它们之间可以接受的差异,以及可以留给每一个人作出完全自由选择的时间,如果还有这种时间的话。

关于学科之间应有的平衡,我基本上不会背离第 5 章所报告的我们样本学校的平均数据,我认为初中课程的学科分布情况优于高中。但是我不允许人们自由地制造我们的数据所显示出来的学校与学校之间那种程度上的差异。

我的意见是学生学习计划中的 18%(在某一年或者中学几年的平均数)用来学习文学和语言(英语和其他语言),18%用来学习数学和科学,其他的"三个手指"每个占用 15%的时间,还有近 10%用于体育。可以允许这些课程所占的百分比中有 1/5 的差异。但是,我希望明确的是,这"五个手指"加上体育课所占的百分比最多达到学生学习项目的 90%。剩下的 10%或者更多一点可允许个人选择,这是有引导性的选择,但它最终是个人的选择。很明显,只有在给至少某一个学科领域所分配的时间少于它最多可以分得的时间时,才能挤出这 10%的个人选择时间。一个学校的规划组可以决定在几个学科领域里只满足最低的时间要求,这样或许就可以在整个学习计划中给学生提供多达 20%的个人选择时间,使他们能最大限度地在第六个特殊兴趣领域里学习。

在其他的五个学科领域里,我会主张,大约 2/3 的学习项目对所有的学生应该是一样的;其余的可以从一套有限范围内的选修课中选择,这个范围必然因学校的规模不同而有差异。当然,最终的结果必然是,所有的学生到毕业之际都会学完课程的核心内容。我反对由一套共同的课题组成这一核心,我支持的是一套共同的概念、原则、技能以及认知方式。

提出这种课程设置的框架给地方学校留有余地,使它们能选择多强调或少强调某些学科领域。它也为每一个学生留出 10% 或者更多的选择学习时间,并且不规定这一部分学习的具体内容。这部分课程的目的是为了发展和促进个人的兴趣和才能——例如,语言上的(学好怎样使用一门外语、进行创造性的写作,等等)、艺术上的(雕刻、绘画、演奏一种乐器,等等)、体育活动(游泳、滑雪、打网球,等等),或者认知上的(数学、物理、计算机程序,等等)兴趣和能力。可以推测,学生的兴趣和最初的参与通常是源于家庭环境、学校教育的其他部分,或者通过观察一个榜样而兴起。这第六个学习领域可能会成为决定学生终身事业和成就的最重要部分。

不过,学校在第六个领域能为学生提供多少教育,在很大程度上要依据学校的环境、可从社区获取的资源以及诸如此类的条件。我建议发给学生教育券,让他们以此作出自己的选择。一个学生可以用他所有的教育券(也许需要每周能购买多达五个小时的教学的优惠券)来聘请一位家庭教师,学费可以参照为参加这种教学的老师专门制定的收费额度。富裕的家庭无疑会补充这一教育,但是贫困家庭因此所得到的智能开发机会至少也会超过他们目前所能获得的机遇。

一位有数学天才的学生,无疑会最大限度地学习上述课程指导原则所允许的数学课程。这些指导原则可以保证他合理地学到各个领域的知识,其中大部分内容应和其他学生所学的一样。这位学生可以很好地利用教育优惠券来学习大学的高等数学课程,在一家电子工业公司找到一个被认可的实习职位,以及聘请一位家庭教师。所有的这些学习都在学校咨询员的指导之下,贯穿于三年的学习阶段。这样一来,比较小的学校就不用为少数学生开设高等数学课程,这无疑会缓解教师聘用不足的问题。我不愿意排除这一可能性,即使用资历最好的数学教师来满足学生在第六个学习领域里对专门师资的要求。但是,并非所有的数学教师都能达到专门开发学生智能的教学标准。这些标准和教学方法应当类似于本杰明·布卢姆在其开发天才个体的研究时所认定的标准。⑮

这里出现的问题是应该给学生多少在第六个课程领域选择学习的自由。因为其他的课程选择会比目前存在的更广泛,那么潜在的滥用这一自由选择权的危险很快就会显而易见。这个领域就会变成从所有其他课程领域中被挤出来的选修课的倾销市场。虽然如此,我希望看到一个相当长的选择栏目。我提醒读者,第六个课程领域是在既定的指导方针之下,加在已经承诺给所有学生的通才教育之上的额外学习项目。

在我看来,确立选择范围的最主要标准是个人倾向性领域内的学习要求。对于个人来说,必须有几乎不受限制的成长机会才能达到吸引观众的完美水平,就像艺术家的表演一样,或者最终达到能够指导他人在某一领域用很多时间和精力来学习和练习。实际上,这个人变成了某一种不容易学会的领域的专家,随之而来的成就感本身就是一种奖励,也许还会促使他在其他领域努力的动机——当然也一定会引起他对其他领域成就的欣赏。对于个体来说,如果没有体验过这种感觉,会是一种巨大的损失。

总的说来,上述的教育内容在很大程度上保存了普通学校这一概念。同时,因为有这第六个课程领域,人们有机会至少在某些方面能达到承诺的目标,比如,美国的"磁性"学校和中国的体育学校就提供了这种机会。持有反对意见的人相信,课程安排中应有更多的选择和选修课。

我在先前和其他的场合都争论过,对学生在学习和兴趣上的个体差异的关注,在某种程度上是出于对这些差异的曲解和一种过激的反应,而选修课程的吸引力主要是建立在这种关注之上的。⑯ 有关学生个体差异的资料,我个人认为,对发展不同的教学法比对发展不同的课程设置更具有迫切的意义。

然而暂且不谈这些争论,我相信这里提议的改革方案为学校与学校之间以及学生与学生之间的差异留下了很多余地,并仍然能够发展出一套实用的课程体系。首先,在学生的学习计划中,前五个课程领域中的每一项都可以占有20%的学习时间。第二,在这些领域的任何一项里,只有2/3的课程应该是对学生的共同要求。诚然,对于余下的1/3的课程的选择并非不受限制。比如,一位学生在满足英语学习的统一要求之后,或者正在满足英语学习的统一要求之时,可以选择一门西方、东方、现代或者中世纪文学,但不允许用其他领域的课程来代替。第三,第六个课程领域为高度的个人选择提供了一个机会,虽然这是基于特定的指导原则,但却是为了满足个人的兴趣。我相信提出的指导方针将会有助于学校为每一位学生确保平衡的普通课程,合理地在五个主要课程领域进行选择,并根据个人的兴趣和能力来做选择。此外我还相信提出的课程框架设立了许多安全措施,以防备过多的选修那些看起来不会有很大发展的课程。

在这里我要强调的是纠正性工作的时机。我们希望掌握性学习理论概念的应用以及改进过的教学方法能帮助减少对纠正性工作的需要,但是在相当长的一段时间里,它将仍然会引起我们的关注。我的主张是:无论一个学校的教职员工认为在某一个知识领域里要做什么样的弥补工作,他们一定要在整个学习项目分配给该领域的最多的学习时间范围内完成它。在剩下的 1/3 或者更少的选修学习时间里,一个学生可以去上荣誉班的课,而另一个学生可以用这段时间来提高自己在某个成绩低的方面的知识水平——但这两个学生都仍然在同一个课程领域里学习。学校的教职员工会想利用第六个课程领域的学习时间来给学生补课。这是绝对不能批准的。比较迟钝的学生经常因为他们要补功课而不被允许和那些能干的学生一起参加其他课程领域的学习活动。为了阻止这种腐败的现象,我宁愿将教育券置于学生手中,使他们能够去追求第六个课程领域的目标——无论在校内还是在校外。

在前面讨论课程的平衡性时,我就建议将每一个学生的整体学习计划,即在同一个学校教育阶段的学习计划(比如,高中阶段),与一个理想的模式相比较。现在我已经提出了这一理想模式,包括它可以允许的自由程度的具体说明,在这个过程之中还表明了我的这一信念,即所有学生的学习计划都应当符合这个模式。并非所有的人都认可这一模式;确实,一致赞同的程度可能是相当低的。然而,它所提出的问题却是根本性的,并且我认为是不容忽视的。公正地回答这些问题就能够产生更好的课程。我极力主张对话应该集中在所提出的原则上;具体细节上的差异是难免的。我所提出的指导方针旨在保证每一个学生的课程都有次序和平衡。它们并不会限制人们在寻求实现理想的途径时所发挥出来的创造力。这个理想就是保证每一个学生在确定的学习领域之间有一个平衡的课程。

课程的内容

我们关于教师所教授的课程的数据——他们所教的课题,材料以及测试——示意在我们所研究的学校中存在着两种课程上的缺陷,这在很长时间以来就吸引着哲学家和课程改革家的注意。第一种缺陷就是那些用来教授概念、技能以及价值观的具体方式变成了目的而不是方法,这就模糊了更大的目标,诸如我们为学校所设立的那些目标。

一些尚不够肯定的关于改进课程和教学的活动的资料表明了另一个问题:缺乏

教职员工对地方学校整体课程的关注。"学校教育研究"并没有力图去查明在美国何地有持续不断的课程开发工作。作为一个长期的课程改革的研究者,我自己的结论是,已经有较长一段时间没有人密切地、持续地去关注初等和中等教育的课程内容了。盛行于20世纪60年代的大规模的课程改革运动已经烟消云散了。在很大程度上,课程的内容仍然由出版社编辑人员和学科专家以及他们选择的撰稿者所决定。他们的作品受到那些选择和使用教材的人的循环影响。目前这些产品正从四面八方引火烧身,正像它们多年来不断地受到批评一样。

这两种问题——目的和手段的混淆以及课程开发和改革的偶然性——是紧密相连的。此外,没有迹象表明提出的解决方案会生效,而且它们还会被复杂化;要获得巨大进步所需要的时间无疑会考验我们的耐心。当我们的耐心消磨殆尽,我们会倾向于做其他的事情而不是去发动真正改革的必要程序。时间和金钱经常荒废在那些看起来可能很明显并有逻辑性,但最终被证明不值得去做的事情上。

这个当今到处受到抨击的"明显的"并"有逻辑性的"学校课程问题解决方案也就是那些昨天和前天受抨击最多的解决方案。从实质上来看,它们是一种"更严厉"的方式与一帖精英主义药方的结合物。它们主张延伸对基础学科的课程要求;增加教材的"难度",减少对能力差的学生的关注。这种精英主义的思想来自大学,它们主要关注的是今后入学的新生的质量,而上大学的人只代表了在中学念书的少数学生。人们对基层学校的改革过程缺乏耐心,有时甚至看不上那些不同的改革策略,不能认清并学会使用学校文化的力量,也看不到让学校教职员工"拥有"提议的革新方案的重要性,而这些都是研究改革的人所认为的极为重要的条件。有时大学的管理人员和教授将他们自己置于居高临下的位置,答应暂时将学校改革作为优先考虑的目标并纠正学校的弊病。

他们所提供的帮助是他们认为自己能做得最好的——加强那些软弱的基础学科课程。但是,学校最需要的并非在稍低的水平上复制大学的课程,正像加利福尼亚大学伯克利分校的查理士·马斯卡丁教授所批评的那样,这样复制过来的课程顶多只能教学生做笔记和记忆事实,"花这么多的费用才教授范围这么狭窄的技巧"。[17]

我们的资料表明,学校的学科教育的主要缺点是:用课程改革运动早期的行话来说,教学活动往往不能将学生与学科领域的"结构与思维方式"联系起来。这种不足之处既有课程上的又有教学上的原因。我们发现在为特定年级设置的学习课程里,所教的只是课题(磁体和电池组)而并非概念(能源),教材和练习册也强调课题,并且这些课题在测试中被进一步分解成为要求学生记住的事实。这样一来,比较重要和永恒的概念和原理在教学中往往模糊不清,除非那些富有创意的教师设法超越他们在中小学和大学所经历的绝大部分课程和教学实践。在我们的案例中发现了一些这样的教师。但是这些离经叛道的教师的做法通常得不到周围环境的支持。相反,那些与此相反的教学行为在周期性的回归基础教育运动中一次次地得到加强。

大学教授能够并且应当帮助学校解决至少是在课程方面的问题,毕竟他们是各自领域的专家。但是,很少有人为之做好准备,对其感兴趣并有见识,或具有乐于助人的秉性,即使是在课程方面,特别是历经比较长的时期。已故的比尔兹利·拉穆尔是一位在高等教育研究上富有洞察力的学者,他对大学教授是否有能力规划他们自己学院里的通才教育表示怀疑,而中小学校的教育大多是通才教育。大学教授更有能力推动知识领域向前发展,而不是将知识人性化,这才是课程开发和教学的中心任务。

有两条基本的原则必须用于指导长期性的学校课程改革运动。第一,为学生提供通才教育,而不是专业化教育,才是初等和中等教育的任务。因此,改革的答案必须产生于这样的问题,即什么是所有学生都应接受的通才教育,而不能依据大学的入学要求和工作岗位的录用要求。良好的通才教育可以为二者做最好的准备。

第二,总是有必要采取明智的措施来对待学生中的个体差异。大多数措施应该是教学方面的。但是也必须为学生对未来的期望做一些课程上的调适,只要这些做法在他们改变主意时并不影响他们发展的机会。我相信,在已经展示的理想的课程模式中有很大的弹性。它所提供的个人选择的机会并不与第一个原则相矛盾,这个原则就是为所有的学生提供通才教育。

那么,研究学校课程内容及组织形式的方向是什么呢?目前还没有清晰的经过验证的模式。但是,通过回顾20世纪50年代晚期以及60年代的课程改革所作的努力,就有许多值得学习的东西。描述和分析这场改革运动的文献就是一个很好的起点。[18]课程开发的主要中心建立起来了,最初在数学和科学方面——这些是目前很受关注的领域——主要由国家科学基金会提供资金。改革的活动蔓延到其他学科、其他机构,包括慈善基金会,都参与了赞助。

早期的合作主要在大学教授和中学教师之间展开。研究人类发展和学习活动的专家的介入,是受到了杰罗姆·布鲁纳《教育的过程》一书的启发。[19]他们所关注的重点是为教学工作开发重要的新教材。许多教师被安排参加在职培训工作坊,学习如何使用这些学习材料,但是随着时间的流逝,他们的参与便开始减退。并且,改革忽视了变革中的许多政治因素。除了一些例外,改革者将管理人员,特别是校长们,看作是课程改革潜在的绊脚石而不是参与者。还有一个主要的缺陷是,这个运动从来没有与培养和认证教师资格的机构、院校结合起来。因此,教师队伍中缺少有新课程知识的人,无法延续这一改革的势头,当那些只有极少数教师参加的在职培训项目被减少并最终偃旗息鼓的时候,就没有课程改革的接班人了。

撇开这些缺点暂且不谈,20世纪50年代和60年代的课程改革运动,可能比从前的任何一次改革都更接近于建立起必要的联合阵线,并使教学实践枯木逢春。我们有理由认为,在设计新的改革方案之时,只要我们坚持原则,吸取上次改革运动的教训,就能够避免重犯错误。

因此,我提议创建长期性的学校课程与相关教学法的研究和发展中心。每个中心的活动范围都应当包含一个完整的知识领域、观念以及程序。比如,应当有一个中心侧重艺术教育的研究和开发,但是不要将艺术领域分成几个分支去进行。其原因是这些中心的工作必须符合学校内有限资源的现实(比如说有限的时间)。小学和中学根本难以奢侈地提供音乐和舞蹈的独立学习科目以满足这些领域的专家们的期望。这些学校所需要的是一个能为它们的学生提供一些艺术上的初步了解、欣赏及练习的课程。

这些中心所研究和发展的内容包括学前班到十二年级的课程。中心将力图确认这些课程的组成因素(基本的原理、概念、技能等),建议怎样有创造性、有次序地安排学生参加与这些因素有关的教学活动,还要制作插图材料,这些费用限制了研究中心的发展。如果在国内为每个学科领域仅设置一个研究中心,可能会限制不同观点的必要竞争,但是资金的问题可能会将研究中心限制在两到三个之内。

尽管我赞成将这些课程研究和开发的中心建成独立的、企业性的实体,但是有些中心可以建在主要的大学之内。每个中心应当有一个由持久性的工作人员组成的核心,他们最好可以无限期地从他们其他的工作岗位上休离职假(许多杰出的人不愿意永久性地离开自己在学区和大学的工作位置,但却愿意休离职假。这会有助于避免中心迫不得已雇佣正在找工作的二流人才)。不过,中心雇用的大部分人员都是某种学科的专家,只能从他们自己的工作单位离开几年的时间。

有必要用创造性的方式寻求融合公私两方面的资源并重新安排花钱的模式。目前联邦政府的动向是从干涉教育的角色转向赞助研究的角色——这一举动看上去至少能支持我们提议建立的中心的研究功能。几个主要的慈善基金会有兴趣单独地或合作性地支持一些这样的中心。比如,总部设在洛杉矶的盖特基金会以及总部设在纽约的福特基金会,可以利用它们的地理环境创建艺术方面的教育研究中心。休伊特和派克德基金会,鉴于它们靠近斯坦福大学和加利福尼亚大学伯克利分校,可以寻求扩展"全国(以前仅限于海湾地区)写作项目"的基地,这一工程旨在提高教师在写作教学方面的技能,并强调英语和语言艺术的整体性。这些中心会寻求国家的,而不仅仅是地区的资源来取得成绩。迫切需要的是澄清各个资助机构的不同作用并消除多种的重复性。

在有限的时间内为每一所学校建立起综合性的通才教育项目仍然是一个问题。我已经为州政府、学区以及地方学校提供了一些方针,以指导它们在必要的任务中行使职责。但是,这些是不够的。所需要的是持续不断地、有力地支持课程的创造性组织方式,以保证为每一个学生在不同阶段的学校教育中提供平衡的课程。我们的任务包括为不同规模的学校开发值得效仿的榜样性的课程;为单个学校发展评估系统以确定当前的课程是否有过剩的现象和缺陷,以及开发可以用来评估和指引每一个学生的学习项目的技术。完成这些任务需要创造这样的研究中心,它的主要成员是课程设计专家,他们与三级学校(按照顺序相连的小学、初中和高中)合作工作并进行教育实验。

在一个较小的州,有一个这样的课程设计中心可能就足够了,但是在一个较大的州,就可能需要几个这样的中心。同样地,对中心的资助可能需要重新组织和集聚公共(主要是州政府)的和私有的资源,特别是来自企业方面的资助。

这些中心并不发展课程教材,而只是设计不同学科领域的融合和替代方式,以确保每一个学生都有平衡的课程。这些学科领域的内容主要来自研究和开发中心,基于它们的研究工作所发展出来的教学材料。可以推测,出版公司在生产它们的材料时会受到几个中心工作的重要影响。

我并不认为所有研究中心的费用加在一起是过多的。如果每个中心每年的预算是两到三百万美元,全国如有十个课程开发中心,其花费至多不超过三千万——举例说,这大大地少于目前国家教育研究所的预算。研究所下面一些现有的研究中心和实验室也可以承担起课程开发的任务。与此同时,可能还是需要建立中心来探究必要的技术,以评估课程和教学是否能达到教育的目的。以州为基础的课程设计中心通过重新拨用目前散落在几个小规模的课程活动中的经费,可以得到相当多的资金。

我在结束这一部分的讨论时要强调的是,所有提议创建的中心都必须脱离目前政府的学校教育系统和结构。我在此建议成立一个半自治性中心的联合网,包括课程设计中心,旨在为中小学课程贯注活力和真实效力。州政府、学区以及地方社团的政治决策程序还将继续起作用,但它们会受到这些研究中心工作的启迪。

按能力分组及分班

如果采用了前面的建议,就会促使学校既为所有的学生提供一个共同的核心学习计划,又能够在某种程度上照顾到学生的一些个性。然而,它们并没有消除学校里将一部分学生排斥在外不能参加这一核心学习计划的安排。这些安排包括某些令人厌恶的分组实践,其中最糟糕的是按能力分班。

正像第5章所描述的,中学的分班做法所对付的情况产生于小学。一到三年级的孩子通常被按能力及阅读和数学的水平分到不同的学习小组,这是教师为了适应学生不同的学前教育准备状况所作出的可以理解的一种反应。但是,这种实践甚至在跨班级的分组之前就开始了,因而限制了较低能力组孩子们的机会,使他们难以跟上同学的进步。

尽管教学传统支持这种实践,但还是有可能取消这种实践或者修正其结果,这就必须介绍教师认识一些其他的做法。其一就是掌握性学习,它强调将大班教学和小组学生互相辅导结合起来。整个班级齐头并进,使用"不算数"的小型测试以辨别哪些学生需要更多的学习时间,而且教师和已经掌握某些知识的学生一起帮助那些还没有掌握的学生,直到他们也掌握这些知识。[20]

类似的方法也体现在英格兰最好的小学,它只招收公立学校系统前三个年级的孩子。这里的教师不把班级按照不同的水平分成三个小组,尽力让整个班级齐头并进。他们也经常和学生群体一起工作,但这些群体一般都是混合能力编班的,有共同阅读问题或者对即将来临的活动需要某些指点的学生可以组成家庭似的群体(有各种年龄的学生)。同时,比较常见的是,有几个由不同年龄和不同学习进度的三个小孩组成的小组在一起阅读,而小组里最好的阅读者便承担起帮助其他两个人的责任。

这些方法以及其他类似方法的一个特点是,它们强调互相帮助和合作工作本身就是一种人们所期望的隐性学习,是合情合理的。这和我已经描述过的,在我们研究的许多课堂内存在的那种隐性学习有极大的差异,但是却体现了为美国学校教育制定的一些目标。

推荐这些方法的目的是为了确保学生能在较高的水平上掌握知识并杜绝失败,但是当有不同成绩的学生被分到不同的班级而不是在同一个班内被分到不同的小组时

（后者就像在我们研究的小学里时常看见的那种分组情况），这些方法就被有效地拒之门外了。当这种所谓的按成绩将学生分配到不同的班级的方法被使用的时候，那些最能干学生的成绩就不再是全班学生中优秀的标准，而这些学生也无法再当差生的辅导员。我要提醒那些担心最优秀学生的进步会受到差生影响的读者，教另外一个人学习是掌握知识最有效的方式之一。此外，第 5 章所报告的研究数据表明，对那些最优秀的学生来说，分到快班学习并没有明显的好处，但是对那些学得最慢的学生来说，分到慢班学习却造成了巨大的损失。

然而，一些家长、教师和学校管理人员时常要采用按成绩分班的做法，并没有注意到我们过去使用这种方法的经验教训。这种愚蠢做法的延续促使我主张强制性废止它的使用，这样一来那些无知的人就会被迫停止使用这种分班方式。当然，在那些我们已经了解的领域是可以采用这种强制性的做法的。但是，因为我们很可能在那些知之不多的领域也会接到强制性的命令，所以我主张，在通常情况下尽量不要用强制的做法，要继续用教育的方式而不是用立法的程序来废除这种以及其他不适合的学校实践。

在中学里将学生按成绩和能力分班也是这些方法中的另一个做法。但是这种实践是如此的根深蒂固并且被证明是如此的不可动摇，以至于最好通过法院而非劝说来解决这一问题。并且，既然这种分班的做法剥夺了那些贫穷和处于不利地位的人获得可能对其有利的知识的机会，政府的司法部门毫无疑问地会受到呼吁废除它的压力。可以想象有一天这种分班的做法会被禁止，就像今天瑞典的情形一样。

中学和小学将学生按成绩和能力分组和分班的做法是基于同样的原因：它被认为是一个符合逻辑的和适宜的方式，可以解决学生在学术学习成就上存在着重大差异的问题。然而，在实际上它所起的作用是作为一种组织形式掩盖了人们对问题的注意，而不是作为一种教育的手段来纠正问题。决定采用按能力和成绩分班的方法实际上就是放弃解决人们在学习中有差异的问题。与其说它是一种策略，不如说它是一种倒退。第 5 章所指出的教师对高能力班级和低能力班级所抱有的不同期望，就足以证明它是一种投降的做法，而不是解决这个公认的复杂性的问题。

正像小学里按能力将学生分到不同班级的做法阻碍了最有希望的改善实践一样，中学里按能力分班的做法也在实际上使人们不可能纠正课程和教学上的错误。从小学起就开始酝酿的自我实现的预言得到了证实；成绩差的学生仍然是成绩差的学生。

第一项纠正措施就是要发展一套共同的核心课程，这样学生就不会因上选修课而忽视它,即使被提议的选修课是属于同一个知识领域。我们发现许多选修课和被替代的课程之间很少有关系或者根本没有关系。第二个纠正措施是杜绝在同一门课上任何根据学生以前的表现将他们分在不同的班级的做法。应当随机地将学生分在不同的班级以保证班上有各种不同水平和背景的学生。只有这样,我们才能保证学校的分组实践本身不会导致不同的课程安排、不同的期望值以及教师对学生的不同对待。

对学生不能够一视同仁,但是不同的做法应当依据教师深思熟虑的判断,即确定这种而不是那种实践才能更好地为学生服务。随机所编的班级或者有不同背景的学生群体,看起来最能够为学生提供平等的学习知识的机会,同时仍然能够保持快班所采用的更有利的教学内容和方法。特别好的教学方法或许能够克服按能力分班及分组的做法所带来的一些恶果,但是这种分班实践所造成的缺陷几乎是难以克服的。

教　　学

超越传统的智慧

前面几章所报道的最令人烦恼的发现之一就是,我们样本中的教师们所运用的教学实践很狭窄,特别是在中学。尽管学校与学校之间在许多方面有明显不同的特点,但是它们在教学实践上的差异却是不多的。有些学校的教职员工看起来已经发展了相当大的能动力以解决学校范围的争端和问题,但是在发展不同寻常的富有激发力的教学方面,他们还没有获得类似的成功。他们与那些在许多问题都失去控制的学校里工作的教师一样,忙于讲座,监督学生在座位上的功课,进行着仅需要机械学习的活动。我们所研究的学校一般都并没有将改进教学方法放在议事日程上。可是为学校制定的目标却呼唤我们使用各种不同的教学技术。

为什么?我已经提到了三个起作用的因素,其中任何一个都不容易解决。第一,目前还没有要改变这些教学实践的社会压力。它们反映了关于怎样教课的传统智慧。第二,这些都是教师自己从小学到大学接受教育时最常见的教学方式。第三,他们所经历的师范教育项目还没有达到足够的深度以超越传统智慧对教育本质的认识。我们的资料表明许多教师曾经学过与传统智慧相反的观念,但是尚不充分,不能保证他们在培训之后会运用这些新的观念。

还有第四个起作用的因素。学术自由的原则之一就是允许教师在课堂里以他们自己认为最好的方式教课。这一原则在大学比在小学和中学要神圣得多。然而,照搬高层学术机构的圣律影响着低层学校教育并且支持了教师在课堂上的自主权。但是，学校内外环境的压力似乎限制着教师，使他们不能创造性地应用这一原则。

应该做什么并且能够做什么？有一个答案就是"几乎什么也不做"，这并不是因为试着去做会徒劳无益，而是因为事情已经是它们应该是的状况。我们只是应当提供在职培训的机会以帮助教师们将它们现在做的事情做得更好。许多学区已经运用了它们的主管人员并且引进了外面的咨询队伍来做这样的培训。[20]这种培训显然是有用的，这是无可争辩的事实。

但是，余留的问题是，这些传统的教学程序很少为学生提供机会参加那些我们的学校教育目标中所期望的完整的学习活动。最近的分析表明学生在背诵事实和进行低级的认知学习方面远比解决问题要精通。许多人能够就一个问题给出较短的书面回答，但是写一段前后连贯的段落却有困难。有些人在回忆重要的日期和人物时并不困难，但是却难以将同时在不同地点发生的两件事情联系起来。

如果第2章总结的教育目标能受到重视，而不仅仅被当作虔诚的修辞，学校的功能就不止是教一下数学的加、减、乘、除的运算步骤。举例说，除此之外，它们还应当帮助学生看到直角三角形的斜边和其他两个直角边之间的关系在建造一段楼梯时的重要性。教师们在不同的程度上响应他们收到的对他们期望的信息。如果这些信息正是他们所喜欢的，那就没有必要超越这些比较简单的知识水平。确实，如果放弃那些为响应更广泛的教育理念而设计的活动，而将所有的时间用来满足比较狭窄的期望，那就可能是比较危险的。

因而，首先，如果我们同意州政府文件里为学校所制订的目标，那就要非常清楚地解释达到这些目标所需要的课堂活动的含义。其次，教师必须有充分的机会了解和使用适当的技术，以训练解决问题的行为、鼓励富有想象力的写作，并清楚地理解政府的功能以及与其他政府的比较情况。

提供典型的榜样

在20世纪的前半叶，附属于诸如哥伦比亚大学、俄亥俄州立大学、芝加哥大学以及加利福尼亚大学（洛杉矶校园）等的实验学校经常处于实验的前沿，其课程及实践还没有在公立学校中建立起来。芝加哥大学的实验学校（在那里约翰·杜威实践了他的许多哲学观点）所发展的学习项目成为成千上万的参观者学习的榜样。科琳·A·西兹在洛杉矶加州大学的附属小学使用的方法影响了数代教师，并且被州教育厅督学负责人所引用。教育工作者们在文献中读到了几个富有想象力的学校和学区领导人的观点,像柏克利计划、普韦布洛计划、道尔顿计划、温耐特卡计划,等等。所有的这些计划所提议的教学程序都与我们样本学校中课堂实践的最典型特征大不相同。

在大学办的实验学校大多已经衰退了,失败的部分原因是由于预算的削减,但是更多是因为它们自己无力维持其创建者所开创的势头。那些残存下来的实验学校,除了少数情况之外,都不清楚它们的功能应该是什么,并且惧怕它们的前途。㉒有几所公立和私立的学校被认为拥有经过相当认真设计的课程(如新特里尔项目),但是它们在今天林立的学校中很不显眼也没有什么影响作用。

我几乎看不到过去的实验学校运动重新获得新生的希望。但是,我的确认为有这样一种可能性,在每一个州建设一个由学区主办的学校网络,专门负责开发模范的教学实践,超越那些仅仅是修饰传统教学的做法。1968年,我在一项报告中为加利福尼亚州推荐了这样一份计划,可惜在政治上不合时宜。㉓也许这些想法获得新生的时机就会到来,并有被采用的希望。

在几个城市,磁性学校的发展已经背离了传统的观念,即在同一个体系里的所有学校都是一样的,家长没有什么选择的余地。那么,为什么不建立一些专门的学校,来作为发展尚不存在的实践的中心呢?这些实践会有一些冒险性并且需要特殊的培养。既然许多人在谈孩子教育时不愿使用"实验性"一词,我建议用"重点"一词来命名这些学校,但是别让我们在名称上浪费时间。我是从中华人民共和国称模范学校为"重点"学校的用途上引出这一称谓。这些学校经常被用来带头执行新政策,有时与大学合作开展谨慎的教学实验。围绕它们的存在和目的有许多争议,因为它们沾染了精英主义的色彩。因为这种学校必须有试验新实践的自由,或许只在教育文献中提过的那些实践,家长的选择权就是一个关键的概念。出于这种原因,我在前面提到的报告中建议在人口稠密的地区设置这种学校,因为在那里有不止一所当地居民可以选择上的学校。

有必要从一开始就承认这些重点学校可以不受许多传统办学观念的限制。这些学校必须不惜一切代价地从任何地方搜寻最优秀的教师,并期望大部分教师将会在某一个学校留任五年,然后才去影响普通的学校。我设想在重点学校教书的工作将会视为一种需要优秀资格的职业生涯,并享有较高的威望和薪水。这种较高的薪水在这些教师离开重点中学去其他地方领导教学改革时也会跟随着他们。现在正是时候,我们要为有天分的、准备充分的教育家们创造机会,使他们在不离开课堂的情况下,在他们所选择的教师职业中得到晋升。

在大多数情况下,重点学校可以发展项目,并且传播已达到成功水平的教学实践的总结和评估报告。然而,它们不应承担将这些实践运用于其他学校的任务。这些应由那些改革专家负责,他们将在各个示范学校工作,目的正是为了贯彻落实模范的实践。当实验学校也变成示范学校时,教职员工们就开始感觉到找到了问题的答案。当"最好的方式"唾手可得时,为什么还要转到其他的方向呢?为别人展示"这种方式"的自我满足感会使学校停止创新。但是,教师们应当有机会在指定的示范学校与那些旨在寻求贯彻落实模范实践的人一起工作几段比较短的时间。一般而言,参观者不应到重点学校去了解有什么不同的办学方法,而应到力图贯彻落实重点学校的教学实践的示范学校去参观。

重点学校应当与大学联合起来,并且重点中学之间也应当互相沟通,形成一个协作网。大学并没有足够的资源为许多学校提供个体的服务。但是,一所大学很有可能为一打或者更多的重点中学建立一个服务网络,提供综合性的评估计划,并且交流从研究和探索中产生出来的具有潜在威力的思想。校长和教师应当定期会面以交流信息,探讨共同的问题,以及消除孤立主义和漠不关心的态度。我们肯定已接近这样的时代,即协作网中的每一个单位都可以通过双向视频的交流方式与其他所有的单位和示范学校联系起来。

聘用教学带头人

我建议学校教育的单位聘任带头教师。我想这种教师的资格应该是高度成功的教学经验加上这个领域的博士头衔。具有这种资格的大有人在,也有不断培养这种教师的途径。应当鼓励那些具有教学爱好而非研究爱好的人进入带头教师的职位,而不是去追求大学的研究工作,这是一个目前需求量很少的职业通道。

应当清楚地认识到带头教师的职位是一种需要专门资格的教育职业,而不单纯是对这个系统资深人的一种奖赏。带头教师应当在全国范围内征募。其薪水范围应当与目前教师最高工资相交叉并大大超过这一水平。在重点学校,带头教师的职位可以为那些不愿意离开课堂的教育工作者提供吸引人的职业发展机会。

所有的带头教师都将在部分时间从事教学,就像一般任课教师那样。不过,除此之外,他们还要做其他教师的榜样,为他们提供在职的帮助,诊断棘手的学习问题,等等。我预见他们将领导一支由合格的专职和兼职教师,还有师范培训项目中的新教师及助教组成的教学队伍。鉴于这些带头教师又兼任师范教育的实习教师(参看下面关于师范教育的部分),他们将从事较少的课堂教学工作,并由大学和其他渠道提供部分薪水。而节省下来的薪水就可以用来聘请助手或者兼职教师。带头教师的聘用数量取决于学校的大小以及学区是否愿意采取这种改善教学的措施。

我提出的这些建议正好与目前流行的做法相反,即校长本身也做学校教学工作的带头人,他们要经过必需的专门培训,为教师讲授教学技能,并评估教师的教学表现。当然,校长应当敏锐地认识到鼓励教学改革的重要性,并且尽一切努力以保证教师有进修的机会。但是我不同意进一步延伸校长在教学方面的模范作用和评估作用,至少有三条理由。

第一,发展和维持一所具有在第 8 章讨论过的所有特征的一流学校,以及在本章之初所提议的计划程序是一项全职的工作。而充当教学的榜样和监督全校的教学工作也是一项全职的工作。当这两项工作都由校长一人承担时,其中一项肯定要受损害。到最后,校长工作的成功与否还要根据他在行政工作中的表现来评估。校长对教学监督工作的忽视早已在我和其他人收集的调研案例中出现。在这些案例中,烦恼缠身的校长们急匆匆地例行公事般地填好检查教师能力的表格。一位教师告诉我,有一位校长因为在这方面只有很少的资历和经验,他竟然在老师和孩子们休息和吃午饭的时间跑到空荡荡的教室中去检查老师的能力!

第二,如果认为校长不管是否曾经做过优秀的教师都能够比以教学为专职工作的教师具备更高水平的教学技能,那就是天真和傲慢的想法。在中学假定校长上过一些培训教学技能的专门学院,当然只能是短期性的培训,就能够获得超越各个不同学科教师的教学能力,这种观念就显得特别荒谬了。如果这种假定站得住脚的话,那么我就要担心教师的能力会低于任何迄今为止我们所设想过的低水平。我当然不想将自己置身于这种所谓的高水平上!

第三,我们日益了解到在校长和教师之间建立互相信任关系的重要性。它在本章的开始所报道的关于变革和学校改善的研究中显示出极为重大的意义。它还是区别我们样本中更新较多和更新较少的学校的一个因素。如果校长既是教师的评估者又是他们的裁判,那么还有可能在校长和教师之间建立互相信任的关系吗?我担心很少会有可能。可是,加利福尼亚州的立法机关最近却将这项程序切实地变成了法令。如果认真地执行这一法令(幸运的是,这不太可能发生),它就会在实际上阻碍学校范围内的自我改善进程,而许多过去的立法条文是支持这种进程的。迄今为止,唯一被证明是比较有效的评估教学的模式就是同仁评估,正像主要大学里使用的那样。行政管理人员监督这一评估过程,并且根据他们收到的建议采取行动,但是他们并不去做这种评估。

我相信,本人所提议的不同方法会非常有助于打开教学改革中的死结。它更有可能提高那些很可能还要教许多年书的人的能力。识别和排除那些能力不足的教师是善意的努力,但很少能够达到它们的目的。几乎毫无例外地,我们都会重新回到这一种解决方案上,即帮助那些现有的教师做得更好。前面提出的关于带头教师及其作用的建议,不仅旨在达到这一目的,而且还要提高工作场所的质量并且提供奖励以吸引和保留高质量的教师。

一些组织上的重新调整

我之前对学校的走访,加上我们研究中的几个发现,表明我们可能需要检查并且重新调整一些未曾质疑过的学校教育常规。我在下面将检查四种常规并提出改革的建议。这四种常规是:小学和中学教育互相分离;学校校长的培训和挑选工作随便;大部分小学员工的配置也同样随便;还有喜好办一所大的学校而不是几所小的学校的倾向,特别是在中等教育阶段。

在下一章,我将提出更加激进的建议,以重新组建学校教育的全过程。这种建议对前面提出的建议有内涵意义,并与我下面将要提及的建议直接相关。我的想法是,当探讨完这些比较谨慎的建议之后,或许其中一些建议会被接受,被认为是既合理又可行的,读者会做好准备去考虑更加迅猛的变革。

学校的分离

小学和其毕业生将要进入的中学在实际上是彼此分离的。我们样本中有一组三级的三所学校虽然共用一片场地,但互相之间并无交流和联系,就像位于不同的城镇一样。我对初中的校长说:"有些男孩和女孩可能要在此度过他们整个学校教育的时光——多达 12 年之久。"这就使他有了一个新的看法。我可以确定的是,这三所学校的校长并没有将各个学校之间的连贯性和非连贯性放到他们的议事日程上。事实上,当他们确实聚到一起探讨问题时,这虽然是很少见的,所探讨的话题无非就是那些共同使用操场、大孩子欺负小孩子、自行车存放架的使用等诸如此类的事情。

为了改善学生从一级学校升入另一级学校的进程,我建议任命一位专门的校长,负责一所高中以及初中和小学将学生送到这所高中来的进程。我这里的建议可以有多种变化形式,例如一名校长可以管理整个进程,加上一位副校长负责与下属单位打交道(参看本章稍后的建议),以协调课程和教学。尽管这个人可能比其他几位校长的资格还老,但是他或她的权力不会有损其他校长的权力和责任。校长仍是掌管他或她学校的人——领导教师,联系学生和家长,制订长期计划,等等。

专门校长主要负责整个课程的次序和连贯性,关注每一个学生的学习计划是否有平衡性,保留每一个学生从幼儿园到十二年级的学业成绩记录,审批学生从一所学校提前升到另一所学校的建议,等等。这些任务初步体现了就任者应有的资格。我建议正式的资格背景培训应包括课程计划的学习,评价课程和学生进步的技巧、研究方法,源于行为科学并由最好的管理研究生院提供的人力资源和机构管理的教育。具有以前做过校长的经验是一个渴望的但并非必要的条件。我这样建议的部分目的是,为那些具有出色背景但并不具有很老资历的人提供另一个进入领导阶层的机会。必须这样做才能将新的英才吸引到教育系统来工作,并使学校再一次获得公众的信任。

这些专门的校长所具有的资格非常像学区负责课程和教学的副督学的资格,并且人们将直接向他本人报告工作。这样做有可能为一个大学区的督学办公室节省人力,减少中心办公室的监督管理人员,而他们的工作往往互不相干并且极其分散因而难以奏效。此外,如果副督学的职位出现空缺,这些专门校长就是非常有资历的候选人。

我的主要意图是让一个相当称职的人用其几乎全部的时间致力于课程的改革和各级学校之间衔接的重要任务。由于篇幅的限制,使我不能详细描述这些任务。举一个例子就足以说明任务的可能性。我们的资料显示,数学教学中有一种几近于单调的机械重复,从小学高年级到初中甚至到高中一年级。人们必须推测,教学中尚未有或不够重视对学生缺陷的基本诊断和纠正。许多学生看起来是在往前学,重复地经历着先前已被证明最多只是一般性成功的教学、教材、测试等。我们看到了学生对此的厌倦和冷漠。那些专门的校长有责任与小学高年级的带头教师一起,比如说,当那些数学运算第一次教给学生时,就准确地诊断出学生的不足之处。由一个人协调整个小学和中学的课程将会增加这种和许多类似问题的可见度,因而采取纠正的措施。

挑选和培训学校校长

在我们早先的关于教育变迁和学校改革的研究中,我们发现所参与学校的大部分校长都缺乏实现教育改革的主要技巧和能力。他们不知道如何选择能够为全校范围内的改革起杠杆作用的问题,如何建立长期的议程,如何在一次又一次的职工会议上确保事务的某些连续性,如何寻求和达到工作上的一致同意,等等。大部分校长和他们员工的关系并不稳定,并且很少或者从来不走访课堂。有些校长无望地陷入文书性工作,夸大其工作的重要性,部分原因是为了避开他们感到较没有把握的工作。弥补这些缺陷就成了每月一次的全体员工大会的主要议事日程。

这些人并非是不合格的校长。确实,学区的督学认为他们中的许多人在领导能力上比一般人略胜一筹。我想,这样假设是公平的,即这些缺点普遍存在。然而,校长却日益被当作学校改革的关键人物。

人们没有必要到远处寻找就能发现,在许多学区,这个重要职位的选拔和培训工作,即使退一步来说,也是很马虎的。在教育系统里并没有像美国国际商用机器公司(IBM)那样设有确定的程序,用以识别和培养那些最有前途做高层领导工作的干部。相反,在春季之末才开始选拔几个月之后就要上任的校长候选人。通常,现任的管理人员所支持的这种目光短浅的政策将候选人限制在本学区的工作人员中。

在本章之初简单地提及过两种很少使用的程序,可以用来纠正这种马虎的做法并提高校长的社会地位和那些有志于做校长的人的素质。首先,在一个学区范围内,应当不断努力识别那些具有领导潜力的雇员。识别这种潜力的第一条线索就是同仁的赏识。这种人经常被忽略,因为他们在大多数情况下代表了同行的利益和志趣,因而与管理人员处于谈判甚至冲突的关系。学区督学和董事会成员往往不相信这些人会忠实于他们,并且认为他们有闹事的倾向,因此不能看到他们的聪明、创意和胆识所能带来的财富。

其次,学区必须愿意做出旨在将来能够得到回报的投资。对每一个校长的空缺职位都应有现成的候选人,并为他们做好准备。一旦被确认是有前途的候选人,他们就应加入带薪离职进修两年的人员名单,到一所主要大学去参加经过认真规划的培训项目。这些培训的目标是获取专门的资格证书或职业的学位,既安排学术性学习又安排一次或多次的助理校长见习。教育学院就像管理学院一样,应当引入市场竞争机制,以建立培训项目高质量的名声,而不是衡量自己是否达到了那些已经过时的资格证书的要求并以此作为成功的象征。州政府有权,如果它们这样选择的话,建立认证资格的考试,就像它们在法律和医学专业上所做的一样,但是教育学院所有的培训项目的质量都更有可能在课程的规划与资格证书的要求分开而不是受它们的束缚时得到提高。

应该建议,或许应当是要求,学区在选拔填补校长空缺的合格候选人时,要大大地超越学区的界限。这项程序并不会浪费在选拔和培训上的投资。当所有的学区都这样做时,大家就都能够分享到投资的利益。

立法人员在寻求改善学校时,倾向于选择高度明确的目标,而校长常常被当作靶心。但是有些人却使自己卷入了那些根本不想看到任何变化的在任者的阴谋之中。不幸的是,有时立法机构会制定长篇累牍的学校校长资格认证的书面要求和程序,而学校的现状则再一次得到巩固。

我在上面提议的先选择再培训较好的校长候选人的程序是更切合实际的做法。州政府大可承担其中的费用,只要将目前累赘的、昂贵的认证培训项目的官僚设置基本上取消,就能做到这一点。政府部门应做的是为我们将来的教育领导人建立伙伴关系,只有这样才能明智地使用公众的资金。

小学职工的安排

通常,当一所小学的教职员工出现空缺时,学区人事部门办公室就简单地从一个笼统的申请人员名单上雇佣下一个人。这种选择很少意识到目前该学校员工已经具有的专业特征的模式。因此,一所学校如果已经有了足够的其学术背景是英语和社会学科的教师,仍然有可能再接受一位有着或没有类似学术背景的教师。如果这所学校的员工中还没有人受过很多音乐方面的培训,为什么不找一个具有这方面知识的人呢?

这会使一些读者想到在小学分设学科系的倾向,事实并非如此。一方面对那些坚定不移地支持分设学科系的人,另一方面对那些主张由一位教师包班教所有学科的人,我的回答是,"两种方法都有毛病"。当然一定会有创造性的方式来获取分设学科系和包班教学这两种方法的某些优越性,而避免二者的弱点。应当鼓励学校教职员工去寻求这些方式,从现有的丰富文献中找出可行的、不同的教学实践模式,并积极参加确定未来的同事应具有的资格的工作。

我想简明地阐述一种不同的教学模式。这里的主要假设是每一所小学都应当有一支由完全称职的教师组成的核心队伍。这个队伍中的所有教师都有能力从事全面的教学,至少包括数学、语言艺术、科学和社会学习。另一种假设是每一位教师还应当在这些学科中的某一项或者其他课程领域有过一些专门的培训。此外,对核心教职员工的评估应当展示出整个教师群体有这样的优势,即可以保证在每一个课程领域至少有一个人具有某种程度的专业知识,一个多面手有科学方面的特长,而另一个多面手则有体育方面的特长,等等。

第三种假设就是学校在实际上将不会按学科分系,而是让每一位教师都成为一个学科领域的资源主体,而在这一领域受过额外的培训。最初的对学校的教学优势的评估可能会揭示出在一些学科领域教师空缺,而在另一些学科领域教师重复。当一名在有重复教师的学科领域工作的教师离开时,再雇佣的人就可以弥补一个空缺的位置。经过几年时间,就有可能建设一支有很好的学科平衡性的核心教师队伍。如果教职人员调动率比较低,就有必要和附近的学校交换教师以加速这一进程。

第四种假设就是核心教职员工应该少于在该校服务的职工岗位总数。这个假设与一般的程序相抵触。几乎所有的学校都由全职的、有执照的教师充任所有的岗位。这种做法强烈地限制了提供一个非常平衡的课程以及利用专门的资源以充实其员工的机会。鉴于目前缺少数学教师的情况,不可能所有的小学都能找到哪怕一位在数学方面资深的合格教师。必须以创造性的方式来寻求这种及其他必需的资源。为兼职人员留下一些空缺,就可以有经费雇佣一些没有执照的大学生,与电脑公司谈判找人教授计算机知识,雇用助手和辅导员,如此等等。在洛杉矶加州大学的科琳·A·西兹小学,有22个全职教师职位,但并非所有的这些职位都是由全职人员充任的。和孩子们一起学习和工作的全职和兼职工作人员的总数经常超过40人。

第五种假设就是在任的教职员工应当被组织成规模大小不一的工作小组。多数州都要求每个小组中有一位员工是有最高执照的教师。但是极少数州,如果有的话,明确地规定在这个有执照的教师总负责之下的小组的规模。因此,就有机会让一支由全职和兼职人员组成的教学小组集体来教50、75、100名或者更多的孩子。这些教师可以满足所提供的课程的专业要求。见习教师也可以被包括在这种小组之中。

以小组为单位集体教学的方法已经在过去被试验过,特别是在20世纪60年代,取得了不同程度的成功。在认真制订并执行计划的地方,参与者极其满意。但是,更经常的时候,改革的提议都是从上面传下来的,并且在履行这些提议的时候,常常缺乏充分的准备和理解。因此这些提议大多数都土崩瓦解了。通常这些提议所关注的是组织上的安排,这就将重点放在了不该放的地方。

我们所寻求的是确保所需的教师,以提供一种平衡的课程,同时我们要组织好这些资源以便于最大限度地利用它们。鉴于师资的供应本来就不平衡——过去是这样,现在是这样,将来恐怕还会如此——学校教职员工在聘请师资时,应当打破常规,以创造性的方式寻求和使用可得到的人才。各个学校有不同的需要,也可以得到不同的教学资源。校长和我在本章推荐的带头教师应该根据当地的情况制订员工配置计划。

学校中的学校

我们样本中处于领先地位的学校,与那些落后的学校相比,大多数的主要特点就是规模较小。并非不可能找到一所大规模的好学校,只是更加困难些。

开办一所拥有超过一打教师和 300 名男女儿童的小学,有什么站得住脚的理由?我一条也想不出。有人可能会提出经济的原因,但是我并没有看到任何支持这种说法的数据。当然,任何基于行政考虑而赞成较大规模学校的理由,都远不如反对大学校的教育方面的理由更重要。英国招收 5 岁、6 岁和 7 岁孩子的小学女校长们为美国许多小学的规模而感到震惊。大部分女校长认为 225 到 250 名学生就是一所学校最多的注册人数了。这些富有经验的以前当过教师的校长很少花时间或不花时间待在她们的办公室里。与其说她们是管理人员,不如说她们是带头教师。

科南特认为,毕业班有 100 名学生的高中,其规模足以安排他所推荐的课程。[24] 一些学校董事会和学区督学显然已断定,规模更大就会更好,因而奋力争取学校合并,随之而来的便是大量地使用校车。学校规模的扩大经常带来课程规模的扩大、更多的选择余地,以及按能力分班所需的教学和课程资源。根据我们的数据,我在这些做法中看不到任何优点。

很清楚,我们需要以持续性的、富有创造性的努力来揭示比较小的高中在课程上的缺陷及较大的学校在课程发展方面的可能性,并指出在哪一个关节点上,学校规模的扩大不再会给课程带来任何的益处。我在前面提议的课程设计中心就可以作出这方面的努力。证实的要点,在我看来,是大的规模。确实,我不愿意面对这一挑战,即为一所超过 500 到 600 名学生的高中做辩护,初中就更别提了(除非我愿意在争议应建设一所好学校之前先去争议要拥有一支强大的橄榄球队,当然我并不愿意这样做)。根据我们的数据,我不想冒险失去丹尼森中学(这所初高中混合学校只有 61 名学生)似乎已经得到了的东西,去跟另一所学校合并以争取所谓的课程优势,因为这是不太可能的。其他的例子也是一样。诚然,在丹尼森中学,为学生提供异常丰富的课程所要求的较低的学生—教师比例是花费高昂的,但是走合并的道路也会导致大量的花费。

可以理解,社区领导将争辩说,考虑到现有的设施,是不太可能创建较小的初中和高中的。如果能有创造性地重新组织学校,至少能够获得较小的学校的某些优势。关于在学校内再建学校的观点并不新颖,但是它对实践的影响的确微不足道。简单地形容一下,这种方法就是在同样的校址将一个拥有3 000名学生的学校分成相对自治的比较小的学校。其结果可能是每个较小的学校有500名学生。大部分现有的学校建筑不能很好地用来分辨每一个较小的学校。我们可以借用私立学院常用的称呼,将每个较小的学校称作"家"。理想的情况是,在重新组织学校的同时也重新建造教学的设施。

这里的核心概念是,每一家学校都应当具有自己的特点,自己的课程、学生、教职员工以及咨询员等。对于大多数活动来说,每家学校是自给自足的。很明显,各家学校之间可以共享一些资源——图书馆(与那些独处一地的小学相比,这是十分重要的好处)、室内体操场以及其他的体育训练设施、大部分设备昂贵的实验室、职业教育中心,等等。但是每家学校都单独使用这些设施,根据一个总的时间表,而不是与另一家学校的学生同时使用。有一些全校范围的活动是需要的。比如,前面所推荐的第六个课程领域会给学生提供机会接触到其他学校的教师或校外的教师。

美国学校教育的分年级结构使人联想到在同一个年级水平上横向地组成不同的家。我提议一个恰恰相反的组织结构——就是说,垂直地组成不同的家,每家包括中学所有年级的学生,或者用不同的说法来解释,要使每一个学生都可以在同一家学校度过他的整个初中或者高中生涯。

我这样提议是基于课程的原因,也考虑到学生个人的利益。首先,举例说,进入十年级的学生在成绩上各有不同,差距很大,分布在几个年级的水平。掌握教学法可能会使更多的学生达到年级水平,而不会减少超过这一水平的学生数量。在同一家学校有几种不同年级水平的学生,教师就有更多的机会来调整他们的工作以适应学生的现有水平。鉴于我建议在所有学生都要经历的课程序列中应有更多的共性,可以通过将学生安排在高级的课程里的做法在某种程度上照顾到他们的个性需求,不管他们的实际年龄和所在的年级是什么。要求那些已经准备好去掌握更高深知识的学生继续待在某一个年级的做法,在教育上是站不住脚的。迟钝的学生并没有被分在学习劣等内容的班级。他们只不过有更多的时间和支持,以力求达到所有的人都能够掌握的水平,而一些和他们年龄相仿的学生可以和比他们年龄大的学生同班学习。这种调整在数学领域特别有用。这样做的原则是学生的进步是持续性的,并且学校应该是不分年级的。㉕

关于学生个人利益的争议源于零星的资料,有些已经报告过,涉及到我们样本中的学生问题和他们所关切的事情。中学生即使在学科领域与他们老师的联系也不十分紧密。大多数学生所关切的都是同伴群体的兴趣。而他们的老师基本上不问及学生个人所关注的事情。他们是怎样连续性地面对这么多班级的不同学生？有许多证据表明,老师在这方面感到沮丧,并强烈地期望学校更加强调学生的个人教育目标。前面我提到过教师和学生之间的分离状况。当一个大的学校被分成几家小的学校时,这个问题是否能够得到解决还有待进一步观察。我相信,小型的学校能够提供一个较好的答复。但是,在现有的学校中建立几家小的学校的做法好像能改善学校的大规模所带来的一些问题。

在缩小学校规模时,如果不同时处理学生和教师之间的关系问题,那就是做得太少了。要补充的一个步骤就是要确保在一群学生和他们的老师之间建立长期的联系。在目前的中等教育体系之下,在学校里纵向组织几家学校的做法可以为学生提供三年或者四年的连续性教育,并且我相信,这样做既能够减少学生的离异,又能够减少教师的挫折感。

最后,每一家学校都应当在每一门学科上仅保留几位教师——少到不能够任命通常的部门带头人。一个更符合逻辑的安排就是请一位带头人对整家学校负责,对全局进行领导,很像大学的院长或者负责几个单位的教务长。还可以产生另外一种职业的机会。我们现在开始看到,有更多的可能性探讨教育目标并关注与其相应的全面性的课程,就像本章前面所推荐的那样。我们也开始看到,有更多的可能性来考虑学生作为个人所具有的特征,而不是只考虑他们在学科学习上的日常表现。

师 范 教 育

当教师充足时,教育家对于师范教育的兴趣就减少了。在大多数学科领域,有一个时期,教师供应过多,但这种情况现在已经结束了；在许多学科领域,教师供应不足的时期已经到来。数学领域和自然科学领域教师的短缺已经延续了很长时间,并且这种情形还会继续下去。正像我在第6章中提到的,因为妇女现在有更多的就业机会而不再局限于教书、做护士、当秘书以及从事社会服务工作,所以进入教师职业的妇女的百分比直线下降了。对教育工作感兴趣的男子的数量一直在减少,这已经持续了多年——部分原因是教师职业的社会地位往往较低,还有部分原因是教师所得的薪水和在其他行业工作可以获得的收入之间存在着不断增长的巨大差距。

不幸的是,人们对于师范教育兴趣的增长大都在教师缺乏时期,因为那些负责聘请教师的人在此时几乎将所有的注意力都集中在增加教师的数量上,甚至牺牲质量。不久以前对教师证书还漠不关心的学区办公室现在又登出征聘广告以招揽那些基本上不合格的人,并在同时要求师范院校中止其培训项目,至少是暂时性中止。似乎只有在教师供应过多的时候,才会提到质量的问题,而此时对于质量的兴趣则处于最低点。师范教育好像总是要往东时偏向西,或者与此相反。

我的建议仅关注提高质量的问题,不管供求的情况如何。不用说,有人就是会用基于供给和需求的论点来否认我的一些建议。但是,在职业培训方面,应该首先关注培训项目的质量以及如何鼓励人们进入这些项目,然后再考虑供给和需求以及其他的环境因素。

鼓励

就鼓励而言,教师职业的"平坦性"——也就是说,工作十年之后工资增长率却较低——是鼓励人们进入教师职业的一个主要障碍。造成这种状况的部分原因在于教师职业组织本身。因为教学工作需要大量的劳动力,在经济上确实难以为所有的教学人员提供优厚的报酬,如果"所有的教学人员"是指"每一个课堂里的有合格证书的教师",而每一个班级的学生数限制在 25 人或者甚至 30 人的话。如果这就是教师职业在不可确定的未来的立足点,那么我们只好认可教师低工资的永久性,并眼看着教学工作继续被人当作一种边缘性而非主流的职业。

可以与此不同的情形是——这种建议从未得到教师协会和组织的欢迎——蓄意区分各种不同的教学工作:如各类助理和见习教师,专职教师可获得更高的报酬,还有先前提到的带头教师。这里的核心思想就是,经过不同的师范培训并从事不同教学工作的人应获得不同的薪水。我们可以转向几个其他的为人服务的职业以寻求效仿的模式,但是教育职业过去也有过可行的模式。[26] 在我看来,一些模式的失败是由于对这些区别过分地夸张,鉴于确定教学任务的层次等级是极为困难的。[27] 其实只需要有几个相对明确的区别就够了。

我们还需要明确和坚持教师职业入口的途径。单纯地达到规定的要求还不能自动地获得下一个教师的职位。必须在寻求职位的层次上留有空缺，而并非仅仅为了奖励那些老资格的候选人。

我将说明具体的做法。我们可以假设一类人为"助手"，有自己的工资计划。不可以超越这一分类按资历进一步提升。成为专职教师的唯一通道，就是辞去助手的职务去参加一个恰当的培训项目。让我们假定，这个培训项目能够提供两类教学工作以及两种适当的付酬方式：实习教师（两年培训期间做一年）和见习教师（可做到三年，工资递增，但还是明显低于职业教师的起薪工资）。一名见习教师不能仅因为资历而成为一位职业教师；这种晋升只能在这个岗位或其他学校的类似岗位有空缺时才可以实现。如果这一岗位目前没有空缺，就有必要暂时在本系统内聘请一位级别较低的教师。原先的职业教师只有在离开他们的岗位去完成高级的培训项目（博士水平）时，才有资格申请带头教师的位置。仅凭资历是不能申请这一职位的。在教师职业等级的范围之内，可以不断有机会增长工资。职业教师的工资计划应当与带头教师工资计划的底层部分相当，而带头教师的工资计划也应与校长的工资计划相当，甚至超过校长的工资（就像在许多大学一样，最著名教授的工资通常超过院长和校长的工资）。

第6章中关于教师为什么要进入教师职业的数据可以被解释为，吸引他们的是职业和理想的价值以及富有挑战性的工作。我认为，这种解释是不正确的。当然，我们需要热衷于教学的教师，正如我们需要专心致志于各种领域的专业人员一样。但这个理由并不能充分地鼓励能干的人源源不断地加入教师的行列。预期的收入总是非常重要的。并非所有的人都力求加入最高收入的行业。许多人会选择进入教学工作，如果能清楚地看到最终能过上体面生活的可能性和必要条件。目前这些条件还都不具备。

培训项目

我希望将来的教师会经历具有一定长度、深度和质量的培训项目，使他们能够有效地脱离大多数传统的教学方式。他们将获得并且在成为实践的教师之后仍然坚持使用更多各种不同的方法，以确保学生对学习的兴趣并取得成绩。然而，在目前的教学实践及革新活动中，还很难看到这种希望。令人不安的是，师范教育项目在各处大体雷同，并且几乎千篇一律地不合格。

在开发必需的培训项目时，需要打破的习俗以及需要克服的传统力量都是非常巨大的。第一,学院和大学的教授一般都持漠不关心的态度,甚至那些最近才从师范院校的行列"毕业"(即上升到更高层次的大学行列)的院校也是如此。他们的贡献很少超越对教育学院的谴责,以及主张在专业领域学习更多的课程。这些建议很少能在前面揭示出来的学校教育的问题上产生任何影响。对于大学本科教育的教授来说,最有用的活动就是为将来的小学教师设计一套最好的通才教育。小学教师非常需要通才教育——其定义非常类似于我们许多人认为对于所有的大学生都适合的文科教育。这种教育应该在教师的专业培训之前就进行或者与之同时进行。哪些大学校长会乐意带领他们的教授去做这项具有重要意义的工作呢?

第二,在各专业院系和教育学院之间存在着距离,因此导致了学生难以成功地将专业内容和教学方法联系在一起。这个问题在主要的大学之中最为严重,在那里,教某一专业的教学法的教授没有明确的归属系列。教科学教学法的教授在任何一个科学系都得不到支持,如果被安置在教育学院,又会在实际上脱离生物学、化学或者物理学的学术活动。并非没有例外但却是极少数的时候,大学教师的个人能力有时会超越组织上的局限性。比方说,一种办法是由教育学院里教学习理论和教学理论的教授与数学系的教授合作开设一门数学教学法的讨论课。哪一所可以影响其他大学的有声望的大学愿意带这个头呢?

第三,一流大学对研究工作的高期望值往往会减低教育学院的教授对师范教育的承诺。牛津大学教育系主任哈利·加齐在他为福特基金会撰写的报告中一针见血地指出了美国大学里处于领先地位的教育研究生院所陷入的进退两难的困境。[28]他以假名引用一位系主任的话说,他的学院的责任是研究师范教育,而不是从事师范教育。这种说法也许会使我们感到震惊。但是处于领先地位的教育学院的教授们要找时间教博士生并指导他们,还要开展一套研究的项目,这在实际上使他们不可能花大量的时间来满足师范教育的需求。

目前还没有容易的解决办法。有一个办法是将对研究的注意力更多地转移到教学和教学环境上来,与此同时在师范教育培训项目中将研究学者的天资与那些来自学校的、技能熟练的实践者的智慧结合在一起,而且,后者在大学兼任临时的实习课教师。[29]当教育学教授们日益超越心理学、社会学及类似领域的研究问题和方法,来从事与学校有关的政策和实践的研究时,所需要的研究方向就可能会出现。但是以研究为导向的教育学院是不情愿将正规的职务分给教实习课的工作人员的。因此,很可能有必要专门为这类人员安排一些职位。

大部分教育学院需要克服的第四项传统惯例，就是从学校挑选课堂教师来指导实习教师的过程通常比较随便。如果我们像大众的意见所认为的那样，对学校比较担心，如果大部分教师就像在第 7 章所描述的那样教学，那么我们为什么还这么自动地将实习教师派到这些学校，派给这样的教师，去向他们学习呢？此类实践活动肯定维护了那些我们正希望师范教育项目改变的状况。教师职业培训的成功，在我看来，取决于培训项目是否能使它们所培养的新教师不同于他们以前的老师，而这些老师使用的是原始而过时的教学技术。如果我们要为将来的医生提供最先进的培训，我们当然不会请那些每次治病时都只会给病人放血的医生来指导实习的医生。

我相信，前面几页的论述已经暗示了摆脱这种传统惯例的方向。教师培训学院应当和学区联手，确认重点学校和示范学校并进而与它们协同工作。[30]这就是在本章初我所建议的旨在革新和变化的学校。那些杰出的职业教师和带头教师将被吸引到这些学校来。新教师只能在这些学校里实习。以研究和开发学校的组织形式、课程以及教学的大学教授应该在这些学校设有办公场所，并在这里开展学术调研，与学校教职员工共享他们的专长知识。带头教师以及少数很有才华的职业教师将在教育学院兼任实践课的教师。实习的教师将在学校里做一段时间的初级教师，并准备升任为职业教师。研究、学校改革、为经验丰富的教师提供的在职培训，以及职前教师培训将会携手共进。

我提议建立一套为期两年的职业培训，加上一些实践的经历，然后才进入教学实习阶段，这样做是希望未来的教师在指导之下能够经历到在现有学校不常使用的教学方法。他们可以在那些为师范教育的目的而附属于大学的示范学校里经历并分析这些新的教学方法。在实习期间，他们会被要求演示一套完整的教学程序，每一个程序都旨在我们所赞成的学校教育目标之下发展学生的能力。可以推测，在一个师范生获得"职业教师"这个称谓之前，他们使用这些程序的能力会在实习期间进一步提高并得到评估。我们这个国家再也不能容忍那种短暂的、随便的、千篇一律的培训，而那些准备充任课堂教师的人现在仍然经历着这种培训。

我所提议的是，对复杂的问题要采取多方位的方式去解决，而这些问题在过去成功地抵制了人们的批评。一些富有希望但是同样复杂的建议，比如 B·奥斯奈尔·史密斯的建议，已经引起了人们一时的注意但是几乎没有引起任何行动。[31]人们不太容易采纳多方位的解决方法，即便问题是复杂的。然而过去所采用的比较微小的调整几乎都被证明是毫无结果的。有些只是重新调整和命名旧的课程。那么我的提议还有什么希望呢?

我所看到的唯一希望是,师范教育的教授们能建立起比较广泛的联合阵线,共同形成一种不断增长的意识,即师范教育需要有激进的突破。有些迹象表明这种意识已经开始形成了。㉜然而,不祥的征兆是,有更多的迹象表明学区正在雇佣那些令人可悲的没有培训好的人当教师,这就意味着学区情愿让改革的努力前功尽弃。

我认为,要打破这种恶性循环,有必要请私立的资助机构再一次试着为一些有希望的教育联合网组织提供经费上的支援。每一个联合网都包含几所重点学校、示范学校和一所重要的大学。选择以上教育机构的标准包括:有兴趣加入的大学和它们的教育学院的力量、它们参加改革的决心、周围学区的质量、大学和学区之间的关系以及结成更紧密关系的前景、学校董事会是否愿意试验新的学校结构和新的工资计划,以及州政府官员是否已经准备好暂停执行现有的对教师和师范教育院校的资格证书和资格授权的要求。

全国各地有几个联合网通力合作,或许能够实现必要的突破。这需要至少五年的时间并需要相当多的可以自由支配的资金——或许有必要成立一个资助机构的联合会。这种努力可能是一次冒险。但是如果不冒这一次风险,我担心将来试图改善师范教育的努力以及在此之后改善我们学校的努力将注定要重演过去那些软弱无力和不充足的努力。

结 束 语

本章针对改进我们现有的学校提出了数十条意见和建议。应该立即采取行动以贯彻落实这些建议。这里有费用的问题,但是这些建议更多地呼吁重新安排使用已有的资金和时间,而并非增加新的资源。需要额外资金的时候通常是为了吸引和挽留住有能力的教师和校长,以及培养我们所能够拥有的最优秀的教师,这就是上面所描述的那些联合网组织的意图。

目前的诱惑就是提出一个包括所有建议的简要条目。对此诱惑我是抵制的。面对复杂的问题,人们往往会列出不连贯的、过分简单化的解决方法的细目清单。我的建议并不是要开处方单。相反地,它们旨在说明改革的发展方向和指导原则。*并且它们之间是互相联系的。*

对州政府的建议是希望它们清楚地说明一整套学校教育目标,提供有选择的课程设计和教学程序,继续评估学校的办学条件,并支持学校的改革。这些建议还力图给州领导留下印象,使他们意识到有必要激发创造性的方式来组织学校和为学校配置员工,开发师范教育项目,并且消除当前从教机会和工资计划中的"平坦"现象(即缺少晋升和加工资的机会)。州政府应当对它们所做的事情负责,并且不干预其他领域的事务,就像州立法机关倾向于让教师和学校管理人员对学生的学习负责一样。这意味着州政府应该出资不断地评估立法机关在教育领域的动议所造成的影响,不管是好的还是坏的。

对学区的建议是希望它们将权力和责任进一步下放到地方学校去。它们还旨在激励每一所学校在校长的领导之下制定长期规划,并由学区办公室帮助它们开展自我评估。㉝这里的内在原则是"自力更生",每一所学校都与学区的督学和其他学校紧密联系。每所学校都是一个改革的单位。有关学校的主要决定都在那里制定,在那里它们可以容易地受到学校赞助人的详细审查。只有学校健康发展,学区才能繁荣起来。

对师范教育的建议是希望将培训过程和维持学校的常规方式分开。这是和许多传统实践决然不同的做法。师范教育的一部分就是安排师范生学习与学校教育和教学有关的行为科学和人文科学。另一部分就是指导师范生在那些与师范培训院校合作的重点学校和示范学校进行观摩和实习。新教师的教育、经验丰富的老教师的进修以及学校改革活动应携手共进。

关于时间和教师的分配的建议意在发展有广度和平衡性的课程设置,以落实州政府制定的目标。关于课程的建议是强调学生个人的,而不仅仅是学校的、学习计划中的平衡性。它们在每一个知识领域制定了最低的所有学生都应达到的标准,在每一个领域允许地区学校有某种程度的选择自由,在所有学生都要学的课程领域里提供一些高层次的学习或者补课性的学习,并保证所有的学生,并非仅仅那些功课特别好的学生,都有某些机会发展特殊的兴趣和才能。㉞

关于取消按能力分班和分组的做法以及更多地强调掌握性学习方法的建议,是为了寻求为所有的学生提供平等的获取知识的机会。同样地,有关改善教学的建议,旨在扩大学生的学习机会。

有关课程设置研究和开发中心的建议,有关主要课程领域的内容的建议,以及有关教学和评估的建议,都有可能为我们找到新的模式,以指导计划和教学。我们在这里能看到从私立机构获取长期资助的前景,这就可以增强革新的可能性并超越学校教育中千篇一律的状况。

在所有的建议之中,最有可能引导我们超越办学的传统方式的是那些呼吁我们的小学、初中以及高中建立密切关系的建议,还有更加严格地选择和培训校长的建议、以不同的方式为小学配置员工的建议,以及将大的中学分成较小的、具有半自治性的单位的建议。这些改革的程序针对了教师和学校管理人员在职业发展机会和刺激方面的贫乏性。它们将引起学校组织、课程以及合作教学方面的革新。它们联合起来向大多数学校所具有的以及抵制变化的传统观念提出挑战。并且它们还鼓励教师和学生群体之间建立长期的、密切的关系。其结果或许是两方面都能获得更大的满意感。

如果今天的学校安排充满了活力,明天的教育体系就会逐步形成。但是如果我们挖自己的墙脚,为目前的现状辩护,并且仅仅在边缘领域进行一些改善工作,那么我们现有的学校就会衰退下去。我们将继续教育我们的孩子,但是未必运用了更好的方式。当然,我们能够在现有的基础之上去建设,从过去的经验中吸取教训,以寻找更好的教育方式。

注释

① For a summary of findings and recommendations, see John I. Goodlad, *The Dynamics of Educational Change*. New York: McGraw-Hill, 1975.

② See Norma D. Feshbach, John I. Goodlad, and Avima Lombard, *Early Schooling in England and Israel*. New York: McGraw-Hill, 1973.

③ See John I. Goodlad, M. Frances Klein, Jerrold M. Novotney, and Associates, *Early Schooling in the United States*. New York: McGraw-Hill, 1973.

④ Joseph J. Schwab, "Education and the State: Learning Community," *The Great Ideas Today*. Chicago: Encyclopaedia Britannica, Inc., 1976.

⑤ Henry W. Hill, "Societal Decisions in Curriculum," in John I. Goodlad and Associates, *Curriculum Inquiry*, pp.101–127. New York: McGraw-Hill, 1979.

⑥ For further elaboration of these processes, see Mary M. Bentzen and Associates, *Changing Schools*. New York: McGraw-Hill, 1974.

⑦ The importance of developing this capacity is well demonstrated in our work with The League of Cooperating Schools. See John I. Goodlad, *The Dynamics of Educational Change*, op. cit., 1975; and the experiences of the League of Cities in the Arts reported in Jane Remer, *Changing Schools Through the Arts*. New York: McGraw-Hill, 1981.

⑧ Harry S. Broudy, "A Common Curriculum in Aesthetics and Fine Arts," *Individual Differences and the Common Curriculum* (Gary D Fenstermacher and John I. Goodlad, eds.), Eighty-first Yearbook of the National Society for the Study of Education, Part Ⅰ. Chicago: University of

Chicago Press, 1983.

⑨ Findings in a comprehensive survey of time use in Minnesota schools are very similar. See Harlan S. Hansen and Richard D. Kimpston, *An Educational Contradiction: Is What Schools Say They Teach What They Really Teach, and What They Reinforce Through Testing in the Elementary Schools?* Minneapolis: College of Education, University of Minnesota, 1981.

⑩ Using an earlier version of our analysis of state goals, as contained in John I. Goodlad, *What Schools Are For*. Bloomington, Ind.: Phi Delta Kappa Educational Foundation, 1979.

⑪ California State Department of Education, *Curriculum Review Handbook* (second draft). Sacramento, 1981.

⑫ Michael W. Kirst, "Policy Implications of Individual Differences and the Common Curriculum," *Individual Differences and the Common Curriculum* (Gary D Fenstermacher and John I. Goodlad, eds.), Eighty-first Yearbook of the National Society for the Study of Education, Part 1. Chicago: University of Chicago Press, 1983.

⑬ For detailed statistics, see *Final Report of the Commission on the Higher Education of Minorities*. Los Angeles: Higher Education Research Institute, 1982.

⑭ James B. Conant, *The Education of American Teachers*. New York: McGraw-Hill, 1963.

⑮ Benjamin S. Bloom and Laura A. Sosniak, "Talent Development vs. Schooling," *Educational Leadership* (November 1981), pp.86–94.

⑯ John I. Goodlad, "The Common Curriculum in Concept and in Practice," *Individual Differences and the Common Curriculum* (Gary D Fenstermacher and John I. Goodlad, eds.), Eighty-first Yearbook of the National Society for the Study of Education, Part I. Chicago: University of Chicago Press, 1983.

⑰ Quoted in Anne C. Roarck, "Lack of Funds for California Colleges May Be a Blessing in Disguise," *Los Angeles Times* (January 31,1982), Part IV, p.6.

⑱ Regarding some of the movement's underlying concepts and assumptions, see G. W. Ford and Lawrence Pugno (eds.), *The Structure of Knowledge and the Curriculum*. Chicago: Rand McNally, 1964; for descriptions and analyses of major projects, see John I. Goodlad (with Renata von Stoephasius and M. Frances Klein), *The Changing School Curriculum*. New York: Fund for the Advancement of Education, 1966; and regarding the federal role, see the first 73 pages of *Educational Evaluation and Policy Analysis*, September-October 1981.

⑲ Jerome S. Bruner, *The Process of Education*. Cambridge, Mass.: Harvard University Press, 1960.

⑳ For additional information, see especially Chapter 8 in Benjamin S. Bloom, *All Our Children Learning*. New York: McGraw-Hill, 1981.

㉑ The techniques developed by Madeline Hunter and her colleagues at the University Elementary School of the Graduate School of Education, University of California, Los Angeles, have been widely used to help teachers control their classrooms, sustain students' attention, organize their presentations more effectively, and so on. See, for example, Madeline C. Hunter, *Prescriptions for Improved Instruction*. El Segundo, Calif.: TIP Publications, 1976.

㉒ For a recent review of the laboratory school scene, see *UCLA Educator*. Los Angeles: Graduate School of Education, University of California, Winter 1980.

㉓ John I. Goodlad, "Instruction," in *Citizens for the 21st Century: Long-Range Considerations for California Elementary and Secondary Education*, pp. 443 – 485. Sacramento, Calif.: State Committee on Public Education, 1969.

㉔ James B. Conant, *The American High School Today*. New York: McGraw-Hill, 1959.

㉕ See, for example, John I. Goodlad and Robert H. Anderson, *The Nongraded Elementary School*. New York: Harcourt, Brace, 1959; and John I. Goodlad, *Planning and Organizing for Teaching*, Project in the Instructional Program of the Public Schools. Washington, D. C.: National Education Association, 1963.

㉖ For example, see Francis S. Chase. "The Schools I Hope to See," *NEA Fournal* (March 1957), pp. 164 – 166.

㉗ John A. Brownell and Harris A. Taylor, "Theoretical Perspectives for Teaching Teams," *Phi Delta Kappan* (January 1962), pp. 150 – 157.

㉘ Harry G. Judge, *American Graduate Schools of Education*. New York: Ford Foundation, 1982.

㉙ For a discussion of clinical appointments, see James B. Conant, *The Education of American Teachers*. New York: McGraw-Hill, 1963.

㉚ For a discussion of the school-university relationship, see John I. Goodlad, "The Reconstruction of Teacher Education," *Teachers College Record* (September 1970), pp. 61 – 72.

㉛ B. Othanel Smith, *A Design for a School of Pedagogy*. Washington, D.C.: U.S. Department of Education, 1980.

㉜ Hendrik D. Gideonse, "The Necessary Revolution in Teacher Education," *Phi Delta Kappan* (September 1982), pp. 15 – 18.

㉝ Regarding the design of a comprehensive assessment system for schools, see Kenneth A. Sirotnik and Jeannie Oakes, "A Contextual Appraisal System for Schools: Medicine or Madness?" *Educational Leadership* (December 1981), pp. 164 – 173.

㉞ While these recommendations are in the spirit of those put forward by members of the Paideia Group, they do not go as far toward curricular commonality for all students. See Mortimer J. Adler, *The Paideia Proposal*. New York: Macmillan, 1982.

▶ 第 10 章

超越我们现有的学校

321　　未来学家用一种非常诱人的方式来描述 2001 年,好像那一年和怎样从现在到那一年没有什么关联。未来就简单地一下子冒出来了。然而,正是从现在到未来的日积月累决定着未来的生活是什么样子。所有已经做出的和没有做出的决定都将塑造着明天的学校。

第 9 章的建议只对少数的传统学校教育观念提出了挑战。最激进的,但并非新的挑战指出,教学工作本身缺乏晋升的机会,因此要改善教学的条件以纠正这种状况。这并没有触动关于学校教育的许多信仰,特别是关于学校在教育年轻人的工作中的优先地位问题。

本章将更进一步地探讨在前面章节里已经提到的四种情况,不论我们是否去研究其对于办教育和学校的含意是什么,它们都将影响着学校。不提它们就等于放弃这些值得刻意探讨和掌握的情况,任其变幻无常。

第一种情况就是年轻人的文化。与过去相比,现在的年轻人具有强烈的自我关注和自我定位意识,更少地受制于家庭、教会和学校的影响。在过去的历史时期里塑造成型的学校,怎样才能更好地适应今天的年轻人?我们有些资料表明它是难以适应的。其他关于旷课、逃学以及人与人之间的紧张关系——有时导致暴力行为——的研究和统计数据指出,现有的学校对许多年龄较大的学生来说是不适应的,存在着严重的问题。但是,仅仅开除那些最令人头痛的学生,可能就会搅乱根本性的问题。

322　　第二种情况是,在我们生活的各个方面,技术正以惊人的速度在发展,而我们的学校教育系统对此反应迟钝。我们看不到这一发展的尽头。就在几年以前,那些还在操作升降机、料理停车场、在街头卖报纸的人,如今已被按钮和塑料插卡台所代替。那些没有被取代的人运用专业语言来给电脑下指令,我们已经对此形成了依赖。电视变得与普通公立学校一样寻常。与其他社会机构相比较,学校对这些技术革新反应甚微。但是,很难相信学校远离技术,还会有什么前途。

第三种情况是,在职业教育方面,学校在20世纪晚期的作用就像家庭在19世纪晚期的作用一样。大约在一百年之前,家庭就不可能为他们的孩子提供在新兴的工作场所从事收入颇丰的职业所需的技术了。同样地,今天的学校也不可能帮学生为种类繁多和日益剧增的工作市场做好具体的准备。如果培养年轻人准备参加那些要求显而易见并且相对简单的工作,就等于在培训很快就会过时的工人。工作市场中有很大一部分工作的要求是模糊不清的。对工作最好的准备就是通才教育。工作所要求的具体细节最好由雇主来教。很显然,未来要求我们更好地理解和调节教育和工作之间的关系以及学校和工作场所之间的关系。

第四种情况是,人们对一个有高度教育水准的社会的需求和渴望不会降低。对有高度教育水准的工作人员的供应和需求之间会产生周期性的不合,这样就会出现一批受过太多教育的公民。但是,人们如果不通过教育去获得高度的意识、洞察力以及解决问题的技能,要想应付我们社会中的复杂现象就会变得日益困难,更别说在社会上取得成功了。很难想象一个充满了受到过多教育的家长、选举人和工人的社会是什么样子。

然而,尽管已经有了证据十足的关于教育的极端重要性的理论,人们也不一定会感到需要扩展学校教育的期限和范围。正如我多次说过的一样,学校教育和教育并非同义词,不管我们将二者如何紧密地联系在一起。在我们的样本中,家长们希望他们的孩子接受全面发展的教育。但是除了学校之外,他们几乎没有其他的选择来获得这种教育,然而学校教育的功能却是有限的。此外,从20世纪60年代到70年代以来,选举人对学校债券项目的支持不断减少,这也证明我们支持学校教育的意愿是有限的。虽然我们样本中的许多家长希望学校能够提供更多的服务,但是许多人赞成这一观点,他们不应当再为之支付更多的金钱。只要我们对于教育的期望是全面的——而且,这种期望还会继续——并且我们继续将学校教育和教育同等看待,那么我们的学校就不太可能达到令人满意的程度。

未来的希望在于我们是否能运用和有效地联系社会上所有的教育机构和那些有

潜在教育功能的机构和单位——家庭、学校、教会、大众传媒、博物馆、工作场所,还有其他更多的地方。在这个过程中,我们可以推测,学校教育的目标和局限性会变得更加清晰。如果我们的分析站得住脚的话,那么能够在其他地方做得更好的事情就会在学校里渐渐地减少①。学校的中心工作就可以逐步地转移到最根本的教育活动上来。接下来要阐述的观点就是,学校只是各种教育年轻人的机构和单位的教育网络中的一部分。一旦我们开始认真地改造现在的学校,我们就向大社会提出了挑战——特别是对高等教育和劳动市场的挑战。

重新考虑学校教育的连锁环节

目前的学校教育的组织形式看起来好像还没有关于孩子和青年人成长的相关知识。然而,实际上,我们拥有的知识远远超过所运用的知识。我们在小学、中学和高等学校的传统教育阶梯中加入初中和社区学院的新环节之后,人们最初称赞这是因为我们对这种知识的理解,但这仅仅达到了我们所阐述的目标中的几条,并且只是稍微地达到了。新的教育机构很快也被旧机构同化并采用了旧的规范和原则。现在是应该重新考虑整个教育体系的时候了。

已经出现的谦卑的重新考虑,几乎都是只注重体系中的某个部分。有人提议四年大学应该缩减为三年②。也出现了一些包含了小学的高年级和初中的低年级的中学。然而,这些改革方案的美好初衷,只有在重新组建整个学校教育的连锁环节时才能得到实现。

一些不合适的地方

在寻求展望这种重新组建意欲达到的方向时,让我们看一看在目前的体系中存在着哪些不合适的地方。首先,流行的小学开始的年级以及中学结束的年级与义务教育法不相符合。许多人不知道,大多数州的义务教育法规定 7 岁或者有时甚至更大一点的年龄是最晚的可以不入学的年龄。然而,儿童在 6 岁差一点或者过一点就上一年级,是很常见的事情。在大多数州里,合法的离校年龄是 16 岁,然而学生往往在将近 18 岁时才毕业。这些做法相当适合这样的社会,即父母当中有一位在家照顾小孩,并且只有一小部分子女会上到高中毕业。

今天的情况大不一样了。有一种日益增长的倾向是,入学的年龄越来越小,并出现了各种各样不太正式的教育安排。这个国家大约有93%的5岁儿童在学前班和一年级注册学习③。据估计,大约有45%的4岁儿童都在某种类型的幼儿园上学。很难查清有多少日益增长的孩子们在上日间托儿所。父母的实际需要使他们将孩子放在能提供某些教育机会的监护机构里,这种做法在理论上得到了有关刺激幼儿认知发展的重要性研究的支持。在布卢姆④、布鲁纳⑤以及其他学者的理论和研究的影响之下,联邦政府发起了为贫困儿童提供的"学前教育计划";有的州严肃地考虑为4岁的儿童提供公立学校教育;并且私人基金会支持发展了"芝麻街"的电视教育节目。

几乎在同时,人们日益关注学校教育对于一些年龄较大的青少年是否适应。有几项研究探讨了青春期、青少年问题、中等教育以及工作⑥的课题。其中一项研究探讨,年龄较大的、被他人孤立的学生对学校和课堂所造成的干扰,并且建议在他们14岁时就让他们离开学校⑦。这份报告没有提供其他的解决办法;它关切更多的是那些有意从学校经历中获得好处的人的福利,而没能关注在社会需做哪些调整。

我们的资料表明,我们样本中的许多年轻人最有兴趣的事情并不在学习上。现有的统计数据显示,有数量惊人的中学生一下子旷课数节或者数天。一位学校管理人员说,在任何一天,都会有超过50%的学生不在学校而在其他地方,这已是寻常的事情。如果我们仅仅致力于帮助那些通常被称为"不可救药的人",就会遮掩这种可能性,即中等教育和那些名义上接受它教育的学生之间很不合节拍。

学生对现有学校办学方式的不满无疑在他们就学经历的早期就出现了。这种不满在小学高年级时变得非常明显,并且此后日益增长。青少年渐渐地对自己的同伴,对参加体育活动,对体验毒品、酒精和性生活更有兴趣,而对学校缺乏富有创意的教学活动失去了兴趣。与几十年以前的情况相比,这种不和谐的现象出现在更低的年级,部分原因或许是由于女孩子月经初次来潮的年龄在20世纪提早了大约两年⑧。在男孩子身上也发生了相应的青春发育期提前的现象。这些提前发育的发展趋势,在所有的发达国家中都有显示,并促使这个国家重新提出了四年高中学习的建议,以使学校教育更加"适应社会"的需要。

确实,人们须质疑中学的适当性,正如我所描述的一些中学一样,既针对那些能毕业的学生,又针对那些在十一和十二年级就辍学的学生。尽管这些年轻人在法律上还不能算是成年人,而且他们在大多数情况下缺乏我们在成年人身上所能看到的那种理想化的成熟,但是他们当中的许多人已经有了更多属于成年人世界而非儿童世界的经历——许多已经超越了他们教师和家长的知识范围。我想即使我们贯彻执行第9章中提出的所有建议,加上一些来自许多其他研究的类似建议,也不能使现有的学校教育发生根本性的变化,变得能适应那些在校的年龄最大的学生中的多数人。我们需要有更激烈的解决方法。

早开始早结束

我建议中学在 16 岁时就结束并且授予学生毕业证书。这在我看来似乎是过激的提议,直到我听到莫蒂默·阿德勒所阐述的一个提议,即在这个年龄,学生应该完成大学本科课程,并同时授予学士学位⑨!相比之下,我的建议是足够谨慎的,应该引起严肃的听证。

在就学开始的环节上,我建议儿童在 4 岁入学。这样一来,现在开始于 6 岁结束于 18 岁的 12 年的学校教育就能够在 4 岁和 16 岁之间完成。我可以毫不迟疑地说,其结果会和现在一样或者更好。花费将会减少,因为公立学前班会包含在这些教育年限中。在开发课程、减少教师挫折感、维持学校治安、监视旷课等方面的巨额开支将会减少。总的说来,社会对学校的投资将会变少,而收益将会相当可观。孩子们会早些开始上学,这种情况会使他们最终获得更多的个人成就并为社会积累更多的福利。年轻人需要花高价去上的高等教育和专门职业教育的延伸部分,也会因此而减少两年。并且,我们还会有最好的机会来重新思考学校的目标应该是什么。

与此同时,我们还有一个非同寻常的机会来重新设计学校教育之后的年月应该如何度过,必须请那些年轻的毕业生一起参加这个设计的过程⑩。对这些在 16 岁就完成了中等教育的年轻人来说,社会的责任是什么?我在后面将提出一些建议,但是我想请他人承担收集相关资料和接受这一激动人心的挑战的任务,为 16—20 岁的年轻人群体设计正式和非正式的教育的可行方案。我现在要转而探讨大学前十二年的学校教育中的一些可能的做法,这种教育所服务的学生总的说来比现有学校中注册的学生要年轻两岁。

重新设计的学校教育连锁环节中的三个阶段

我提议这十二年应当被分成三个紧密相连的阶段,每个阶段为期四年。第一个阶段是初级教育的阶段,从 4 岁开始一直持续到 7 岁为止,取代了现在学前的两年教育——幼儿园的第二年和设在小学的学前班——以及小学的前三个年级。第二个阶段是小学教育阶段,招收 8 岁到 11 岁的孩子,取代目前的四到八年级。第三个阶段是中学教育阶段,招收 12 岁到 15 岁的孩子,取代目前的九到十二年级。既然这十二年既包括了目前的一到十二年级,又包括了幼儿园的高班和学前班,我们考虑的目标是要在十二年之内完成目前对于大多数孩子来说要延续十四年的学业。有必要在新的学校教育环节中补充这两年的差异。我想,如果清楚地明确每个阶段的功能,采取质量控制措施,确保这些功能的实现,就能补充这些差异。

我认为,在目前的学校阶层结构中,存在着三个显而易见的"薄弱环节"。第一个就是从所谓的学前教育到一年级的过渡,无论学校里有没有设置学前班来作为过渡的一年,与小学教师相比,幼儿园和学前班的教师们的观点和实践更倾向于儿童的导向而不是学科的导向。在组织形式上,公立学校的学前班往往与小学里典型的分年级的结构是隔离开的。在许多人的眼中,"真正的学校"是从一年级开始的。在小学一年级,对那些进过幼儿园和学前班的孩子和那些没有进过幼儿园和学前班的男孩子和女孩子,很少采取什么不同的适应措施。从幼儿园到学前班再到一年级,这之间的过渡对学生来说始终是颠颠簸簸的。有些孩子从家里直接进入一年级,与学前教育没有任何关联,这就可能产生更颠簸的过渡。

我相信有充分的理由假设,一旦我们消除这些衔接口,目前在三年级结束之前(9岁)完成的学业,就可以很容易地在所建议的初级教育阶段结束之前(8岁)完成——可以节约一年的时间。儿童发展专家们一般认为,4 岁到 8 岁之间是一个非同寻常的阶段,很有利于实施健全的教育干预。

第二个薄弱环节,我相信,就是从小学高年级到初中阶段,学科的教学内容大量地重复并且进步缓慢。有关儿童发展的研究表明,7 岁或者 8 岁到 11 岁或者 12 岁之间对儿童来说是发展相对稳定的阶段。早期的快速成长已经减慢了,得病率也降低了,看上去好像有大量可利用的能量资源。一些女孩和一小部分男孩已经开始青春发育,但是对多数孩子来说,青春发育期要在下一个年龄段才会开始。此外,在这个比较小的年龄段,儿童的大脑重量明显地增加了⑪。孩子们看上去已经进入了皮亚杰所说的形式运算阶段,大约在 11 岁左右⑫。

那么,有理由这样假设,目前孩子们在四到八年级所完成的学业,同样可以在四年之内做好——这就是我所提议的第二个学校教育阶段(8 岁到 11 岁)。到现在我们已经省了两年的时间。推测起来,在我的计划里,男孩子和女孩子到 12 岁时所完成的学业就和今天 14 岁的孩子所完成的学业相差无几了。

然后就是 12 岁到 15 岁年龄组的第三个阶段。为什么在生命历程的这四年中要接受四年学校教育呢？的确，今天的12个年级在课程设置上是一个薄弱环节，为什么使这么多有才能的学生在不费气力地上学？我的理由是，这几年对大多数青少年来说是一个飞速变化和压力巨大的时期。青春发育开始、身体突出成长以及对自我了解的努力，耗尽了他们的能量，在他们与父母和其他成年人之间造成了紧张的空气。前面展示过的数据表明，初中和高中教师比小学教师更多地感到有必要注意学生的个人发展问题。凭直觉，他们很显然意识到了这些年轻人正在经历的个人问题。

因此，我在新计划中不想试图在第三个学校教育阶段的四年中增加比目前的九到十二年级里所学的还要多的学术内容。在生命的循环周期中，这是孩子在成长过程中明显的大起大落的几年。这四年的学校教育为他们提供了时间来自己解决成长中的问题，学业会拖滞一段时间，然后会出现跳跃似的进步。随着脑重量的又一次明显的飞跃增长和大多数学生青春发育期问题的自行解决，学生在毕业之前的岁月里似乎有一个极好的机会来集中精力学习[13]。

学生的流动

我希望孩子们在他们4岁生日那天入学。我并不反对在同一个时间录取所有那些在某一个月同时满4岁的孩子们。尽管这是一个相当普通的进入幼儿园的程序，但是许多教育家反对这一做法，理由是它意味着在年龄和学习能力之间有紧密的联系，并鼓励了根据前者而非后者来分配学生到不同年级的做法。与此相反，我认为，这种不幸的解释将会减少，至少与目前的实践相比会是这样。我们以为孩子一到6岁就能适应一个预先确定好的一年级课程。我们应当问的是，"孩子已经做好了什么样的准备？"这个问题应当指导学校教育的整个过程。如果孩子的入学时间和一个年级或者一个学年的开始不在同一时刻的话，人们就更可能在孩子入学之前就提出这样一个问题。并且，这些人为做法的重要性也可能会随后渐渐消失。

提出这一建议的第二个理由是基于公平这个理念。目前的入学政策对于快到6岁的孩子来说，经常导致耽误接近一年的时间。这一年代表了一个6岁孩子人生跨度的1/6。而对于一个4岁的孩子来说，耽误一年也就是耽误了整个人生跨度的1/4。很难弥补损失的时间，即便是对那些容易适应学校环境的孩子来说也是如此。

我提议的做法创造了这样一种可能性，即对新来的学生表示热烈的欢迎。他们的学校生涯从一个生日聚会开始。然后他们又成了为那些新来的学生举办聚会的人。我们应当尽一切可能使学校成为儿童成长过程中一个受欢迎的部分。

离开某一个阶段学校教育的时间和频率将大致与进入的时间和频率相似——孩子在 8 岁或者接近 8 岁时离开第一教育阶段,将近 12 岁时离开第二阶段,将近 16 岁时离开第三个阶段。我并没有完全排除这种可能性:有些孩子会在比这些标准年龄稍小或者稍大一点时离开这些阶段的学校教育。当学生们在第三个阶段学习结束后分别在全年不同的时间离开学校时,就能平稳地转入其他的学习或工作单位。

开始初级学校教育的孩子们将会随机地进入一个不分年级的,以四年为学习期限的班级。每个初级学校最多有三到四个这样的班,每个班上至多有 100 个孩子。对每个班来说,这就意味着每年有 25 个孩子入学和毕业离开——每个月有两到三个学生毕业离校,也有两到三个新生入学。这样,每年九月份帮助大约 25 名新生适应学校的令人混乱的社会活动就会完全消失了。学校教育立即成为高度个性化的活动。对于教师来说,每次招生时只需要熟悉两三个孩子和他们的家人,这就比较自然和容易了。孩子们进入的也是一个已经稳定了的班级环境。考虑到这些潜在的优点,人们就会开始怀疑,为什么目前的办学实践持续了那么长的时间,而且很少受到质疑。

如果每一个班级的学生人数都达到了最高限度,即每一个班里有 100 个孩子,那么一所初级学校的最多人数将是 400 人。不用说,因为人口流动的因素,必须留有一定的余地。经过调整之后,在校的人数可能时而会高些,时而会低些。位于名胜风景区佛罗里达的学校,就可以考虑为冬季来旅居的人口专门增设一个新的班级,以免其他的班级受到这种临时入学人数膨胀的影响。但是,我所提议的教育体系的实质,可以将目前体系中所产生的问题减少到最低程度,因为新来的学生将不会平均地分布在不同的年级,因而各班级的规模会有显著的不同。

内部的组织

为了与第 9 章所描述的校中校这一概念保持一致,我建议这三个阶段的学校教育的组织形式应该是垂直的而不是横向的。每一个不分年级的,拥有 100 个或者更少一些学生的班级都应当包括这一四年学习阶段的所有年龄段的孩子。一支教师队伍在这几年里将共同对班里所有的男孩和女孩负责任——每个月都有几个学生进进出出。我们再一次看到,这样的组织形式有可能让教师们和孩子们透彻地了解彼此,在学习过程中加强个性化和亲密的活动,以及开展同学互教活动。相比之下,目前的实践是教师每年要教 25 名或者 30 名孩子,而下一年又要开始教一批新的学生。

根据第 9 章的建议,可以创造性地安排员工。假设在每一个有 100 名学生的班级安排相当于四位全职教师的工作人员。此外,再假设在每个班级的工作人员中,有一位带头教师并至少另有一位终身职教师。这样一来,还可以雇用相当于两位全职教师的工作人员,这可以包括见习教师、实习教师、助教以及其他兼职工作人员。一个计算机化的学习系统可以代替其中一个人的工作,也可以作为加强教学的工具。教师职业缺乏不同的分工和晋升机会的情况会明显地改善;给见习和实习教师付报酬的可能性也会提高。

这种安排绝不会与第9章的提议相矛盾,即小学教师队伍的配制应该具有专业上的平衡性。在一个由三个大班级组成的学校里,全职教师的队伍应该可以保证在每一个主要的课程领域里,至少有一位全职教师,这样就能为整个学校提供专业人员的服务。当然,如果采用了第9章的建议,每一位全职教师都应当能够教授所有的核心课程。

我设想让学校负责保证所有的学生都到校上课并发展一些项目来实现这一目标。这就排除了那些能帮助部分学生提前离开学校的选择项目,比如那些职业教育的课程。因此,我们现在要提倡的学校教育的连锁环节要求全国各地学校的注册人数保持稳定。孩子们在4岁入学并在十二年之后的16岁离校。

在组织学校教育的连锁环节及处理各阶段之间的关系时,我们有几个选择。选择之一是让三个连续的阶段保持相等的注册人数。因为我们建议在初级教育阶段最大的人数规模是400人,所以接下来的每个阶段同样也应当限制在400人。我们已经发现,小型的高中可能有一些优势。如果三个教育阶段的校舍都靠得很近,那就理想了。每一个阶段的学校都有一位校长,并且每一个班级都有一位带头教师(见第9章),这样一来,我们开始看到学校可能认真地督学每一个学生在校十二年的进步过程。正如男孩子和女孩子平均看起来都有快速发展和慢速发展的阶段一样,每一个学生都与众不同,都需要采取特殊的适应和干预措施。

另一种选择就是在同一个地方安置前两个阶段的学校教育——一个初级学校直接通向小学。然后这两所小学的毕业生进入同一所大约有600到800名学生的中学。

这两种选择都会消除目前的初中以及孩子们进入初中时所经历的转入分学科课程设置的那种突变。初中往往是加了水分的高中,很不适应学生年龄群体的特殊需求。九年级要变成新教育体系中的第三个阶段的一部分。而七年级和八年级将成为新的第二阶段的一部分——属于小学阶段,而不是高中阶段,其价值观和实践活动也更有小学的特征。

我设想的新小学的内部组织形式类似于我所描述的初级教育阶段的模式。对于中学阶段来说,每个班有150到160名学生是比较理想的安排。这将促使每个希望自给自足的班级雇用一支包罗万象的教师队伍,并且促使这些教师和学生在四年的时间里形成令人期望的更密切的关系。

正如前面为初级教育阶段所提议的一样,小学和中学阶段的每个班级都应当是不分年级的。这就取消了一个繁琐的过程,即每年每个学生的升级和留级。正常情况下,学生们在每一个班级度过四年。有些学生比其他人进步得快,取得的成绩也较多。学校会尽全力努力来诊断那些进步较慢的学生的问题,并弥补其不足之处。结构性较强的学科比如数学的进步情况,应当根据学生掌握功课的程度来判断,而不是根据所用的教学时间或者某一个年级阶段所教过的知识来判断。尽管这样做想起来比较困难,但是一旦人们将学校里的每一项决策都与这个基本哲理相对照的时候,就变得比较容易了。并且归根结蒂,我们在学校之外的学习行为——我们是在校外度过人生的大部分时光——并不是按照学年和年级组织起来的。衡量价值的标准应该是一个人所拥有的必要的知识和技能,而不是在学校里读过的年级以及获得的分数。

我们可以对目前的情况作出这样一种描述。美国所有的城市都在关闭学校,因为入学率在逐年降低。在作出这类决定时,所用的几乎唯一的标准就是,学校 X 或者学校 Y 的入学率是否下降到了这样的地步,即许多教室都空着没用,而维持学校所需要的按每一个学生来计算的人均开支,包括取暖费用和防暑费用,却在增加。然而,这是一个多么好的机会,可以用来考虑重新安排学校教育的连锁环节。富有远见的督学和学校董事会,可以开始设计明天的学校结构,为那些注册人数不足的小学招收4岁和5岁的儿童。然后,其他方面的一些调整,包括解决初中和高中注册人数不足的问题,就可以发起一个变迁的过程,最终形成一个全部重新设计过的学校连锁环节,包括从4岁起直到15岁末的学生。招生人数减少和增加的时期都给我们提供了绝妙的机会来显示我们的创造性。我所提出的重建学校的看法,在读者看来可能是一个激进的建议,但我把它视为一个严肃的途径,可以用来扭转学校目前的危机,并创建我们应该有和可以有的学校。

教育计划上的考虑

上述建议为在每一个连续的四年学校教育阶段应当教什么和应当学什么,提出了一些意义深远的问题。这个新学校教育的结构已被描述得相当具体了,但实质性的教育计划和内容还有待进一步讨论。

实际上,需要回答的课程问题和需要回答的目前学校教育的结构问题,没有什么区别。但是,我们在前面的章节里已经看到教学、教材、测试、年级等类似的问题互相联系的程度。假设的情况如此之多,以至于基本的问题很少有人过问。我提出新结构使人们将注意力集中在这些问题上。这个结构在本质上的根本不同使它必然要改变目前的课程设置。以前有固定位置的许多事情变得不固定了。

需要为学校教育的三个阶段中的每一个阶段提出具体的学习计划和内容,但这远远超出了本书的研究范围和笔者获得的资源所能支持的工作。在此我仅能提出一些大的提纲。最好由那些教过相关年龄组学生的教师和课程开发专家发挥他们的创造力,来制定其中的细节。研究和评估之后随之而来的应当是一些必要的改进和确认。

初级教育阶段的主要功能,是教导那些具有自恋特点的4岁孩童从自我关注转向对他人以及生活的大环境的关注。罗伯特·尤利兹将这一过程称为自我超越[14]。使孩子们认识到人际关系的需要以及学校里的群体期望是这一过程的必要组成部分。当群体背景下的自我认同所需要的能量越来越少时,越来越多的能量就会成为获取扩充个人知识面的工具。回忆一下我们在第4章中提到的关于小学生对课堂活动看法的数据。与老师或者我们的观察员相比,学生们认为有更大比例的课堂时间被用来开展社交活动和控制学生行为。很明显,社交活动非常重要,并且也吸引了他们的注意力。

我认为孩子们在一年级时为应付环境和社会现实所作出的努力经常会干扰教师们所考虑的文化课的学习。但是,托儿所和学前班的教师们以社会和个人的发展为目标,并为实现这些目标花费时间并安排相应的活动。他们并没有"急迫地"要在数月之内教孩子学会阅读、拼字和写作。的确,这些根本就不是目的。相反地,教师们运用游戏、舞蹈、讲故事、堆积木等诸如此类的活动,来培养孩子们对空间、重量、大小、符号以及关系等等的意识,而这些才是成功的阅读和数学运算的先驱。

在我所提议的教育计划中,将结合使用这些方法,以帮助4岁和5岁的孩子们在他们的群体中从个人性的活动发展到平行性的活动,再发展到合作性的活动。与此同时,学习内容也从积木、玩具和拼板这些具体的东西延伸到抽象的符号和概念。这样一来,学生在6岁时,就不会感到突然进入了"学校",感到与4岁和5岁时有很大的不同。孩子们开始阅读也是一个自然的发展过程,从口头叙述语言符号到将符号和事物相联系,再到从直观上将符号和符号联系起来。孩子们认字的能力逐渐发展,本身就是一种学习的经历。其结果是,大部分孩子能够大踏步地认识和理解语言符号。一旦他们具备了令教师们满意的阅读技巧,就可以从学习阅读转到阅读学习,并进入下一个学习阶段的活动。

同时,孩子们在定量数学领域里也有平行性的发展。在4岁时所被当作是个人和群体游戏和社交活动的事情渐渐地成为认知学习的主要课题。教师鼓励孩子们养成计算物品数量并将它们分类共享的习惯——所有的这一切都在安静地进行但也要"大声讲清楚"。在今天的学前班,经常能见到孩子们在做一些简单的加、减、乘、除四则运算,以开展共享活动的正常程序。一个很自然的步骤就是将口头数数与这些操作联系起来,然后再转向直观的抽象学习。既然有了这些早期的经验,为什么后来我们却往往要按照年级的顺序来教学生加、减、乘、除等运算方法,好像它们是明显不同的孤立的运算?为什么不随着所学的数字的增大,同时学习所有的四则运算方法呢?所有的运算方法只不过是一个常见的课题的许多变化形式罢了。比如说,中华人民共和国学校里的孩子们就是这样学习数学运算的。既然我们的孩子在他们的早年以这种方式学习过,那么为什么不将这种具体的学习方法延伸到更加抽象的符号运算中去呢?应该可以期望初级学校的学生理解四则运算并将其应用到整数的计算中去。我所提议的方法就是达到这种期望的一种现实的、合理的方法。

持续性地评估每一位学生的进步是非常重要的工作,评估的重点是学生是否成长为一名富有思维力、爱好社交活动、具有合理自信的人。新的学校系统垂直地组织班级,每个班级有100或少于100名学生,他们和基本上不变的教师队伍在一起共同度过四年的时光。这就有利于教师从发展的角度来看待孩子,并且也能有必要的时间来评估、诊断学生,采取比较持久的干预措施。每一个班级都能拥有一位经过高级训练的带头教师,这样就可以正确地诊断学生,并作出计划性的调整。一个6岁的孩子如果在学习上有困难,教师就可以重新设计他的许多学习计划,使他在8岁以前在各个领域里取得相当漂亮的进步。现有的分年级的学校教育结构坎坷不平,不适宜鉴定学生在发展上的不足和一些无规律的毛病,也不利于重新制定发展的方向。

所有的学校教育阶段都有这样的职能,即随着时间的流逝,使每一位孩子在本章所讨论的目标领域里最大限度地发展。但是,目标之间的平衡在每一个阶段并不都是同样的。比如说,在初级教育阶段之后,职业教育的重要性就不断地增加了。学习基本的读、写、拼字以及数量运算,对于年纪小的孩子们来说是非常重要的,但是,绝不允许在损害孩子们的自尊心的情况下来进行这样的学习。的确,这些学习是发展的一个自然方面——孩子的进步从参观纪念碑到为纪念碑编故事;从讲故事到把它们写下来;从描写自己的故事到阅读别人写的故事。很明显,对孩子们进步的评估所要求的诊断技巧以及有益的干预措施,比目前所使用的要复杂得多,而目前所用的方法很少超越对于知识保留的测试。我们需要的评估体系的某些部分可在不同的地方看到,但是必须做深入的工作将它们聚合在一起,并且还要弥补缺乏的部分。第 9 章中所提议的评估中心很适合做这项工作。

重要的是,孩子们在从学校教育的初级阶段转入小学阶段时,应当对自己高度自信,并且对自己的学习能力持有积极的看法。他们应该在四年的初级教育阶段里,得到一群教师细心的关照,其中至少有一位教师受过诊断技术和纠正措施方面的严格培训。

学生们将不会经历升级或留级,因为进步是持续性的,不应该被这种令人沮丧的实践所打断。目前不分成绩好坏都让学生升级的做法导致学习缺陷的积累,并使一些学生仅具有进入中学的最低班的资格。留级的做法很少能够达到它的学术性目的,而是不断增加了学生自我怀疑的感觉,我们发现许多认为自己在学校里表现不佳的学生都有这种感觉。学校必须开发而不是打消学生对学习的强烈欲望。学校不应当导致问题的发生。

鉴于前面提到的原因,孩子们在进入新型小学阶段时,就应达到今天学校里四年级学生的水平。像今天四年级的学生一样,他们的发展水平会是不同的。可以说,他们将会比现在学校里同龄的学生多学了一年的功课,部分原因是新型学校系统的组织形式用一个连续的、不分年级的班级代替了现有学校教育体系中分离式的早期教育的形式。及时的诊断和纠正措施应当能够消除相当多的问题和故障,而这些故障限制或者干扰了现有小学高年级和初中阶段的学习。我们希望,学生到此时应该已经健康地适应了他们周围的同伴群体、成年人和学校,尽管正在进行着的,连续不断的评估应该鉴定出那些在这个领域仍然不成熟并且需要特别帮助的男孩子和女孩子们。早些年身体增长的速度慢了下来;手的灵巧性得到了充分发展;社交技能也令人吃惊地发展成熟了。对大部分孩子来说,青春期的混乱状态还仍然是将来的事情,尤其是对男孩子来说。在新提议的小学四年当中,完全可以做完目前小学五年才能做完的事情。

初级学校教育阶段强调学术知识、社交技巧和身体运动技能的获得,但是小学教育阶段却强调它们的运用。我们在调研中发现,四年级以上课堂里的特征是一种无情的、千篇一律的讲课、提问及练习。必须用有学生参与计划以及合作执行计划的活动来取代这些特征的一部分。每天学校生活的一大部分时间应当用来组织那种依赖合作社会行为的大小群体活动。社会目标和学术目标同等重要。所有的这些活动都应当与学术活动有关联——阅读一批书籍以找到解决问题的方案或用来分析问题；以这些获得的信息为基础写报告；计划并运用一种有效的方式将结果向全班汇报；准备评估方案以测定所获得的知识。应当提供充足的材料让孩子们建造实体模型，比如，建造一个港口城市以及它所设有的公共卫生、通信、交通以及实用的美学物体的模型。孩子们应当根据可靠的经济学原理创造他们自己的经济学；创造他们自己的戏剧，并且注意戏剧的结构；管理模拟法庭、立法会议以及世界和平组织。在这个过程之中，他们阅读、写作、计算，并处理人的问题、环境问题以及人和环境之间的问题[15]。

  这些活动伴随着更多的传统学习方式；他们并不完全取代这些传统的学习方式。然而，这些"新的"活动并不是补充性的，它们是调查的开始，更多的传统活动可以从这里发展起来。学生们从阅读中获得知识，然后运用这些知识来探讨追踪的问题。这就是我们在"实际生活中"的所作所为。学校不应当被设计成"非真实性的"。学校教育的一个主要问题就是它往往与学校外的现实世界互不关联，尽管那些在学校里的人只能过他们所知道的那种生活。随之而发生的学校和社会的脱节使得学校教育的大部分毫无意义，就像我们在第9章提到的"天才培养计划"的后续研究中所发现的问题一样。

  小学阶段的一个主要功能就是要使孩子们意识到人类社会过去和现在的历史，身边的和遥远的经验，而这些知识的大部分内容是不可能通过直接参与来获得的。要想理解这些事物，人们必须运用其他的方法。达到目标的具体做法源于这种功能，因而使这种意识变得相当普遍。重要的是采用各种方式帮助学生间接地感受人类的经验，并将这些方式与个人的发展结合在一起。基础阶段为学生培养了必备的技能；小学阶段则注意将它们运用到范围广阔的课堂和课外活动中去。

  重要的是，小学阶段在其学习环境中，应当提供一些具有基础阶段特色的活动。有一些9岁和10岁的孩子这时还没有学好身体的协调技能。在这个学校教育的第二阶段，他们应该每天有机会应用那些优秀的学前班和初级教育阶段教学生的平衡技巧。当孩子们细看印刷材料之后，就需要做眼保健操。当这些活动并非隶属于某一个年级时，那它们对年龄较大的孩子自然也是有益无害的。教师们不应当受传统的年级观念的束缚；他们可以帮学生弥补那些早期没有充分学好的知识领域。

  下一个向上迈进的教学步骤，就是要沉浸在人类系统的认识方法之中并且学会掌握这些方法。学生们在小学阶段将会沉湎于他们自己的学习成果和别人的质询结果之中,但是中学阶段的教学强调知识的组织结构以及获得知识的程序——从预感和直觉到提出问题、难题或者是假设以及随后的说明。中学阶段是"这样的一个时期,在正规的学校教育的总计划里,学生们在这个时期接触到了人类知识中所有的重要领域"[16]。一个导向性的问题产生了:"人类知识的重要领域到底是什么,怎样才能将它们编入中学课程?"[17]

因为我在第9章里已经详细描述了根据人类知识重要领域的平衡而设置的课程总框架,所以我就不用对此再说太多了。然而,需要指出的重要问题是,虽然课程对艺术强调得不足,但它在历史上却承担着重要角色,既作为一种表达的媒介,又是一种了解人类行为和经验的方式。中学阶段如果缺少艺术课,也就等于剥夺了年轻人在教育方面具有重要意义的一个主要部分。

根据我们的调研结果来推断,落实我前面提出的设置平衡的课程的建议时会有一个危险,就是其结果只不过是将现存的课程重新安排一下。这也是经常发生在科南特的改革建议上的问题。这种玩杂耍似的欺骗做法不能解决提出的课程问题。第9章已经严厉地揭露出主要的不足之处,就是课堂活动连同所教的内容和教学方法,很少为学生提供我们的学校教育目标所提倡教学的知识。许多学生用死记硬背的方法成功地完成了学习任务,通过了必不可少的考试,并且继续这样的学习,在大学里也是大至如此。然而,他们很少有机会将他们自己与知识领域中有代表性的主要观点和认识方式联系起来。他们太过经常的是被"塞给"了知识,而不是通过真正的探究而获得了这些知识。因此,上面对小学阶段所提议的许多活动,应当在中学阶段继续开展下去。但是,中学里更常见的活动应当是那些有成果的活动,通过这些活动,学生们展示他们对知识的掌握、灵敏性以及个人对学习材料的认同,并开始领悟到一种风格。

"风格乃是精神世界的最终道德……是专家独有的特权。"怀特海曾这样说过[18]。我希望学生们将会开始感觉到他所认定的这种风格,所以我在第9章中就提议,10%或者更多的中学课程应当完全用来让学生在个人选定的某一个兴趣领域里学习和发展。并且,我还提议发行教育券来确保学生有机会使用学校以外的教学资源。

读过第9章的人,也许会对课程中可能出现的拥挤现象感到不舒服。这种可能性源于我对课程改革的一种渴望,希望它既能保证包括那些有时会被忽视的领域,又能保证包括供个人选择的第六个领域。他们也许还会担心,由于给数学或者外语课的教学时间太少,学生在这些方面的学习会缺乏深度。当然,我大脑里所考虑的是我提议的整个四年的中学阶段。在这个新的教育系统里,有可能为学生提供在几个知识领域里深入学习的机会。中学阶段要完成的学业,就是现在我们期望九到十二年级的学生所要完成的学习内容。正如我在前面已经说过的,在这一阶段要试图做更多的事情,看来是不明智的,因为12岁到16岁的年轻人在成长过程中经受着很大的压力。另一方面,在目前的九年级课堂里,许多早期教学的重复现象已经不存在了,还有十二年级课程中的软弱点。考虑到新的教育体系中的早期教育阶段的性质和对学生的期望,以及在中学阶段里继续存在的垂直性的班级组织形式,我认为明天的16岁学生在从新的中学阶段毕业时,与今天的18岁学生相比,在学业准备上会毫不逊色。的确,我设想有相当大百分比的毕业生能达到通才教育的水平,为工作,为进一步的学习,为成为公民,以及为个人的生活打下良好的基础。

一些共同的要素和原则

所有的三个教育阶段都会有一些共同的特点。首先,它们都应当具有相对较小的规模。尽管我已经设定了学校规模的上限,即中学阶段800名学生,其他的两个低级阶段各有400名学生,我的优先选择却是分别为600人和300人。并且我认为,初级阶段的学校仅有150个孩子才是最令人满意的。最近的研究报告提出了一些关于增大学校规模所带来的花费和学习计划方面的优势的基本问题,特别是要衡量其缺陷,比如学生太多就更不知其姓名,以及师生关系变得更加无人情味。⑲我们需要更多地研究和学校规模有关的一系列问题。

每一个阶段都应当垂直性地组织班级,初级阶段和小学阶段每班至多100人,而中学阶段每班最多160人。但是在这些数字里面并没有特别的奇迹。其意图是创建最小的班级,使它能够在四年之内基本上拥有相同的学生核心群体和支持他们的成年人。我可以想象得出一个拥有180个孩子的卓有成效、令人满意的小学,它被分成三个四年一贯制的垂直班级,而每个班只有60名学生。

每一个班级在很大程度上是自给自足的,但也都能使用公共的设施——图书馆、室内体操场、实验室、门诊部,等等。每一个班级的带头教师都应当在课程、教学以及学生诊断等方面受过高级的培训。带头教师的收入应当与其职称相称,比其他教师高出很多。他们和校长一起工作,共同构成学校的核心领导小组。每个班还能获得学校里其他班的教师的咨询性帮助。

每年每个班大约有1/4的学生进校和离校,通常都是每隔一个月的时间就有学生进校和离校。可以想象,一小部分学生可能会比标准时间提前几个月离开学校,这完全是由于下一个阶段看起来更加适合他们,并且一般说来,能够为他们提供所需要的学习机会,因为他们在各个发展领域,并非仅仅在学术领域,都有不同寻常的突出成绩。然而,我所建议的做法是,在各个教育阶段里,为那些有突出进步的学生提供学习上的方便。因此,每一个班级都有必要维持一个持续的评价体系,对于孩子的个人发展、社交能力、身体发育以及智力发展进行评估。另外,每个教育阶段都有一个明确定义和阐述的目标,还有清楚阐明的次要目标,用来指导对每一个孩子目前发展程度的评估,并为每一个孩子恰当地调整学习的计划。每个学生都要明确这些目标和次要目标,并且要认识到,他们不仅有责任自己要努力达到这些目标,而且还有责任确保本班内所有其他的学生也达到这些目标。

因此,同伴互教活动是所有的教育阶段以及它们的组成班级的显著特征。年龄大的学生帮助年龄小的——而且,请记住,每一个班级的学生都有一个四岁落差的范围,这就为教师提供了一个非常好的机会,用最好的学生榜样去帮助那些较小的孩子。学生们也就可以互相教学了。

既然课程是按照整个连续的四年而并非按照年级来设计的,那么学生在成长过程中的突飞猛进或停滞不前就都可以接受了,可以让它们自然地发生,学生也不会因为在某一个学年末期的月份里有些退步而受到惩罚。教师们比较不会陷入那种要在感恩节之前,或在秋季学期结束之前,或在放春假之前,一定要教完某些内容的无情过程中去。

在组织课程的时候,应该想到的是,只能包括数量有限的概念、技能和态度,以利于学生的发展。要用教学的课题逐渐地来灌输这些概念、技能和态度,并采取每一个可行的教学措施来强调那些更为基础的学习内容,每一个教学课题都要致力于帮助实现这个目的。教师们拥有相当大的自由去选择可能引起学生兴趣的课题,并随着经验的积累在这方面变得更加富有创意。每一种可能的教学技巧都用来增强理解力——直接经验、电影、讨论、阅读、身体运动、写作故事、角色扮演、建造模型,等等。学生的学习也通过使用计算机而得到提高。将少数的概念学好并学会如何运用它们,比那种死记硬背长篇大论的学习要好得多。这种探究的目的在于理解以及获得这种理解的过程。

要达到每一个阶段的教育目标有四年的时间,这就给我们带来一种希望,即教师们将会愿意参加那些需要较长时间的活动,既有开头又有中间和结尾。带头教师会被呼吁确保学生参加各种类型的学习活动,而不仅仅是听课、阅读课文和参加测试。他们必须带头展示并评价各种形式的教学风格、学习模式以及正在经历的课程,以便使后面的修正为每一个学生提供更广阔的视野。除非这种评估成为教学工作的一部分,否则是不太可能采取矫正的措施的。

每一个连续的教育阶段都应当为学生提供时间发展个人的兴趣和才能,不管是在校内还是在校外。一个学生可能在学校教育的十二年之内,一直在某一个领域学业优秀,或者在每一个连续的阶段都追求一种新的兴趣,并且同时继续发展之前已经选择的某个或某些领域中的兴趣。每一个学生日益成为其他人的一种资源,极大地增加了课堂里有益于教学的专门知识。

在前面几章,我已经强调过有必要评估目前正在使用的学校课程、教学实践等。本章前面的几页一再提出有必要不断地评估学生在各个发展领域的进步。这两种类型的评估需要确定相关的标准,将这些标准转化成量化指标,开发收集信息的程序,收集资料以及分析资料。可是我们还没有具备必需的评价体系,虽然已经有了一些简单的开始。[20]开发这些评价体系是首要的任务。

我们现在已经拥有一个重要的工具——微型电脑来帮助我们。我们开始意识到这种发明肯定会成为明天的学校里的一部分,对于所有年龄的学生来说,就像今天的铅笔一样普及。[21]并且它已经在一些学校得以运用,用于各种各样的管理性工作,大部分与人口信息的存储和检索有关。但是,当我们开始考虑开发并且随时使用上面所提议的评估体系时,微型电脑就是不可缺少的。不但是教师,而且学生也变成了信息的使用者,这些信息包括评估学生的学习项目以及指出在每个连续的教育阶段中各个发展领域里需要改进的地方。在每一个班级或家庭都有一台微型电脑,它已成为管理系统的一部分,使人们便于使用信息来了解对学生的个人诊断和进行敏感性的指导。对这些设备的购置已经显著地增加,这就意味着人们购买和使用这种宝贵的资源的能力在不断地增长。

技 术

当然,微型计算机是作家们长期以来在描写教育的未来时所关心的一个领域里的新现象。数十年来,他们一直预言,由于技术方面令人吃惊的发展和它们在学校的应用,办学的方式将会产生巨大的变化。[22]但是我们在调研中却很少看见教师和学生使用计算器、电脑，或者是早期形式的电子设备诸如电影、电影剪辑以及电视等。技术革命似乎横扫了学校周围的地方，但却没有真正触及到学校，虽然学区也将购买微型计算机当作是"时髦"的事情去做。

然而，目前的趋势使我们可以较有信心地预估一些变化的到来。学区会越来越多地维持计算机信息系统，以便给雇员提供详细信息，用来解释他们的毛工资和净工资之间的区别，积累关于管理人员、教师以及学生的信息，存储考试的信息，等等。校长们在他们的办公室运用桌式控制台，就能够调出更多的关于学生团体的信息，这些信息量远远超出他们知道如何使用信息的能力范围。双向交流的系统将渐渐地为学区的督学和学校校长提供面对面交流的服务。并且还会有更多的像加利福尼亚州的欧文市的环境一样的地方，在那里的加利福尼亚大学分校里，师范生使用双向视频来观察附近学校的课堂实践活动并且就此提出问题。对于孩子们和年轻人来说，学会电脑知识和实际操作是必要之事而不是不必要的装饰。比如，富有远见的慈善机构、国际造纸业基金会，曾经赞助学校购买微型计算机，但今后公立学校办学经费的一个正常开销就是要购置电脑。这些以及其他技术的开发和应用将不断发生，直到它们在事实上成为标准的学校实践活动为止。可它们在教学的过程中所担当的角色仍然不甚明了。但是，技术将为教育提供越来越多的教学工具，不管是在校内还是在校外。

对这种发展的想象引起了过多的关于机器会替换教师甚至学校的舆论。在这些舆论中往往看不见的是，一些精密复杂的、可移动的并且容易使用的通信交流设施正在令人吃惊地出现在我们眼前，影响着我们的购买习惯、信息储备库、信仰以及思维方式。收音机以及盒式录音磁带，通过晚上将要睡眠的人插在耳中的塞子，跑步锻炼的人带着的耳机，以及各种年龄的人到处携带着的小机器，已经对我们产生了很多的影响。电视在我们的听觉上又增加了视觉的影响，为学习提供了另一个层面，但是却给我们的想象力留下了较小的空间。对于我们中间的许多人来说，它不仅是一贴麻醉剂，而且是对现实世界的物质及意义的一种确认。

然而当我同其他人谈到关于电视的教育作用时，有一半的人认为我是在谈论教育电视的含义是什么。也就是说，运用电视教学并且丰富教育机构的正规课程，好像只有在那时电视才算从事了教学工作。电视在所有的时间都在教学，甚至在传播信息和娱乐节目时都是如此。它在有意无意之间所教的是什么，以及它是如何影响我们的观念、习惯和学习的方向正在越来越多地成为研究的课题。但是，大多数有待回答的问题都需要引起我们的注意。要回答其中的一些问题，最好的方法就是在那些还没有什么电视的国家里建立研究项目,来观察电视的发展和影响。

至于在这个社会里,正如我早就提到的一样,电视也许是最接近公立学校的东西。但是,当我们仔细考虑了需要的费用以及装备电视的投资总额时,就会很容易变得沮丧。主要网络之间的自由竞争并没有提供更多的内容来启发人们的大脑或者解放人类的灵魂。如果现有的电视节目正在变成新的公立学校,那我们还不如去重新复兴旧的学校。

这就使我们注意到学校教育课程中的另一个不足之处。我们所检验的课堂教学计划和材料显示,很少有迹象表明学校意识到电视在他们的学生生活中的作用。学校本应该具有开发和完善批判性分析的功能。从前,在我们的社会中,家庭晚餐为全家人提供了一个机会聚在一起讨论重要的时事、变化的风俗习惯,以及它们的长处和短处。我们的学校教育目标也期待着学校能在今天的社会发挥这样的作用。在第7章里,我指出学校中比较缺乏那种有可能提高学生对于他们周围社会的洞察力的探索活动。很显然,教师还没有收到强烈的督促要求他们为学生提供这样的学习。在我看来,今天的学校完全有责任教学生发展批判的能力,并直接将其应用到分析报纸、广告以及各种形式的电视节目的过程中去,就像学校有责任教学生使用计算机一样。这个任务没有必要由正规教学人员来完成。在大多数社区里都有这方面的教学资源。

再回到电视的正式教育任务这个话题上,那些在电视工业中长大并且控制着电视工业的人的主要看法是,这一媒介的基本任务是传播和娱乐并非教育。㉓另一种看法代表着许多推销有线电视的人,他们承诺要发展各种各样可供选择的电视节目。在这个迅速成长的领域里的带头人,也在认真思索电视在学校内或学校外发挥教育作用的可能性。不幸的是,这些教育的可能性在教育家的心目中还没有占据最高的位置。迄今为止,学区、学院以及大学很明显地没有去申请利用电视频道上所提供的节目。有线电视的出现正在影响着并将继续影响学校,但是它被使用的速度好像和过去学校在其教育过程中接受技术时蜗牛般的步伐相一致。有线电视更有可能独自成长为一种提供信息、娱乐以及教育节目的媒介,与明天的学校并肩而立。

我要阐述的中心观点就是,技术的出现使它加入了一大批教育机构的行列之中,打乱了过去家庭、教会以及学校之间的三元组合。技术产品是如何增加及减损了传统机构的教育作用,到目前还不清楚。但是我们的确知道,任何对学校之外的教育的严肃考虑,必须包括新的通信交流媒介目前在教育上所起到的作用以及能够起到的作用。

职业教育和工作的世界

哈利·希尔博曼在他为最近的全国教育研究协会年鉴所作的前言中写了如下的文字:

> 年轻人与成年人的分离是家庭衰退以及学校和工作的分离的结果。年轻人的教育发展不可能仅仅通过学校的努力而获得成功,这一点正变得日益明显。必须为年轻人提供各种各样的机会来提高他们的学习,并让他们在成年人的支持之下,在社区和工作场所接受考验。㉔

我同意他的看法。单单是学校本身,既没有足够大的力量引导年轻人度过充满骚动的青春岁月,也没有足够的大都市气魄来有效地将学校和工作联系起来。学校有这样一种习惯,新接受的一切事物都要跟学校中已经采用的数学和英语教学与评估学生进步的原则融合在一起。虽然像艺术、体育以及职业教育这样的学科有不同的特性,但是这些科目也要背负着学术科目的包袱——经常到这样一种程度,使这些更加侧重为年轻人提供动手活动的科目失去了它们的活力。

这种印象在我到学校去参观时一直在脑海里留存着和增长着。在大多数情况下,我觉得学校开办的"工作坊"或者美容课之类的并不能给人留下什么深刻的印象。慢悠悠的节奏,扮小丑的学生,正在进行的活动与要取悦的顾客之间的距离,不要求每一位学生做足够的工作以对得起支付的工资,还有用课本上的测验题来衡量质量并控制进程,这一切似乎都把整个教学和真实的工作世界分开来了。我怀疑学生是否正在学习那些对生产力有害的东西。并且我还想知道学校到底为这些学生介绍了多少可供选择的职业。我注意到,在职业培训课上,有过多的来自穷困和少数民族家庭的学生。我的这一观察在我们后来采集的数据中得到了印证。㉕

总的说来,我对学校里许多职业的培训教育以及所提供的设备感到沮丧。我所观察到的大部分培训好像是一个时代错误——虽然我们已经进入了技术时代,但还是在为以前的机械制造时代培训人才。这并不是令人吃惊的事情。即使是有联邦资金的支持,学校还是没有经费来赶上甚至只是在几个领域里的技术发展。

有必要更加清晰地描述学校在职业/工作培训领域里应当做什么和不应当做什么,能够做什么和不能做什么。在前面我已经争议过,所有的学生都要参加职业或者工作教育,不管他们的目标和学术成就是什么,并且将职业教育作为课程领域的一个方面。并且我还说过,学校应当避免提供一连串直接针对具体工作的培训课程。它们应当确保学生学会基本的技术原理和技能,特别是在电脑方面,并且能够意识到经济是如何运行的,理解一些经济的原理,比如成本的效率问题,并且广泛了解职业和工作的世界。这种学习是通才教育的一个组成部分,加上那些从其他课程领域所获取的知识,就能帮学生做最好的准备,以参加富有生产力的、令人满意的工作。

从低年级开始,学校就应当并且能够充当一个有用的角色,帮学生发展一个成熟的职业和职业选择的观念,并建立起职业决策的理论基础。[26]应该尽可能地在适当的环境背景中为学生提供职业意识的教育,使他们能够想象自己参与这种工作的情境,并检验他们是否能与这种工作认同。最近的研究表明,仅仅做一份兼职工作,并不一定能获得所有的通常声称与工作经验有关联的学习效益。[27]但是,初步的评价表明,那种通过中学和社区之间的紧密协作发展起来的,以经验为基础的职业教育很有希望。[28]在150个社区的大约20 000名学生似乎都在不同程度上参加了以经验为基础的教育项目,这些项目设计的宗旨是,将学术性学习应用于工作领域,并且教学生如何做出有理论根据的职业决定。

目前学校正在努力利用工作场所为学生提供直接的工作和职业的经验,这是经过了一个漫长的进化过程才实现的,目的是帮助学生将学校和工作联系在一起。主要的教学对象是那些不太可能进入大学的学生,而学习的项目集中在社区里比较引人注目的职业上,许多这类的职业仅仅需要短期的培训。但是,今天的年轻人对那些在光滑闪亮的工作单位院墙里面的情况知之甚少,光是看到这些明显难以接近的堡垒的外表,是不易想象得出里面工作的情景的,更别提详细地描述这些工作了。很多学生对于他们的父母所从事的职业或者工作也知之甚少或者一无所知。学校也没有帮助学生去领会这方面的知识。但是那些在办公室工作的人,那些规划其他的建筑物、商谈广告合同、书写保险单、创作电视剧本以及研究经济动向的人们,可以在这方面起到很大的帮助作用。在他们可以帮忙的事情中,至少他们能够为学生提供不同的榜样,我们的数据中显示出运动员和模样漂亮的人是学生目前所喜欢的榜样。

那么,下一步所需要的就是学校和一些工作单位之间的协作,以保证为每一位学生提供广阔的职业前景。主要应该在课程的职业或者工作教育领域里安排这样的合作,并以此代替那些为具体的工作或在具体工作中的培训。参观工作单位的活动应该与广泛的阅读、写作以及讨论相结合。工业、商业以及专门职业的代表人物也要参与课堂内外的活动。在仔细的考察之后,学生们就应有选择地在几个有限的工作领域获取实习的经历。已经试验过这种方法的学区报告了他们所预料到的在安排上的问题,但是也通常指出,有关的成年人都准备好参加这样的活动,而学生也学到了值得学习的东西。很显然,必须呼吁人们高度自愿地参加这些活动,并且如果说社区作为一个整体才能做到学校本身单枪匹马做不到的事情,我们就必须这样做。

在学校教育的第三个阶段,应当为学生提供多少作为通才教育的一部分的职业教育呢？我在第9章中已经提到了课程领域的限定范围。以经验为基础的工作教育必须是职业/工作教育领域的一部分。既然我认为应该为所有的学生设计多样的教学活动,使他们有动手的机会来学习使用木头、金属,放电影,上电脑等,那么对于我所提议的上述内容来说,时间是有限的。或许在中学教育阶段之后可以设立第四个教育阶段,并在这个教育阶段里让学生有更广泛的教育机会接触工作的世界。我将在下面阐述这个可能性。

在第6章中,我引用了罗思蒙地区三所学校的资料,讨论了一种不断增长的困难,即为低收入家庭的学生在进入高中年级时提供通才教育。家长看起来很欣赏这种学术性的教育计划,学生也表示出相当大的满意感,但高中的教师则表示出相当高程度的挫折感。当学生们长大的时候,他们会感到更需要具备赚钱的能力,因此学校也就有更大的压力要为学生提供职业的培训。有一个中学的职业教育项目特别引起了我的注意。一些以前在初中阶段学习欠佳并且打算在16岁时退学的学生向我报告说,他们对学校提供的以经验为基础的职业项目感到兴奋。在学校工作人员的监督之下,他们花大量的时间参加一项工作以及与其相关的社区活动,在学校里讨论他们的经验,并且学习那些特别为他们安排的学术性课程。但是,在通常情况下,只有那些被诊断为可能会退学的人,而并非所有的学生,才有机会参加这样的学习项目。

在我看来,类似上面所陈述的问题以及随之而产生的为某些学生举办的学习项目,是出于学校对一个跨度为两年的时间差距的关注,即从16岁可以离校的年龄到18岁在校毕业的年龄之间的差距。学校很不愿意让那些缺乏工作技能的青少年流落街头,因此往往提前开始职业培训,以帮助16岁的年轻人过渡到工作岗位,或者让他们在学校呆到高中毕业。所有的这一切都有一种内在的逻辑,并被用来维护和继续这种做法。但是这样做也对个人和社会带来了极为重大的后果。我在前面已经讨论过其中的一些后果,在此就不重复了。

我在前面提出的一些建议,目的在于要使学生离校的年龄和毕业的年龄保持同步,使二者同时发生在 16 岁,这样就通过学校教育的三个阶段为所有的学生提供了十二年的通才教育,并且也为所有的学生提供了一些有限的但经过认真计划的职业教育,正像我们在这个课程设置中所列出的提纲一样。在这个重新设计的教育连锁环节中,学校的教育任务和学校里更加年轻的学生群体看起来目标明确,有条件去做学校最能做好的事情。我们的责任是将这些事情做得更好,更深入地理解什么是教育,并且更加敏锐地意识到学校正在发挥的作用和我们所期望的学校应该发挥的作用之间的差异。

连锁环节的第四个阶段?

我认真地辩解了这样一个提议,应该提前开始并且提前结束现有的小学和中学教育,因而从幼儿教育和大学前教育的总长度中减去两年。接下来的一个富有挑战性的任务,就是要澄清在 16 岁时就中学毕业的学生可以有什么样的选择和出路。

我所提出的建议中对于学生在毕业之后的年月里可以做些什么几乎没有暗示。一种回答是"什么都不做"。有些 16 岁的人会去找工作——他们会带着他们的高中毕业证,今天很少有人这样做。有些人会去上社区学院,还有些人进入四年制的学院和大学。大学本科生的年龄会下降,就像那些进入专门职业和研究生学习的人的年龄会下降一样,与此同时,专门职业教育所要求的学习时间会继续延长。如果人们可以提早参加工作和进入专门职业,就会增加人们挣钱的岁月,为社会保险金提供更多的资金,有助于挽救我们日益衰退的退休福利体制。

看起来我的改革建议是有一些优点的,即使不做其他方面的调整也是如此。但是如果周围环境中没有一些支持性的调整,革新是很少能够获得成功的。在这里我们当然需要这种调整,而这并非易事。比如,有些家长认为,在新的方案之下,他们的"孩子"将不经过正规的仪式就被甩入工作场所,因此就不会认真看待我的建议。必须在方案中做出某些修正以赢得他们的支持。另一方面,我们可以想象得到,会有许多不愿意做出这些以及其他必要修正的反对群体——例如工会、大学校际之间及专业运动员的赞助人和支持者,以及一些高等教育机构的组成部分。最重要的是,那些年轻人毕业之后所要进入的环境、工作场所及其他的场所应该比现存的这些接受 18 岁的毕业生的类似场所更加了解他们的需要,否则对许多人来说,这种从学校到工作的过渡都会给他们造成永久性的个人伤害。当然,我们应该能够做得更好。

其他人已经探索过 16—20 岁年龄组去向的许多可能性,但他们几乎无一例外地假设大多数学生是在18岁时中学毕业。阿瑟·科恩和佛罗伦萨·布劳尔已经仔细地分析过社区学院为学生提供的可能性,这类学院仍然在正式的教育体系中寻找自己的明确位置——并非从招收较年轻的学生的角度去考虑,而是从这类机构能够也正在承担的多重角色的角度去考虑。他们的书中关于职业、补偿教育以及社区教育的章节与我前面的讨论特别有关。㉙威拉德·沃尔茨和他的同事们已经为我们提供了一个有用的分析,涉及年轻的成年人在他们青少年晚期及二十几岁早期时,在教育和就业方面所面临的窘境及选择的可能性。㉚此外,佛瑞德·赫钦格在一篇论文中探讨了高中和大学之间的连接问题,描述了美国教育在这方面的脱节现象,并指出它们在现实中并没有衔接好。㉛随着岁月的流逝,那些深思熟虑的人们周期性地提出要为青少年和年轻的成年人提供综合性的工作、学习和服务。

我赞成在教育或者学校教育的连锁环节中设立一个第四阶段。它将是新的教育文化中的一种综合性的工作、学习和服务的结合体。社区学院可以成为这种教育的基地,但它们只是合作伙伴团体的成员之一,这个团体还包括政府、企业和工业界、为人服务的部门诸如健康和社会福利组织,以及其他种类的教育机构等。这个项目的侧重点是经验,即比较学术性的知识要在有指导的经验中产生,而不是与其相反。对个人和群体的咨询服务是这个项目的主要部分。

在整个计划中贯穿着成年人的"自愿主义"的观念,其重要性远远超过目前人们所认识的程度。我之所以将"自愿主义"这个词组加上引号,是因为我认为它有更重要的意义。虽然我们每一个人会自愿地做出他或她分内的贡献,但是社会期望我们所提供的服务相当于我们现有的、持续性的做陪审员的职责。社会将根据我们的能力请我们为实习生、助手或需要接受咨询的人作出榜样,成为他们的导师或监督人,就像个人可能被接受或被拒绝成为某个具体的陪审团的成员一样。我们许多人可能会发现自己需要发展新的能力,或者摆脱一些有问题的习惯,以使自己有资格承担我们最重要的公民义务之一——教育年轻人。

从前,对于这种提议表示反对的理由之一,就是它们会妨碍或者打断正式教育体系的某个部分。但是,如果我们把大学前的学校教育缩短两年,而高等教育的体系保持不变的话,那么我们就在所提议的新的第三个阶段,或者说是中学阶段,和现有的高等教育结构之间留出了两年的时间。我所提议的第四个阶段便可以简单地插入其中,填补这两年的时间。

不过,还存在其他的选择。比如说,在中学毕业之后,可以用一整年的时间,为所有的学生提供一种将服务、以经验为基础的职业教育、工作和学习结合在一起的项目。然后,那些很清楚地立志要上四年制学院或者大学的人就可以去上大学。其他的人可以仍然留在社区学院,继续上一年里开始的综合学习项目,为工作做准备,或者继续边工作边学习。这种第四阶段的一个主要功能,不管是一年还是两年,就是一方面为学生减轻从教育到工作的转折时期的压力,另一方面促进工作、学习和服务三结合,使其成为每个人都希望有的人生条件。

对于那些在第四阶段仅呆一年就要继续接受高等教育的人来说,将现有的大学本科学习时间从四年缩短为三年,就像卡内基高等教育委员会所认真考虑过的一样,是很有道理的。㉜那他们在 20 岁的时候就可以准备好进入研究生院或者专门的职业学院。重新组建的三年制的大学本科教育的教授们也会有一个极好的机会来重新考虑通才教育的安排,而且不用顾及专业性和职业性培训项目的干预,因为这些都变成研究生教育了。我毫不怀疑,如果我们认真地研究目前大学四年本科教育的课程,就能够显示出我们已经在中学发现的同样的讹误之处。那些在高等教育院校工作的人对于下级的学校是如此的挑剔,我想建议他们最好先认真考虑一下自己内部的问题。

在我所推荐的新的基础教育、小学教育和中学教育都完成了之后,还应做些什么呢?我并不准备在这里提出详细的计划。我认为,我所提议的这三个教育阶段,足以为学生参加工作或继续深造提供一个坚实的通才教育基础,还能极大地消除许多学校对学生个人和群体进行分类和选择的做法。此外,我还相信,可能出现的新的学校教育体系会比今天的学校少受一些专门的特殊利益集团的左右——不管是学术性的、体育方面的,还是健康科学或者工程学方面,以及工商业方面的利益集团。我们将有一个少见的机会来为每一个教育阶段设置课程,根据每一个前后衔接的人类发展阶段,来确定在每一个阶段什么是最需要和最可行的学习内容。

在此之后的年月也为我们提供了一个大致相同的机会。如果我们在现有的相互之间被隔离开来并与教育的连锁环节的其他部分相脱离的中等教育和高等教育内部来进行这种必要的探索,就不易获得成功。成功将依赖于新旧教育机构之间的大胆合作——依赖于健康教育生态体系的建立。㉝我现在将展望这一前景。

走向教育性的社区

希腊语单词"paideia"不易被译成英语。然而,不管其定义是什么,它都能激发人们联想起成熟的、有教养的个人的发展与最大限度的文化发展之间的相互作用。社区就是最理想的教育机构。它所提供的教育不仅仅有助于达到教育的目的。它本身就是一件好事。

关于乌托邦社会通过"paidea"来实施教育的幻想在历史上已经激起了哲学家和教育学家的兴趣和好奇心。这种社会的特点之一是,教育是它的一个组成部分,与政治、宗教、经济以及家庭生活交织在一起。教育将不被限制在学校之内,就像宗教不被限制在教堂、清真寺和犹太教堂一样。我们怎样才能将学校和社会作为一个整体推向这样的教育环境呢?

在我们的调研样本中,有些学校比其他学校要克服更多的困难,例如,规模太大,家庭对孩子的学习缺乏支持,更差的设备以及更有限的供给,学区管理机构更缺乏敏感性和支持力,更多来自外界的压力,比如学生感到他们需要成为挣取工资的人,等等。有的学校要解决怎样才能将明显不同的学生群体团结在一起的难题。在某种程度上,所有的学校都要面对学生吸毒、酗酒、对人漠不关心或不守纪律的问题。虽然我们没有专门研究这个问题,但是,我们知道,由于学校的传统联盟——教会和家庭——在塑造年轻人的态度和行为方面的功能下降,我们样本中的学校都在不同程度上受到了影响。学校不是也不可能是一个与其他单位分离的机构。它不是也不可能是社区教育系统内唯一提供教育的单位。

对学校在这个教育系统内的作用,有两种主要的看法。第一种看法认为,学校的教育服务范围应该超越传统的时间和日月,超越通常的招生年龄组,并超越传统的学校教育科目。学校变成了一个社区教育中心、娱乐中心以及与教育有关的为人服务中心。第二种看法是,学校应该更加明确地勾画出它自身的作用,并且与其他机构一起,不仅澄清它们每个机构的特殊功能,而且还要加强合作。学校可能是绝无仅有的只负有教育功能的机构,但是我们也要认识到并且开发其他机构所具有的教育功能和职责。进行教育的不应只是某一个机构,而应该是一个完整的教育生态体系——学校、家庭、朝拜的场所、电视、报纸、博物馆、图书馆、企业、工业和其他更多的机构,等等。

在美国,这方面最出名的,或许就是在 20 世纪 30 年代期间,密歇根州的弗林特市开拓和发展学校对于社区的扩大的责任的尝试。弗兰克·曼雷运用学校作为娱乐中心来解决青少年犯罪的问题。这个改革的想法从一个为孩子和青少年办的娱乐项目,发展到为社区内所有成员举办的各种活动,完全超越了通常的学校教育计划。㉞在莫特基金会的赞助之下,弗林特的改革引起了人们的兴趣,并且与类似的项目结合在一起,形成了一种全国性的运动。在1972年,这个学区的董事会为这个社区的学校确立了两个目标:"帮助弗林特市的每一位公民变成他能够成为的最好的人,并且帮助每一个居民区变成它可能成为的最好的社区。"⑤

这些目标简洁地说明了一个理想的社区学校的实质。它们并不否定或者拒绝承认除了学校之外,其他的机构也具有教育的功能。学校应当超越那些在常规的教育项目里正式注册的学生范围,尽可能地扩大它的影响力。

第二种看法必然地指出了其他的机构也在发挥教育作用的现状和它们在这方面的潜力。它既不否认也不详细说明学校在社区里可以扮演的更加广泛的角色。不同种类的教育机构或者准教育机构之间存在着各种各样的关系。也就是说,存在着一种教育生态系统。它可能处于健康的状态,较好的状态,或者是不佳的健康状态。迈向更健康功能的第一步,就是要使人们意识到这个生态系统的存在。第二步,争取最透彻地理解这种生态系统的本质。第三步,为了增强这个生态系统的效力,要制定有关的政策,发展计划,并执行计划。

在此我的意图是,帮助人们用这种生态学的观点来看待每一个社区的教育体系。其含义是多方面的。比如说,至少在大城市里是否应当聘任一位教育和文化专员来主持一个由那些在教育方面起着明显作用的机构的代表所组成的理事会。学区的督学应当是这个理事会的成员但并不一定是它的主席。主席的素质和资格并不一定等同于对学区督学的要求。学区督学所必需的培训,对当主席的人来说,虽然可能是有用的,但是却既不必需也不必要。

这样一个机构的工作议程将包括,对家长教育的关注以及在何处开展这种教育最好;如何为工作的家庭增加幼儿看护的设施;如何帮助儿童做好从家庭到学校的转折;用什么样的奖励才能为中学生办好以经验为基础的职业教育;如何鉴别和认可那些有能力帮助开发个人才智的机构;如何使人们进一步认识媒体所担当的教育角色并阐明其职责;如何给家庭和学校带来方便实用并且质量上乘的有线电视节目,以及一系列与人际关系和协作有关的话题,等等。这个地方议程也为州政府和联邦政府提供了政策开发的议程。比如,奖励企业和公司扩展它们的教育职责的一种办法就是减免它们在这方面开支的税收。

各个社区在规模、资源、内聚力以及其他特点等方面差别甚大。有些社区没有学校,学生被校车接到邻近的社区或者没有单一社区身份的地方去上学。在另一个极端,大城市里的某些地段自成一体,在所有的居民步行距离之内设有各种类型的机构和院校。很明显，不同的教育生态系统在组成部分及其性质上有很大的差异。每一个组成部分应该发挥的最合适的功能，在不同的社区也是不同的。没有任何一套政策、指导方针或者实践活动是可以充分适用于所有社区的教育生态系统的。

因此，我们很有理由来设想一些适当的、不同的办学方式，这就要审慎地做出决策并且随后利用学校的设备来达到一系列的目标。所有的学校都会履行教育的一般职能，并且为学生提供早先已经确定好的核心课程。但是，根据可以获取的额外的教育资源，学生们会在一个社区的学校里发展他们天资的某一部分，然后到其他更多的地方去发展另外的部分。有些学校将没有室内运动场或者餐厅，因为附近的地方有这样的设施；有些学校会将其校内拥有的这些设施为整个社区开放；有的学校将只承担它们通常的为某个年龄组的学生所提供的教育和服务；有的学校会每天开放24个小时，工作人员三班倒，为整个社区提供一系列的教育活动。

但是所有学校的中心，都应当是我已经描绘过的平衡的教育课程。生态学的观点，如果得以正确理解和运用，应该保证学校不会承担那些有腐蚀性作用的功能和任务，以免破坏它们应当为学生提供的通才教育。学校已经混淆了它们应该扮演的适当角色，承担了许多看起来好像不错的事情，以至于磨灭了自身应该承担的适当角色。职业培训对于大多数社区来说都是必需的和渴求的，但是我已经争议过，认为学校不应当做这件事情。我们样本中的一些学区督学和校长允许职业培训在学校里占用40%或者更多的教学人员，这种做法应当受到谴责，而不是受到称赞。如果他们与企业界领导一起合作，保证在其他的地方提供职业培训（或者甚至在学校的正常教学时间之后，在学校的教学设施里提供这种培训），那么他们就可能设置了一个比较平衡的课程。那些试图为在学校里开办驾驶课辩解的人不应该询问和回答驾驶员培训班是否能培养出更好的驾驶员的问题。应该提出的问题是，是否应当在正常的学校教育时间内，将驾驶员教育作为通才教育的一部分提供给所有的学生？它应当取代什么课程？英语？数学？如果我们对这个难题多问几句"应该吗？"答案就不太可能是"是的"。我们要求学校去做那些在其他的地方能够做得更好的事情，因为我们并不习惯询问什么知识最有价值，意识不到所有的决定都会有得有失，或者是还没有考虑其他的选择。学校做的事情有时仅仅是因为它们看起来是好事或者是有道德的事情，但这样做的一个严重后果就是削弱了其他机构的作用。如果我们用更多的时间和资源来强化家庭的教育功能，而不是将家庭更多的教育功能转给学校，我们的社会状况就可能会更好，而我们的学校就可能更加有效，更受到人们的赏识。

虽然社区生态系统的组成部分经常各自为政并因此导致功能不佳,但是每一个组成部分都会受到其他部分的影响,不管是好的还是坏的。确实,一个组成部分往往对另一个组成部分如此地依赖,以至于它的变化和革新受到了强烈的限制。整个系统可能是缺乏协调的,但是某一个部分剧烈的或者在通常情况下甚至是温和的变化,也能够破坏并且的确会破坏整个的生态系统。

我在第9章和第10章中所提议的学校改革,尤其是在后面的章节里所提出的建议,如果没有整体的意识和参与,是很少能够奏效的。首先要认识到事物有内在关联的本质,并采取一些初步的措施,才能走向必需的合作。到目前为止,已经证明很难让不同的单位和机构在一起合作,部分原因是我们还没有认识到合作的紧迫性,还有一部分原因是我们只看到了一点点合作的潜能。联邦、州以及地方政府也还没有制定出必要的政策。

有关教育性的社区的观念是一种假想,它迷住了我们然后又飘然而去。它为我们所知已经有很长时间了。然而实现这一理想的时机可能已经到来。

各方面的合作

关于教育机构的生态学观念,已经日益成为全国性研讨会著述和讨论的问题。㉛比如说,对于媒体作用的关切,现在已经超出了教育性电视节目的范围,涉及电视在家庭里不仅具有提供信息和娱乐的功能,同时也在暗中发挥着教育的作用。霍普·雷斯特已经有效地提醒过我们,并非仅仅学校,家庭也起着教育的作用——正像在还没有学校之前,它们就起着教育的作用一样。㉜遍布全国的艺术网络本身就有教育的项目,并且帮助学校通过艺术开展教育的活动。教育机构的新格局正在有意识地形成着。

需要有地方、州及联邦的政策来帮助促成必要的、有困难的合作。这些政策是不太可能创造出完全成熟的明天的教育性社区的,但它们可以帮助这种社区的功能合法化,创造奖励的方法,并清除改革道路上的障碍。政策会有助于将起初的活动变成一项运动。而起初的活动很可能是源于某一个机构感觉到的需要,或是两个机构共有的某个问题和领地,甚至也许在那个地盘里争夺它们的利益。我们当中的一些人可能不得不放弃我们所珍惜的地盘里的某些利益,以寻求创造未来,而不是任其自然发生。

在20世纪70年代的十年当中——这是一个惨淡的缺乏教育观念的十年——我对教育领导人所关注的非教育性的议事日程感到日益沮丧。在危机的包围之下,他们被迫委托他人料理学校,或者避开课程开发以及学校改善的中心事务。更糟的是,一些学校董事会的成员和督学也忘记了他们的根本使命是什么。有些人看起来好像挺喜欢和工会的首领以及特殊兴趣团组较劲,即使他们对这种做法抱怨不休。

在数次研讨会上和发表的文章里指出这种现象之后,我决定发起某种行动。⑧我给大约二十位学区的督学和社区学院的院长写了一封信,他们的单位都在加利福尼亚大学洛杉矶分校附近,开车不久就能到达。在这些督学中间,有一些是分管公共教育办公室的负责人,这些办公室为相关的四个县的学区和社区学院提供服务。

这封信重复了我要讲的主题,即行政管理人员不适当地将全部的精力投入到劳资双方的谈判、废止种族隔离、下降的入学人数、故意破坏的行为等事务中去,以至于忽视了教育的中心问题。当时我和我的同事们正在整理"学校教育研究"的初步发现,我便依据这些数据为改善学校的教育提出了一个议程。接下去我建议说,整个社区里存在的一些问题是有教育含义的,我相信他们作为教育家,以及他们所主管的学校和学院都不可能孤立地解决这些问题。我草拟了一些合作的可能性,包括他们所领导的教育机构、加利福尼亚大学洛杉矶分校的教育研究生院新建立的学校和社区教育实验室,以及我在前面已经列举出来的一些教育性的和有潜在教育功能的机构。这种合作本身并不是一个目的。我所提倡的这种合作实体,旨在成为重建学校和教育系统的工具。

因为不清楚如何才能够迅速地与这些其他的机构取得联系,并且担心这项工作太大太复杂因而难以顺利开展,以及只有一位同事能够腾出一点时间来帮助我,所以我决定仅召集这里的学区督学、学院院长和几个同事。我意识到人们通常不愿意让出自己的地盘,我试图描述自己的想法,小心谨慎地提出这样一个概念,即学校加上社区里其他的机构应该形成一个最初级的协作网,在每一个社区里开展教育。我提出了三个大目标:(1) 改善现有机构的质量和综合效率;(2) 让人们认识到教育是一个全社区范围的活动,而不仅仅是一种以学校为基地的活动;(3) 开发教育机构的新格局,既包括那些传统的机构,又包括媒介机构、工商业组织以及文化机构。我想,在这种框架之内,我们可以携手创造,比如说,本章所提议的重新设计过的学校教育的连锁线。

今天,上面提到的三大目标正在指导着随之演化出来的组织机构的活动。这个尚未正规化的新发明被称作"伙伴关系",其特点是,既有组织的形式,又有一套新兴的观念,而这些观念将塑造它的未来。其中的一个观念就是,完成任何具有重大意义的事情都需要时间。我们指的是一个十年的承诺,对于我们许多人来说,这个时期已经超出了我们的工作岁月。另一个就是关于个人职责的观念。每一个督学和校长都和我一起成为"伙伴关系"组织的理事会成员,我们不能推托这方面的领导责任。

第三个观念就是这个理事会的每一个人,都要带头在他和她自己的地区内去实现这三个目标。我们中间的任何一方,不管是个人还是集体,都不能代替别人工作。我们可以通过合作的网络互相鼓励,分享和修正各种看法,交换资源,并且集聚力量,但是督学或者校长才最有资格带头动员社区的资源,以达到教育更新的目的。最后,可能会有一位教育和文化方面的专员,来主持当地由各个机构组成的理事会,而督学或者校长可以是也可以不是这位主持人。然而,到目前为止,大部分人在想到教育时,都会首先想到学校,并且期望学校的最高官员当领导,不管结果是更好还是更糟。

此处并不是详细阐述指南性概念的地方,这些概念涉及"伙伴关系"在寻求和灌输新思想方面,在选择和发展项目方面,在考虑大学的研究和开发角色的时候,在指导变革的过程中等,能发挥什么样的作用。在理事会成员的领导下,一些工作正在进行之中——有的发动了学区的校长,有的团结了学校和社区团体;有一些单位与加利福尼亚大学洛杉矶分校通力合作,发展一种不同的师范教育方式;在一些地区重新检验了中学的课程。大家都期待着"学校教育研究"项目所提出的发现和建议可以给正在筹划的改革日程增加具体的细节。从理事会产生出许多发动力,但一个基本的前提就是变革将会蓬勃地兴起。

查理斯·斯图尔特·莫特基金会已经捐款开发了加利福尼亚大学洛杉矶分校的学校和社区教育实验室,这个项目还包括帮助推进"伙伴关系"的工作。但是这笔经费很少被直接用来支持某一个方案,而是被用来做下列的事情:使理事会意识到社会的变化对教育所具有的含意;探索重建学校的不同方式;收集有关某个问题的性质的资料;整理某一预期规划领域的研究发现。总之,这些经费被用来补充需要资源的地方,而这些资源对于"伙伴关系"网的成员来说,并非伸手可及的。据预测,成员机构将捐献资金以维持一个秘书处,并且合作网作为一个整体也会寻找资金,以补贴其成员的经费,支持他们的项目。

这种事业的一个主要问题,就是完成一些有意义的因而也是困难的工作,需要相当长的时间。前面几页所提出的一些建议,为20世纪剩余的时间提供了一个日程。"伙伴关系"本身并不是一个项目,尽管它会产生很多的项目。在改革的初期,激发人们思索问题的努力会与人们感到熟悉和舒服的事物相抵触,这是必然的。我们并非建立新的行为方式,而是寻求在这个阶段开发某种潜力,以便更有效地完成那些人们熟悉的任务,并且开始一些仅能朦胧地想象到的任务。迄今为止,它还没有获得令人称赞的成果,也没有形成具体的行为目标以供检验。很难说服慈善机构来赞助我们机构的自我更新的努力以及长时期的重建工作,而不去赞助那些"可以交付的"传统产品。

但是,"伙伴关系"的模式已经为我们提供了改革所需要的部分框架,使我们有希望从改善我们现有的学校进化到创建我们所需要的学校和教育系统。并且,虽然我们的工作才刚刚开始,但是"伙伴关系"的思想正在赢得他人的注意。我本人和唯一全时与我一起从事这项工作的同事对所有的方案表示遗憾,除了少数几个以外,这就是与我们志趣相投的个人和组织,它们也有兴趣在全国其他的地方创建类似的"伙伴关系"。这一兴趣足以激发我思索创建一个具有这种"伙伴关系"的机构的联络网的前景,其中每一个机构都自成体系,但是它们之间又互相链接,追求共同的目标——改善我们现有的学校,根据一些共同的看法设计其他的办学模式,并且一起走向教育性的社区。很明显,人们有一种渴望去冲破那些长期束缚我们的精神和创造力的绳索。

我们所需要的是一个有足够强大凝聚力的组织,以发动会产生明显效果的改革——你可以将这个组织称作真正规模巨大的"伙伴关系"网。其中,每一个合作伙伴必须小到在概念上足以成立并且在逻辑上便于管理,而且大到足以容纳社区范围内的主要组成机构——但是又不超出这个范围。这些伙伴组织所附属的大网络必须是一个有约束力,不断交换信息的整体,拥有一个合理的公共议事日程。并且,它必须拥有一些基层组成单位通常没有的资源。

对于许多人来说,要超越现有的学校去寻求建立教育性的社区和教育性的社会,是一个令人难以置信的概念。一些教育家把这个概念看作是一种精神麻醉剂,从而帮助他们逃避现实中的问题。作为一个民族,我们不大习惯于迟到的满足感;设置长远的目标并且开始为这些目标工作,是令人感到沮丧的事情。然而,创造未来却开始于对今天的改造。

如果我们每一个人都开始努力去做我们所设想的生态系统中自己应做的那部分工作——也就是我们最了解并且最容易控制的那部分工作——我们或许能够塑造这个必要的进化过程。如果要继续相信学校本身就能够为我们提供所需要的教育的神话,就是让它们继续保持其片面性,并且很可能它们与学生的需求归根结底是不相关的。这不是我们想要看到的情景。

尾　声

如果你们是从本书第一页开始阅读并且继续读下去的人,那就已经和我一起走了很长的路了。一开始,我们就对学校的有效性进行了探索。汇集在一起的要回答这个问题的数据和理论呈现出意见不合的景象。

一方面,所有的人都能接受初等学校教育,而且已经延伸到了大多数人都能接受中等学校教育。以前只有阅读、写作、拼写以及算术的教学,现在已经扩展到包括社会学习、科学、艺术以及职业教育。在学校的毕业典礼上,可以听见自我鼓吹的言辞,吹捧学校在开发我们这个自由、公正和为人人提供机会的国家的过程中所起的作用。这样说也是有根据的。

但是,由于最近几十年人们对于无限的未来的想象开始布满阴影,学校的形象也不如以前清晰了。它们的历史被重新改写了,以说明它们是如何为矿山、筑路工程和工厂培养工人的,而这些企业主人的孩子们比别人领先一步接受教育并且从学校获益最多。此外,虽然从贫穷到富裕的道路摆在那里,但那些最直接地找到这条路的人都是白人。

政府的司法部门也干涉了办学,以推进宪法许诺要维护的东西。人们不应当因为肤色、种族和宗教信仰的不同而被学校的福利拒绝。在现实生活中,这种理想仍然没有完全实现,但是其原则是清楚的,并且更多的黑人儿童和青少年在取消种族隔离的学校上学、毕业并进入主流社会,这就是一个相当大的成就。然而,打开美国印第安人以及墨西哥裔美国人的例案记录,就会发现在理想和现实之间的鸿沟又加深了。

但是,不管学校的服务对象是谁,对学校重复性的批评都是它们没有充分履行主要的教育功能。这里也出现了不同的意见。有人指控说,学校疏忽了基础教育并且放弃了传统的教学方式,然而前几章呈现给读者的数据却表明恰恰与此相反的情况。数学和语言艺术课在我们研究的小学中占主导地位,在中学课程中也占有相当的分量。并且,传统的教学程序,像讲述、提问、阅读教材、做练习册上的练习以及参加小测试等,并没有经常被所谓的进步主义的教学方法所代替。如果人们认为使学校重新回到强调基础学习去的办法就是要让死记硬背和纸笔练习活动在教学中占优势的话,那么他们或许应当感到放心的是,学校里大多数课堂正是这样做的,而且向来如此。

但是,我们的数据也表明,人们对教育,并且可以推测对学校也是一样,有着比较广泛的期望。随着国家的发展而产生的教育目标,得到了州政府的支持并且获得了我们样本中大部分家长、教师和学生的支持,这就意味着,他们对课程的范围和教学方法的期待,都远远超过了我们所研究的课堂里常见的做法。

这些数据所暗示的改革日程不可能是一点点修修补补的工作。现有的课程和教学看上去并没有充分反映出隐含在我们学校教育目标里的期望。在学校和学校之间,以及在学校内部都存在着学生获取知识的机会不平等的问题。还要通过课程发展以及富有创意的教学做很多的工作,才能使知识人性化,从而使更多的学生将这些知识学到手。这些并非是新的挑战。我们早就提到过它们,我们也还会再提到它们。最近几年,我们没有足够地关注这方面的日程。

不幸的是,目前对于课程和教学改进的兴趣,似乎并没有反映出人们对错误做法的认识,也没有反映出对缺陷所提出的适当矫正方法。大学的入学录取采用了更加苛刻的要求,这将给中学增加某些课程,但是并不一定会激发人们去思考并采取行动去关切为所有人服务的通才教育应该包括哪些内容。在我们的职前和在职师范教育中,教学方法和课程内容是分离的,这就不太可能纠正我们在调研数据中发现的一个主要的课程缺陷,即教学内容的组织和教授并没有清晰地与主要知识领域里的概念、思想以及思维方式联系在一起。很少有迹象表明,教育学院的教师和文科学院的教师可能会联合在一起来纠正这一不足之处。

我们已经看到,随着年级的提高,那些能使年轻人接受知识的挑战的多样化和创造性的教学方法却在减少。许多学生对自己在学术能力上的自我观念也同样在消退。与此同时,我们还发现,与学术性学习几乎毫不相干的学生同龄人的兴趣和价值观变得日益引人注目。学校教育似乎出现了一种上下颠倒的现象,那些更能够使学生投入到学习中去的步骤在减少,而学生的发展日益使他们背离学校的要求和期望。其结果是,那些能使青少年全身心投入的事物严重地脱离了中学教师想达到的工作目标。

我们已经在很大程度上假定,不管学校出现了什么问题,都能够通过弥补课程上的漏洞以及提高教师的教学技能而得以矫正。此外,我们还假定,教师的短缺是一种时起时落的想象,可以预测它随着经济的变化和人口的增长而变动的情况。这些假设是危险的。教师们发现他们所面对的是一些自己没有准备好应对的问题。我们样本中的许多人认为,学校应当更加关注学生个人的教育问题和学生的需要,可是周围的压力往往将学生推向更加单一的学术性或者职业性的学习方向。教师参加的在职培训活动好像并没有解决那些他们认为是妨碍教学工作的问题。大量的报道描述教师们受到了挫折,感到筋疲力尽,不清楚人们对他们的期望,并且经常士气低沉。

在通货膨胀时期,教师们的工资增长比较缓慢。工资的增长更多地依据工龄和教课的学分而非功绩。教师想继续在课堂里工作,别指望会受到好工资待遇的激励。对于年轻人来说,除了他们自己想教书的热情之外,并没有什么奖励吸引他们来从事教育工作,并且人们都知道对这种热情是没有什么鼓励的。教书作为一种职业早已失去了对男人的强烈吸引力,对女士来说,这项工作也不再是她们的少数选择之一。今天许多从事教育工作的人,与早些时候的教师相比,在智力和学术上都准备不足。但是人们对高质量教育的呼声是如此之高,以至于我们在每一所学校都需要至少有少数准备充分并且富有天资的教师。

我已经论证过,如果不改变教师职业的"平坦性",就很少有希望将好教师留在学校。我提到了几种改革的方法。所有的方法都包括要根据不同的工作角色而不是根据工龄给教师发不同的工资,不同的角色需要经过不同层次的培训。在过去的几十年里,教师工会一直在反对这样的做法,并且争议说,每一个课堂都要有一名"合格"的教师,他们的工资和晋升应该依据工龄和教课的学分。已经是时候了,教师培训机构和有关的学区应该联合起来,冲破这种瘫痪模式的束缚。第 9 章已经探讨了一些这方面的可能性。

重建学校的日程是一项要求很高的工作。最重要的是,我们需要一些有关的背景资料,用以指导学校一级负责人的计划小组确定首要的改革任务。在课程领域,地方发起的改革措施必须在州政府和学区的指导下进行。为教师开辟新的职业途径并创造出新的职工配置模式需要一些目前尚未成文的政策。要想使大学适当地参与学校的改革,就要克服许多障碍。比如说,在以研究为基础的教育学院任职的教授们如果想以他们的工作来启迪教育政策的发展和实践,就必须学会超越学术领域的问题和模式。有一些需要的课程开发、教学实验以及评估性的探索工作要求我们创建新的中心和机构。

如果我们要走向相反的方向,并且明天就关闭所有的公立学校,那么一系列令人迷惑的替代机构就会承担教孩子们阅读、写作和拼字的任务。许多从事教育事业的公司,特别是那些拥有电子硬件和与之相配的软件的公司,就能梦想成真牟取暴利了。我们中间有些人相信,教育应该为成千上万的孩子和青少年做出"有意的、系统的和持续的努力以传授或者激发知识、态度、价值观、技巧以及敏感性",但是要想看到上述的任何公司为此作出努力,恐怕还要经过相当长的时间。[38]它们将会这样去做吗?我对此很有怀疑。同样值得怀疑的是,这些公司中的任何一家将会为在我们这个复杂的社会里积极工作着的家长们提供良好的、不贵的儿童看护服务。的确,我相信要满足这两项要求,日常的实用性的需求以及理想中的最终也同样是实用性的要求,就必须重建学校。

除此之外,还有比关闭我们现有的学校更加明智的选择,这种选择有可能阐明学校应当做什么以及能够做什么,并同时促进我们在今天比以往更需要的教育。我在本章已经提到过这种选择。它是在我们考虑到下列的机构的存在时开始出现的,这些机构包括那些本身的任务之一就是教育的单位,还有一些单位表面上有其他的目标,但在实际上也在不明显地做教育的工作,或者以教育为其次的工作。广播和电视是其中极为重要的机构,强有力地影响着我们的信念和习惯。而计算机又极大地提高了这些以及其他的教育和有潜在教育功能的设施的多面性。实际上,我们所拥有的不仅仅是学校和学区的教育系统,而是一个由许多不同的社会机构和组织所构成的教育体系。为教育年轻和年长的人们,我们必须开发和有效地管理这一体系,这其中的可能性是充满挑战性的。社区教育不仅要求学校开放它们的教育设施并且延伸它们的教育资源,而且要求社会上的各种机构和组织建立起一个生态系统,承担起为一个自由的人民开发知识、培养价值观、锤炼技巧和养成习惯的责任。

在读过本书最初几章就离开我们的那些读者,也许是因为他们对自己理想中的教育和我们研究的许多学校所提供的教育之间的差距感到失望。我希望那些继续读下去的人,和我一起开始看到重建学校的可能性。我们在接受这个挑战时,要像大多数国家,包括我们自己的国家,在走向战争的时候一样,满怀着获胜的希望。尽管困难重重,我仍然保持乐观的态度,或许这是因为在我看来,悲观失望与作为一名教育家是自相矛盾、不能同时并存的。不管我们在这个称作学校的地方有过什么样的个人经历,当我们认真考虑教育的时候,脑海里都会呈现出迷人的可能性,可能会有的学校教育,还有前人几乎没有尝试过的可能的生活方式。并且,的确到目前为止,我们对教育的憧憬还是多于对它的实践。

注释

① The percentage of school bond initiatives passed in the United States dropped from 72% in 1962 to 47% in 1972 and either remained level or dropped in successive years. See National Center for

Educational Statistics, *Bond Sales for Public School Purposes*. Washington, D. C.: U. S. Government Printing Office, 1978.

② Carnegie Commission on the Future of Higher Education, *Less Time, More Options: Education Beyond the High School; a special report and recommendations by the Carnegie Commission on Higher Education*. New York: McGraw-Hill, 1971.

③ U. S. Department of Education. National Center for Education Statistics. *The Condition of Education*, 1981 Edition, pp. 10 and 26.

④ Benjamin S. Bloom, *Stability and Change in Human Characteristics*. New York: Wiley, 1964.

⑤ Jerome S. Bruner, *The Process of Education*. Cambridge, Mass.: Harvard University Press, 1960.

⑥ These studies and reports included Edgar Z. Friedenberg, *Coming of Age in America*. New York: Vintage-Random House, Inc., 1970; Panel on Youth, Science Advisory Committee to the President, *Youth: Transition to Adulthood*. Chicago: University of Chicago Press, 1974; and Carnegie Council on Policy Studies in Higher Education, *Giving Youth a Better Chance: Options for Education, Work and Service*; a report with recommendations. San Francisco: Jossey-Bass Publishers, 1979.

⑦ The National Commission on the Reform of Secondary Education, *The Reform of Secondary Education*. New York: McGraw-Hill Book Company, 1973.

⑧ Stanley M. Garn, "Continuities and Change in Maturational Timing," in Orville J. Brim and Jerome Kagan (editors), *Constancy and Change in Human Development*, p. 124. Cambridge, Mass.: Harvard University Press, 1980.

⑨ At a meeting of the Association of Chief State School Officers in Colorado Springs, August 1981. For this and other recommendations, see Mortimer Adler, *The Paidea Proposal*. New York: Macmillan, 1982.

⑩ For a perspective on general education, see Carnegie Foundation for the Advancement of Teaching, *Common Learning*. A Carnegie Colloquium on General Education. Washington, D. C.: The Foundation, 1981.

⑪ See Herman J. Epstein, "Growth Spurts during Brain Development: Implications for Educational Policy and Practice," in Jeanne S. Chall and Allan F. Mirsky (editors), *Education and the Brain*, p. 344. Seventy-seventh Yearbook of the National Society for the Study of Education, Part Ⅱ. Chicago: University of Chicago Press, 1978.

⑫ Roger A. Webb, "Concrete and Formal Operations in Very Bright Six-to Eleven-Year Olds," *Human Development*, 17(1974), pp. 292–300.

⑬ Epstein, loc. cit.

⑭ Robert Ulich, *The Human Career; A Philosophy of Self-Transcendence*. New York: Harper and Bros., 1955.

⑮ For a discussion of alternative possibilities for the elementary phase of schooling, see Bruce R. Joyce, *Alternative Models of Elementary Education*. Waltham, Mass.: Blaisdell, 1969.

⑯ Lawrence W. Downey, *The Secondary Phase of Education*, p. 79. New York: Blaisdell, 1965.

⑰ Loc. cit.

⑱ A. N. Whitehead, *The Aims of Education and Other Essays*, pp. 19, 20. New York: Macmillan, 1929.

⑲ John Ainley, et al., *Resource Allocation in the Government Schools of Australia and New Zealand*. Melbourne, Australia: Australian Education Council, (in press).

⑳ Edith A. Buchanan, "From Institutional to Instructional Decisions," in John I. Goodlad and Associates, *Curriculum Inquiry: The Study of Curriculum Practice*, pp. 151 - 176. New York: McGraw-Hill, 1979.

㉑ For a fascinating foray into the possibilities, see Seymour Papert, *Mindstorms*. New York: Basic Books, 1980.

㉒ See, for example, W. C. Meierhenry, "The Impact of Technology on Curriculum," in Lois V. Edinger et al. (eds.), *Education in the 80's: Curricular Challenges*. Washington, D. C.: National Education Association, 1981; James Koerner, "Educational Technology: Does It Have a Future in the Classroom?" *Saturday Review of Education*, May 1973; J. Ellul, *The Technological Society*. New York: Vintage, 1964; and Joy Senter, "Computer Technology and Education," *The Forum Educational* (Fall 1981), pp. 55 - 64. Also, *Phi Delta Kappan* devoted its issue of January 1982 to the computer in education.

㉓ For views of well-known figures in the entertainment industry, see *UCLA Educator*. Los Angeles: Graduate School of Education, University of California, Fall/Winter 1977/1978.

㉔ Harry F. Silberman (ed.), *Education and Work* (Eighty-first Yearbook of the National Society for the Study of Education, Part Ⅱ), p. xi. Chicago: University of Chicago Press, 1982.

㉕ Jeannie Oakes, *Limitting Opportunity: Student Race and Curricular Differences in Secondary Vocational Education* (Technical Report No. 28, A Study of Schooling). Los Angeles: Laboratory in School and Community Education, Graduate School of Education, University of California, 1981.

㉖ For an excellent summary of current views of this development, see Edwin L. Herr and Stanley H. Cramer, *Career Guidance Through the Life Span: Systematic Approaches*, pp. 100 - 101. Boston: Little, Brown & Co., 1979.

㉗ Ellen Greenberger and Laurence D. Steinberg, *Part-time Employment of In-school Youth: An Assessment of Costs and Benefits*. Irvine: University of California, June 30, 1981 (Mimeo).

㉘ National Institute of Education, *A Comparison of Four Experience-Based Career Education Programs*. Washington, D. C.: U. S. Department of Health, Education and Welfare, 1976.

㉙ Arthur M. Cohen and Florence B. Brawer, *The American Community College*. San Francisco: Jossey-Bass, 1982.

㉚ Willard Wirtz, *The Boundless Resource*. Washington, D. C.: New Republic Book Co., 1975.

㉛ Fred Hechinger, "The High School-College Connection," in *Common Learning*, pp. 115 - 128. Carnegie Colloquium on General Education. Washington, D. C.: Carnegie Foundation for the Advancement of Teaching, 1981.

㉜ Carnegie Commission on the Future of Higher Education, *Less Time, More Options: Education*

Beyond the High School, op. cit.

㉝ For elaboration of this ecological concept as applied to education, see John I. Goodlad, *The Dynamics of Educational Change: Toward Responsive Schools*. New York: McGraw-Hill Book Co., 1975; Lawrence A. Cremin, *The Genius of American Education*. New York: Vintage Books, 1966; and Urie Bronfenbrenner, "The Experimental Ecology of Education," *Teachers College Record* (December 1976), pp.157-204.

㉞ Jack D. Minzey, "Community Education and Community Schools," in *Communities and Their Schools* (ed. Don Davies), p.271. New York: McGraw-Hill, 1981.

㉟ Ibid., p.272.

㊱ For example, the *1981* annual conference of the American Educational Research Association.

㊲ Hope Jensen Leichter (ed.), *The Family as Educator*. New York: Teachers College Press, 1974.

㊳ John I. Goodlad, "Educational Leadership: Toward the Third Era," *Educational Leadership* (January 1978), pp.322-331; and "Can Our Schools Get Better?," *Phi Delta Kappan* (January 1979), pp.342-347.

㊴ Lawrence A. Cremin, "Further Notes Toward a Theory of Education," *Notes on Education*, Vol. 4(1974) p.1.

▶后 记

从 1957 年秋天苏联斯波达尼克一号和二号卫星上天到 1983 年春天《处在危机中的国家》报告发表的 25 年里,美国公立教育系统的角色和地位起了根本性的变化。但是,这些变化并没有触及多少赛泽在此书的前言中所称的学校教育的"语法"规则,即公共教育的具体内容和任务。①

公众的注意力集中在互相联系并不多的,以本地区青少年所就读的学校为代表的称作学校的地方。但是突然之间,一颗悬挂在我们头顶上几英里高的环绕地球的"外国"卫星和在斯波达尼克二号上那只可怜的、名叫莱卡的狗,使人们警觉起来,并呼吁学校接受严峻考验,提高数学和科学教育的水平,使美国继续保持已受到威胁的在全球范围内的技术优势。仅仅五年之后,当美国航天飞船友谊七号载着约翰·格伦环绕地球时,却没有人想到要赞美学校在此发展中可能会扮演的角色。

全美优质教育委员会在它的报告中虽然没有明显地绘制一幅潜在的星球大战的图像,但它还是用生动的言辞描述了一个在沉睡中的学校的形象,好像学校已被敌对国注射了病毒似的。美国在全球经济上的领导位置和与此相关的好处也受到了威胁。

到了 20 世纪 90 年代,当这团乌云消失在人们的记忆中时,不管是在全国还是在地方,都没有人再去欢呼,说这是由于学校不寻常的觉醒。因为事实上,学校既没有造成也没有解决经济上的问题。虽然并没有证据说明学校能够加强我们在全球经济和技术市场上的竞争力,但人们还是喜欢这样描写学校的作用。经济利用价值继续引导着人们去这样写。②那些在美国长大的移民通过学校教育融入了美国的民主政治,这是他们与学校的浪漫故事。但是,从 20 世纪 50 年代末到 60 年代,公众对学校教育的期望过高,以至于微妙地玷污了它的浪漫色彩。到了20世纪60年代末,越来越多的人们感到我们的教育系统无法达到前总统林顿·B·约翰逊所制定的目标。他的建造"伟大社会"的计划包括:消灭文盲、失业、犯罪和暴力、城市的衰败,甚至国家之间的战争。

在20世纪70年代和80年代初,虽然人们没有怎么提起学校教育的宏伟目标,广大人民,特别是家长们,对他们社区的学校还是有热情的。毕竟在学校里,孩子得到了特别的认可。人们可以提起邻家的孩子是一个三年级的学生,或是已到了上初中的年龄。再者,从16和17世纪开始,学校为西方文明"创造了"童年,并逐渐地延长了童年。今天,学校支配着大多数有孩子家庭的日常生活,也决定着上百万其他人的工作日程。媒体广泛报道有关学年的开始和结束的消息。很少有人去抵制以母校来怀旧的机会。

1965年签批的中小学教育法令(ESEA),创造了一系列的教育研究和发展中心,有些至今依仍存在。但是,法令第三章所推行的较区域性和有创造性的活动在20世纪70年代已销声匿迹了。一些开始由私人赞助的计划也是一样的下场。教育实验的经费越来越少,而评估现有的改革计划的经费则越来越多。在申请延长项目经费时,必须报上可见的结果,如学术考试的测量成绩,才有成功的希望。联邦法规越来越侵入州和地方办学的权力。随着州和联邦立法和执法机构中教育讨论的增多,地方上有关学校的对话反而减少了。

从20世纪60年代中期到70年代中期的将近十年的时间里,我和我的同事们与南加州的一些立志变革的学校进行了密切的合作。这十八所学校属于十八个学区,它们联合组成了"合作学校联盟",并为凯特灵基金会的教育研究部门(由我主持),又称作"教育活动开发所"(/I/D/E/A),提供了一间实验室。

在20世纪70年代中期,我们通过麦格罗-希尔出版社出版了六本关于这项研究工作的书,着重探索了怎样从深处改变学校教育结构的疑难问题。我想我们对这些书的令人失望的销售量只感到有一点儿失望。中小学教育法令所掀起的改革学校教育方式的激情已经消失了。表面上看起来风平浪静的学校教育深处仍然存在着长期的、缺乏研究的、根本性的问题。是时候了,应该到我们学校貌似平静的水面之下去钓鱼了。

中小学教育法令不单为教育研究开发机构和地方性的教育实验提供了资金,还促进了学区实践新的教育思想,特别是那些背离根深蒂固的教育常规的实验。到了20

世纪60年代中期,我在洛杉矶加州大学所领导的实验学校已在实践各式各样的创新,如取消年级分班制、推进集体教学,还有一系列将课堂教学个人化的变革。其他学校的教师们在学习了中小学教育法令之后,纷纷乘车前来观摩我们的实验学校。

在与从四面八方前来参观的人谈话时,我和我的同事们了解到,绝大多数来访者认为,在他们自己的学校里,没有任何结构和力量能支持他们去实践在我们这儿所看到和欣赏的教学方法。大多数人说就连与他们的同事讨论一下关于这方面的问题都是困难的,然而只有讨论才可能引起集体的决定和行动。学校教育的现状不能为这样的改革提供时间和支持。如要履行这些改革,教师们在一天的紧张教学之后再坐在一起开几个简短的会议是远远不够的。

碰到这些难题的人不仅仅是来参观的教师。当时的社会风气中弥漫着改革和对改革的兴趣。新的办学方式好像就在路口,但没有清楚的焦点。实践改革显得非常困难:必须带动家长一起参与。但是,在我们为教师和校长过去和现在所提供的简短的大学培训项目中,几乎没有这方面的内容。大多数学区过去和现在为教师和校长所提供的在职培训也没有这方面的内容。正如赛泽在本书的序言里所指出,大多数人并不希望学校教育有崭新的一天,而只希望旧的一天会有一个新的黎明。

当时,有关学校改革的文章大多在研究和分析当年没有如愿的对于教育的承诺和期望。③我和我的同事们受到访问我们实验学校的教师和校长们的启发,也进行了我们自己的研究。福特基金会的教育进步基金为我们提供了足够的经费去调研260个课堂。有些课堂是在全国范围内随机抽样选的,有些课堂被选是因为它们有很多少数民族学生,还有一些课堂被选是因为听说它们有创新的作为。在其他调研工作的基础上,我们得出的结论是,学校教育的语法规则和学习的过程方式是在早期形成的。因此,我们决定仔细观察学校教育的最初四年。根据大量的关于儿童学习的研究文献,我们总结出一套我们期望能在教室里看到的教学原则和方式。④

我们从相当一致的数据中得出三个结论,而这些结论实际上预告了我和其他同事们在后来一项更完整的中小学全程教育研究里所得出结论的一大部分。后者的结果便是本书的报告内容。那三个结论是:

> 调研中的大多数学校是按照人们普遍接受的对学校的期盼去办学的(学校的基本结构是一样的)。它们并没有关注和满足社区里某些孩子们在学习上集体或个人的特殊需要。事实上,很明显地缺乏讨论教育问题或学校的计划和目标的全

体教职工会议或是小组人员对话……

看起来,不管是职前还是在职的教师培训项目都没有为教师提供准确的教学理论和方法,使他们能够测量出并且解决学生个人在学习中的问题,满足学生的需要……

教师的工作基本上是单枪匹马的。这种孤立不光是在教室里和孩子们中间不和其他成年人来往的孤立,虽然这种孤立是教师孤立感的重要组成部分。孤立是一种没有他人的理解、同情和帮助的感觉和现状。⑤

这些也是我们在"合作学校联盟"的经验中所得出的结论。这种情况所造成的问题,正是我们与那十八所学校的校长和教师合作的缘由。最近,我再一次看了关于这个合作关系的纪录片。有一个最让人激动的镜头是一位有经验的教师对这种合作关系所表示的感激:"我们知道教育活动开发所的有关人员会帮助我们,你也确实帮助了我们。你访问了我们,我们请教了你,我们知道你是关心的。我的职业非常需要但是从未得到过这种支持。"

教育活动开发所的存在目的是为了推进和支持有前途的改革想法和做法,而这些想法有新有旧。教育活动开发所通过一个叫作"个人化教育"的全国性机构来实施它的目的。对我们在研究部门的人来说,我们感到需要绘制一幅关于现有的学校教育的详细图表,包括学校教育的目的、教导方式、课程设置、教学材料、为多元化的学生提供服务、关于学习过程的各种设想、教师的特征和能力、行为标准、测量学生水平的工具、与家长的关系,等等。一句话,就是整个学校教育。

我们在文献中查阅不到具有如此规模,需要大笔经费和大量时间的教育研究的先例。后来好几个慈善基金会终于和凯特灵基金会一起,为一个共同的教育研究目标提供了经费。这也是前所未闻的。在此研究项目之前和之后我从来没有度过这么多的失眠之夜,在新的预算年到来之前为尚未到手的上千万美元的经费而担忧。

在这项研究结束并在本书和其他地方报告发表之后,我又花了更多的时间思考为什么此项研究的发现和结论既没有被人否定也没有被人挑战过,只有几个人对某些数据的报告方式提出了质疑。好像这项研究并没有起到改变称作学校的地方的作用。就像赛泽在序言里所提的,我们的研究所描述的教学模式至今还比比皆是:"古德莱得当年对学校的批评仍然可悲地、令人不安地适用于当今的学校……"我认为,我们的研究报告对学校改革的影响不大,并不是因为它缺少好评或媒体和政客的注意,或是缺乏读者。教师和培养教师的人员告诉我此书已经影响了他们的工作。二十年后,这本书还在销售并经常被引证。这次再版将有助于保持该书的活力,但不太可能给旧的一天带来新的黎明,更不用说带来新的一天了。

下面,我将试着做两件事。第一是重温这项研究的一部分发现和结论,以清楚地阐明我们对新的一天的需要。这些发现和结论并不是"学校教育研究"所独有的。过去的很多研究和委员会报告都提到过它们,并把它们放到了议事日程上,但最终却没能把它们变成学校改革的成果。这主要是因为人们在改革过程中重复性、不动脑筋地依赖那种狭隘的、工业生产产出的直线模式。人与人之间的互动关系和所处环境相当复杂,我们必须创造出包含各种因素(有正面的,也有反面的)的生态环境,才能有效地改变学校。这一过程就像管理整个健康生长的花园,而不只是这里浇点水,那里拔几根草。我将列举这一生态环境的必备因素,然后再探讨更新学校这个令人困扰和畏惧的挑战。只有更新学校,才能为我们的学校带来新的一天。

在过去的二十年里,《一个称作学校的地方》一书的原始资料得到了充分的肯定和补充。比如,该书出版仅一年之后,我和我的同事们便筹划了另一项综合性的、全国范围内的对教育工作者培训项目的调研。⑥并且,我们借鉴过去创办"合作学校联盟"以及研究其改革的经验,创建了一个学校与大学合作的联盟,目的是在更新学校教育的同时也更新师范教育。这一联盟称为"全国教育革新联盟"(NNER),它至今仍健在,并在谨慎地发展壮大。⑦

在这两项全国调研及改革项目的基础之上(它们又是建立在以前研究的理念和原则之上的),我们提出了一项"民主社会的教育方案",列举了它的使命、必备条件及如何改造美国学校教育和师范教育的策略。⑧此方案指导着全国教育革新联盟的工作,并逐渐地引起其他教育机构、社团和个人的注意。这些机构和个人像我们一样坚信,今天的教育体系不能够为我们的下一代培养必要的生活态度和能力,因此不能使他们在变迁中的世界里过一种既有贡献又满足的生活。这样的教育体系定会引起我们社会和政治民主的危机。

我将在本书纪念版的姐妹篇,名为《与学校的浪漫史——我的教育生涯》这本书里详细叙述我是怎样一路征战才写出《一个称作学校的地方》的观察、总结和建议的。《与学校的浪漫史——我的教育生涯》一书的核心思想是,早在20世纪初,美国学校的基本结构形成的时候所面临的问题和目前21世纪我们所面临的问题是一模一样的。历年来反复提出的"改革"建议也大同小异,都没有重视那些逐渐积累起来的关于人的发展和认知的知识,以及这些知识对教学和整个学校教育的含义。⑨结果,我们现有的公立或私立学校越来越不能适应受教育的年轻人及他们所处的环境的需要。

我们在反复地叫学校做那些它们已经在做的事情。我们对改革的幻想与我们对过去的记忆深深地交织在一起。理论上我们要改革,期待中我们想看到的仍然是我们所熟悉的东西。如果这个更新的过程是持续性的,那么就不可能突然会出现一个不熟悉的新的一天。新的代替旧的就像白天会在黑夜之后出现一样简单。

还是像赛泽所分析的那样,《处在危机中的国家》这一报告的确是一声惊雷。斯波达尼克三号也敲响了警钟。当时我被全美教育优质委员会作为所谓的专家请去咨询,所以我对此报告的进展有所了解。我开始担心这一报告如在《一个称作学校的地方》之前发表就会大大影响后者,使其几乎销声匿迹。1983年4月,当我的手稿还在编辑过程中,这声惊雷便响彻了美国大陆。我没能预料的是,这一报告的后果与我所担心的正好相反。

大众媒体急于得到更多的信息,但它们并不想要长篇的硬数据,而是想要恐怖故事,或类似的故事来渲染这样的主题:因为学校没有尽到教育的职责,所以国家已灾难临头。《纽约时报》的教育主编爱德华·费思克想要再深入一步,找出资料来支持委员会报告提出的建议。他与各家出版社联络,打听有关书籍出版的情况。当我的书在做最后校正的时候,他发现了并订购了全书。本书的出版日期就在眼前,他每天给我打电话,有时不止一次,询问我关于本书的具体内容。他建议我使用更醒目的开头,并提议用这样的字眼:"美国的学校大难临头。事实上,学校教育的问题如此之严重,以至于许多学校都可能无法生存下去了。"

我只做了这一点的改动,还是不太情愿的改动。但是,我的确被他的雄辩打动了。他的评论登上了头版。当然,其他800多家报社也纷纷全文或摘要地转载了他的文章。洛杉矶加州大学(当时我正在休假)办公室及我家里的电话不停地响。大多数是记者打来的,而他们平时主要报道的并不是教育新闻。我敏锐地察觉到非常不容易对牵涉到复杂的争论点的问题作出简短的回答。我可以肯定,记者们一定也和我一样为此感到遗憾。

接着我很快就了解到,如果《一个称作学校的地方》在《处在危机中的国家》这一报告之前发表,就不会得到费思克和成百上千的记者们这样的关注。我不记得有任何其他的事件能像委员会的惊雷报告这样引起公众对学校教育的关注。然而,报告发表之后,并没有出现什么重大的变革。毫无疑问,这使委员会的成员们非常失望。对此我也同样感到失望,并且还要加上另一层失望,即《一个称作学校的地方》至今对学校根深蒂固的结构的影响也是有限的。

这并不表明两大改革报告被人忽视了。它们经常被人引用着。⑩但是,既没有动员人力,也没有筹集物力去创造新的一天的黎明,甚至没有为旧的一天开创一个新的黎明。这说明失败的并不只是学校。根本的毛病出在过去几十年里这种急于求成的、支离破碎的、大口号式的、自上而下的学校改革方式上。对教育我们是有甚多的信息,却接受了甚少的教训。这实在是罕见的。具有讽刺意义的是,我们的主题是教育。是的,我们的学校需要改革,但是如果我们不放弃一些基本的关于教育的理念和我们更新学校的方法,就只能看见一点拙劣的修补和几个发明创造的孤岛。

我一会儿将回到这个问题上,但是现在先让我们回顾一些之前的发现、结论和建议。如果你不久之前读过以第10章为结尾的本书的头版,我建议你再读一遍其中最后的两章,因为在此我不准备重复地引用我在那两章里所列举的调研发现。本书的改革建议正是在这些调研发现的基础之上提出的。

在《一个称作学校的地方》的学校教育研究中,我们在一个特定的时期内从一组有代表性的学校里采集了大量的数据。相比之下,此书重版时的伴侣书,《与学校的浪漫史——我的教育生涯》,重温了70多年的学校教育和它所处的大环境。《与学校的浪漫史——我的教育生涯》就像一本影集和日记,记录着一家人多年的故事。通过写我自己在这些年里的感受和观察,我得到了我在20世纪80年代初所没有的洞察力。这种跨越时空的洞察力和我与在20世纪80年代中期发展起来的"全国教育革新联盟"里的"学校—大学"合作伙伴们的密切关系深深地影响了我下面所写的内容。

我坚信如果我们今天再进行一次"学校教育研究",它的发现、结论和建议会与当年的大同小异。但是,也有几个方面的问题在今日更急需改革,有些政策和实践更需要被中止,有些不足之处更需要被补充。清单上的头等大事是学校教育和教师培训的使命、学校教育的总体结构和束缚它的紧身衣、过时的课程和教学方法、教育机会的严重不平等、学校的看护所气氛以及家长与社区的关系。在以下的分析论述中,我将把这些问题与本书前面的章节已介绍过的学校教育的其他特征结合起来探讨。

这个国家对于学校教育使命的态度是很自相矛盾的。我们怪学校不做我们不应该叫它们做的事,寄予它们本该寄予给其他机构的期望,并且不给学校提供必要的资源来完成大部分人认为它应该完成也是力所能及的任务。我们在拟定学校教育使命时很少想到它最重要的指南:即学校应当做社会的其他部门不能做或做不好的教育工作。根据这一指南,灌输信息不应是学校教育的主要功能。但是,当我们越来越多地依赖那些掌握信息知识的考试以测定学生的进步和学校的成功时,我们也就因此而误入歧途。

除了在毕业仪式上的老生常谈和最近的一些自称为"教育"政客的言辞之外,我们甚至不怎么讨论学校的使命。在"学校教育研究"中与我们会面的学校领导人不认为公众对于学校的使命抱有什么共识。在我们后来的"教育工作者的培训研究"里,师范生们在培训项目快结束时并不记得他们参加过什么关于学校目标的课堂讨论。所讨论的学校目标只限于培养儿童的基本语言能力和智力。虽然他们觉得学校应该培养有责任心的公民是一个有趣的概念,但他们最关心的是怎样管理好课堂。我们在高等院校的课程表与介绍里也没有找到有关这一广大的公共使命的内容。在我们的社会里,如果我们不能依赖学校和大专院校为我们的孩子和青少年培养民主的性格和品质,那我们还能指望谁呢?

我和艾尔诺思·波页在1983年和1984年相差几个月先后出版了我们的书。我们从不同的分析角度阐述了家长们一个普遍的共识:孩子上学的目的不仅仅是为了学会阅读、写作和计算,他们期望学校帮助学生在个人、社会、职业和学术上全面发展。事实上,他们很同意他们的孩子和教师的看法,即应该减少一些对学术学习的侧重,以加强学生个人和社会方面的发展。

在美国,一种基于自由、平等和公正的道德环境将我们松弛地但不可忽视地联系在一起。这种环境的最好表现方式就是社会和政治的民主。公立学校是形成这一民主体系的重要环节。我们的学校在帮助来自世界各地的移民融入美国民主的过程中起了重要的作用。近些年来,我们越来越认定这个笼罩一切的道德环境是安全的,并能照顾我们所有的人。但是,实际上它已经开始破裂了,并且它的那些很明显但却一直被忽视的地方已被戳穿了。

我们早就应该将维护民主当作我们学校的指导使命。我们应该要求教师担负起推进这一神圣的使命的责任,而不是把他们的主要职责限制在提高考试分数上。终于,教育工作者们对他们在越来越复杂的环境里机器人似的狭隘角色感到越来越多的不满。他们沉默太久了。很多最好的教师因不满而离开了岗位,但他们一想到能够在学校里担负起受到广泛支持的进行民主教育的任务时,便感到振奋不已。如果我们想要有好学校,我们将需要这样的教师。如果我们想要有一个充满活力的、自我更新的民主社会,我们需要这样的学校。

这不是什么新鲜的提议。的确,所谓的大众学校的历史里充满了它对移民进行美式民主熏陶的典范。当然,这样的学校也为学生传授了在一个不太复杂的环境里生存所必需的社会和职业市场的基本知识。但除了这些以外,对民主精神的培养只是一种形式而没有实质性的内容。不过即使在今天,虽然到处都是"一切为了孩子"的虔诚口号,但是也很难有说服力地证明学校的运作是民主化的。

不幸的是,当一小伙人开始积极鼓动学校进行民主教育时,正遇上20世纪前半叶高中课程的演变。传统的核心科目——英语文学和作文、科学和数学——被减少和削弱了,而历史和地理则逐渐地被"社会学习"所代替。因此人们责怪民主教育在其中起了不好的作用。

在这里我们不必为相关的有争议的问题而辩论。我在此要说的是,如果想要有效地、满意地参与我们的民主政治并适应它周围不断变化的世界,我们需要全方位的教育和学习,以明确方向,掌握必要的知识。办这种教育的挑战在于如何把它与学校之外的大世界联系起来。校外的世界可不仅仅是学校课程的翻版。

学校教育的课程曾被一位有洞察力的教师称为是一件埋藏在20世纪水泥砖里的19世纪的珍宝。它也是大学本科教育的学术科目的一件智力枯竭的继承品。很多年前,当我还是芝加哥大学师范教育中心的主任时,我惊奇地听到一些在这些科目教研究生课的教授们提到,他们真希望学生们在上他们的课之前最好是没有学过有关这些科目的知识。他们说:"那样的话,我们就可以少帮他们纠正一些。"

更令我惊奇的是,我了解到,一个学科的结构,即组成该学科结构的主要成分,可以是博士讨论课的内容。⑪难怪小学教师们用他们在高中和大学里学到的零碎知识来教六到七门不同科目的课,是那样地不称职。同样地,中学教师在大学本科专业学习时,也没有学会怎样引起学生对专科的兴趣。尽管如此,今天盛行的政治上正确的立场是,只要教师有本科的专业文凭,就足以在中小学里教书。

这些现状已经给了我们足够的理由来彻底地革新学校教育和师范教育的课程和教学方法。为了强调这一点,我还要加上另一条理由。在过去的二十到三十年里,我们学到了不少关于人类思维能力的知识。但是,令人汗颜的是,教育界并没有重视这些知识。研究结果越来越清楚地表明,学校里学到的知识与实际生活本应互有关联,但实际上却是脱节的。

具有讽刺意义的是,高的学术考试分数并不意味着考生能更有效地应用考试的内容,而只能较有信心地预报持续性的高分数。不出所料,这些考试分数对家长希望学校能为孩子开发的个人能力和社交能力的影响并不大,甚至低于数学和科学课程的分数对学生运用这些课程知识解决校外的问题能力的影响。在高分数和高质量学校或受过良好教育的人之间画等号是矛盾的。这样做只会给国家带来致命的后果。

我们不需要一大堆行为科学数据来说服我们就知道僵硬的学校教育结构与今天学生的发展特点和他们在校外的生活已经脱节了。首先,学校教育开始得太晚,又延伸得太长,把青少年时代一直拖到成年的初期。媒体的询问者攻击得最多的是我这样的建议,即公立学校教育应从4岁开始,到16岁结束,然后把后几年省下来的经费用在充实幼儿教育上。

很多富有人家的4岁孩子正在上幼儿园,然而经济贫困人家的孩子却很少上幼儿园。这种严重的教育不平等现象使得几百万儿童在还没有上学之前便落后于其他的孩子。这些落后的孩子们大部分来自贫穷的、没有教育技能和经济资源的家庭。而那些能上幼儿园的孩子们就能在专门设置的环境中受益于这样的教育技能和经济资源。现在,高层领导人正在讨论是否要取消为贫困儿童设立的"启蒙教育计划"。主张取消的论点是,没有足够的证据说明参加"启蒙教育计划"的儿童比那些没有参加此计划的儿童后来学习得更好。可是又到哪儿去找证据来说明富有阶层的孩子们所上的幼儿园加强了他们的家庭学习环境,从而提高了他们在学校的成绩呢?

"民主教育计划"呼吁人们纠正很明显的道德上的错误。教育机会平等应该是为全民的。如果我们尽快地取消过时的,只让那些在夏季结束时满5周岁的孩子上学前班的政策,那我们就已经往教育平等迈出了一大步。不然,那些晚一点出生的孩子们就得再等一年。富有的家长们有钱把孩子送到私立幼儿园,但穷人家的孩子就只好再等一年。这样一来,还有什么平等和公正!

在第10章里,我提出了学校不仅应为所有4周岁的孩子们提供(而不是规定)义务教育,还应在每一个孩子4周岁的生日那个月欢迎这个孩子入学。难道我们的学校政策就那么的古板守旧,连这一点简单的变革都不肯实行吗?这种变革可以极大地帮助学校实现"不让一个孩子落在后面"。

目前正在进行的高中高年级的课程改革说明这一结构有严重的问题。例如双重学分的政策允许一些高中生到社区学院去修一般人上大学时才修的课;高中也提供一些大学水平的课;很多学生在高三就完成了高中所有的学分,这就需要我们重新思考是否还需要高四,等等。既然如此,为什么还试图改进这些虚有的高中高年级,而不干脆取消它们呢?学校原是为儿童和少年而设立的,为了让它也兼容还在上高中的年轻的成年人的文化,将需要对学校进行许多不规则的改造。

我们中学里的17岁和18岁的学生们正忙着从青少年转变成为他们理想中的成年人。为什么我们把这些即将走出青少年时代的学生放在为低年级学生做榜样的位置上?他们会很情愿地离开这一环境。已经有一些不错的成人教育模式可供我们参考。只要我们摆脱长期以来政策和实践上的迷惑,就不难发展其他的办学途径。

如果儿童们在他们生日的那个月开始上学的话,他们就会很快融入一个稳定的课堂环境,而不是像现在这样一开始上学就陷入一种混乱不安的局面。学年开始的头几个星期对教师和孩子们来说都充满着没有必要的压力感。连很多家长们也有这种感觉。在我建议的改革方案之下,新来的孩子可以在几天之内融入已经在正常运转的课堂文化。教师也会有时间来测量并且与这几个新来的孩子,而不是整个班级的学生,建立起信任的关系。每一个孩子都会受到这样的欢迎,然后他/她也变成了欢迎者之一。

这里很重要的一点是,根据年龄来分班和升级这一神圣的传统做法将慢慢地消失。如果用学习成绩当作测量标准的话,就不应该分什么一年级、五年级或十年级。如果在组织一个课堂时只要同龄的而且在各个学习科目上都达到同一年级水平的学生,那就需要找到几百名,比方说是9岁的孩子们,才能挑选出一个班的人。数学、科学和阅读的教学材料并不是针对年级来设计的,是我们人为地把这些学科分到不同的课堂里。如果教师的教学方式是针对五年级或任何其他年级的话,他/她将只能教导这个班上的一小部分学生。在我们这个称作学校的地方,教学是在鸡蛋盒式的分年级的结构里进行的。这只是成年人省事的做法,以此将学生分类,按能力分班,进行测量,并决定着几百万学生的升级和留级。这种做法不利于任何完整的教育目的,应该被留下当作一件旧学校的文物。

我们越来越多地认识到,小规模的学校能更好地达到个人、社会、职业和学术上的教育目标。在第8章里,我指出在我们调研的最小的学校里,家长、学生和教师对学校最满意,而在最大的学校里,家长、学生和教师对学校最不满意。现在我们有证据显示,把学校分成一些小型的、基本上是独立的单元是有益于学生的发展而且能减少孤独感的。

我今天要推荐的学校规模比我在二十年前推荐的还要小。学校应分成三个四年制的教学单位:小学、初中和高中,一共不超过四百名学生。这似乎是一个关键点:一超过这个人数,教学在经费或课程上的优越性都会越来越少。这三个教学单位将开办在同一地点,并共同拥有一些设施。在不同时间里进入小学的学生们将顺利地在不同时间里从小学升入初中和高中。

这些不同的教学单位也将共同拥有丰富多彩的校外活动,而那些在艺术、文学、体育或其他方面颇有天赋和造诣的学生们可以经常担当辅导员的角色。如果感到失去竞争性的团队体育是一个麻烦,那我们可以把它们退回社区去。体育比赛本来就是源于社区的活动。因为学校体育在教师罢工时也经常不受影响,它已经获得了半独立性的地位,虽然它还赶不上高等院校里体育所占的位置。

多年来,从事师范教育的教师们不断地告诉我,他们在所教的课上已经积极讨论了我本书各章提出的建议,特别是名为"超越我们现有的学校"的结尾章提出的建议。但是看起来这些讨论课只是为大家提供了一个舞台,来谈论不会或不可能发生的事情——就像在观看一个远离目前流行的学校教育的世外桃源。但是,令人鼓舞的是,现在有一些慈善机构有兴趣来打破这层坚硬的水泥。突出的例子是比尔和美林达·美茨基金会,有时它也和其他的基金会合作,正在切入这块水泥。它们特别注重小型学校的发展。同时,不幸的是,联邦和各州政府的政策似乎在推进加固这块水泥的改革计划。尽管如此,越来越多的人意识到学校需要崭新的一天,这就意味着还有希望。

* * *

对我们公立学校教育的希望,加上第二次世界大战后人们对国家未来的信心,在60年代中期达到了高峰。约翰逊总统的"伟大社会计划"为学校拟定了一个关键性的角色。但是,越南战争、克尔曼的报告里关于学校不能帮助贫穷孩子克服家庭经济困难以提高学习水平的悲观论调、城市的衰退、为了种族平等而开展的斗争,等等,都严重地破坏了这个希望。1983年的报告,《处在危机中的国家》又使这一希望复燃了一阵子。

这份报告转变了公众对学校改革中的权力关系和责任的看法。里根总统上任时准备取消新的教育部,他对教育的兴趣也没有在此报告里反映出来,但最终他被说服了,承认教育是国人的头等大事。他应该做各州和地区政府教育行动的啦啦队员。大多数州长们举行了教育高峰会议。我记得有一次,当我与赛泽一起疲惫地去加州参加一项类似活动时,我们对彼此在这方面的跨国周游日程表示同情。我们谈起了即将出征改革的教育工作者们却没有新的资源支持的困扰。

拉玛尔·亚历山大是第一位布什总统任期时的教育部长。他呼吁美国的各大城市搭上教育火车,奔向"美国2000年"。学区的督学们在此趟行程中经常是被忽视的角色。至于这一行程的终点站在哪儿,途中应当讨论些什么或做什么,那是上路之后再决定的事情。

"系统性"改革是各州会议的时髦话题。还有人提议让大城市学区的督学们从各种学校革新的萌芽中挑选一些来培育和发展。一位批评家形象地比喻说,该向期待中的学校派伞兵救援了。地方学校的决策圈也渐渐地形成了这种气氛,使人感到学校在迫不及待地等救兵。这种期待否定了赛莫尔·萨拉森和其他学者关于学校文化如何吸收来自外部的改革建议的研究。这些建议或是学校没有要求的,或是未经商讨就塞进学校的。

尽管如此,全国各地的一些学校开始结成联盟,以便在实施一些受人欢迎的改革方案时互相支持和促进,一起进步。例如赛泽创建并领导的"重点改革学校联盟"、詹姆斯·康梅尔的"学校发展项目"、卡尔·格里克曼的"专业学校联盟"、加列夫学院的"不同的认知方式"、亨利·莱温的"高级学校计划"、我们自己组织的联合学校和大学的"全国教育革新联盟",等等。一群知识分子领导人的改革思想引起了实践工作者的注意。改革的大部分经费来自慈善基金会。

90年代里兴起的这种改革动力既不是响应政商界对学校改革的呼吁,也不是联邦政府过迟地执行《处在危机中的国家》这一报告的改革建议的产物。这些有权势的机构实际上想做些不同的事情:发展一系列测量标准,从而使学校教师和管理人员对学生的成绩负责。

1999年6月,我在西雅图创建的"教育探究所"在附近的贝尔夫城举办了一个全国性的名为"赞美教育"的会议。此会议召集了符合"教育探究所"标准的全国21项改革行动计划的代表、他们的领导和其他一些与这些改革联盟有关的重要人士。[12]会场上洋溢着兴奋的感觉,到会者们一一介绍了他们的工作,并聆听了专题组和全会发言人的报告。在此后的很多星期里,人们纷纷打电话到"教育探究所"询问下一次会议的时间和其他有关的细节。但是,不会再有下一次了。

"教育探究所"为数不多的工作人员花了大量的精力和时间来举办此会。仅为此会议筹集资金的经历就足以使工作人员不愿去想象再办一次会议了。但即使"教育探究所"用五年的时间来筹划这一会议,它也只会是已办会议的影子,不会有太大差别。当年开会时组成的一些改革联盟如今已是销声匿迹了。它们中间有些已不存在,大多数是在挣扎。今天,寻找出差开会的旅费和津贴更困难了。会议演讲和讨论的内容也会很不相同,就像在今天的学校教师和管理人员的会议上一样:我们怎样才能维持我们和大多数家长认为是学校应该为学生提供的教育？学校的日程里充满了复习备考和考试。是的，我们相信标准；是的，我们也相信要提高学生的学习成绩。但是，这不应威胁到课程的宽度和深度，以及教书和学习的乐趣。我们怎样和什么时候才能收回我们已经失去的东西？政治性的学校改革和教育工作者发起的学校革新之间有很大的差距。

这些学校改革的阴暗面比改革的反复挫败对学校教育的伤害还要大。改革运动的兴起在报道中被誉为针对做错的事情和表现不好的人，这就加深了公众对学校的不满。教师们的职业信仰也被动摇了。可是人们几乎看不到关于学校的新"语法"应该是什么的书面声明，也找不到对实施改革的支持。结果，上面命令改革的压力越大，教师们越感到远离他们理想和工作的重心。

所以，当每一场改革运动结束时，教师们都会先回到这些重心，然后再去考虑其他的改革提案。这是不可能在一夜之间发生的，一般需要几年的时间。在此之后，教师们又开始接受新的思想，例如哈沃德·加德纳的关于多种智能的理论。⑬接受这些理论不等于放弃他们已有的教育信仰体系，而是使他们有机会重新检验、增强，或许修饰自己的信仰。

这种学习和更新的经历能使生命更充实，它也说明教师对上面所提到的改革和创新有极大的兴趣。但是，令人羞愧的是，一般需要五年或者更多的时间来恢复重心，才能再开始一场新的变革。

因此我们可以得出一条重要的结论。其实每个认真研究教育改革的学者都曾试着报告这一结论，但都没有引起注意。这条结论是：学校和它的教育工作与国家体系中其他的机构很不相同，甚至学校之间也存在着差异。没有一个通用的指南是可以用来指导所有学校的工作的。当这些互相联系极为松散的学校被当成是一个互相紧扣的一个大体系中的组成部分时，若给它们统一输血，那就像给所有刚从街上走进医院的病人都输 AB 型血一样，后果不堪设想。如想帮助学校，就一定先要仔细地测量每一所学校的现状、特征和需要。

现在时髦的说法是，学校和教育工作者是抵抗改革的。在过去的几十年里，学校遭到许多外界事物的干扰和侵犯，所以它们的管理人员小心谨慎，甚至会提防可能是朋友的人。学校的问题并不是因为不怀好意的外界力量可能会强加给它什么东西。问题在于那些远离现状的官僚机构把学校的概念抽象化了，以满足它们在言辞和决策上的需要。但是，这样一来，学校就更加令人难以捉摸了。

我在本书中写到,我们必须逐个地改造每一所学校。写下这些话之后,这二十年来我对政策与实践的观察和经历充分地证实了我当时的信念。

这一建议要求教育工作者和他们的工作单位承担较大的责任。我们应当把家长、教师和学生看成是一个大家庭,而他们的学校则是一户人家,在一个共同的民主教育使命之下与其他家庭联合起来。各州和联邦政府有责任监督和帮助它们执行这一使命。

我和我的同事们已经为这一使命的执行设计了一幅蓝图,并且制定了一套推行的方案。⑭ 在本书的第8章里,我总结了那些与学校的健康成正比的因素,这些是可以从家长、教师和学生对学校的满意程度中看出来的。我相信,这些因素也是与我们民主社会的健康成正比的。我们的研究方法很像罗伯特·朴特曼和他的同事们所用过的方法。他们花了多年的时间来比较研究南意大利和北意大利地区的公民参与政府和地方的社会和民间活动的情况。⑮ 他们发现,长时期以来,北部地区的公民一直比南部地区的公民更积极地参与地方管理和社会活动。

要想创办优秀的、令人满意的学校,就要广泛传播建立在坚实的调研基础之上的知识和思想。正是这样的知识和思想指引了上面所提到过的革新实验点。卫生界发起的以预防疾病为主的运动已为千百万人提供了有用的信息,并鼓励他们参加健康的、自我更新的活动。但是,有关教育更新的调研成果极少走出专业刊物的范围。因此,学校董事会的成员们、家长、学校管理人、教师和其他人在寻求完成他们所谓的共同使命的时候,却没有共同的理想和纲领。

要想实现教育改革的共同使命,就必须从培养教育工作者开始。进入教育职业的途径太多了,并且各种教师培训项目的实质内容相差很大。教育界不像法学界那样有共用的案例,也不像医学界那样有实习的医院。大学培训机构结交"教学实习"的伙伴学校的建议已引起了一些注意,甚至在决策界也产生了影响,但是却没有必要的资金来使它付诸实施。师范教育是一个太被人忽视的领域。出于同样的原因,师范教育改革委员会的报告往往和大多数学校改革报告一样被人忽略。

除了政策的问题之外,教育界的职业教育工作者应该负起主要的责任,创造、解释和传播关于学校革新的知识和策略。最重要的是,如果教育工作者想要公众承认他们是正当的、专门的职业工作者(这是一直有争议的),他们必须建立一套正当的、与实践相关的学术理论。⑯

师范院校必须面向四个非常重要的方向:它们的毕业生们将为之服务的公众、学术界、学校和代表全国上千所学校利益的几百万主要成员的各种会员组织。由于师范院校与第一者的关系是依赖于它与后三者的关系,我在此先谈后者。

可能是因为长时期地缺乏威信,师范院校没有积极地替未来的教师安排大学文理科基础和专业的学习,而这些正是他们今后工作很需要的。具有讽刺意义的是,学校教育是唯一的在培训时以它自己作为一个教学工具的职业。其他的职业院校规定文理科基础知识为录取前的预备课程,但在录取之后便很少因为职业目标的需要再重温这些知识。教育系在重温这些学科知识时,它的重点是如何传授这些知识的方法,从而导致批评家们把教师们在学术背景上的缺陷怪罪于师范院校。

在教师们必备的知识里,有很大一部分是在师范院校的教学范围之外的。现在,想继续经营师范教育的院校应该忘却它们和文理专业以前发生过的争吵,将后者的一部分学术知识引入我们国家教师的职业知识范畴。文理院校并不急于和师范院校谈判,但师范院校的未来将依赖于它们与文理院校的合作。

大学培训机构结交"教学实习"的伙伴学校或建立专门的职业发展学校的时机已经成熟。我们不应错过这一时机。现在已有足够的研究成果来证明,只要有必需的经费支援,这些改革计划便可付诸实施。[17]在资金短缺的情况下,学区和大学都没有主动地站出来承担费用。现在,决策者们应该把这些必要的教育开支列入州政府的经费预算。这是一个很费时间的过程。

我的同事们劝我说,我提议建立一个能把参加教师职前培训的三类不同的人联合在一起的教学中心,只是我的又一个幻想。但是,这个想法已在教育界的一些圈子里广泛地讨论过,有正面也有反面的评论。而且,全国教育革新联盟的一些成员实践过这一提议,尽管有时候用不同的语言来称呼它。[18]蒙特克莱尔州立大学在招聘中心主任的广告中第一个宣布要建立这种教学中心。

在没有新的资金的情况下,重新调整经费预算又成了一个改革的绊脚石,更严重的还是权力问题。将教学中心设在师范院校或文理院校都会引起所属单位或双方的紧张,并且会使两个院校平等伙伴的关系混乱起来。再者,参加合作的中小学校似乎被排除在外,而且即使被包括在内也居于次要的地位。所以,三者平等的概念对于这样一个中心的成功运作是至关重要的。

外界对师范院校的看法对它们具有重要的政治意义,特别是州议会对公立学校的看法。如果师范教育是在一所大学里,但不是在师范院校里进行的话,那么师范院校还有什么存在的意义?在原提议的关系显示图中可以看到,教学中心的圆形位于三个椭圆形的交口处,而每一个椭圆形代表着一个平等的伙伴:师范院校、文理院校和教师培训实习的伙伴——中小学校。根据目前我们给未来的教师在教室里实习教学时所能提供的支持来看,建立一个能协调所有的实习伙伴学校与合作的大学的师范教育工作的教学中心,也许是最好的政治解决方法。这也可能是最好的操作方法。阻力又是经费和重新调整已形成的预算的问题。必须将基础教育、专业教育、教学方法和教学实习统一在同一个权力机构之下,由一组专门挑选出来的教师负责,这样才有可能设立有连贯性的师范教育项目。

每一个面向学校的教育性社团都有它自己的组织,像家长、学区领导、学校领导、教师、指导咨询员,等等。他们并不阐明有什么共同的使命,只说要教育年轻的一代。在文献中很少提及他们之间有什么改革教育的合作。当学校教育系统被外界干扰时(我指的是前面所举的例子,那些给地方学校文化带来混乱的干扰),这些组织大部分是保持着明显的沉默。

令人鼓舞的是,这种现象正有改变的迹象。新教师在工作的头几年里有很高的辞职率,在一开始工作的三至五年内,辞职率可高达1/3。教师和学校领导也在承受越来越多的压力。[19]这些情况给上述的组织敲响了警钟。如果它们为了一个共同的目标联合起来,就能支持教育工作者终身从事教育工作并且大幅度地减少教师缺乏和离职的问题。[20]有一些组织定期地宣布一些合作项目,但是我们很少能见到有关这些项目重大成果的报告。

在这些组织里,有十几个最大的已经不吭声地但目标明确地联合起来,创办了"学习第一联盟"。它的目的是加强与地方学校的课程和教学有关的知识基础,并与学区领导和家长共享这些知识。这一联盟还认识到,为全民提供优秀的学校就是在增进社会和政治民主的健康,也是在推动培养年轻一代的民主精神的教育使命。

这不是一个无关紧要的发展。也不会引起又一场短期的,头脑发热的改革风潮和与它结伴而来的令人烦恼的教育病毒。联盟的发展方案就是成员组织和教育界的其他代表应该做的工作。我们敢希望为一个称作学校的地方带来新一天的曙光的艰苦工作已经开始了吗?

······

注释

① Sizer credits the source of the "grammar" of schooling to David Tyack and Larry Cuban,

Tinkering Toward Utopia: A Century of Public School Reform. Cambridge, Mass.: Harvard University Press, 1995.

② For elaboration of the degree to which this narrative now drives educational policy and to an increasing degree practice, see Neil Postman, *The End of Education*. New York: Vintage, 1996.

③ See especially Michael Fullan, *Change Forces*. New York: Falmer Press, 1993. For a superb analysis of the central problems of changing the culture of the school, see Seymour B. Sarason, *The Culture of the School and the Problem of Change*. Boston: Allyn & Bacon, 1971 and 1982.

④ For an elaboration of these principles and expectations, see John I. Goodlad, M. Frances Klein, and Associates, *Behind the Classroom Door*. Worthington, Ohio: Charles A. Jones, 1970.

⑤ Goodlad, Klein, and Associates, *Behind the Classroom Door*, pp.78 – 79, 93 – 94.

⑥ Reported in a trilogy: John I. Goodlad, Roger Soder, and Kenneth A. Sirotnik (editors), *The Moral Dimensions of Teaching and Places Where Teachers Are Taught*, and John I. Goodlad, *Teachers for Our Nation's Schools*. San Francisco: Jossey-Bass, 1990.

⑦ Described and with lessons learned in Kenneth A. Sirotnik and Associates, *Renewing Schools and Teacher Education: An Odyssey in Educational Change*. Washington, D. C.: American Association of Colleges for Teacher Education, 2001.

⑧ John I. Goodlad, Corinne Mantle-Bromley, and Stephen J. Goodlad, *Education for Everyone: Agenda for Education in a Democracy*. San Francisco: Jossey-Bass, 2004.

⑨ John I. Goodlad, *Romances with Schools: A Life of Education*. New York: McGraw-Hill, 2004.

⑩ Two other major treatises on schooling covered much of the ground tilled in *A Place Called School* and received widespread attention: Ernest L. Boyer, *High School*. New York: Harper & Row, 1983; Theodore R. Sizer, *Horace's Compromise*. Boston: Houghton Mifflin, 1984.

⑪ A flurry of interest in organizing and teaching school curricula around the structure of the disciplines, even for the youngest pupils, was stimulated in the 1960s by the Woods Hole Conference of scholars and the accompanying book by Jerome S. Bruner, *The Process of Education*. New York: Vintage, 1960. Other treatises followed; see especially Phi Delta Kappa, *Education and the Structure of Knowledge*. Chicago: Rand McNally, 1964. Some of the principles and concepts were incorporated into the curriculum development projects, rather handsomely supported by the federal government and private philanthropy, that thrived for a time without much changing the nineteenth-century deep curricula structure of schooling. See John I. Goodlad, *School Curriculum Reform*. New York: Fund for the Advancement of Education, 1964. Lee Shulman's good work on content-specific pedagogy in the 1990s revived interest in this genre of curriculum inquiry, but the curricula of practice sank deeper into the outmoded patterns that are alive and well today.

⑫ See Kathleen L. Florio, *Twenty-One Educational Renewal Initiatives*. Seattle: Institute for Educational Inquiry, 1999.

⑬ See Howard Gardner, *Frames of Mind*, New York: Basic Books, 1983, for an interesting journey into his thinking.

⑭ Goodlad, Mantle-Bromley, and Goodlad, *Education for Everyone*.

⑮ Robert D. Putnam, *Making Democracy Work: Civic Traditions in Modern Italy*. Princeton, N. J.: Princeton University Press, 1993.

⑯ For an analysis of the ways professions establish claims of legitimacy regarding the exercise of their work, sec Andrew Abbott, *The System of Professions*. Chicago: University of Chicago Press, 1988.

⑰ See, for example, Richard W. Clark, *Effective Professional Development Schools*. San Francisco: Jossey-Bass, 1999; and Russell T. Osguthorpe et al. (editors), *Partner Schools: Centers for Educational Renewal*. San Francisco: Jossey-Bass, 1995.

⑱ Robert S. Patterson, Nicholas M. Michelli, and Arturo Pacheco, *Centers of Pedagogy: New Structures for Educational Renewal*. San Francisco: Jossey-Bass, 1999.

⑲ John I. Goodlad and Timothy J. McMannon (editors), *The Teaching Career*. New York: Teachers College Press, 2004.

⑳ National Commission on Teaching and America's Future, *No Dream Denied: A Pledge to America's Children*. Washington, D. C.: National Commission on Teaching and America's Future, 2003.

主题及人名索引

（按字母索引）

A

能力分组（参见"能力分组"）　　　　　　　Ability grouping (see Grouping, by ability)
获取知识　　　　　　　　　　　　　　　　Access to knowledge, 160
　学术教育和职业教育的分离　　　　　　　　　and academic / vocational split, 144-145, 214
　共同的核心课程　　　　　　　　　　　　　　and common core, 139
　条件　　　　　　　　　　　　　　　　　　condition for, 166
　课程变动　　　　　　　　　　　　　　　　and curriculum variation, 131-132, 280-281
　　小学层次　　　　　　　　　　　　　　　　at elementary school level, 132-136
　　初中层次　　　　　　　　　　　　　　　　at junior high level, 136-137, 200-201
　　高中层次　　　　　　　　　　　　　　　　at senior high school, 137-138, 200, 202-203
　重视智力技能　　　　　　　　　　　　　　and emphasis on intellectual skills, 142-143
　平等机会　　　　　　　　　　　　　　　　and equal opportunity, 131, 160, 161
　个体差异　　　　　　　　　　　　　　　　and individual differences, 165
　体制问题　　　　　　　　　　　　　　　　and institutional problems, 89-90
　少数民族职业训练　　　　　　　　　　　　and minority job training, 145-146
　学校变动　　　　　　　　　　　　　　　　and school variation, 131, 157-158
　时间变动　　　　　　　　　　　　　　　　and time variation, 96
　职业课程　　　　　　　　　　　　　　　　within vocational curriculum, 145-148
教学效能核定：　　　　　　　　　　　　　Accountability:
　课程发展　　　　　　　　　　　　　　　　for curriculum development, 281
　从学区到州政府　　　　　　　　　　　　　of districts to states, 274-275
　从学校到学区　　　　　　　　　　　　　　of schools to districts, 275

| 教师 | of teachers，7 |

成绩 / Achievement
- 能力分组 / and ability grouping，141–142
- 克尔曼的分析 / analyses of：by Coleman，4
- 杰克斯的分析 / by Jencks，5
- 学生满意 / and students satisfaction，127
- 教学方法 / and teaching approaches
- 时间分配 / and time spent，96
- 分班教学 / and tracking，151–152

成绩测验(参见"标准化成绩测验") / Achievement tests (*see* Standardized achievement tests)

活动(参见"教学实习") / Activities (*see* Teaching practices)

阿德勒·莫特梅 / Adler, Mortimer J.，140，325

年龄结构 / Ages structure
- 教育体系的问题 / problems of，323–325
- 学生流动 / shift in，325–326，328–329

艺术课程 / Arts curriculum，218–220
- 学生活动 / activities of，218
- 在小学加以重视 / emphasis on, at elementary level，218
- 缺乏表现和操作 / lack of performance in，238
- 使用的教学材料 / materials used in，219
- 艺术课程教学实施中的问题 / problems with，219–220
- 教师的目标 / and teacher goals，218–219

评估，学生： / Assessments, student：
- 计算机辅助 / computer-assisted，340
- 英语/语言艺术课 / in English / language arts courses，207
- 重要性 / importance of，338–339
- 数学课 / in mathematics courses，209
- 体育课 / in physical education courses，223–224
- 重构的学校 / in restructured schools，333–335，338–339
- 科学课 / in science courses，216
- 职业教育课 / in vocational educational courses，222

亚特金·迈伦 / Atkin, Myron J.，57

B

回归基础运动 / Back-to-basics movement
- 原因 / causes of 173
- 对巴利萨德斯小学的影响 / impactof, on Palisades Elementary，66–67
- 概念教学 / and teaching of concepts，292

斯蒂芬·贝利 / Bailey, Stephen K.，8，242，243

罗杰斯·巴克	Barker, Roger G, 225
梅尔文·巴洛	Barlow, Melvin L, 220-221
柏克利计划	Berkeley Plan, 300
布卢姆·伯特罕姆	Bettelheim, Bruno, 78
《大型学校,小型学校》(……·冈普)	*Big School, Small School* (Barder and Gump), 225
本杰明·布卢姆	Bloom, Benjamin S, 288, 324
布拉德福德高中	Bradford High, 81, 84-87
佛罗伦萨·布劳尔	Brawer, Florence B, 347
英格兰幼儿学校	British Infant Schools, 296, 310
哈利·布劳迪	Broody, Harry S, 280
杰罗姆·布鲁纳	Bruner, Jerome S, 292-293, 324
预算(参见"开支")	Budgets (*see* Expenditure)

C

加利福尼亚教育章程	California Education Code, 48
关心	Caring, 69, 70
家长的满意程度	and parent satisfaction, 66
学生的满意程度	and student satisfaction, 111
教师的作用	teacher role in, 125
卡内基高等教育委员会	Carnegie Commission on Higher Education, 348
查理斯·斯图尔特·莫特基金会	Charles Stewart Mott Foundation, 350, 355
孩子的发展:	Child development:
课程发展	and curricular progression, 339
小学	in elementary years, 335
对学校教育的影响	impact of, on schooling, 327-328
城市建设(南尔森)	"City Building" (Nelson), 240
1964年民权法案中的教育机会均等的项目	Civil Rights Act of 1964, Equal Educational Opportunities Program of, 3
教室环境	Classroom environment, 29-30, 93-95
吸引力	attractiveness of, 240
成功所需的条件	conditions for successful, 112-113
教学质量的下降	and decline in instructional quality, 125-127
能力分组的影响	effects of ability grouping on, 141
分班教学的影响	effects of tracking on, 155
小学层次	at elementary level, 158, 255
感情基调	emotional tone of, 111, 112, 229-230, 242-243, 255
小组凝聚力	and group cohesion, 108, 110-111, 123, 266
对学生的影响	impact of, on students, 113
隐性课程	and implicit curriculum, 226-227, 240

初中	at junior high level, 159
典型结构	modal configuration of, 230-231
改变	modification of, 177, 267
问题	problems with, 124
满意度	satisfaction with, 124, 248, 249, 255
相似性	similarities in, 226-227
学生参与	student participation in, 115
学生的看法	student perceptions of, 113
学习科目之间的差异	subject variations in, 114
教师的作用	teacher role in, 108-110, 121-124
时间的利用	and time utilization, 127-128
差异	variations in, 124

阿瑟·科恩　　Cohen, Arthur M, 347
詹姆斯·克尔　　Coleman, James S, 4, 5, 13, 167
大学：　　College：

入学条件	admission requirements for, 136, 217-218, 285
第四阶段	and fourth phase, 348
逐年减少	reduction in years of, 348

学校与大学委员会　　Commission on the Relation of School and College, 6
共同的核心课程：　　Common core：

到16岁	to age 16, 148, 164
课程领域	and curriculum domains, 287-289
失败	failure of, 140, 160, 163
作用	function of, 140, 161, 163
体育课	in physical education courses, 223
建议	recommendations for, 297
改革	reform of, 164
初中	at secondary level, 139, 160
教师的困扰（参见"普通教育"）	teacher difficulty with, 186 (*see also* General education)

公立学校　　Common school, 34-35

当代课程	and contemporary curriculum, 159-160, 163, 164
课程领域	and curriculum domains, 287-289
目的	purpose of, 131, 273
保留的课程	survival of, 91
分班教学	and tracking, 163
电视（参见"普通教育"）	TV as, 42-43, 342 (*see also* General education)

社区大学：　　Community college：

| 第四阶段 | and fourth phase, 348 |
| 重构系统 | in restructured system, 346, 347 |

社区教育	Community education, 349, 361
合作	collaboration on, 354-356
要素	elements of, 353
目标	goals of, 350
政府的作用	government role in, 351, 353
领导者	and leadership, 335
伙伴关系	and *The Partnership*, 355, 356
与学校的关系	and relationship with schools, 351-352
计算机素养	Computer literacy, 228, 341, 342, 344
计算机	Computers, 228-229, 340-341, 360
詹姆斯·B·柯南特	Conant, James B, 76, 139, 285, 310, 337
国会：	Congress:
第88届	88th, 3
第89届	89th, 3-4
控制：	Control:
在布拉德福德学校	at Bradford High, 85
期望	expectations for, 73-74
一致的目标	and goal agreement on, 191-192
必要性	necessity for, 174-175
父母所关心的	parent concern about, 69-70
科琳·A·西兹加州大学洛杉矶分校的附属小学	Corrine A. Seeds University Elementary School at UCLA, 300, 309
柯瑞明·劳伦斯	Cremin, Lawrence A, 44
《教育的危机》	*Crisis in Education*, 2
批评	Criticism, 357-358
品格发展教学	of character development teaching, 15
教学复杂能力	of teaching complex abilities, 15
教学	institutional level, 3
进步主义教学法	of progressive techniques, 106
中学	of secondary schools, 6
教职员的能力	of staff competence, 2-3
学生准备	of student preparation, 162
系统行为的改善	and system-wide improvements, 31-32
教师准备	of teacher preparation, 359
长久保持现状的倾向	of tendency to perpetuate status quo, 11, 90-91, 147-149, 161, 165, 297, 346
职业准备（参见"问题"、"社会变化"、"社会背景"）	of vocational to preparation, 343-344 (See also Problems; Social change; Social context)
课程	Curriculum, 30, 197

学术/职业划分	academic / vocational split in, 143, 147, 148
不同学科的师资分配	and allocation of teachers to subjects, 30
艺术课程	arts courses, 218
活动	activities of, 218
强调,小学	emphasis on, at elementary level, 218
缺乏表演	lack of performance in, 238
材料的使用	materials used in, 219
问题	problems with, 219 – 220
教师目标	and teacher goals, 218 – 219
平衡	balance in, 200, 284, 286
混乱	chaos in, 140
选择	choice in, 13, 197 – 198, 287 – 290, 337
大学入学条件	and college admission requirements, 136, 217 –218, 285
共同核心课程：年满 16 岁	and common core: to age 16, 148, 164
课程领域	and curriculum domains, 287 – 289
失败	failure in, 140, 160, 163
功能	function of, 131, 273
在体育课中	in physical education courses, 223
建议	recommendations for, 297
改革	reform of, 164
中学	at secondary level, 139, 160
教师的困难（见公立学校；普通教育）	teacher difficulty with, 186 (*See also* Common school; General education)
计算机	and computers, 228 – 229
基础和超越基础之间的冲突	and conflict between basics and transcendent concerns, 243 – 245
校长间的合作	coordination of, by headmaster or headmistress, 305
矫正	corrective, 289, 334 – 335
缺点	deficiencies in, 290 – 292, 358
听力技巧的发展	development of listening skills in, 206, 224
发展项目	development projects for, 183
领域	domains, 287 – 290, 319, 337
主要的学习活动	dominant learning activities of, 230
初中	at elementary level, 198 – 200
强调职业教育	emphasis on vocational education, 200, 203 –204
英语/语言艺术课	English / language arts courses in, 204 – 207
强调讲解式写作	and emphasis on expository writing, 206
材料的使用	materials used in, 205 – 207
相似性	similarities in, 206

教师目标	teacher goals in, 207
测验	tests in, 207
扩大	expansion of, 44
以经验为基础的生涯教育	for experience-based career education, 345
课外活动	extracurriculum, 197, 224-226
失败	failure of, 241-242
差异	variation in, 225
外语课	foreign language courses in, 216-218
材料的使用	materials used in, 217
相似性	similarities in, 217
教师目标	teacher goals in, 216
测验	tests in, 217
普通教育建议	and general education recommendations, 139
政府作用	government role in, 49, 200, 208, 235
隐性的	implicit, 30, 197, 226-232, 296
教室环境	and classroom environment, 226-227, 240
技术革新	and technological revolution, 227-229
价值	and valued, 241-242
有限的材料	and limited materials, 236-237
主要的不足之处	major deficiencies of, 237
数学课	mathematics courses in, 207-210
材料的使用	materials used in, 208-209
相似性	similarities in, 208
教师目标	teacher goals in, 209-210
测验	test in, 209
新特里尔	New Trier, 300
体育课	physical education courses in, 222-225
共同的核心课程	common core in, 223
强调竞技性运动	and emphasis on competitive sports in, 224-241
材料的使用	materials used in, 223-224
问题	problems with, 72-73, 327
测验	tests in, 223
均衡的建议	recommendations for: balanced, 279-280, 286
共同的核心课程	common core, 148, 164, 297
内容	content, 290-295
设计中心的建立	establishment of design centers, 294
研发中心的建立	establishment of research and development centers, 293-295
普通教育	and general education, 292

采取措施对待个体差异	and provision for individual differences, 280-281, 292
改革努力	reform efforts, 292-293
重构初级学校教育阶段	of restructured elementary phase, 335-336
重构小学阶段：定量	of restructured primary phase: quantitative in, 333
阅读	reading in, 332-333
重构学校	of restructured school, 334, 339
重构中学阶段	of restructured secondary phase, 336-337
个体选择	individual choice in, 337
大学的作用	role of universities in, 291-293
满意度	satisfaction with, 72-73
学校规模	and school size, 310
科学课程	science courses in, 213-216
学术/职业分裂	and academic/vocational split, 214
与其他学科相关	links to other disciplines in, 215-216
材料的使用	materials uses in, 215
教师目标	teacher goals in, 214-216
测验	tests in, 211-212
中学	at secondary level, 199-200
社会科课程	social studies courses in, 210-213
活动	activities in, 213
民族优越感	ethnocentrism in, 212-213
材料的使用	materials used in, 211
相似性	similarities in, 210-211
教师目标	teacher goals in, 212-213
测验	test in, 211-212
国家的要求	state requirements for, 281
学生认可	student approval of, 212
学生的观点	student perception of, 233-235
时间和丰富程度	time and richness of, 134
分班教学	and tracking, 150-154, 205
电视	and TV, 342
差异	variation in, 131-132, 280-281
小学	at elementary school level, 132-136
初中	at junior high level, 136-137, 200-201
高中	at senior high level, 137-138, 200, 202-203
职业教育和生涯教育课程	vocational and career education courses, 138, 144-145, 220-222
材料的使用	materials used in, 222
目的	purpose of, 238-239

| 测验 | tests in, 222 |
| 多样性(参见"职业教育") | variety in, 221-222 (See also Vocational education) |

D

道尔顿制	Dalton Plan, 300
示范学校	Demonstration schools, 310
约翰·杜威	Dewey, John, 44, 143, 300
差异(参见"个体差异")	Differences (see Individual differences)

E

经济机会(参见"经济机会均等")	Economic opportunity (see Equal economic opportunity)
1964年的《经济机会法案》	Economic Opportunity Act of 1964, 3
爱德森	Edson, C. H., 13
教育:	Education:
不断变化的目的	changing goals of, 33, 34
共同的目标	common purposes of, 46-47
社区	by communities, 349
政府作用(见"政府角色")	governmental role in (see Governmental role)
哈佛报告的目标	Harvard Report goals for, 138-139
历史背景	historical background of, 40-42
科技变化的影响	impact of technological change on, 32, 322, 342-343
在复杂世界的重要性	importance of, in complex world, 322
个体发展	and individual development, 44
媒体作用	and media role, 9, 34, 96, 360
新闻	press, 40, 41
电视	TV, 42-43, 341-342, 353
优点	merits of, 11-12
支持前提	propositions in support of, 130
质量	quality of, 244
要求	requirement of, 125
负责任	responsibility for, 46, 60
学校目标	as school goal, 14-15
社会变化	and social change, 13, 15
国家贡献	state commitment to, 57-58
普遍的(参见"普通教育"、"目标"、学校)	universal, 12, 13, 166 (See also General education; Goals; Schools)
联邦教育局	Education, U. S. Office of, 12
教育国会	"Education Congress" (88th), 3
教育机会(见"教育机会平等")	Educational opportunity (see Equal educational opportunity)

《教育的荒地》	*Educational Wastelands*, 2
第88届国会	88th Congress, 3
第89届国会	89th Congress, 3-4
1965年小学和中学教育法案	Elementary and Secondary Education Act of 1965, 3-4
重构初级阶段	Elementary phase, restructured, 326-327
活动	activities of, 336
课程	curriculum of, 335-336
主要功能	major function of, 336
准备	preparation for, 334-335
英语/语言艺术课程	English / language arts curriculum, 204-207
重视讲解式写作	and emphasis on expository writing in, 206
材料的使用	materials used in, 205-207
相似性	similarities in, 206
教师目标	teacher goals in, 207
测验	tests in, 207
入口：	Entry:
建议	recommendations, 325-326, 328-329
倾向	trends, 324
环境（参见"班级环境"）	Environment (*see* Classroom environment)
经济机会均等	Equal economic opportunity, 5, 10, 89-90, 160
现状的接受	and acceptance of status quo, 11, 161, 165, 346
小组练习	and grouping practices, 147, 164-165
工作流动性	and job mobility, 148-149
少数民族职业培训	and minority job training, 145-146
1964年民权法案中的教育机会均等的项目	Equal Educational Opportunities Program of the Civil Rights Act of 1964, 3
教育机会平等	Equal educational opportunity, 5, 10-11, 45, 90-91, 161, 193, 225-226
学术/职业分裂	and academic / vocational split, 144-145, 214
知识获得	and access to knowledge, 131, 160, 161
课外活动	and extracurricular activities, 226
失败	failures in, 160, 239, 297
分组	and grouping, 164-165
掌握性学习	and mastery learning, 166
分班教学	and tracking, 152-157, 159, 297
公平	Equity, 30, 131
进入小学	and admissions in primary school, 328
职业教育	and vocational education, 147
期望	Expectations, 4-5

不断变化的背景	in a changing context, 34-35
下降	decline in, 5-6
教育功能	for educational function, 88
小学	for elementary schools, 67
父母	of parents, 37-39
家庭对学生的影响	of students, influence of home on, 193
达到顶点(参见"目标")	zenith in, 9-10(see also Goals)

开支： Expenditures：
- 计算机 — for computers, 341
- 平等 — equalization of, 5
- 培训学校校长 — for preparation of principals, 307
- 样本学校 — of sample schools, 26-27
- 满意度 — and satisfaction, 179-180
- 学校的控制 — school-level control over, 278
- 学区督学的判断力 — superintendent discretion over, 276
- 教师工资 — for teacher salaries, 196, 301, 302, 313, 314, 338, 359-360

课外活动 Extracurriculum, 197, 224-226
- 失败 — failure in, 241-242
- 差异(参见"隐性课程") — variation in, 225(see also Implicit curriculum)

F

费尔非德高中	Fairfield High, 67-69
约翰·弗拉纳根	Flanagan, John C., 14-15
密歇根州的弗林特市,责任尝试	Flint, Michigan, commitment approach in, 350
福特基金会	Ford Foundation, 294, 315

外语课 Foreign language curriculum, 216-218
- 材料的使用 — materials used in, 217
- 相似性 — similarities in, 217
- 教师目标 — teacher goals in, 216
- 测验 — tests in, 217

第四阶段(中学后) Fourth phase (post-secondary)
- 以经验为基础的生涯教育 — and experience-based career education, 344-345, 348
- 功能 — function of, 347-349
- 高等教育 — and higher education, 348
- 反对 — objections to, 348
- 自愿主义 — and volunteerism, 348

| 自由学校运动 | Free School Movement, 272 |

经费： Funding：
- 课程设计中心 — for curriculum design centers, 295

研发中心	for research and developmental centers，294，295
教师教育	for teacher education，317

G

普通教育：	General education：
共同核心课程的失败	and common core failure，140，160，163
离校年龄	and departure age，148，164
哈佛大学报告目标	Harvard Reports goals for，138-139
天才计划	and Project Talent，231
建议	recommendations for，139，232
职业教育(参见"共同核心课程"、"公立学校")	and vocational education，139，147，220-221，239，344 (see also Common Core；Common school)
《自由社会的普通教育》(哈佛委员会的报告)	*General education in a free society*（Report of the Harvard Committee），138，139，143，147，148，221，286
盖特基金会	Getty Foundation，294
目标	Goals，43-44，46-49，61-62
学术	academic，51-52
一致性	agreement on，65-66，76
布拉德福德高中	at Bradford High，84
课堂控制	at classroom control，191-192
费尔非德高中	at Fairfield High，67-69
巴利萨德斯小学	as Palisades Elementary，66
罗思蒙初中	at Rosemont Junior High，83
满意度	and satisfaction，65-69，83
公立学校	of common schools，131
平等和质量	equality and quality as，45
失败	failure in，240-241，337
虚伪性	hypocrisy of，241
喜爱和看法	preference and perception of，62-68
建议	recommendations for，50-51
学术	academic，51-52
个人	personal，55-56
社会,公民,文化	social，civic，and culture，52-55
职业	vocational，52
相对重要	relative importance of，38，62，68
负责任	responsibility for，48-50，275
支持(参见"期望")	support for，37-38（*See also* Expectations）
C·韦恩·戈登	Gordon，C. Wayne，75
政府角色	Governmental role，4-5

社区教育	In community education, 351, 353
特定地区概念	and concept of locality, 131
课程	and curriculum, 49, 200, 208, 235
早期教育	in early education, 324
第88届国会	88th Congress, 3
第89届国会	89th Congress, 3-4
平等机会计划	and equal opportunity agenda, 152-153
确定指导方针	in establishment of guidelines, 49-50, 57, 281, 282
学区	district, 48-49
州	state, 47-48, 58-60, 274-275, 281
以学科为中心	subject-oriented, 49
教师参与	teacher participation in, 187
联邦教育资助	and federal support, 8
影响	influence of, 46
低收入家庭	for low-come families, 12
毕业考试	in graduation examinations, 163
影响	impact of, 48, 69
计划的变化	proposed changes in, 275-276
提议的课程中心	in proposed curriculum center, 294, 295
州	state, 47-48, 57-60, 281, 282
取消分级制	Grading, elimination of, 328, 331
毕业考试	Graduation examinations, 163
能力分组	Grouping, by ability, 141, 158
学术/职业分组	and academic / vocational split, 143, 147, 148
证明的理由	justification of, 154
学生的自尊(参见"分班教学")	and student self-esteem, 142, 158-159 (See also Tracking)
保罗·冈普	Gump, Paul V., 225

H

理发(安迪·华何尔的电影)	Haircut, The (Warhol), 230
哈佛委员会的报告(自由社会的普通教育)	Harvard Report (General Education in a Free Society), 138, 139, 143, 147, 148, 221, 286
幼儿早年教育计划	Head Start, 12, 324
校长	Head teachers, 302-303, 314, 333, 338, 339
男校长或女校长	Headmaster or headmistress, 304-306
弗瑞德·赫钦格	Hechinger, Fred, 347
罗伯特·海斯	Hess, Robert D., 193
休伊特基金会	Hewlett Foundation, 294
隐性课程(见"内容的课程")	Hidden curriculum (see Implicit curriculum)

休伯特·汉佛	Humphrey, Hunbert H., 33, 90
迪瑞奇·汉特	Huntet, Deairich, 86, 87
罗伯特·M·哈庆思	Hutchins, Robert M., 3, 140

I

内容的课程	Implicit curriculum, 30, 197, 226, 232, 296
课堂环境	and classroom environment, 226–227, 240
技术革命	and technological revolution, 227–229
价值(参见"课外活动")	and values, 241–242 (see also Extracurriculum)
改善(参见"建议")	Improvements (see Recommendations)
个体差异	Individual differences, 164–165, 289
规定	provisions for, 280–281, 287–290, 282
学校中的学校	and schools within schools, 311
幼儿学校,英国	Infant (Primary) Schools, England, 296, 310
信息的需求	Information, need for, 19, 31, 129
国际造纸业基金会	International Paper Company Foundation, 341

J

托马斯·杰斐逊	Jefferson, Thomas, 90
克里斯托弗·杰克斯	Jencks, Christopher, 5, 13, 167
林顿·B·约翰逊	Johnson, Lyndon B., 4
哈利·加齐	Judge, Harry G., 315

K

重点学校	Key schools, 300–310, 316
马瑞林·克鲁尔斯	Kourilsky, Marilyn, 240

L

加利福尼亚大学洛杉矶分校教育研究生院的学校——社区教育实验室	Laboratory in school and community Education of the UCLA Graduate School of Education, 354, 355
实验学校运动	Laboratory School Movement, 300
芝加哥大学的实验学校	Laboratory School of the University of Chicago, 300
兰普莱特学校(得克萨斯的达拉斯)	Lamplighter School (Dallas, Texas), 228
诉讼	Lawsuits, 7
领导权:	Leadership:
布拉德福德高中	at Bradford High, 85–86
社区教育	for community education, 354–355
课程	and curriculum, 137, 138, 305
失败	failure in, 49–50, 57

带头教师	by head teacher, 302-303
掌握性学习	and mastery learning, 166
职责知觉	perceptions of responsibility for, 273
全神贯注	preoccupations of, 353-354
中小学校长	of principal, 179
建议	recommendations for, 302-303
学区层次	at district level, 275-276
男校长或女校长	and headmaster or headmistress, 305
学校中	within schools, 276-278
推选校长	and selection of principals, 277
校长技能	and skills of principals, 306-307
州政府层次	at state level, 275
重构学校	of restructured schools, 338
满意度	and satisfaction, 179
学校中的学校	of school within schools, 312
州政府层次	at state level, 48, 57, 60
霍普·雷斯特	Leichter, Hope Jensen, 353
洛蒂	Lortie, Dan C., 198, 196

M

玛森泰尔	McIntire, Ronald G., 37
雌性学校	Magnet schools, 289, 300
弗兰克·曼雷	Manley, Frank, 350
掌握性学习	Mastery learning, 91, 166, 289, 296
数学课程	Mathematics curriculum, 207-210
材料的使用	materials used in, 208-209
相似性	similarities in, 209-210
测验	tests in, 209
媒体：	Media:
影响	impact of, 9, 34, 96, 360
新闻	press, 40, 41
电视(参见"技术的变化")	TV, 42-43, 96, 341-342, 353 (see also Technological change)
方法(参见"教学实习")	Methods (see Teaching practices)
微型电脑(参见"计算机")	Microcomputers (see Computers)
《克鲁尔斯基的经济和其他社会科学教学的微型社会方法》	Mini Society Approach to Instruction in Economic and Other Social Sciences, The (Kourilsky), 240
少数民族(参见"经济机会均等"、"教育机会平等"、"学生")	Minorities (see Equal economic opportunity; Equal educational opportunity; Student)
莫特基金会	Mott foundation, 350, 355

主题及人名索引   357

| 查理士·马斯卡丁 | Muscatine, Charles, 291 |

N

全国教育进步评估,对阅读能力的研究　　National Assessment of Educational Progress, study of reading ability, 13
全国数学教师委员会　　National Council of Teachers of Mathematics, 285
全国教育联盟　　National Education Association, 169, 285
　　1967 年报告　　　　1967 report of, 172
国家教育研究所　　National Institute of Education, 295
国家科学基金会　　National Science Foundation, 292
关于民族社会的教育研究　　National Society for the Study of Education, 343
全国写作项目　　National Writing Project, 294
多瑞·南尔森　　Nelson, Doreen, 240
新特里尔项目　　New Trier, 300

O

联邦教育局　　Office of Education, U.S., 12
组织：　　Organization:
　　重构阶段的功能　　　　and function of restructured phases, 339
　　中学后,重构学校体系　　　　post-secondary, in restructured system, 346, 348
　　改革　　　　reforms in, 323
　　阶段之间的联系　　　　relationship among phases, 330–331, 336, 337, 349
　　重构基础阶段　　　　of restructured elementary phase, 327
　　重构第四阶段　　　　of restructured fourth phase, 327
　　重构小学阶段　　　　of restructured primary phase, 347–348
　　重构中学阶段　　　　of restructured secondary phase, 327–328
　　层次分离　　　　and separation by level, 304–306
　　安置教职员工　　　　staffing, 306–309, 329–330
　　结构失调　　　　structural incongruities in, 323–324
　　结构改革　　　　and structural reform, 267
　　结构规则　　　　structural regularities in, 266
　　重建结构　　　　vertical structure of, 329, 338
《局外人》　　*Outsiders, The*, 206

P

派克德基金会　　Packard Foundation, 294
《派地亚》　　*Paideia*, 349
巴利萨德斯小学　　Palisades Elementary, 66–68
西蒙·帕培特　　Papert, Seymour, 228

家长：	Parents:
教育期望	educational expectations of, 37-39
目标偏向和知觉	goal preference and perception by, 62-68
参与	participation of, 240, 272-274
问题知觉	and perceptions of problem, 71-75, 79-80
辅助性的家—校联系	and supportive home-school relationships, 74
下降	decline in, 7, 39, 41-42, 89
工作	working, 324

伙伴关系 — *Partnership*, The, 355, 356
中华人民共和国 — People's Republic of China, 289, 333
体育课程 — Physical education curriculum, 222-224
 共同的核心课程 — common core in, 223
 强调竞技性运动 — and emphasis on competitive sports in, 224, 241
 材料的使用 — materials used in, 223-224
 问题 — problems with, 72-73, 327
 测验 — tests in, 223
物理环境（参见"教室环境"） — Physical environment (*see* Classroom environment)
琼·皮亚杰 — Piaget, Jean, 327
正向强化 — Positive reinforcement, 111-112
中学后阶段 — Post-secondary phase (*see* Fourth phase)
新闻 — Press (*see* Media)
重构小学阶段 — Primary phase, restructured, 326-327
 发展性评价 — assessment of progress in, 333-334
 课程 — curriculum of, 332-333
 按生日入学 — and entry on birthday, 328-329
 主要功能 — major function of, 332

中小学校长：	Principals:
培养领导能力	leadership development for, 277
培训	preparation of, 306-307
职责	responsibilities of, 302-303
满意度	satisfaction of, 179, 255
挑选	selection of, 306-307
问题：	Problems:
年龄结构	of age structure, 323-325
课堂环境	with classroom environment, 124
控制	of control, 69-70
课程	with curriculum, 72-73, 327
解决布拉德福德高中学校问题的困难	difficulty in solving at Bradford High, 86, 87
吸毒/酗酒	drug / alcohol use, 71-72

早期教育过渡	in early education transition, 326
目标分歧	goal disagreement, 76
教师的影响	impact of, on teachers, 176–178
智力，布拉德福德高中	intellectual, at Bradford High, 84–85
缺乏兴趣：初中	interest, lack of: at elementary level, 72
高中	at high school level, 71–72
学术学习以外的	nonacademic, 75
对……的认识	perceptions of, 71–75, 79–80, 175
青春期	of puberty, 78–79
问题排序：小学	rank ordering of: at elementary level, 74
高中	at high school level, 72
初中	at junior high/middle school level, 73
学生与教育体制的解决方案	student versus institutional solutions to, 89–90
学生的不良行为：高中	students misbehavior: at high school level, 69–72
反应	reaction
教师工资表（见"工资表"）	teacher salary scales (*see* Salary scales)
教师和学生的隔离	teacher-student separation, 80
教学实习（参见"批评"、"相关"、"社会问题"、"青年文化"）	with teaching practices, 298–299, 358–359 (*see also* Criticisms; Relevance; Social problems; Youth culture)
布鲁纳的《教育过程》	*Process of Education, The* (Bruner), 292–293
熟练程度测试	Proficiency tests, 7
天才计划	Project Talent, 231
普韦布洛计划	Pueblo Plan, 300

R

种族（参见"经济机会均等"、"教育机会平等"、"学生"）	Race (*see* Equal economic opportunity; Equal educational opportunity; Students)
约翰·瑞文	Raven, John, 15
戴安·达维奇	Ravitch, Diane, 9
阅读能力，全国教育进步研究评估	Reading ability, National Assessment of Educational Progress study of, 13
建议：	Recommendations:
年龄结构转变，	for age structure shifts, 325–326
入学和离开学校	in entry and departure, 328–329
影响	impact of, 347
课程（参见"课程"、"建议"）	for curriculum (*see* Curriculum, recommendations for)
地方分权	for decentralization, 273, 274
分级制的取消	for elimination of grading, 328, 331
学术目标	for goals: academic, 51–52

个人	personal, 55-56
社会、公民和文化	social, civic, and culture, 52-55
职业	vocational, 52
指导原则	guiding principles of, 318-320
领导	for leadership, 302-303
学区	at district level, 275-276
校长的任命	establishment of headmaster or headmistress, 304-306
校长预备	and preparation of principal, 306-307
州	at state level, 274-275
父母的参与	and parent participation, 272-274
计划功能	for planning function, 278, 283-285
研究生选择	and post-graduate choices, 346
资源分配	for resources distribution, 281-285
重新设计的阶段	for restructuring into phases, 326-328
工资表	for salary scales, 301, 302, 338
分化	differentiations, 313, 314, 359-360
学校中的学校	for schools within schools, 310-312
自我更新	for self-renewal, 276-277, 282-283
阶段单元规模	for size of phase unites, 330, 338
工作人员：初中	for staffing: at elementary level, 308-309
灵活性	flexibility in, 329-330
兼职教师	and part-time teachers, 308-309
小组教学	and team teaching, 309
为了教师进修	for teacher advancement, 313-314
为了教师教育	for teacher education, 125-127, 183, 314-318
为了教学实习（参见"教学实习"、"建议"）	for teaching practices (see Teaching practices, recommendations for)
资金的花费	for use of money, 278
时间的花费	for use of time, 194-195, 281-283
教学工作量	and teaching load, 279
空教室的利用	for utilization of empty classrooms, 331
职业教育	for vocational education, 343-346
改革：	Reforms:
课程试验	and curriculum experiments, 163
课程改革所作的努力	and curriculum reform efforts, 292-293
关注学生	focused on students, 78, 89-90
关注教师	focused on teachers, 6-7, 186
刺激	incentives for, 268-270
个体差异	and individual differences, 164-165

有组织	in organization, 323
学校间的议事日程	school-by-school agendas for, 175–176
学校的反应	school responsiveness to, 256–257, 267
教师职业化	and teacher professionalism, 258
学生辅助	student assistance with, 88
关联性	Relevance, 29, 266, 335
年龄大的学生	for older students, 324–325
学生认知	student perceptions of, 232
教学实习	and teaching practices, 231–232
职业教育	of vocational education, 149–150, 221, 322, 343–344
资源分配：	Resource distribution:
科目分配	allocation to subjects, 30
初中	at junior high level, 136–137, 200–201, 203
体育	physical education, 222
科学	science, 213
高中	at senior high level, 137–138, 200, 202–203
职业教育	vocational education, 137–138
规划的建议	recommendations for: planning, 283–285
时间	time, 194–195, 218–283
限度	extent of, 95–96
使用	use of, 97–101
使用时的变异性	variability in use of, 131–136
罗思蒙初中	Rosemont Junior High, 81–83, 180–182
比尔立兹·拉穆尔	Ruml, Beardslee, 292
米歇尔·鲁特	Rutter, Michael, 17, 252

S

关心安全	Safety, concern for, 70–71
工资表	Salary scales, 196, 359
差异	differentiation of, 313, 314, 359–360
带头教师	of head teachers, 302, 338
重点学校	in key schools, 301
西蒙·赛拉森	Sarason, Seymour, 16
满意度	Satisfaction, 30–31
缺席率	and absentee rate, 260
布拉德福德高中	with Bradford High, 84–85
关心	and caring, 66, 111
相关的特征	characteristics associated with, 88, 248–249, 258–261
小学	at elementary level, 255

	初中	at junior high level, 254-255
	高中	at senior high level, 252-254
	课堂环境	with classroom environment, 124, 248, 249, 255
社区学校		with community schools, 33-35
学校之间的比较		comparison of study schools on, 250-255
高水平社区学校的特征		composite of characteristics associated with high level of, 261-262
低水平社区学校的特征		composite of characteristics associated with low level of, 261-262
课程		with curriculum, 72-73
小学的感情基调		and emotional tone at elementary level, 255
开支水平		and expenditure level, 179-180
目标一致		and goal agreement, 65-69, 83
	费尔非德高中	at Fairfield High, 67-69
	巴利萨德斯小学	at Palisades Elementary, 66
	罗思蒙初中	at Rosemont Junior High, 83
少数民族人口		and minority populations, 182
学术学习以外的问题		and nonacademic issues, 75
父母联系		and parent contact, 260
校长		of principals, 179, 255
巴利萨德斯小学的种族差异		and racial difference at Palisades Elementary, 67
	革新学校	in renewing schools, 257
	安全	and safety, 70
	学校规模	and school size, 179, 180, 251, 252
	罗思蒙学校的社会背景	and social context in Rosemont schools, 182
	学生成绩	of students: and achievement, 127
	下降	decline in, 76
	关心的效果	effects of caring on, 111
	小学	at elementary level, 140-141
	初中	at junior high level, 254
	学科	with subjects, 115-119
	青年文化	and youth culture, 248, 254
学科差异		subject variation in, 115-119
调查		survey of, 35-36
教师控制		and teacher control, 189
教师或校长的看法		and teacher or Principal perceptions, 255
师生关系		and teacher-student relationships, 247
教师差异		and teacher variation, 123
教师条件		of teachers: conditions for, 176, 178

作用
　少数民族人口
　革新学校
　罗思蒙高中
　学校问题
　学校规模
教学实习
初中的差异
学术能力测验分数：
　下降
　　分析
　　教育规模的扩大
　进步教学实习
　学校的有效功能（参见"标准化成绩测验"）
学校：
　入学：义务教育
　　下降
　挑战
　共同核心
　　当代课程
　　课程领域
　　目的
　　生存
　　分班教学
　　电视
　社区教育
　满意度最低的综合形象图
　满意度最高的综合形象图
　角色冲突
　文化复制
　学校文化
　作决定
　不满意
　课程初期
　检验学校的产品
　目标不能实现
　　中学
　功能

effects of, 176-177
and minority population, 180
and renewing schools, 257
at Rosemont High, 182, 182
and school problems, 177-178, 255
and school size, 179, 180, 251, 252
and teaching practices, 249, 260
variation in, at junior high level, 254
Scholastic Aptitude Test (SAT) scores：
decline in, 13
　analyses of, 6, 13-14
　and educational expansion, 12-13
and progressive teaching practices, 106
and school effectiven (see also Standardized achievement tests)
Schools：
and attendance：compulsory, 130
　decline in, 76
challenges of, 45, 244
common, 34-35
　and contemporary curriculum, 159-160, 163, 164
　and curriculum domains, 287-289
　purpose of, 131, 273
　survival of, 91
　and tracking, 163
　TV as, 42-43, 342
and community education, 350-352
composite of least satisfying, 262-264
composite of most satisfying, 262-264
confusion in role of, 352
and cultural reproduction, 161
culture of, 16, 18-19
decision making in, 273-274
dissatisfaction with, 33-35
early curriculum of, 44
evaluating output, of, 14-15
failure of：in meeting goals, 239
　at secondary level, 90-92
function of, 29, 39, 69, 70

历史作用	historical role of, 40–42
杰克斯的分析	Jencks' analysis of, 5
重点	key, 300–310, 316
变革的压力	and pressure to change, 268–270
成功的要求	requirements for success of, 45–46
对改善的反应	responsiveness of: and improvement, 256–257, 267
教师的专业化	and teacher professionalism, 258
标准化测验的措施	standardized tests as measure of, 14, 61
研究样例：图表	study sample: demographic of, 18–28
差异	differences in, 356, 264–265, 267–268
教学用品	facilities of, 27
评估	rating of, 35–36
相似性	similarities in, 246–249
"深入"的描述	"thick" descriptions of, 16–17
支持	support of, 322–323
生存	survival of, 91
主题	themes of, 28—32
改善的单元	as unit for improvement, 17, 28, 31–32, 188
差异，获取知识（参见"组织"）	variation in, and access to knowledge, 131, 157–158 (see also Organization)

学校中的学校　　Schools within schools, 310
　领导　　leadership of, 312
　师生互动　　and teacher-students interactions, 312
　垂直与水平组织　　vertical versus horizontal organization of, 311
约瑟夫·施瓦布　　Schwab, Joseph J., 273
科学课程　　Science curriculum, 213–216
　学术/职业分裂　　and academic / vocational split, 214
　和其他科目的联系　　links to other disciplines in, 215–216
　材料的使用　　materials used in, 215
　教师目标　　teacher goals in, 214–216
　测验　　tests in, 216
重构第二阶段：　　Secondary phase, restructured:
　课程　　curriculum of, 336–337
　结构　　structure of, 327–328
科琳·A·西兹　　Seeds, Corinne A., 300
芝麻街　　*Sesame Street*, 324
查理·西伯曼　　Silberman, Charles E., 3
哈科·希尔博曼　　Silberman, Harry F., 343
肯尼斯·史诺特尼克　　Sirotnik, Kenneth A., 230

第六个领域	Sixth domain, 287-289
学校规模：	Size of schools：
课程	and curriculum, 310
质量	and quality, 309-310
重构的阶段	of restructured phases, 330, 338
满意度	and satisfaction, 179, 180, 251, 252
B·奥斯奈尔·史密斯	Smith B. Othanel, 317
社会变化	Social change, 34
取消种族隔离	desegregation, 45
影响	impact of, 15, 43-44
学校作为代理人(参见"技术的变化")	schools as agents of, 13 (*see also* Technological change)
社会背景：	Social context：
变化	changes in, 34
社区凝聚力	community cohesion, 7-8
社区教育	and community education, 350-352
课程选择	and curriculum choices, 203-204
入学率下降	decline in enrollments, 331
家庭对学校的期望(参见"家长")	home and expectations for school, 193 (*see also* Parents)
教育机制形成	institutional configuration, 39, 323
下降	decline in, 7
历史基础	historical basis of, 40-42
媒介(参见"媒体")	and the media (*see* Media)
新联盟的要求	and need for new coalition, 46
政治联盟	political coalitions, 8
职业分裂	professional segmentation, 9
学校紧张状态	schools in tension with, 273
社会经济的不平等(参见"经济机会均等"、"教育机会平等")	socioeconomic inequities, 161 (*see also* Equal economic opportunity; Equal educational opportunity)
学生多样性	and student diversity, 9, 44, 131, 164-165
对家庭和学校关系的支持	supportive home-school relationships, 74
下降	decline in, 7, 39, 41-42, 89
参加工作的父母	working parents, 324
青年文化(参见"批判"、"问题"、"技术变化")	and youth culture (*see* Youth culture) (*see also* Criticisms; Problems; Technological change)
社会问题：	Social problems：
对学校的影响	impact of, on schools, 349-350
学校的作用	school role in, 4-5
测试分数的下降	and test score decline, 13
社会升迁的效果	Social promotions, effects of, 334

社会科课程	Social studies curriculum, 210-213
活动	activities in, 213
种族优越感	ethnocentrism in, 212-213
材料的使用	materials used in, 211
相似性	similarities in, 210-211
教师目标	teacher goals in, 212, 213
测验	tests in, 211-212
特殊教育	Special education, 185-186
标准化成绩测验:	Standardized achievement tests:
学校的措施	as measure of schools, 14, 61
在校学生雇佣劳动安排(参见"学术能力测验分数")	for student placement, 207 [see also Scholastics Aptitude Test (SAT) scores]
国家的作用	States, role of, 47-48, 58-60, 274-275, 281
学生学费券	Student vouchers, 10, 91, 287, 288, 290, 337
学生:	Students:
能力小组	ability grouping of, 141, 158
学术/职业分离	and academic / vocational split, 143, 147, 148
判断	justification of, 154
自尊	and self-esteem, 142, 158-159
学术兴趣	academic interests of, 81-83
学习的自我感觉	academic self-concepts of, 334
活动偏好	activity preference of, 114-115
青少年骚乱	and adolescent turmoil, 327-328
评价(见评估,学生)	assessments of (see Assessments, students)
态度	attitudes of, 6
成绩	and achievement, 242
对艺术课	toward art courses, 219
大学计划	and college planning, 78-79
学校问题	and school problems, 176
对科学课	towards science courses, 217
对学科	toward subjects, 212, 232
对教学实习	toward teaching practices, 233
行为	behavior of, 69-74
分班教学的影响	effect of tracking on, 154-156
生涯教育(参见"职业教育")	career education of (see Vocational education)
学生在认知方面的不平等	cognitive inequality among, 5
大学的入学条件	and college admission requirement, 136, 217-218, 285
计算机知识	computer literacy of, 228, 341, 342, 344
积累记录	cumulative record for, 286, 305

多样性	diversity of, 9, 44, 131, 164-165
早期入学趋势	early entry trend of, 324
教育期望	educational expectations of, 37-39, 193
毕业趋势	graduation trends of, 12, 140, 162
家庭的支持	and home support, 12, 193
个体差异	individual difference in, 164-165, 289
提供条件	provisions for, 280-281, 287-290, 292
学校中的学校	and schools within schools, 311
兴趣	interests of, 287-290, 339-340
学科（表格）	in subjects, (table) 120
涉及到评价时的困难	involvement of, difficulty in measuring, 102, 103
少数民族：分班教学的影响	minority: effects of tracking on, 156-157
表现	performance of, 244
职业教育	and vocational education, 145-149
学习动机	motivation of, 12, 193
参与	participation of, 109, 110, 115, 240
作决定	in decision making, 224, 229
课外活动	in extracurricular activities, 225-226
被动性的活动	passive activity of, 105, 106, 233
同龄群体	and peer groups, 42
全神贯注	preoccupation with, 75-76
角色示范	as role models, 87
教学法	teaching by, 339
有关课堂环境的看法	perceptions of: of classroom environment, 113
目标	of goals, 62-68
负面的进步	negative progression of, 232
学校问题	of school problems, 71-75, 79-80
相关学科	of subject relevance, 232
教学实习	of teaching practices, 111-112
时间的利用	of time utilization, 100-101
表现	performance of, 244
大众声望的排列	popularity rankings by, 76-77
罗思蒙初中	at Rosemont Junior High, 82
偏好	preferences of, 62-68
准备	preparation of, 162-163
学习计划	program of studies for, 286-290
学校质量评估	rating of school qualities by, 77-78
布拉德福德高中	at Bradford Senior High, 84
罗思蒙初中	at Rosemont Junior High, 83

改革
满意度的下降
　成绩的影响
　关心的影响
　小学
　初中
　学科
　青年文化
　风格(参见"青年文化")
风格和第六个领域
1954年美国最高法院决议

and reform, 88
satisfaction of: decline in, 76
　effects of achievement on, 127
　effects of caring on, 111
　at elementary level, 140-141
　at junior high level, 254
　with subjects, 115-119
　and youth culture, 248, 254
　and style, 337 (*see also* Youth culture)
Style and sixth domain, 337
Supreme Court, U. S., decision of 1954, 45

T

教师教育:
　经费
　兴趣
　建议
　　实习教师的提高任务
　　研究倾向的加强
　改革
　大学的贡献
教师:
　教学效能核定
　升级
　自治
　　满意度
　控制
　　期望
　　需求
　　父母的关心
　课程改革
　需求
　教育期望
　评价
　带头人
　问题的影响
　学生间的作用:分班教学的影响

　青年修养的影响

Teacher education:
　funding of, 317
　interest in, 312-313
　recommendations for, 125-127, 183, 314-318
　　improved assignment of student teachers, 316-317
　　increased research orientation, 316
　reforms in, 125-127
　university commitment to, 315
Teachers:
　accountability of, 7
　advancement of, 313-314
　autonomy of, 109-110, 188-191, 229
　　and satisfaction, 189
　control by, 174-175, 192-193
　　expectations for, 73-74
　　necessity for, 174-175
　　and parent concern, 69-70
　and curriculum reform efforts, 292-293
　demands on, 194
　educational expectations of, 37-39
　evaluations of, 302-303
　head, 302-303, 314, 333, 338, 339
　impact of problems on, 176-178
　and interaction with students: impact of tracking on, 154-156
　impact of youth culture on, 80, 89

主题及人名索引　369

隔离	isolation of, 186-188
学习动机	motivation of, 171-172
业余时间	part-time, 308-309
有关政策影响度的看法	perceptions of: on extent of influence on policy, 191
问题	of problems, 71-75, 79-80, 175
有计划的学科安排	planning subject allocation by, 283-285
偏好和目标意识	preference and perception of goals, 62-68
培训	preparation of, 285-286, 359
充分性	adequacy of, 183-186
目标界定	for goal definition, 237
高中	at high school level, 186
行为专业化	professionalism of: and behavior, 193-195
更新学校	in renewing schools, 258
自我发展活动	and self improvement activities, 187
离职的原因	and reasons for quitting, 172
减轻负担	and reduction of load, 194-195
重构的学校	and restructured schools, 329-330
作用	role of, 167-168
工资表	salary scales of, 196, 359
区别性	differentiation of, 313, 314, 359-360
带头教师	of head teachers, 302, 338
重点学校	in key schools, 301
满意度	satisfaction of, 13, 132
少数民族人口	and minority population, 180
生产力	and productivity, 176-177
更新学校	and renewing schools, 257
罗思蒙高中	at Rosemont High, 181, 182
学校问题	and school problems, 177-178, 255
学校规模	and school size, 179, 180, 251, 252
缺少	shortage of, 13, 132
数学	in mathematics, 285-286
专家	specialists, 184-185
进修	upgrading, 170
工作环境	work environment of, 170-171
工作时间	working hours of, 168-170
教学实习	Teaching practices, 29-30
能力分组	ability grouping, 295-296
成绩	and achievement, 104, 101
回归基础运动	and back-to basic movement, 292

基础和超越基础之间的冲突	conflict between basics and transcendent concepts, 243-245
强制	constraints on, 168
降低变化	decline in variety of, 125-127, 159
主导模式	dominant mode of, 230-232
课堂时间的支配	and domination of class time, 229
强调学术技能	and emphasis on academic skills, 142-143
实验	experimentation in, 249
外语班	in foreign language classes, 119, 217
直接的	frontal, 108-109
对满意度的影响	impacts of: on satisfaction, 249
学生兴趣	on students interest, 185
互动倾向	and interaction trends, 105
跨班分组的影响	interclass grouping impact on, 296-299
实验学校	and laboratory schools, 300
演讲	lecturing, 105
有限的资料	and limited materials, 236-237
掌握性学习	mastery learning, 91, 166, 289, 286
《经济和其他社会科学教学的微型社会方法》	*The Mini Society Approach to Instruction in Economics and Other Social Science* (Kourilsky), 240
对改进的需求	need for improvement in, 125, 128-129
新特里尔项目	New Trier, 300
消极的活动	and passive activities, 105, 106, 233
同伴群体的帮助	and peer-group assistance, 339
学生的个性发展	and personal development of student, 237-238
监控设备	as policing devices, 110-111, 207
问题	problems with, 298-299, 358-359
进步对传统	progressive verse traditional, 173-174
可观察到的活动序列	rank order of activities observed, 106, 107
建议	recommendations for, 128-129, 297-301
示范学校的建立	establishment of demonstration schools, 301
重点学校的建立	establishment of key schools, 300-301
掌握性学习	mastery learning, 296
随机分班	random assignment to classes, 297-298
大学的作用	role of universities in, 299-301
规律性	regularities in, 265-266
相关性	and relevance, 231-232
抵制变化	and resistance to change, 267
专家的作用	and role of specialists, 184-185

角色行为	and role behavior, 104
满意度	and satisfaction, 249, 260
自我评价	and self-appraisals, 129
特殊教育	and special education, 185–186
学生个体	and student individuality, 105–106
学生参与	and student participation, 109, 110
学生认知	student perceptions of, 111–112, 233
学科差异	subject variations in, 114
生存技能	survival techniques, 192
分组教学制	team teaching, 309
花费在阅读和写作上的时间	and time spent on reading and writing, 106–107
分班教学	and tracking, 152, 154–156, 165, 297
混合班	in untracked classes, 156
新方法的使用	and use of new methods, 192
差异（参见"能力分组"、"分班教学"）	variation in, 104, 106, 107, 122, 123（see also Grouping, by ability; Tracking）

技术教育的变化： Technological change:
  计算机   and computer, 340–341
  没有跟上   failure to keep up with, 227–229
  影响   impact of, 32, 322, 342–343
  职业教育   and vocational education, 322, 344

电视： Television:
  公立学校   as common school, 42–43, 342
  隐性教育   implicit education of, 353
  作用   role of, 341–342
  课程的使用   utilization of, in curriculum, 342
  看电视时间   and viewing time, 96

测验   Tests [see Assessments; Scholastic Aptitude Test (SAT) scores; Standardized achievement tests]

时间   Time, 30
  成绩   and achievement, 96
  小学的学科分配   allocation to subjects: at elementary level, 132–136, 198, 200
    体育   physical education, 222
    科学   science, 213
    中学   at secondary level, 199–200
  社会学科、科学课与其他课的比较（表）   social studies and science verse other instruction, (chart) 135
  可选择使用   alternative use of, 283
  课程的丰富程度   and curriculum richness, 134

课堂观察的难度	difficulty observing use of, 127-128, 281-283
分班教学影响	effect of tracking on, 154
程度	extent of, 95-96
改进	improvement in use of, 127-128, 281-283
教学：小学阶段	on instruction: at elementary level, 99, 100
高中	at high school level, 97-100
与其他活动对比	versus other activities, 99, 100
中学	at secondary level, 99, 100
阅读和写作	on reading and writing, 106-107
重组	restructuring use of, 194-195, 281-283
教学负担	and teaching load, 279
在校学习与看电视	in school versus watching TV, 96
学生知觉	student perception of, 100-101
教师主导	teacher domination of, 229
教师间的差异	variation in, among teachers, 122

分班教学　Tracking, 150
　影响　effects of, 159, 163, 297
　　成绩　on achievement, 151-152
　　课堂环境　on classroom environment, 155
　　课程内容　on curriculum content, 153-154, 205
　　期望　on expectation, 155
　　习得行为　on learning behaviors, 154
　　低能力组　on low group, 156
　　少数民族学生　on minority students, 156-157
　　跨学校　across schools, 157
　　学生兴趣　on student interest, 207
　　教学实习　on teaching practices, 152, 154-156, 165, 297
　　时间消耗　on time spent, 154
　剔除　elimination of, 297-298
　判断　justification of, 165, 295-297
　少数民族群体（参见"教育机会均等"，"能力分组"）　and minority groups, 152-157, 159, 297 (see also Equal educational opportunity; Grouping, by ability)

电视　TV (see Television)
拉尔夫·W·泰勒　Tyler, Ralph W., 46, 47, 50

U

罗伯特·尤利兹　Ulich, Robert, 332
大众教育　Universal education, 12, 13, 166
洛杉矶加州大学的附属小学　University elementary school at UCLA, 300, 309

欧文市的加利福尼亚大学分校 University of California at Irvine, 341
加利福尼亚大学洛杉矶分校 University of California at Los Angeles, 300, 355
教育研究生院 Graduate School of education, 354

V

价值 Values, 30
 教化的失败 failure to cultivate, 241–242
 学校在教学工作中的角色 school role in teaching, 53–55, 70
加利福尼亚州温纳高中 Van Nuys High School (California), 82
职业教育 Vocational education:
 学术/职业分离 and academic / vocational split, 144–145, 214
 优点 advantages of, 146–147
 态度 attitude toward, 143
 生涯教育特征 and career education distinction, 220–221
 学科序列 courses sequences in, 144
 课程 curriculum of, 138, 144–145, 220–222
  材料   materials used in, 222
  目的   purpose of, 238–239
  测验   tests in, 222
  多样性   variety in, 221–222
 缺乏 deficiencies in, 162–163, 343–344
 发展 development of, 44, 144
 强调 emphasis on, 199–200, 203–204
 公平 and equity, 147
 以经验为基础 experience-based, 344–345, 348
 第四个阶段 and fourth phase, 348
 普通教育 and general education, 139, 147, 220–221, 239, 344
 工作流动性 and job mobility, 147–149
 初中 at junior high school, 221
 计划的目标 proposed goals of, 52
 目的 purpose of, 143–144, 238–239
 建议 recommendations for, 343–346
 相关性 relevance of, 149–150, 221, 322, 343–344
 对所有学生的要求 as requirement for all students, 147–148
 高中 as senior high level, 221
 技术变化 and technological change, 322, 344
自愿主义 Volunteerism, 195
 生涯教育 and career education, 345
 第四阶段任务 and fourth-phase obligation, 348

| 学生学费券 | Vouchers, students, 10, 91, 287, 288, 290, 337 |

W

沃勒	Waller, W., 195, 196
安迪·华何尔	Warhol, Andy, 230
关于教育的白宫会议	White House Conference on education:
1995 年	1995, 8
1965 年	1965, 33
怀特海·A·N	Whitehead, A. N., 337
温耐特计划	Winnetka Plan, 300
威拉德·沃斯	Wirtz, Willard, 347
工人组织	Workingman's Party, 161
《口语写作》	*Writing Oral Language*, 206

Y

青年文化:	Youth culture:
学术兴趣	and academic interest, 71, 248, 3
学校价值观的断裂	disjuncture of, with school values, 76-79, 81, 321-322, 324-325, 327-328
青春期的影响	impact of puberty on, 254

▶ 译后记

三十多年前，我随中国师范教育代表团访问美国时，第一次见到了约翰·古德莱得博士。当时他所领导的加州大学洛杉矶分校教育研究生院在美国教育学院中排行首位，因此美中关系全国委员会特意安排我们参观他的学院，以及哈佛大学、斯坦福大学、哥伦比亚大学和密歇根大学的教育学院。在参观时，古德莱得博士新颖脱俗的教育思想和他在大学实验学校里的创新改革实践给我们留下了深刻的印象。

几个月之后，古德莱得博士率领美国教育基金会代表团访问中国，教育部正好派我和于富增先生做他们的全程陪同，并由我兼任首席翻译，因此我们有机会一起参观访问了中国教育界的各所名校。我在访问中经常与他深谈，进一步了解了他的教育思想和改革理念。他对美国教育的批评极为尖锐，但对学校改革的前景又相当乐观。在中国学校参观时，他也随时留意汲取经验。当我将他所说的每一句话译成中文时，我对他渊博的学识和真诚的为人产生了由衷的敬意，非常希望能拜他为师。三年之后，我如愿以偿地成为他的第一个中国研究生。当时他刚刚完成史无前例的美国"学校教育研究"，首次发表了《一个称作学校的地方》的研究报告书，并在华盛顿大学建立了全国教育革新联盟，致力于推动学校教育和师范教育的研究与改革，创建中小学校和大学之间的新型伙伴关系。

"学校教育研究"项目的学者们在古德莱得的领导和数家教育基金会的支持下，对美国一千多所中小学校课堂进行了深入细致的调查研究。共有两万七千多名学生、教师、教育管理人员以及家长参加了这次前所未有的全国调研，为项目提供了宝贵的数据。《一个称作学校的地方》总结报告了调研的数据，详细描述了美国学校的现状和存在的问题,深刻揭示了在人们所向往的教育目标和严峻的教育实践之间的差距,提出了全面改革学校的整套方案。最可贵的是,古德莱得高瞻远瞩,为学校教育的未来设计了一个理想的乌托邦,一个完整的教育生态体系。当时许多人对他的理想主义愿景持怀疑的态度,有的媒体评论家甚至将他提出的教育生态体系比喻为"空中的馅饼"。但是,古德莱得坚定不移,继续不遗余力地宣传民主和人文主义的教育思想,并创立了"全国学校与大学伙伴联络网",一点点、一片片地实验和落实他所提出的教改方案,力图形成完整的教育生态体系。

三十年转眼即逝,古德莱得已年过九旬,疾病缠身,退居二线。但是他改革学校的斗志不减当年,仍然在奋笔疾书呼吁教育更新,继续主持"全国学校与大学伙伴联络网",为众多的美国和国际教育学者咨询教改和教研中的关键问题。可喜的是,他的教改思想已经在一些学校里生根发芽。例如美国洛杉矶的沃恩特许学校已经在课程和教学中多处实施古德莱得所推崇的办学理念,并与附近的大学、社区、政府机构、企业和家长密切合作,扩建学校和社区教育站,扩大学校的教育功能。沃恩特许学校已经在当地形成了相当规模的教育生态体系,还成为中国教育工作者及学生参观、培训和游学的一个主要基地。

遗憾的是,在大多数美国学校中,当年古德莱得和他的同事们发现的许多问题,如今非但没有解决,反而更加严重了。古德莱得认为公立教育的目标是帮助孩子们成长为自由的、全面参与民主社会生活的公民。这就需要在他们心中培养对学习的热爱和对公民义务的责任感,而这些目标与目前美国学校体制中对标准考试的强调是不相符合的。此外,古德莱得在《一个称作学校的地方》报告中尖锐批评过的、导致种族隔离和阶级分离的按能力分班的做法,不仅没有被杜绝,反而更加流行了。因此,当《一个称作学校的地方》20周年纪念版在美国发行之时,竟像当年一样在美国社会和教育界引起了极大的震动,再次敲响了学校危机的警钟。美国教育学者和工作者们争先阅读再版的调研报告,从中汲取有益的经验和建议,重新规划教改的蓝图。

与此同时,中国"影响力教育理论译丛"决定翻译出版古德莱得的这一名著,这对中国的教育发展和改革是有深刻的历史和现实意义的。中国的学校教育正处于改革发展的关键时刻,既要保持中国基础教育的本来优势,又要学习国外教育的先进经验,同时要警惕国外教育所走过的弯路和存在的问题,避免重犯同样的错误。古德莱得的研究论著正是一本帮助中国教育工作者达到这些目的的最好参考书。因此,当华东师范大学出版社有意推出《一个称作学校的地方》一书的20周年纪念版并请我担任主编和审译工作时，我自然感到义不容辞，责无旁贷了。早在 1989 年，我便将此书的第六章摘译发表在华东师范大学的《高等师范教育研究》杂志上，作为对古德莱得教育改革思想的介绍。

《一个称作学校的地方》共有十章，我请中央教育科学研究所的胡玲博士和上海师范大学的陈建华教授帮忙翻译。胡玲博士在百忙之中加班加点，她的敬业精神和勤奋刻苦的工作作风非常令人钦佩。陈建华教授帮忙翻译了最后的，也是最难的章节。古德莱得的写作风格在美国学者中与众不同，他擅长引经据典，融会贯通，从平凡的课堂实践数据中引申出改造学校的深奥道理，并勾画出理想中的学校。他的教育改革思想敏锐超前，为重建学校提出了许多前所未有的设想。当然，这就给翻译和审译工作人员增加了难题。虽然我已经认识他并且学习他的教育理论二十多年，但是我在翻译和审译过程中仍然经常卡壳，不知如何将书中的某句专门用语译成恰当的中文。这时我便及时打电话请教古德莱得，而每次他都耐心地试用其他的表达方式来解释同样的词语，使我能够顿开茅塞，揣摩出合适的译文。当时古德莱得因患癌症，接受放射治疗，有时不能及时与我在电话上交流审译工作的情况。有一次我有机会去西雅图开会，专程去探望他。他不顾疾病和治疗的痛苦，坚持坐起来与我交谈了两个多小时，直到解决了我在审译工作中所有的疑问，才肯休息。并且我从他那里获悉，俄罗斯的教育出版社也正在组织将《一个称作学校的地方》一书译成俄文。他也在积极地与俄罗斯学者交流，促成翻译工作的顺利进行。目前这本书的俄语版已成为俄罗斯教育工作者的必读参考书。我深深地感激古德莱得为国际教育改革和发展所做出的不懈努力和贡献。

我还要向加州州立大学的领导表示深切的谢意。在我接下审译工作的关键时刻，他们为我提供了二万多美元的学术休假奖，使我能在继续负责全校的国际交流和中国所的繁忙工作之时，每天得以抽出 2 到 3 个小时来从事翻译和审译的工作。南京师范大学前任副校长黄涛教授和华东师范大学出版社副编审金勇先生和编辑张捷先生也在审译工作的各个阶段真心实意地体谅我，积极地鼓励我，耐心地等待我，使我越过了重重难关，迎来了成功和喜悦。最近华东师范大学出版社准备出版《一个称作学校的地方》的修订版，继续为中国教育工作者和学者提供这一难得的教改和教研参考书。感谢孙娟编辑在这一过程中的积极联络、精心策划和细致安排。

最后，我要诚恳地感谢我的母亲莫月心。她总是在我最困难的时候出现在我的身旁，照顾我和女儿的生活，支持我的工作。如果没有她的帮助和鼓励，我是不可能完成全书的审译工作的。更为可贵的是,她以难得的细心一字一句地校对了我审译完的书稿,为确保译文的质量做出了宝贵的贡献。我从事教育工作三十多年了,但是母亲仍然是我一生中最好的老师,不仅教我怎样生活,怎样做学问,还教我怎样认真地做人。这就是我在万忙之中,在似乎不可能的情况之下完成了这本著作的翻译和审译工作的秘诀。

苏智欣

2013 年 10 月 24 日于洛杉矶

附录

▶ 古德莱得和杜威对中国教育和民主的影响 *

作者:苏智欣,译者:李朝阳

　　古德莱得和杜威两人都是20世纪最受人尊敬的教育理论家和教育改革家。古德莱得是拉尔夫·泰勒的学生,而泰勒是杜威在芝加哥大学任教时的学生。因此,他们的教育思想和教育实践一脉相承,有许多相同之处,也是不足为奇的。古德莱得和杜威在美国教育界都位于最著名学者、大师级教授、预言家和改革家之列。①

　　古德莱得和杜威对世界其他地区教育的贡献也是众所周知的。杜威一生访问过很多国家,他的著作广泛涉及了这些国家的政治、社会和教育改革。他的著作,特别是《民主主义与教育》、《学校与社会》、《我的教育信条》已被译成多国语言,他的思想在国外的教育实践中被广泛应用。在古德莱得长期的职业生涯中,他也经常与国外的教育工作者进行交流,并且在包括联合国教科文组织教育研究所、国际教育局、联合国世界和平教育者国际协会等重要国际机构中担任过重要的职位。他早期有关教育改革的、与罗伯特·安德森合著的著作《不分级的小学》被译成中文、日语、西班牙语、意大利语和希伯来语,而且被当做不同国际背景下教育改革的参考资料。他近期的研究报告:《一个称作学校的地方》、《我们国家的教师》、《教育革新:更好的教师,更好的学校》已

---

* 本篇文章摘自《教育展望》第151期。
项目基金:2012年度教育部人文社会科学研究一般项目青年基金项目(项目批准号:12YJC880040)研究成果之一。
作者简介:苏智欣,湖北武汉人,美国加州州立大学教育学院教授兼中国所所长,研究方向为比较教育和教育管理。
译者简介:李朝阳,河南淮阳人,天津师范大学教育科学学院讲师,研究方向为美国教育史。

经出现在国外的学校和大学的图书馆和课堂里。②

中国是受杜威和古德莱得访问影响最大的国家之一。杜威于1919—1921年访问中国,古德莱得于1981年访问中国,尽管在20世纪杜威访问中国的时间要比古德莱得早的多,但是他们对中国教育和民主的发展产生了同等重要的影响。本文将叙述古德莱得和杜威对中国的历史性访问,评价他们对中国教育的影响,并进一步探索他们的思想对中国教育和民主发展的影响。

对中国的历史性访问

虽然古德莱得和杜威在不同时期对中国进行访问,但他们进行访问的时期都是中国十分关键和具有历史意义的时期。20世纪初中国的"五四运动"终结了封建制度,中国的政治家和知识分子积极向西方寻求发展新社会体制和教育体制的思想和模式。一些高等教育的领导者是杜威在哥伦比亚大学任教时的学生,由于他们把杜威尊为自由主义哲学和实验方法的伟大导师、彻底的自由思想的倡导者、把教育与公民合作和有用生活的实际问题相等同方面超越其他所有教师的人,因此1919年他们邀请杜威到中国访问,并进行巡回演讲。③

杜威访问了12个省,做了关于社会和政治哲学、教育哲学、伦理学以及现代教育主流的演讲。他的访问和演讲对当时中国民主和教育的发展产生了极大的影响。在杜威访问之后的很多年,他的教育哲学统治着中国所有的师范学院和大学教育系的教育理论的教学。20世纪20年代中国的教育目的是根据杜威的思想拟定的;以日本为模板的旧的教育目的强调的是军事教育,而新的教育目的则接受了美国的教育目的和精神——"培养完美人格,发展民主精神"。实际上,中国的国家教育体制改革以美国模式为蓝本——六三三学制——并以杜威倡导的原则为指导,即"宣传民主精神"、"发展个性"、"提倡终生教育"、"促进推广教育普及"。④在修订课程方面以儿童为中心的教育占主导,新的教学方法则主要模仿杜威的实用主义理论。杜威的一些学生,后来成为中国的教育领导者,他们也建立了很多实验学校和学院,其中最著名的是晓庄师范学校,这所学校在中国师范教育和农村教育改革方面真正运用了杜威的哲学理论。⑤因此,杜威对中国教育的影响是深刻而广泛的。

古德莱得于1981年访问中国,这一年在中国现代史上是极为重要的历史时期。那时古德莱得是加利福尼亚大学洛杉矶分校教育研究生院的院长,并且被任命为美国教育基金会赴中国代表团团长。赴中国访问代表团是美国美中关系全国委员会和中国教育部组织主办的交流项目的一部分。20世纪80年代初之前,中国几乎是一个完全封闭的国家,与其他国家没有太多联系,更不用说美国这样的国家了,因为20世纪50年代到70年代中期中国一直视美国为头号敌人。虽然中国20世纪初的教育体制受到杜威的影响,但是在新中国,教育体制是以苏联为蓝本的,以马克思列宁主义、毛泽东思想为指导的。20世纪70年代末中美邦交正常化以后,中国学者开始热衷于向美国学者学习教育经验。1981年中国教育部组织了第一个赴美师范教育代表团,代表团成员包括中国主要师范大学的领导人,以及教育部负责师范教育和国际交流的官员。

中国代表团在美期间,访问了几所主要的公立大学和私立大学的教育学院/教育系:加利福尼亚大学洛杉矶分校、斯坦福大学、哈佛大学、哥伦比亚大学、密歇根大学,观察了公立学校和私立学校的富有革新精神的教育实践改革,同美国著名学者古德莱得、李·舒尔曼、劳伦斯·克雷明进行了卓有成效的交谈。美国教育的现代理论和实践给中国代表团留下了深刻的印象。尽管布鲁纳的发现学习法很早就被引入中国,但是中国对其他国家的教育思想和实践知之甚少。通过这次访问,中国代表团带回国的不仅仅是对美国学校和教育学院的深刻印象,还带回了古德莱得、舒尔曼、克雷明关于教育改革的新思想和著作。

1981年,中国师范教育代表团访美之后,以古德莱得为团长的美国教育基金会代表团访华。美国代表团的行程十分密集,20天访问10个不同地区。美国代表团到中国之前,中国教育部为接待这些外国专家学者制定了固定的接待形式:热情款待、美味佳肴、风景名胜、参观中国最好的几所教育机构。然而,古德莱得的访问改变了这些安排。

虽然这是古德莱得第一次到中国,但是他具有敏锐的观察力。古德莱得访问了几所重点学校(重点学术性学校),在这些学校中,他见到了中国两亿多学生中的精英,随后他问有过失孩子的教育情况如何,他们在哪上学。中国政府官员最初相当惊讶。他们习惯于向外国客人展现最好的学校、最好的学生,他们从没想过要给客人看中国教育的不太光彩的一面。考虑到古德莱得的明确要求,中国教育部决定破例一次,他们把代表团带到了一所改造学校,在这所学校学习的学生有着各种各样的过失行为(盗窃、暴力犯罪、卖淫等)。中国人认为辛勤工作、进行体力劳动和手工工作是对这些少年犯进行再教育和改造的重要手段。古德莱得和其他美国访问人员参观了这所学校男生和女生生产玩具和自行车的装配车间;他们提出许多问题,并给了一些建设性意见。

古德莱得对美中交流项目提出的第二个重大变动是他关注农村和少数民族地区儿童的教育问题。中国有55个少数民族,他们大多居住在少数民族自治区、农村和边境地区。古德莱得的代表团访问中国时,他们被带到边境省份云南,中国教育部本想让他们参观当地的著名景点石林。当大部分代表团成员都期待着参观景点时,古德莱得在想另外的事情。当他得知云南有20多个少数民族,并且大多数都生活在石林地区时,他坚持要去访问农村的少数民族儿童学校。同样,这又是中国教育部以前没有为交流项目中的外国客人安排的活动。农村学校,特别是少数民族地区学校的环境不是很好,教育质量要比中国大城市里的重点学校低很多。中国总是想向客人展示自己最好的一面,然而古德莱得的建议使已经安排好的交流项目的行程又起波澜。

中国官员又一次为他的代表团做了特别安排,让他们去访问石林地区的一所普通的农村少数民族学校。在访问期间,中国主办方注意到古德莱得十分关心少数民族儿童和他们的家庭,他详细询问了有关课程、教学和少数民族学校改革问题,他不断地观察和比较这所学校与他访问过的中国大城市里的其他学校的不同之处。很多问题是围绕中国农村和少数民族地区的儿童与大城市主流儿童是否有同样接受教育的机会。

有时需要局外人帮助身处其境的人开阔眼界。20世纪20年代杜威和保罗·孟禄访问中国期间,二人以前的学生带他们访问中国的城市和农村学校,这也使得中国教育者自己看到了当时中国教育的悲惨状况——农村80%是贫困人口,其中77%是文盲。通过同这些美国学者一同访问和探讨使得一些知识分子完成巨大的个人转变;有些人甚至放弃工作和城市的舒适生活,到农村过上农民一样的简单生活,把自己的一生献给了为普通劳动人民发展乡村教育的事业。

尽管古德莱得对中国的访问很短暂,但他对中国的同行产生了非常积极的影响。他给人印象最深的是强调对弱势群体和遭遇不幸的人的教育,极力主张人们应更加关注有特殊需要和问题的儿童。他的建议促使中国教育部在国际教育交流项目的政策和实践上做出重大改变——从那时起,国外的教育代表团不仅有机会访问最好的学校,也可以访问普通学校和特殊教育学校甚至劳动改造学校,这样他们就可以对中国教育有更全面的了解,并且可以有效地参与关于所有儿童教育问题的讨论。

对中国教育工作者的影响

杜威和古德莱得的中国之行对中国教育工作者产生了深远的影响。在他们的鼓励下,很多教育工作者到美国,在杜威和古德莱得的指导下学习和研究。杜威在哥伦比亚大学师范学院任教时,这所学院的中国毕业生数量领先于美国其他学院和大学。一些中国著名的现代教育家——陈鹤琴、陶行知和胡适——都曾是杜威的学生。他们是杜威教育哲学和民主思想在中国传播和实施的先锋。杜威与他的中国学生保持密切和频繁的联系通信,鼓励他们要承担起中国民主事业发展的责任。他的中国追随者经常向他请教美国的教育和政治经验,他们称赞杜威"是中国人民最宝贵的朋友,了解中国最需要什么"⑥。在抗日运动期间,杜威和爱因斯坦以及另外14位美国著名学者联合给中国政府写公开信,敦促政府释放7名中国爱国知识分子,其中有一位是首次把杜威的《民主主义与教育》从英文译为中文的学者。

在20世纪八九十年代,古德莱得像杜威一样,也是中国知识分子的导师,这些知识分子包括研究生、访问学者和访美的中国教育代表团。在他1981年历史性的访问中国之后,中国教育机构向古德莱得发出永久性邀请,请他在任何方便之时访问中国与讲课。他也与中国教育管理人员和大学教授保持着积极的通信和交流。两名中国博士生参与了古德莱得在美国主持的全国教育工作者培训的研究项目。他们翻译和出版了古德莱得的研究论文和著作,把古德莱得的思想介绍给中国的教育改革者,他们设计并主持了中美师范教育比较研究,中美小学及中学的教学目标、课程设置、教与学的比较研究,中美校长培训比较研究等项目。对与他一起工作过的中国教育工作者来说,古德莱得是一位教育探究的优秀导师,教育机构实施教育改革的模范。

古德莱得给中国学生和学者推荐了很多优秀的教育经典读物,包括杜威、R·S·彼得斯、艾尔弗雷德·诺思·怀特海、美国当代哲学家和其他文化背景的哲学家的著作。他认为教育是一个探究的过程,在这个过程中个人逐步理解自然和社会现象以及有结构的主题知识,最终认识自己。这与把知识当做事实和真理来吸收的做法截然相反,而这种把知识当做事实和真理来吸收的做法是大多数中国教育工作者在其成长和受教育的过程中非常熟悉的唯一学习模式。古德莱得帮助他的中国学生开阔眼界,让他们能以不同的思维方式、不同的学校教育方法、不同的生活方式来看待不同的世界。

探究法是与中国教育体制中死记硬背的学习方法完全不同的。渐渐地,中国教育工作者,特别是曾在美国求学的教育工作者,把探究法引入中国的学校和学院。⑦古德莱得在教育探究方面不仅是美国学者的杰出榜样,也同样是中国教育工作者的杰出榜样。探究——特别是"批判性的"探究——是帮助中国教育工作者理解中国教育中存在的一些复杂问题的第一步,例如,教育机会不均等的问题。⑧

古德莱得和杜威的思想对中国教育和民主的影响

古德莱得和杜威的教育哲学和全人类观点对中国教育和民主的发展产生了深远影响。事实上,杜威和古德莱得对中国的访问都积极和正面地影响了中国近代史上的两个重要历史时期的民主运动和教育改革。⑨杜威的中国学生在中国建立了杜威实验学校和师范学校,其中一些学校作为发展民主和进步教育实践的温床至今仍然存在。杜威和古德莱得的教育哲学有很多相似之处。从某种程度上说,古德莱得的思想更适用于中国现代教育实践,特别是适用于在中国发展为所有儿童服务的更加平等的教育。

古德莱得教育哲学中的永恒主题是强调要为所有儿童提供优质和平等的教育。如上所述,在中国访问期间,他要求参观在中国为有特殊需要和问题的儿童开办的学校,以及为农村和少数民族儿童开办的学校,这是因为他关注这些儿童的入学机会和获取知识的机会。在《一个称作学校的地方》⑩的研究报告中,古德莱得提到了他在中国访问过的重点学校——在中国是指附属于师范大学的示范和实验学校。他提出"重点"一词可以用来描述在美国教育改革中发展创新教育实践的中心机构和学校。虽然他认为中国的重点学校在开发和实施新政策方面起了积极作用,并且有时与大学合作开展一些谦卑的教育实验,但是他也看到由于暗含培养精英的意味,围绕着这些学校的存在和命名上还有一些争议。⑪

中国第一批重点学校是 1953 年在毛泽东的提议下建立的。中国政府建立重点学校的理论是应该聚集大量的资源经营一些重点学校,以此为国家培训一小批高质量的、专业化的人员来快速提升中国的科学和文化水平。⑫因此这样建立起来的教育体制就形成了一种新的关系,这种关系可以说成是大塔和小塔的关系,初等教育到中等教育再到高等教育的结构就像宝塔一样——级别越高,学校越少。所有这些级别中的重点学校都是这个大塔的核心和支柱,也就是说,是一个个小塔。随着 20 世纪五六十年代重点学校的发展,教育机会不均等成为中国教育工作者和家长争论的话题。被重点学校录取的学生可以享受较高质量的课程、更高水平的教师以及更多通过高考的机会。

尽管重点学校在 20 世纪 60 年代末和 70 年代初的文化大革命中被破坏了,但是 1978 年重点学校在全国范围内得以重建。同样,政府把重建重点学校体系看做是具有战略意义的措施,这样可以在相对较少的学校里集中有限的资源快速培养杰出人才。重点学校不仅在中等学校中设立,而且也在大学、小学和幼儿园设立,但是小学和幼儿园的重点学校在家长的强烈反对下,于20世纪80年代初被取消。有些重点学校仍然是教师培训的实验学校和进行教育实验的学校,但是大多数学校都成为学术型学校,即让学生为通过高考进入高校做准备。中等教育到高等教育的升学率在一些学校可以高达90%,然而在当时全国平均的升学率是4%—5%。普通学校也有学术型和职业型(或快轨和慢轨)之分,根据考试分数看,那些几乎没有机会接受高等教育并且在社会中不能获得地位较高的工作的学生被分配到职业学校(慢轨)。很多普通学校的教师、学生和家长有忧虑、沮丧、被欺骗的感觉,因而,开办重点学校的必要性就成为讨论的热点,经久不息。⑬

然而,中国和美国有关按能力分组教学的争论的性质是大不相同的。因为在中国,管理阶层一直争辩说"在分数面前人人平等",这是一句长期以来十分流行的话,并且没有人敢于对其表示异议。中国的许多教育政策制定者认为,迫切地需要利用有限的资源为实现现代化培养出少数高精尖人才,因此集中资源办重点学校和按能力分组教学是合理的和常识性的解决方案。在美国,这是教育机会均等的问题,即是否所有人都有平等的接受优质教育和获取高难知识的机会。

如果中国的教育政策制定者仔细研究古德莱得在《一个称作学校的地方》⑭中的调查结果的话,他们就可能被说服去改变关于重点学校和按能力分组教学的政策和实践。书中描述了按能力分组教学对儿童的不利影响,特别是对来自弱势群体儿童的不利影响。弱势群体儿童在美国是指来自城市少数民族贫困家庭的儿童,而在中国则是指来自农村和少数民族地区、边远地区的儿童以及在普通学校就读的城市儿童或民工的孩子。事实上,研究数据表明美国和中国在地位较低的所谓低能轨道就读的学生自尊心较弱,学校管理较差,辍学率较高,不良行为较多。⑮正如古德莱得所观察到的那样,按能力分组教学的做法在很大程度上影响了学生是否有上大学的计划和他们被录取的概率,这比天赋和分数对儿童的影响更加深远。⑯在中国也是如此。在中国和美国,一方面是社会对教育高度理想化的目标,一方面是学校对机会不均的宽容和支持,这两者之间存在着巨大的差距。⑰

古德莱得展望和实施了许多使美国教育卓越和公平的改革计划。其中一些措施对中国的教育改革也具有重要意义。首先,学校的所有主要问题应当从整体上解决,而不应当一件一件或者零碎地去解决。⑱关于中国重点学校的争论应该扩展到对教育的各个方面的严肃的、反思性的探究,包括整体目标、课程设计、考试制度、教育与工作的关系以及中小学与大学的关系。

其次,为所有儿童提供接受优质教育和高质量知识的平等机会,而不是只给由于居住地或父母的原因而被高层次或学术性/重点学校接收的儿童提供这种机会,这是一种道德责任。古德莱得和他的同事们用充分的数据论证了按能力分组教学对来自弱势群体家庭儿童不利的影响。他们也提出了可以代替按能力分组教学方式的有效方案:即所有相关人员达成共识,认清全体学生都必须学习的核心知识课程,任何学生都不能用选修课的借口来逃避这些课程;推动掌握性学习方法,即强调大班讲课和小组朋辈导修相结合;取消一切以学生过去的表现来给学生分班的做法;把学生随机分配到有各种不同能力学生的班级,这样就可以在获取知识方面为所有学生提供最均等的机会,同时也保留了高能力班级教育中更有益的教育内容和教学实践。[19]

事实上,比较研究发现中国和其他亚洲国家的学生在学习中更多的应用合作学习、朋辈导修以及团队合作。[20]中国学校甚至可能会在实施古德莱得改革议程方面有更大的成功几率。毕竟,现代中国的先驱教育工作者们曾经在教育实践中成功地、创造性地、批判地实验了杜威的教育哲学。他们也可以在当今的教育改革中成功地采纳古德莱得的教育思想。杜威和古德莱得在中国现代教育文献中被誉为"伟大的西方教育家"。[21]当然,他们值得中国人民赋予他们这样的称谓和尊重。

注释

[1] See, for example, Ralph Tyler, "Introduction," in Judith S. Golub, ed., John I. Goodlad, *Facing the future: Issues in Education and Schooling* (New York: McGraw-Hill, 1976), 1-3; M. Frances Klein, "John I. Goodlad: Essential Characteristics of His Teaching," *Teaching Education* 4 (1992): 155-60; and the other chapters in this book.

[2] Tokyo University, for example, has forty-four references (books, reports, articles) by Goodlad. The two top universities in education in China-Beijing Normal University and East China Normal Universityalso have ten of the most important works by Goodlad in their libraries. The book by Kenneth A. Sirotnik and John I. Goodlad, *School-University Partnerships in Action: Concepts, Cases, and Concerns* (New York: Teachers College Press, 1988) was translated into Japanese by Takeaki Nakadome in 1994. In addition, in 1987, I collaborated with Liangfang Shi in translating "Schools and Universities as Partners in Educational Reform," by John I. Goodlad from English to Chinese, and in 1989, I collaborated with Jianping Shen in translating chapter 6 from *A Place Called School* from English into Chinese. Both translated papers were published in the prestigious

Educational Science Edition of the educatiors throughout China. Most recently, Jianping Shen translated Goodlad's book, *What Schools Are For*, from English to Chinese, published in Taiwan.

③ Zhixin Su, "A Critical Evaluation of John Dewey's Influence on Chinese Education," *American Journal of Education* 103 (May 1995): 302 – 325. See, for example, John I. Goodlad and Pamela Keating, eds., Access to Knowledge: *The Continuing Agenda for Our Nation's Schools*, revised edition (New York: College Entrance Examination Board, 1994).

④ Robert W. Clapton and Tsuin-Chen Ou, "Introduction," in John Dewey, *Lectures in China*, 1919 – 20 (Honolulu: University of Hawaii Press, 1973), 22 – 3.

⑤ Zhixin Su, "Teaching, Learning, and Reflective Acting: A Deway Experiment in Chinese Teacher Education," 98 *Teachers College Record* (Fall 1996): 126 – 52.

⑥ Su, "Teaching, Learning, and Reflective Acting."

⑦ For comparisons of the teaching and learning methods in Amercan and Chinese schools, please see Zhixin Su et al., "Teaching and Learning Science in American and Chinese High Schools: A Comparative Study," *Comparative Education* 30 (1994): 255 – 70.

⑧ For what it means to make inquiry critical see, for example, Kenneth A. Sirotnik, "Critical Inquiry: A Paradigm for Praxis," in Edmud C. Short, ed., *Form of Curriculum Inquiry: Guideliness for the Conduct of Educational Research* (New York: SUNY Press, 1991).

⑨ Zhixin Su, "A Critical Evaluation of John John Dewey's Influence on Chinese Education," *American Journal of Education* 103 (May 1995): 302 – 25.

⑩ John I. Goodlad, *A Place Called School: Prospects for the Future* (New York: McGraw-Hill, 1984).

⑪ Goodlad, *A Place Called School*, 300.

⑫ Ximin Pan, "A Preliminary Discussion of Problems Involving Several Aspects of Key Schools," *Inner Mongolia Socail Sciences* 3 (1982): 27 – 30.

⑬ Lu Bing and Wang Zhaojie, "It Is Improper to Lay Lopsided Emphasis on Promotion Rate," *Guangming Daily*, 5 November 1982, 1: ; From the Editor, "Is It Proper to Divide Senior High School Textbooks into Two Categories?" *People's Daily*, 3 November 1984, 5.

⑭ Goodlad, *A Place Called School*; and Jeannie Oakes, *Keeping Track: How Schools Structure Inequality* (New Haven: Yale University Press, 1985).

⑮ Walter E. Schafer and Carol Olexa, *Tracking and Opportunity* (Scranton, Pa.: Chandler Publishing Co., 1971); and Editor, "Is It Proper to Divide Senior High School Textbooks into Two Categories?" *People's Daily*, 3 November 1984, 5.

⑯ Goodlad, *A Place Called School*, 152.

⑰ Goodlad, *A Place Called School*, 161.

⑱ Goodlad, *A Place Called School*, 271.

⑲ Goodlad, *A Place Called School*, 161.

⑳ Goodlad, *A Place Called School*, 271.

㉑ Goodlad, *A Place Called School*, 296 – 97.

图书在版编目(CIP)数据

一个称作学校的地方/(美)古德莱得著;苏智欣
译.—修订本.—上海:华东师范大学出版社,
2013.11
ISBN 978-7-5675-1415-7

Ⅰ.①一… Ⅱ.①古…②苏… Ⅲ.①基础教育—研
究—美国 Ⅳ.①G639.712

中国版本图书馆CIP数据核字(2013)第270560号

一个称作学校的地方(修订版)

著　　者　古德莱得
译　　者　苏智欣　胡　玲　陈建华
策划编辑　彭呈军
项目编辑　孙　娟
责任校对　王丽平
版式设计　卢晓红
封面设计　孙　震

出版发行　华东师范大学出版社
社　　址　上海市中山北路3663号　邮编 200062
网　　址　www.ecnupress.com.cn
电　　话　021-60821666　行政传真 021-62572105
客服电话　021-62865537
门市(邮购)电话　021-62869887
地　　址　上海市中山北路3663号华东师范大学校内先锋路口
网　　店　http://ecnup.taobao.com/

印刷者　上海昌鑫龙印务有限公司
开　　本　787×1092　16开
插　　页　2
印　　张　25.75
字　　数　465千字
版　　次　2014年3月第2版
印　　次　2022年6月第8次
印　　数　13501—15600
书　　号　ISBN 978-7-5675-1415-7/G·6993
定　　价　52.00元

出版人　王焰

(如发现本版图书有印订质量问题,请寄回本社客服中心调换或电话021-62865537联系)